Das Kapital

Karl Marx

新 版

資本論 12

第三巻　第五分冊

カール・マルクス

日本共産党中央委員会社会科学研究所　監修

新日本出版社

凡　例

一　本書は、カール・マルクス著『資本論』第一部―第三部の全訳である。本訳書は、一九八二年一一月から八九年九月にかけて新書版として刊行された訳書（一三分冊）を改訂したもので、一二分冊の新版『資本論』として刊行される。

二　翻訳にあたっての主たる底本には、ドイツ語エンゲルス版（第一部第四版、第二部第二版、第三部第一版）を用いた。

三　新版では、『資本論』諸草稿の刊行と研究の発展をふまえ、エンゲルスによる編集上の問題点も検討し、訳文、訳語、訳注の全体にわたる改訂を行なった。

第一部では、マルクスが校閲した初版、第二版との異同、フランス語版にもとづく第三版、第四版の主な改訂個所を訳注で示し、「独自の資本主義的生産様式」、「全体労働者」など、マルクス独自の重要概念について、訳語を統一した（第一―第四分冊）。

第二部では、初版と第二版との異同、エンゲルスによる文章の追加、加筆個所、および編集上の問題点を訳注で示し、必要な場合には、マルクスの草稿を訳出した。第三篇第二一章については、訳注で独自の節区分を示し、拡大再生産の表式化に到達するまでのマルクスの研究の経過をつかめるようにした。また、マルクスが第二部第三篇の最後の部分を恐慌理論の解明に充てていたことを考慮し、第二部第一草稿（一八六五年）に書きこまれた新しい恐慌論の全文を訳注として収録した（第五―第七分冊）。

第三部の草稿は、『資本論』諸草稿のなかでもっとも早い時期に準備されたもので、執筆時期の異なる二つの部分（第一篇―第三篇、第四篇―第七篇）からなっている。さらに、研究の進展のなかでマルクスの到達点が前進し、第三篇の論点には、利潤率低下法則の意義づけ、およびそのもとでの資本主義的生産の必然的没落の展望など、マルクスにとって克服ずみの見解であることの指摘を要する部分も生まれた。第三部では、こうした点に留意し、マルクスの研究の発展とその到達点、エンゲルス版の編集上の弱点、草稿との異同、エンゲルスによる文章の混入個所を訳注で示した。とくに第五篇では、本来『資本論』の草稿ではなかった諸章の混入個所を指摘した。また、必要な場合には、マルクスの草稿を訳出した。第七篇第四八章では、エンゲルスによる原稿配列をマルクスの草稿の順序に組み替えた（第八―第一二分冊）。

全三部を通して、マルクス自身の研究の発展史と歴史的事項にかんする訳注を大幅に拡充した。

改訂にあたっては、新『マルクス・エンゲルス全集』（新メガ Marx-Engels-Gesamtausgabe）の諸巻を参照した。

四 注については、マルクス、エンゲルスによる原注は（ ）に漢数字を用いてそれを示し、各段落のあとに訳出した。訳文中や、＊印によって訳文のあとに、〔 〕を用いて挿入されたものは、すべて訳者、監修者による注ないし補足である。

五 訳注のなかで、〔邦訳『全集』第○巻、○○ページ〕とあるのは、ディーツ社（現カール・ディーツ社、ベルリン）発行の『マルクス・エンゲルス著作集《ヴェルケ》』を底本とした邦訳『マルクス・エンゲルス全集』（大月書店）の巻数とページ数を指している。

六 『資本論』のドイツ語原文にあたろうとする読者の便宜のために、ヴェルケ版『資本論』の原書ページ数を、訳文の欄外上に（ ）で算用数字を用いて付記した。ただし、ヴェルケ版では、マルクスが引用した著作などについて、本来一つの段落文中に含まれているものを改行し、その引用文のみを独立した段落にしているため、本訳書とは改行の位置に相違がある。

七　訳文中の〃　〃でくくられた語、句、文は、すべて、マルクス（またはエンゲルス）によってドイツ語以外の言語（ラテン語などを含む）が単独で使用されている個所である。専門用語の場合、〃　〃でくくらず、必要に応じて、綴りないしルビによって示したものもある。なお、それらドイツ語以外の言語による語、句、文が、同じ意味のドイツ語と併記されていて、相互の言い換えとして使用されている場合には、それらにニュアンスの相違がある場合をのぞき、訳出や明示を省略した。

八　訳文で、傍点を付した部分は原文の隔字体またはイタリック体の部分を表わしている。

九　マルクス（またはエンゲルス）が引用した文章について、必要な場合、原文との異同を訳注で示した。また、固有名詞、数値などの明白な誤記、誤植はとくに注記せずに訂正した。

一〇　引用文献のうち邦訳のあるものは、入手の便宜なども考慮し、邦訳書を掲げた。これは、新書版での記載を改訂し、新たに追加したものである。

一一　第一二分冊の巻末に、全三部総目次、人名索引、文献索引を付した。

一二　新版『資本論』の改訂作業は、日本共産党中央委員会社会科学研究所によって行なわれた。研究所からは、不破哲三、山口富男、卜部学、小島良一、柳沢健二が、監修と改訂の作業にあたった。本訳書のもとになった新書版の刊行にあたっては、研究所の委嘱により翻訳のための委員会が組織され、多くの研究者の参加と協力を得た。新書版および一九九七年一二月に刊行された上製版（五分冊）の訳出・編集体制については、それぞれの版の「凡例」を参照いただきたい。

目　次

巻末付録

第三巻分冊目次

第一分冊

第二分冊

第七篇　諸収入とその源泉＊1＊2

＊1〔草稿では、表題は「第七章。諸収入（諸所得）とその源泉」となっている。それに続けて、この篇（草稿では「章」）の構成プランが次のように書かれている。「1）三位一体的定式。4）生産‐および分配諸関係。2）生産過程の分析によせて。3）競争の外観。5）諸階級。」〕

＊2〔マルクスは、一八六八年四月、エンゲルスに『資本論』第二部、第三部の概略を説明したが、そのさいの第七篇の内容説明は、次のようなものだった（一八六八年四月三〇日付）。

「Ⅶ　ついにわれわれは、俗流経済学者にとっては出発点として役立つ諸現象形態に到達した。すなわち、土地から生ずる地代、資本から生ずる利潤（利子）、労働から生ずる労賃、というのがそれだ。だが、われわれの立場からみれば事態はいまでは違った様相を呈している。外観上の運動は解明されている。さらに、これまでのすべての経済学の礎柱となっていたアダム・スミスの愚論、すなわち、諸商品の価格はかの三つの収入から、つまりただ可変資本（労賃）と剰余価値（地代、利潤、利子）とだけからなっている、という愚論が、ひっくり返される。この現象的形態における総運動。最後に、かの三つのもの（労賃、地代、利潤（利子））は、土地所有者、資本家、賃金労働者という三つの階級の収入源泉なのだから――結びとして、いっさいのごたごたの運動と分解がそこに帰結するところの階級闘争。」（古典選書『マルクス、エンゲルス書簡選集』中、新日本出版社、二〇一二年、四九ページ。邦訳『全集』第三二巻、六三―六四ページ）

この構想では、スミスの「愚論」批判がこの篇の重点的な主題の一つとなっているが、マルクスはその後、一八八〇―八一年に執筆した第二部草稿（現行の第三篇「第一九章　対象についての従来の諸叙述」）のなかで、スミス批判をよりたちいった内容で行なった。このことは、当然、第三部第七篇の構想に影響をおよぼすであろう性格をもっていた〕

第四八章　三位一体的定式[*1][*2]

＊1〔草稿では、「1)　三位一体的定式」にすぐ続けて「(この第三部の四四五、四四六ページを参照。)(その場所はここに属する。)」と書かれている。これは、次に述べる「断片」の「Ⅲ」にあたる〕

＊2〔この章は、エンゲルス版では、章の冒頭に置かれた「Ⅰ」、「Ⅱ」、「Ⅲ」の番号のついた三つの「断片」からなる部分と、そのあとに置かれた本文にあたる部分とからなっていた。そして、本文部分では、途中「一枚の二つ折り用紙〔フォリオボーゲン〕が欠けている」とされていた。三つの「断片」のうち、「Ⅰ」と「Ⅱ」は一枚の草稿用紙の表と裏に書かれたものであり、「Ⅲ」は、草稿の四四五ページ〔現行版の第六篇第四六章〕に角括弧でくくられて書き込まれた文章である（本訳書、第三巻、一三九〇ページの＊3参照）。断片「Ⅰ」と「Ⅱ」は連続した記述であり、今日では、本文で「欠けている」とされた草稿部分であると考えられている。そこで、本訳書では断片「Ⅰ」と「Ⅱ」の文章を「欠けている」とされた個所（本訳書、第三巻、一四六五ページ）に移し、本文を一貫した形で整えた。「Ⅲ」の文章は章の末尾に移すことにした。
これにともない本章では、欄外に付記したヴェルケ版の原書ページの順番が前後している〕

(826)

[四九]すでに見たように、資本主義的生産過程は、社会的生産過程一般の歴史的に規定された一形態[*1]である。この後者〔社会的生産過程〕は、人間生活の[*2]物質的存在諸条件の生産過程であると同時に、また、独自な歴史的‐経済的な生産諸関係において行なわれ、これら生産諸関係そのものを——したがってまた、この過程の担い手たちを[*3]、彼らの物質的存在諸条件と彼ら相互の諸関係とを、すなわち彼らの

(827)一定の経済的社会形態を――生産し再生産する一過程でもある。というのは、この生産の担い手たちが自然と結ぶとともに相互に結び合うこれらの関連の全体、彼らが生産を行なうこれらの関連の全体、この全体こそが、社会――その経済的構造から見ての――だからである。資本主義的生産過程は、それに先行するすべての生産過程と同様に、[*4]一定の物質的諸条件のもとで行なわれるが、これらの諸条件は、同時に、諸個人が彼らの生活の再生産過程で取り結ぶ一定の社会的諸関係の担い手でもある。それらの〔一定の物質的〕諸条件は、これらの〔一定の社会的〕諸関係と同じく、資本主義的生産過程の、一方では前提であり、他方では結果であり所産である。それらは、資本主義的生産過程によって生産され再生産される。さらに、すでに見たように、資本は――そして資本家は、人格化された資本にほかならず、生産過程では資本の担い手として機能するだけである――、したがって資本は、それ〔資本〕に照応する社会的生産過程において直接的生産者たちまたは労働者たちから一定分量の剰余労働をくみ出すのであり、この剰余労働は、資本が等価物なしで受け取るものであり、いかにそれが自由な契約による合意の結果として現われようとも、その本質から見ればつねに強制労働であり続ける。この剰余労働は一つの剰余価値で表わされ、この剰余価値は一つの剰余生産物として存在する。[*5]剰余労働一般は、所与の諸欲求の程度を超える労働として、つねに存在していなければならない。剰余労働は、資本主義制度においては、奴隷制などでと同じように、ただ敵対的形態をとるほかなく、社会の一部分のまったくの無為によって補足される。一定分量の剰余労働は、不慮の出来事にたいする保険のために必要であり、諸欲求の発達と人口の増加とに照応する、再生産過程の必然的な累進的な拡

（828）
張――この拡張は資本主義的立場からは蓄積と呼ばれるものである――のために必要である。資本がこの剰余労働を、奴隷制、農奴制などの以前の諸形態のもとでよりも、生産諸力の発展にとって、社会的諸関係の発展にとって、またより高度の新社会の形成のための諸要素の創造にとって、いっそう有利な様式と諸条件とのもとで強制するということこそは、資本の文明化的諸側面の一つである。こうして資本[*6]は、一方では、社会の一部分による、他の部分を犠牲にしての、強制と社会的発展（その物質的および知的諸利益を含む）の独占化とが見られなくなる一段階をもたらす。他方では、それは、社会のいっそう高度な一形態において、この剰余労働を、物質的労働一般にあてられる時間のいっそう大きな制限[*7]と結びつけることを可能にする諸関係に向けた、物質的諸手段およびその萌芽をつくりだす。というのは、剰余労働は、労働の生産力の発展しだいで、総労働日が小さくても大きいことがありうるし、総労働日が大きくても相対的に小さいことがありうるからである。もし必要労働時間が三時間で剰余労働が三時間であれば、総労働日は六時間で、剰余労働の率は一〇〇％である。必要労働が九時間で剰余労働が三時間であれば、総労働日は一二時間で、剰余労働の率はわずかに三三$\frac{1}{3}$％である。しかしさらに、一定の時間に、したがってまた一定の剰余労働時間に、どれだけの使用価値が生産されるかは、労働の生産性に依存する。したがって、社会の現実の富と、社会の再生産過程の恒常的な拡大の可能性とは、剰余労働の長さに依存するのではなく、剰余労働の生産性、および剰余労働が行なわれる生産諸条件の内容豊富さの大小に依存する。自由の国は、事実、窮迫と外的な目的適合性とによって規定される労働が存在しなくなるところで、はじめて始まる。したがってそれは、当然に、本来の物質的生産の領域の彼岸にある。未開の人が、自分の諸欲求を満たすために、自分の生活を維持し再生産するために、自然と格闘しなければならないように、文明人もそうしなければならず、しかも、すべての社会諸形態において、あらゆるすべての生産諸様式のもとで、彼は、そうした格闘をしなければならない。彼の発達とともに、諸欲求が拡大するから、[*8]自然的必然性のこの国は拡大する。[*9]しかし同時に、この諸欲求を満たす生産諸力も拡大する。[*10]この領域における自由は、ただ、社会化された人間、結合した生産者たちが、自分たちと自然との物質代謝によって――盲目的な支配力としてのそれによって――支配されるのではなく、この自然との物質代謝を合理的に規制し、自分たちの共同の管理のもとにおくこと、すなわち、最小の力の支出で、みずからの人間性にもっともふさわしい、もっとも適合した諸条件のもとでこの物質代謝を行なうこと、この点にだけありうる。しかしそれでも、これはまだ依然として必然性の国である。この国の彼岸において、それ自体が目的であるとされる人間の力の発達が、真の自由の国が――といっても、それはただ、自己の基礎としての右の必然性の国の上にのみ開花することができるのであるが――始まる。労働日の短縮が根本条件である。[*11][*12]

(四九)　草稿では、ここから第四八章が始まる。

*1 〔草稿では、「社会的生産過程一般」以下は「生産過程一般の一定の社会的形態」となっている〕

*2 〔草稿では、「人間生活の」は「社会の成員の、人間生活一般の」となっている〕

*3 〔草稿では、「また、独自な歴史的」以下は、「独自に歴史的な、歴史的－経済的な諸関連、生産諸関係に

おいて行なわれ、この生産諸関係そのものを再生産し、したがってまたこの生産過程の担い手たちの全体を」となっている〕

＊4〔草稿には、「それに先行するすべての生産過程と同様に」の句はない〕

＊5〔草稿では、この「剰余労働一般は、」から、このパラグラフの末尾まで角括弧でくくられている〕

＊6〔エンゲルス版では、この個所は「資本」を指す中性代名詞となっているが、草稿では女性代名詞となっており、その場合は「資本の文明化的諸側面の一つ」を指すと考えられる〕

＊7〔草稿では、「物質的労働」以下は「物質的労働にあてられる生産一般のいっそう大幅な縮小」となっている。エンゲルスはこの「生産」を「時間」と書きなおしている〕

＊8・9・10〔草稿では、「拡大する」は「大きくなる」となっている〕

＊11〔草稿では、この文は「労働日の縮小が土台である」となっている〕

＊12〔草稿では、訳注＊5で示したようにこの文の後に締めくくりの角括弧がつけられ、次の二つのパラグラフが改行されずに接続している〕

資本主義社会では、この剰余価値またはこの剰余生産物は——分配の偶然的諸変動を度外視して、分配を規制する諸法則、分配の標準的な諸限界を考察すれば——資本家たちのあいだに、社会的資本のうちで各資本家に属する持ち分に比例して、配当として分配される。この姿態において剰余価値は、資本に帰属する平均利潤として現われ、平均利潤はそれ自身ふたたび企業者利得と利子とに分裂して、この二つのカテゴリーのもとでさまざまな種類の資本家たちに帰属しうる。けれども、資本による剰
(829)
余価値または剰余生産物のこのような取得および分配は、土地所有によって制限されている。機能資

本家が労働者から剰余労働を、したがって利潤の形態のもとに剰余価値および剰余生産物をくみ出すように、土地所有者はふたたび資本家から、以前に展開された諸法則に従って、地代の形態のもとに、この剰余価値または剰余生産物の一部分をくみ出す。

したがって、ここで剰余価値のうち、資本に帰属する分け前としての利潤のことを言う場合には、総利潤（その総量では総剰余価値と一致する）から地代を控除することによってすでに制限されている平均利潤（企業者利得プラス利子に等しい）のことを言っているのであり、地代の控除が前提されている。したがって、資本利潤（企業者利得プラス利子）と地代とは、剰余価値の特殊な構成諸部分、剰余価値が資本に帰属するか土地所有に帰属するかによって区別される二つのカテゴリー、二つの項目にほかならないが、しかしそれらは剰余価値の本質を少しも変えないのである。この二つを合計すれば、社会的剰余価値の総額となる。資本は、剰余価値および剰余生産物で表わされる剰余労働を、直接に労働者たちからくみ出す。したがって、この意味では、資本は剰余価値の生産者とみなされうる。土地所有は現実の生産過程とはなんの関係もない。その役割は、生産された剰余価値の一部分を資本のポケットから自分のポケットにもってくることに限られる。けれども、土地所有者は資本主義的生産過程で一つの役割を演じるのであって、それは、ただ彼が資本に加える圧迫によってばかりでなく、また単に、大土地所有は労働者から労働諸条件を収奪する前提かつ条件であるから資本主義的生産の前提かつ条件でもあるということによってばかりでもなく、とりわけ、土地所有者がもっとも重要な生産諸条件のうちの一条件の人格化として現われるということによってである。

＊〔「大」はエンゲルスによる〕

最後に、労働者は、自分自身の労働力の所有者および販売者として、労賃の名のもとに生産物の一部分を受け取るのであり、この部分には、彼の労働のうちわれわれが必要労働と名づける部分、すなわち、この労働力の維持および再生産に必要な労働が表わされる。このことは、この維持および再生産の諸条件が貧弱であるか豊かであるか、有利であるか不利であるかを問わない。

さて、これらの諸関係は、他の点ではどんなに異質なものに見えようとも、すべて一つの共通点をもっている。すなわち、資本は、毎年毎年、資本家に利潤をもたらし、土地は土地所有者に地代を、労働力は——正常な諸関係のもとでは、そして労働力が使用に耐える労働力であるあいだは——労働者に労賃をもたらすということである。年々生産される総価値中のこれら三つの価値部分、および年々生産される総生産物中のこれらに照応する諸部分は——ここではさしあたり蓄積は度外視する——それぞれの占有者によって、その再生産の源泉を枯渇させることなしに、年々、消費されうる。(830)この三つの部分は、多年生の一本の木というよりもむしろ三本の木の、年々消費されるべき果実として現われ、それらは、資本家、土地所有者、労働者という三つの階級の年々の所得、すなわち、直接に剰余労働をくみ出す者であり労働一般を使用する者である機能資本家によって分配される諸収入をなす。こうして、資本家にとっては彼の資本が、土地所有者にとっては彼の土地が、労働者にとっては彼の労働力というよりもむしろ彼の労働そのもの（というのは、労働者は労働力を、外に現われるものとしてのみ現実に売るからであり、また彼にとって労働力の価格は、以前に明らかにしたように、資本主義的生産様式の基盤の上では必然的に労働の価格として現われるからである）が、利潤、地代、労賃という彼らの特殊な収入の三つの異なる源泉として現われる。それらがそうしたものであるのは、実際には次の意味においてである。すなわち、資本は、資本家にとって、剰余労働をくみ出す恒久的ポンプであり、土地は、土地所有者にとって、資本によってくみ出された剰余価値の一部分を引き寄せるための恒久的磁石であり、最後に労働は、労働者によって創造された価値の一部分を、したがって社会的生産物のうちこの価値部分によってはかられる部分すなわち必要生活諸手段を、労賃という名目のもとで獲得するための、恒常的に更新される条件であり、つねに更新される手段である、という意味においてである。さらにまた、それらは、次のような意味においてそうしたものである。すなわち、資本は価値の一部分、したがって年々の労働の生産物の一部分を利潤の形態で固定させ、土地所有は他の一部分を地代の形態で固定させ、賃労働は第三の一部分を労賃の形態で固定させるのであり、そしてまさにこの転化によって、これらを資本家、土地所有者、労働者の収入に転換する――といっても、これらの異なるカテゴリーに転化する実体そのものを創造することなしに――という意味においてである。むしろ分配が、現存するものとしてのこの実体を、すなわち対象化された社会的労働にほかならない年生産物の総価値を、前提とする。けれども、事態が生産当事者たち、生産過程のさまざまな機能の担い手たちの目の前に現われるのは、この形態においてではなく、むしろ転倒した形態においてである。なぜこのようなことが起こるかは、研究が進むにつれてさらに詳しく展開されるであろう。資本、土地所有、労働は、これらの生産当事者たちにとっては、三つの異なる独立の源

(831) 泉として現われ、これらの源泉そのものから、年々生産される価値の——したがってこの価値がそのなかに存在する生産物の——三つの異なる構成部分が発生するのであり、したがってこれらの源泉から、社会的生産過程の特殊な諸要因に帰属する諸収入としてこの価値のそれぞれ異なる諸形態が発生するばかりでなく、この価値そのものが、したがってこれらの収入諸形態の実体が発生する。*

＊〔エンゲルス版では、このあとに「〔草稿では、ここで一枚の二つ折り用紙〔フォリオボーゲン〕が欠けている。〕」と書かれていた。今日では、断片「Ⅰ」と「Ⅱ」がこの個所の欠落部分であると考えられているので、本訳書では、それらをこのあとに移した。本訳書、第三巻、一四五七ページの訳注＊2参照〕

(822) 資本*1—利潤（企業者利得プラス利子）、土地—地代、労働—労賃、これは、社会的生産過程のいっさいの秘密を包含する三位一体*2的形態である。

＊1〔エンゲルス版では、この前に「Ⅰ」とあり、ここから断片「Ⅰ」が始まった。「Ⅰ」には次のような原注四八がつけられていた。

「（四八）以下の三つの断片は、第六篇のための草稿のそれぞれ異なる個所に見いだされる。——F・エンゲルス」

本訳書、第三巻、一四五七ページの訳注＊2を参照〕

＊2〔神は、父なる神（第一位）、子なる神（キリスト。第二位）、聖霊（人に宿る神の霊。第三位）の三位一体をなすと見るキリスト教の教義にちなむ〕

さらに、以前に明らかにしたように〔第三巻、第二三章参照〕、利子は資本の本来の特徴的な産物として現われるが、企業者利得は、これとは反対に、資本にはかかわりのない労賃として現われるのだから、右の三位一体的形態は、立ち入って見れば次の形態に帰着する――

資本―利子、土地―地代、労働―労賃。この形態では、資本主義的生産様式を独自なものとして特徴づける剰余価値の形態である利潤は、幸いにも取りのぞかれている。

いまこの経済的三位一体をさらに詳しく見てみれば、次のようなことがわかる――

第一に、年々自由に使用することのできる富のいわゆる諸源泉なるものは、それぞれまったく異質な諸部面に属しており、それら相互のあいだにはいささかの類似点もない。それらの相互関係は、たとえば公証人手数料と赤カブと音楽との関係のようなものである。

資本、土地、労働！　しかし資本は、物ではなく、一定の、社会的な、一定の歴史的な社会構成体に属する生産関係であり、この生産関係が、一つの物で表わされ、この物にある独自な社会的性格を
(823)
与えるのである。資本は、物質的な、生産された生産諸手段の総計ではない。[*1] 資本とは、資本に転化された生産諸手段であるが、生産諸手段がそれ自体で資本でないのは、金ないし銀がそれ自体で貨幣でないのと同じである。社会の一定部分によって独占された生産諸手段こそが、すなわち、生きた労働力にたいして自立させられた、ほかならぬこの労働力の諸生産物および活動諸条件こそが、この対立を通して資本において人格化されるのである。自立的な支配諸力に転化された、労働者たちの諸生産物、それらの生産者たちの支配者および購買者としての諸生産物だけでなく、こうした労働の社会的諸力および将来の……〔？　読めない〕形態[*2]もまた、労働者たちの生産物の属性として労働者たち

に相対するのである。したがってここにあるのは、一つの歴史的につくられた社会的生産過程の諸要因の一つの、[*3]一定の、一見するときわめて神秘的な社会的形態である。

＊1〔草稿では、「生産諸手段」以下が「生産諸手段または労働諸手段ではない」となっている〕
＊2〔エンゲルスが「将来の……〔？　読めない〕形態」とした個所について、新メガは、「形態」の上部におそらくZusammenhang（「連関」）の語が書かれているとしている。アドラツキー版はこれを「諸連関、諸形態」と判読し、ヴェルケ版は「関連する形態」と判読している〕
＊3〔草稿では、「一つの歴史的に」以下が「一つの歴史的に独自な社会的生産過程の社会的生産諸要因の一つの」となっている〕

次にまた、資本とならんで、土地が、無機的自然そのものが、まったく原生のままの〝なんの手も加えられていない秩序だてられてもいない塊《かたまり》[*]〟がある。価値は労働である。だから、剰余価値は大地ではありえない。土地の絶対的豊度は、一定分量の労働が、土地の自然的豊度によって制約された一定分量の生産物をもたらす、ということ以外にはなにも引き起こさない。土地の豊度の格差は、同量の労働と資本、したがって同じ価値が、異なる量の土地諸生産物で表現されるということを、したがって、これらの生産物は異なる個別的価値をもつということを引き起こす。これらの個別的価値の市場価値への均等化は、「肥沃な土地が劣等な土地にまさる利点は……耕作者または消費者から地主に移転される」（リカードウ『〔経済学および課税の〕原理』、六〔正しくは六二〕ページ〔堀経夫訳『リカードウ全集』Ⅰ、雄松堂書店、一九七二年、八七ページ〕）ということを引き起こす。

＊〔オウィディウス『変身』、巻一、第七行（中村善也訳『変身物語』、岩波文庫、上、一九九〇年、一一ページ〕

そして最後に、朋友の契りの三番目の者[*1]として単なる亡霊——労働「なるもの」[*2]が現われるが、これは一つの抽象以外のなにものでもなく、それだけを取ってみればなんら存在しないものであるか、または……〔読めない〕を取ってみれば[*3]、人間が自然との物質代謝をそれによって媒介する人間一般の生産的活動であり、あらゆる社会的形態や性格規定を剥ぎ取られているだけでなく、その単なる自(824)然的定在においてさえ、社会とは独立に、すべての社会から切り離された、また、生命の発現および生命の実証として、およそまだ非社会的な人間にも、なにほどか社会的に規定された人間にも共通する人間一般の生産的活動である。

＊1〔この語は、アリストテレスの弟子アリストクセヌス『ピュタゴラスの生涯』（紀元前三五〇年）などに見られるが、とくにシラーの物語詩「人質」で有名。親友を人質に供したメロスがかろうじて帰り着いて約束を守った友情に感動して暴君ディオニュシウス二世が「新たな一人」として朋友の契りへの参加を申し出る（手塚富雄訳、『世界文学大系』18、筑摩書房、一九五九年、一三ページ参照）。三位一体への皮肉〕

＊2〔草稿では、「労働『なるもの』」は「労働なるもの」となっている〕

＊3〔草稿では、「その意味するところを取ってみれば」と判読される〕

資本[*1]——利子。土地所有、地球の私的所有、しかも近代的な、資本主義的生産様式に照応するそれ——地代。賃労働——労賃。つまり、収入の諸源泉のあいだの連関はこの形態において存立するものとされる。資本と同様に、賃労働も土地所有も、歴史的に規定された社会的形態である。[*2] 一方は労働のそれであり、他方は独占された地球のそれであり、しかも両者とも、資本に照応する、また同じ経済的社会構成体に属する形態である。[*3]

＊1〔エンゲルス版では、この前に「Ⅱ」とあり、ここから断片「Ⅱ」が始まる。本訳書、第三巻、一四五七ページの訳注＊2を参照〕

＊2〔草稿では、「歴史的に規定された社会的形態」は「社会的に規定された形態」となっている〕

＊3〔草稿では、このあとに次の文がある。「(現実に正しい定式、資本—利潤（企業利得と利子）、土地所有—地代、賃労働—労賃。)」〕

この定式〔三位一体の定式〕でまず目立つのは、資本とならんで、すなわち、一定の生産様式、社会的生産過程の一定の歴史的姿態に属する一生産要素のこの形態〔資本〕とならんで、一定の社会的形態と融合しその形態で表わされる一生産要素〔資本〕とならんで、一方には土地、他方には労働という現実の労働過程の二つの要素——これらは、この素材的形態においてはすべての生産様式に共通であり、あらゆる生産過程の素材的要素でもあり、しかも生産過程の社会的形態にはなんのかかわりもない——が、無造作に配列されることである。

第二に。資本—利子、大地—地代、労働—労賃という定式において、資本、大地、労働は、それぞれ、その産物、果実としての利子（利潤ではなく）、地代、労賃の源泉として現われる。前者は根拠、後者は帰結、前者は原因、後者は結果である。しかも、個々の源泉のそれぞれが、自分の源泉から押し出され生み出されたものとしてのそれぞれの産物に関連づけられているというように、である。すべての三つの収入、利子（利潤ではなく）、地代、労賃は、生産物の価値の三つの部分、したがって一般的に価値諸部分であり、または、貨幣で表現すれば一定の貨幣諸部分、価格諸部分である。ところで、資本―利子という定式は、確かに資本のもっとも没概念的な定式ではあるが、それでも資本の一定式である。しかし、どうやって大地は、価値すなわち社会的に規定されたある分量の労働を創造するというのか？　まして、どうやって大地自体の生産物のうちの地代を形成する特殊な価値部分を創造するというのか？　大地は、たとえば、小麦という一使用価値の、物質的一生産物の産出にさいして、生産の作用因としての働きをする。しかし、大地は小麦価値の生産とはなんの関係もない。価(825)値が小麦で表わされる限りでは、小麦はただ、一定分量の対象化された社会的労働とみなされるだけであり、この労働が表わされる特殊な素材、またはこの素材の特殊な使用価値とはまったくかかわりがない。このことは、（一）他の事情に変わりがなければ、小麦が安価であるか高価であるかは大地の生産性に依存する、ということとは矛盾しない。農業労働の生産性は自然的諸条件と結びついており、その生産性の程度に応じて、同じ分量の労働が多量のまたは少量の諸生産物、諸使用価値で表わされるのである。〔小麦〕一シェッフェルで表わされる労働分量がどれだけの大きさであるかは、同じ分量の労働が何シェッフェルの量をもたらすかに依存する。この場合、どれだけの量の生産物で価値が表わされるかは、大地の生産性に依存する。しかし、この価値は、この配分にはかかわりなく与えられている。価値は使用価値で表わされる。そして使用価値は価値創造の一条件である。しかし、一

（831）

方に土地という使用価値が立ち、他方に価値、まして一つの特殊な価値部分〔地代〕が立つという対立をつくり出すのは、愚かなことである。(二)*差額地代は、地所の相対的豊度、したがって土地そのものから発生する諸属性に結びついている。しかし、差額地代が第一に、異なる土地種類の生産物の異なる個別的価値にもとづく限りでは、それは、たったいま述べた規定であるにすぎない。差額地代が第二に、これらの個別的価値とは区別される規制的な一般的市場価値にもとづく限りでは、それは、社会的な、競争を媒介として貫徹される一法則であって、これは土地にも、その豊度のさまざまな程度にも少しも関係がない。

＊〔エンゲルス版では、ここまでが断片「Ⅱ」で、「(二)」のあとに「〔ここで草稿は中断している。〕」と書かれていた。しかし、草稿は中断しているのではなく、本文の「差額地代は」以下に接続している。本訳書、第三巻、一四五七ページの訳注＊2を参照〕

少なくとも「労働―労賃」においては、一つの合理的な関係が語られているかのように見えるかもしれない。しかし、そうでないことは「土地―地代」の場合と同じである。労働が価値形成的であり、諸商品の価値に現われる限りでは、労働は、異なるカテゴリーのあいだへのこの価値の分配とはなんの関係もない。労働が、賃労働という独特な社会的性格をもつ限りでは、労働は価値形成的ではない。そもそも以前に明らかにされたように、労賃または労働の価格は、労働力の価値または価格の不合理な表現にすぎない。そして、この労働力が売られる場合の一定の社会的諸条件は、生産の一般的作用因としての労働とはなんの関係もない。労働は、商品のうち、労賃として労働力の価格を形成する価値構成部分にも対象化される。労働は、生産物の他の諸部分と同様にこの部分を創造する。しかし、労働がこの部分に対象化されるのは、労働が地代または利潤を形成する諸部分に対象化されるのと少しも異なるところはない。そして一般に、われわれが労働を価値形成的なものとして確定する場合には、われわれは、労働を、生産条件としてのその具体的姿態において考察するのではなく、賃労働という規定性とは異なる一つの社会的規定性において考察するのである。

「資本―利潤」という表現でさえも、この場合、不正確である。もし資本を、それが剰余価値を生産するというただ一つの関連においてとらえるならば、より詳しく言うと、それが労働力すなわち賃労働者に加える強制によって剰余労働をしぼり取るという、労働者にたいするその関係においてとらえるならば、この剰余価値は、利潤（企業者利得プラス利子）のほかに地代をも、要するに未分割の全剰余価値を包括する。これに反して、ここ〔資本―利潤〕では、資本は収入の源泉として、ただ資本(832)家に帰属する部分にのみ関連づけられる。これは、資本が一般的に引き出す剰余価値ではなく、資本家のために引き出す部分にすぎない。この定式が「資本―利子」に転化すれば、すべての連関がさらにいっそう見えなくなる。

われわれは、第一に、[*1]三つの源泉の異質さを考察したが、いまや第二に、[*2]それとは反対に、その三つの源泉の産物でありその生みの子である諸収入が、すべて、同じ部面、価値という部面に属することを知った。けれども、このこと（この、単に同じ単位で計量できない大きさのあいだの関係ではなく、まったく不整合で互いに関連がなく比較不可能な諸物のあいだの関係）は、実際には、資本が、土地や労働と同じように、単にその素材的実体の面からのみ、したがって単に生産された生産手段としてのみとらえられ、そこでは労働者にたいする関係としての資本も、価値としての資本も捨象されるということによって、埋め合わせがつけられる。

＊1〔この「第一に」は、本訳書、第三巻、一四六六ページの「第一に、」を指している〕
＊2〔この「第二に」は、本訳書、第三巻、一四六九ページの「第二に。」を指している〕

第三に。したがってこの意味では、資本―利子（利潤）、大地―地代、労働―労賃という定式は、均等で対称的な不一致を示す。実際、賃労働が労働の社会的に規定された一形態として現われるのではなく、すべての労働がその性質上賃労働として現われる（資本主義的生産諸関係にとらわれている人にはそう見える）ことによって、対象的な労働諸条件――生産された生産諸手段と大地――が賃労働にたいしてとる一定の独自な社会的諸形態（それらはまた逆に賃労働を前提する）もまた、そのまで、これらの労働諸条件の素材的定在と一致する、言い換えれば、これらの労働諸条件が一般に現実の労働過程で、労働過程のあらゆる歴史的に規定された社会的形態とはかかわりなく、それどころかあらゆる社会的形態ともかかわりなくとる姿態と一致する。だからこそ、労働から疎外され、労働にたいして自立させられ、このようにして転化をとげた労働諸条件の姿態――したがってこの姿態において、生産された生産諸手段が資本に転化し、大地は独占された大地すなわち土地所有に転化するのであるが――、一定の歴史的時代に属するこの姿態が[＊1]、生産過程一般における、生産された生産諸手段および大地の定在および機能と一致するのである。それらの生産手段は、それ自体として、生ま

（833）れたときから、資本である。資本とは、それらの生産手段の単なる「経済学的名称」にほかならない。そして同じように大地もまた、それ自体として、生まれたときから、若干数の土地所有者によって独占された大地である。資本および資本家——資本家は、事実、人格化された資本にほかならない——において諸生産物が生産者たちにたいして自立的支配力になるのと同じように[*2]、土地所有者において土地が人格化され、この土地がやはりあと足で立って、自立的支配力として、その助けによって生み出された生産物のうちから自分の分け前を要求する。その結果、土地が、生産物のうち自己に帰属する部分を自己の生産性を補填し増大させるために受け取るのではなく、土地の代わりに土地所有者が、高く売って浪費するためにこの生産物の分け前を受け取るのである。資本が賃労働としての労働を前提することは明らかである。しかし、賃労働としての労働から出発し、その結果、労働一般と賃労働との一致が自明のことのように見えるとすれば、資本および独占された大地が、労働一般にたいして、労働諸条件の自然的形態として現われざるをえない、ということも、同じく明らかである。資本である[*3]ことが、いまや、労働諸手段の自然的形態として現われ、したがって純粋に物的な、労働過程一般における労働諸手段の機能から生じる性格として現われる。こうして、資本と生産された生産手段とは同一表現となる。それと同じように、大地と私的所有によって独占された大地とは同一表現となる。だから、生まれたときから資本である労働諸手段そのものが利潤の源泉となり、また、大地そのものが地代の源泉となる。

＊1 〔「一定の歴史的時代に属するこの姿態」はエンゲルスによる〕

＊2　〔草稿では、「自立的支配力になる」は「自立する」となっている〕
＊3　〔草稿では、「自立的支配力として」は「自立して、地主の姿で」となっている〕
＊4　〔草稿では、「労働一般」は「労働」となっている〕

労働そのものは、合目的的な生産的活動というその単純な規定性においては、その社会的形態規定性における生産諸手段にではなく、労働の材料および手段としてのその素材的実体における生産諸手段に関連づけられるのであり、これらの生産諸手段は、やはり素材的にのみ、使用価値として——すなわち、土地は生産されたのではない労働手段として、その他は生産された労働手段として——相互に区別されるのである。したがって、労働が賃労働と一致するのであれば、労働諸条件がいまや労働に対立してとる一定の社会的形態もまた、労働諸条件の素材的定在と一致する。その場合には、労働諸手段そのものが資本であり、大地そのものが土地所有である[1]。その場合には、労働にたいするこれら労働諸条件の形式的な自立化、労働諸条件が賃労働にたいしてとるこの自立化の特殊な形態[2]は、物としての、物質的生産諸条件としてのこれらの労働諸条件とは不可分な一属性であり、生産諸要素としてのこれらの労働諸条件に必然的にそなわり、内在的に根づいている一性格である。一定の歴史的時代によって[3]規定された、資本主義的生産過程におけるこれらの労働諸条件の社会的性格は、それらのものに自然的に、いわば永遠の昔から[4]、生産過程の諸要素として生来そなわる物的な一性格である。それだからこそ、労働の本源的な就業場面としての、自然諸力の国としての、あらゆる労働対象の眼前の倉庫としての大地が生産過程一般[5]において行なう関与と、生産された生産諸手段（諸用具、諸原

（834）

料など）がそこにおいて行なう他の関与とは、この場合にはそれぞれが、資本および土地所有[*6]としてのそれら〔生産諸手段および大地〕に与えられる、すなわち、それらの社会的代表者たちに利潤（利子）および地代の形態で与えられるそれぞれの分け前に表現される――ちょうど労働者の労働が生産過程で行なう関与が労働者には労賃に表現されるように――というように見えざるをえない。こうして、地代、利潤、労賃は、大地、生産された生産諸手段、および労働が、単純な労働過程で演じる役割から生まれてくるように見えるのであり、この労働過程をわれわれが単に人間と自然とのあいだで行なわれるものとして、あらゆる歴史的規定性を度外視して考察する限りでさえも、そう見える。[*7]次のように言っても、同じことを別の形で言っているだけである。すなわち、賃労働者の自分自身のための労働を彼の収益、彼の収入として表わす生産物は、ただの労賃にすぎず、価値（したがってまたこの価値によってはかられる社会的生産物）のうち彼の労賃を表わす部分であるにすぎない、と。したがって、賃労働が労働一般[*8]と一致するならば、労賃も労働の生産物と一致し、労賃が表わす価値部分も、労働によって創造された価値一般と[*9]一致する。しかしそれによって、価値の他の部分である利潤と地代は、労賃にたいして同じように自立的に相対するのであり、そして労働とは種類の異なる、また労働から独立した独自の源泉から発生しなければならないのである。それらは、一緒に作用する生産諸要素から発生し、この諸要素の占有者たちの手に帰属しなければならないのであり、したがって、利潤は生産諸手段すなわち資本の素材的諸要素から発生し、地代は土地所有者によって代表される大地または自然から発生しなければならない（ロッシャー[*10]）。

＊1〔草稿では、「大地そのものが土地所有である。」は「大地そのものが、土地所有のもとに包摂された大地である。」となっている〕
＊2〔草稿では、「この自立化の特殊な形態」は「自立化」となっている〕
＊3〔「一定の歴史的時代によって」はエンゲルスによる〕
＊4〔「いわば永遠の昔から」はエンゲルスによる〕
＊5〔草稿では、「生産過程一般」は「生産過程そのもの」となっている〕
＊6〔草稿では、「土地所有」は「土地所有のもとに包摂された大地」となっている〕
＊7〔草稿では、「単純な労働過程」以下は「単なる人間的な自然過程として考察された現実の労働過程で演じる役割から出てくるように見える。」となっている〕
＊8〔草稿では、「労働一般」は「労働そのもの」となっている〕
＊9〔草稿では、「労働によって創造された価値一般と」は「一般に、労働者によって彼の労働を通じて創造された価値と」となっている〕
＊10〔W・ロッシャー『国民経済学原理』、第三版、シュトゥットガルト、アウクスブルク、一八五八年、三九九ページ、参照〕

こうして、土地所有、資本、および賃労働は、次のような意味における収入の諸源泉から、次のような現実の諸源泉に転化する。すなわち、資本は資本家が労働から引き出す剰余価値の一部分を利潤の形態で資本家に引き寄せ、大地の独占は〔剰余価値の〕他の一部分を地代の形態で土地所有者に引き寄せ、また労働は最後のなお自由に処分しうる価値部分を労賃の形態で労働者に与えるという意味での収入の諸源泉、すなわち、価値の一部分が利潤の形態に、第二の一部分が地代の形態に、第三の一部分が労賃の形態に転化することを媒介する諸源泉から、これらの〔三つの〕価値諸部分と、これらの価値諸部分がそのなかに存在するか、そうでなければこれらの価値諸部分がそれらに転換されうる生産物の当該の諸部分そのものとがそこから発生する現実の諸源泉、したがって、生産物の価値そのものが究極の源泉としてのそこから発生する現実の諸源泉に転化する。(五〇)

(五〇)「賃銀、利潤、および地代は、いっさいの交換価値の三つの本源的な源泉であると同時に、いっさいの収入の三つの本源的な源泉である」（A・スミス）。*1*2――「こうして、物質的生産の諸原因は、同時に、現存する本源的な諸収入の諸源泉である」（シュトルヒ〔『経済学講義』、サンクト・ペテルブルク、一八一五年〕、第一巻、二五九ページ）。

*1〔A・スミス『諸国民の富』、大内兵衛・松川七郎訳、岩波文庫、㈠、一九五九年、一九六ページ。労賃、利潤、地代、ならびに価値の諸源泉にかんするスミスの見解にたいするマルクスの研究については、本訳書、第二巻、五七七―六二二ページ、および『資本論草稿集』5、大月書店、一九八〇年、八七―一〇二ページ、同6、一九八一年、四七五―五二七ページ、または邦訳『全集』第二六巻（『剰余価値学説史』）、第一分冊、八一―九五ページ、同、第二分冊、四五一―五〇〇ページを参照〕

*2〔草稿では、このあとに次の文がある――「このかたちでは同義反復である。賃銀、利潤、地代は収入の三つの本源的形態である。これらが本源的源泉であると言うことは、収入から収入が生じるということを意味する。」〕

(835) すでにわれわれは、資本主義的生産様式の、それどころか商品生産の、*1もっとも単純な諸カテゴリーである商品および貨幣を考察したさいに、次のような神秘化する性格を明らかにした。それは、社会的諸関係――富の素材的諸要素は生産にさいしてこの諸関係の担い手として役立つ――を、これらの物そのものの諸属性に転化させ（商品）、そしてなおいっそうはっきりと生産関係そのものを一つの物に転化させる（貨幣）性格である。あらゆる社会諸形態は、それらが商品生産および貨幣流通をもたらす限りで、この転倒に関与している。しかし、資本主義的生産様式においては、そしてその支配的カテゴリー、その規定的な生産関係をなす資本のもとでは、魔法をかけられ、転倒させられたこの世界はさらにいっそう発展する。資本をまず直接的生産過程において――剰余労働をくみ出すポンプとして――考察すれば、この関係はまだ非常に単純であり、現実の連関はこの過程の担い手である資本家たち自身にせまってきて、なおまだ彼らに意識されている。労働日の諸限界をめぐる激しい闘争はこのことをはっきりと証明する。しかし、この媒介されていない部面、労働と資本とのあいだの直接的過程の部面の内部においてさえ、このような単純さのままではいない。本来的な独自の資本主義的生産様式における相対的剰余価値の発展につれて――それとともに労働の社会的生産諸力が発展する――、こうした生産諸力と、直接的生産過程における労働の社会的諸連関とは、労働から資本に移されたものとして現われる。それとともに、労働のあらゆる社会的生産諸力が、労働そのものにではなく資本に属する諸力として、また資本自身の胎内から生まれ出る諸力として現われることによって、資本はすでにきわめて神秘的な存在になる。[*2]次に流通過程が介入し、資本のあらゆる部分が――、農業資本のあらゆる部分さえもが――、独自の資本主義的生産様式が発展するのと同じ度合いで、流通過程の素材変換および形態変換にとらえられる。この流通過程こそは、もともとの価値生産の諸関係がすっかり背景にしりぞく部面である。すでに直接的生産過程において、資本家は、同時に商品生産者として、商品生産の指揮者として活動している。だからこの生産過程は、彼にとっては、決して単純に剰余価値の生産過程として現われはしない。しかし、資本が直接的生産過程でくみ出し、諸商品で表わした剰余価値がどのようなものであるにせよ、諸商品に含まれる価値および剰余価値は、まず流通過程で実現されなければならない。そして、生産に前貸しされた諸価値の回収も、またとくに(836)諸商品に含まれる剰余価値も、流通のなかでただ実現されるだけではなくて、流通から発生するように見える。この外観は、とくに二つの事情によって固定化される。第一に、譲渡のさいの利潤[*3]が、詐欺、狡知《こうち》、専門的知識、手腕、およびありとあらゆる市況に左右されること。しかし次に、ここで労働時間とならんで、第二の規定的要素である流通時間が加わるという事情。この流通時間は、価値形成および剰余価値形成の消極的制限として機能するにすぎないとはいえ、それでも、労働そのものと同じように積極的原因であるかのような、また資本の本性から生じて労働とはかかわりのない一つの規定性をもち込むかのような外観を帯びる。われわれは、第二部では、この流通部面を、当然ながら、それが生み出す形態諸規定に関連して叙述し、この部面で行なわれる資本の姿態のいっそうの発展を明らかにするだけでよかった。しかし現実においては、この部面は、個々のどの場合をとってみても、偶然によって支配される競争の部面である。したがってそこでは、これらの偶然のなかで自己を貫き、これらの偶然を規制する内的法則は、これらの偶然が大量に総括される場合にのみはじめて目に見えるようになるのであり、したがってそこでは、この内的法則は、個々の生産当事者たち自身には目に見えないままであり、不可解なままである。しかしさらに、現実の生産過程は、直接的生産過程と流通過程の統一として、新しい諸姿容を生み出し、そのなかでは、ますます内的諸連関の脈絡は消えうせ、生産諸関係は互いに自立化し、価値の諸構成部分は互いに自立的諸形態に骨化するのである。

＊1〔「それどころか商品生産の」はエンゲルスによる〕

＊2〔草稿では、「労働そのものにではなく」は「労働そのものに対立して」となっている〕

＊3〔草稿では、「譲渡のさいの利潤」は英語で「収奪にもとづく利潤」と書かれている。マルクスは、『一八六一―一八六三年草稿』のなかで、ジェイムズ・スチュアトの用語「譲渡にもとづく利潤」を「収奪にもとづく利潤」とも表記している（『資本論草稿集』5、大月書店、二〇ページ、注（5）参照）。「譲渡にもとづく利潤」については、本訳書、第三巻、三九六ページ訳注＊2参照。また、『資本論草稿集』8、一九八四年、五五〇ページも参照〕

剰余価値の利潤への転化は、すでに見たように、生産過程によって規定されているのと同程度に、流通過程によっても規定されている。剰余価値は、利潤の形態においては、もはや、労働に支出された資本部分――そこから剰余価値が発生する――に関連づけられるのではなく、総資本に関連づけられる。利潤率は独自な諸法則によって規制され、それらは剰余価値の率が不変のままであっても利潤率の変動を許し、またこの変動を引き起こしさえする。すべてこうしたことは、剰余価値の真の本性を、したがって資本の現実の仕掛けをますますおおい隠す。こうしたことは、利潤が平均利潤に転化

(837)

し、諸価値が生産価格に、すなわち市場価格の規制的平均に転化することによって、さらにいっそう生じる。ここでは、一つの複雑な社会的過程が、すなわち諸資本の均等化過程が介入してくるのであって、この均等化過程は、諸商品の相対的な平均価格をその価値から切り離し、さまざまな生産諸部面（それぞれの特殊な生産部面における個別的な資本諸投下はまったく度外視する）における平均利潤を個別の諸資本による労働の現実の搾取から切り離す。ただ単にそう見えるばかりではなく、ここでは実際にそうなのであるが、諸商品の平均価格はその価値、したがってそれらの商品に実現された労働と相違し、また、個別の一資本の平均利潤は、この資本が自分の使用する労働者たちから引き出した剰余価値と相違する。諸商品の価値は、直接的にはもはや、労働の生産力の変動が生産価格の騰落、その運動に――その究極的諸限界にではなく――およぼす影響においてのみ現われるにすぎない。利潤は、もはや付随的にのみ労働の直接的な搾取によって規定されたものとして、すなわち、労働の直接的な搾取が資本家に、外観上はこの搾取とはかかわりなく存立する規制的市場価格のもとで、平均利潤から背離する利潤を実現することを許す限りにおいて、そのように規定されたものとして現われるにすぎない。正常な平均利潤そのものは、資本に内在し、搾取にはかかわりがないように見える。異常な搾取は、または有利な例外的諸条件のもとでの平均的搾取も、ただ平均利潤からの背離をもたらすだけで、平均利潤そのものをもたらすのではないように見える。*企業者利得と利子とへの利潤の分裂は（流通を基礎とし、生産過程自体からではなく完全に流通から発生するように見える商業利潤および貨幣取引利潤の介入はまったく問題にしない）、剰余価値の形態の自立化を、剰余価値の実体、その本質にたいする剰余価値の形態の骨化を、完成する。利潤の一部分〔企業者利得〕は、他の部分〔利子〕に対立して、資本関係そのものから完全に引き離され、賃労働の搾取という機能からではなく、資本家自身の賃労働から発生するものとして現われる。これに対立して、次には利子が、労働者の賃労働にも資本家自身の労働にもかかわりなく、それ自身の独立な源泉としての資本から発生するように見える。資本は当初、流通の表面で、資本物神、価値を生む価値として現われたが、それは、いまやふたたび、利子生み資本の姿態において、そのもっとも疎外された、もっとも独自な形態にあるものとして現われる。したがってまた、「資本―地代」および「労働―労賃」にたいする第三のものとしての「資本―利子」という形態は、「資本―利潤」よりもはるかに首尾一貫している。というのは、利潤においてはいまなおその起源を思い出させるものが残っているが、利子においてはそれが消滅しているだけでなく、この起源とははっきり対立する形態に置かれているからである。

*〔草稿ではここで改行されている〕

(838)

最後に、剰余価値の自立的源泉としての資本とならんで、土地所有が、平均利潤の制限として、また剰余価値の一部分を次のような一階級に――すなわち、みずから労働するのでもなく、直接に労働者たちを搾取するのでもなく、また利子生み資本のように、たとえば資本の貸し出しにさいしての危険や犠牲という道徳的にありがたい慰めの理由にふけることもできない一階級に――移転するものとして、登場する。ここでは、剰余価値の一部分は、社会諸関係にではなく、一つの自然要素である大地に直接に結びついているように見えるために、剰余価値のさまざまな部分相互の疎外および骨化の形態は完成され、内的な関連は最終的に引き裂かれ、そして、剰余価値の源泉は、まさに生産過程のさまざまな素材的諸要素に結びつけられた生産諸関係の相互の自立化によって、完全に埋没させられているのである。

資本―利潤、またはより適切には資本―利子、土地―地代、労働―労賃においては、すなわち、価値および富一般の構成諸部分とその諸源泉との連関としてのこの経済学的三位一体においては、資本主義的生産様式の神秘化が、社会的諸関係の物化が、素材的な生産諸関係とその歴史的[*1]-社会的規定性との直接的な一体化が完成されている。魔法をかけられ、転倒させられ、さか立ちさせられた世界――そこではムッシュー・ル・カピタル〔資本氏〕とマダム・ラ・テール〔土地夫人〕とが、社会的登場人物として、と同時に直接にはただの物として、その幻像をかけめぐらせる。[*2]この偽りの外観と欺瞞、富のさまざまな社会的諸要素相互のこの自立化と骨化、この、諸物の人格化と生産諸関係の物化、日常生活のこの宗教、これらを打ちこわしたことは、古典派経済学の大きな功績である。古典派経済学は、利子を利潤の一部分に還元し、地代を平均利潤を超える超過分に還元し、その結果、両者を剰余価値に合流させることによって、また、流通過程を諸形態の単なる変態として叙述し、最後に、直接的生産過程において諸商品の価値および剰余価値を労働に還元することによって、そうしたのである。とはいっても、古典派経済学の最良の代弁者たちでさえ――ブルジョア的立場からはそうならざるをえないのであるが――、彼らによって批判的に打ちこわされた外観の世界にやはりまだ多かれ少なかれとらわれており、したがって、すべてが多かれ少なかれ不徹底さ、中途半端さ、および解決の

（839）

つかない矛盾におちいっている。これにたいして、他方では、現実の生産当事者たちが、資本―利子、土地―地代、労働―労賃というこの疎外された不合理な形態において、すっかりわが家のようにくつろいだ気分になることも、同じように当然である。というのは、これこそはまさに、彼らがそのなかで運動し、日々それとかかわり合う外観の諸姿態だからである。だから、俗流経済学、すなわち、現実の生産当事者たちの日常的諸観念の、教科書風な、多かれ少なかれ教義的な翻訳以外のなにものでもなく、これらの観念のあいだに、ある種の筋道立った秩序をもたらす俗流経済学が、いっさいの内的連関が消滅しているまさにこの三位一体において、自分の浅薄な尊大さの自然な、いっさいの疑問を超えた基盤を見いだすのも、同じように当然である。この定式は同時に、支配諸階級の利益にも一致する。というのは、この定式は、支配諸階級の所得の諸源泉の自然必然性および永遠の正当性を宣言し、一つのドグマに高めるものだからである。

＊1〔「歴史的」はエンゲルスによる〕

＊2〔ゲーテ『詩と真実』、第一三章（山崎章甫訳、岩波文庫、第三部、一九九七年、二二〇ページ）参照〕

生産諸関係の物化、および生産当事者たちにたいする生産諸関係の自立化を叙述するさいには、われわれは、いかにそれらの連関が、世界市場、その商況、市場価格の運動、信用の期間、商工業の循環、繁栄と恐慌との交替によって、生産当事者たちにとって、圧倒的な、不可抗的に彼らを支配する自然法則として現われ、彼らにたいして盲目的な必然性として作用するか、その仕方には立ち入らない。なぜなら、競争の現実の運動はわれわれのプランの範囲外にあるのであり、われわれはただ、資本主義的生産様式の内部組織のみを、いわばその理念的平均において、叙述すべきだからである。

＊〔草稿では、このパラグラフ全体が角括弧でくくられ、前の段落に続いて書かれている〕

以前の社会諸形態においては、この経済的神秘化は、主として貨幣および利子生み資本にかんして起こるだけである。それは、当然ながら、次の場合には排除されている。第一には、使用価値のための、すなわち直接的な自家需要のための生産が優勢な場合、第二には、古代および中世におけるように、奴隷制または農奴制が社会的生産の広範な基盤をなす場合である。この場合には、生産者たちにたいする生産諸条件の支配は、支配－隷属諸関係によって隠蔽されており、この支配－隷属諸関係が生産過程の直接的な原動力として現われ、目に見えるのである。自然発生的な共産主義が支配する原始共同体[＊1]においては、また古代の都市共同体においてさえも、生産の基盤として現われるものは、まさにこの共同体自体とその諸条件であり、また共同体の再生産が生産の最終目的として現われる。中世の同職組合制度においてさえ、資本も労働も無拘束なものとしては現われず、資本と労働との諸関連は、組合制度およびそれと結びついている諸関係、ならびにこの諸関係に照応する職業上の義務、親方制度などの諸観念によって規定されたものとして現われる。資本主義的生産様式においてはじめて……[＊2]

＊1〔草稿では、「原始共同体」は「オリエント的共同体」となっている〕

＊2〔ここで草稿は中断している。エンゲルス版では、ここが第四八章の末尾となっている〕

＊〔エンゲルス版では、ここに「Ⅲ」とあり、ここから断片「Ⅲ」が始まる。本訳書、第三巻、一四五七ページの訳注＊1、＊2、および一三九〇ページの訳注＊3を参照〕

＊

（825）

俗流経済学は、ブルジョア的生産諸関係にとらわれたこの生産の当事者たちの諸観念を教義的に代弁し、体系化し、弁護する以外には、実際にはなにも行なわない。したがって、まさに経済的諸関係の疎外された現象形態においては、この経済的諸関係は〝明らかに〟ばかげたものであり、完全な矛盾であるが――そして、もし事物の現象形態と本質とが直接に一致するなら、あらゆる科学は余計なものであろう――、まさにその疎外された現象形態において、俗流経済学が申し分なくくつろいだ気分になるとしても、そして、この諸関係の内的連関が隠蔽されていればいるほど、しかも、この諸関係が通常の観念になじむものであればあるほど、それだけますます俗流経済学にとってこの諸関係が自明なものに見えるとしても、われわれにとってはおどろくにあたらない。だからこそ、俗流経済学は、それが出発点にする三位一体、すなわち、土地―地代、資本―利子、労働―労賃または労働の価格が、三つの〝明らかに〟不可能な組み合わせであることには、いささかも気がつかない。まず、なんの価値ももたない使用価値である土地と、交換価値である地代があり、こうして、一つの社会関係が、物として把握され、自然にたいして比例関係におかれている。すなわち、同じ単位で計量できない二つの大きさが相互に関係するものとされている。[*1] 次に資本―利子。資本が貨幣で自立的に表わさ

(826)

れた一定の価値額として把握される場合、ある価値はそれが値いするよりも多くの価値であるなどということは、〝明らかに〟ナンセンスである。まさに資本―利子という形態では、いっさいの媒介がなくなっており、資本は、そのもっとも一般的な、しかしそれゆえにまたそれ自身からは説明できない、不合理な定式に還元されている。それだからこそ俗流経済学者は、資本―利潤という定式よりも、資本―利子という、ある価値が自分自身とは等しくないという摩訶不思議な性質をもった定式を好むのである。なぜなら、資本―利潤という定式の場合には、さっそく現実の資本関係により接近することになるからである。さらにまた、四は五ではなく、したがってまた一〇〇ターレルは一一〇ターレルではありえないという不安感によって、俗流経済学者は、価値としての資本から資本の素材的実体へ、労働の生産条件としての資本の使用価値である機械、原料等へ逃げ込むのである。こうしてさらにまた、四イコール五という最初の不可解な関係の代わりに、一方における使用価値、すなわち物と、他方における一定の社会的生産関係、すなわち剰余価値とのあいだの、同じ単位で計量することのまったくできない関係をつくり出すことに成功する――土地所有の場合と同じく。ひとたびこの同じ単位で計量できないものに到達すると、俗流経済学者には万事が明らかになり、彼はもはやそれ以上考えめぐらす必要を感じない。というのは、彼はまさにブルジョア的観念の「合理的なもの」に到達したからである。最後に、労働―労賃、労働の価格は、すでに第一部で指摘したように[*2]、〝明らかに〟価値の概念と矛盾する表現であり、同じく、一般的にはそれ自体価値の一定の表現にすぎない価格の概念とも矛盾する表現である。また「労働の価格」というのは、黄色い対数というのと同様に不合理である。しかし俗流経済学者は、ここでますます満足する。というのは、彼はいまや、自分は労働にたいして貨幣を支払うという、ブルジョアの深遠な洞察に達しているからであり、また、価値の概念にたいするこの定式の矛盾のおかげで、彼は、価値の概念を把握する義務から解放されるからである。

＊1〔草稿では、「すなわち、同じ単位で計量できない二つの大きさ」とだけ書かれている〕

＊2〔本書、第一部、第六篇、第一七章参照〕

（840）

第四九章　生産過程の分析によせて＊

＊〔草稿では「2)」とだけ書かれている。この表題は、本篇の冒頭部分に列記されている構成プラン（本訳書、第三巻、一四五五ページの訳注＊1参照）から採用されている。

この草稿を執筆した時点で、第二部で執筆されていたのは第一草稿（中峯照悦・大谷禎之介他訳『資本の流通過程』、大月書店、一九八二年）だけであった。そこでは、再生産論は、内容的には解決されていたが、マルクスはまだ本格的な表式での叙述には到達していなかった。したがって、『資本論』の草稿で、二本立ての数式で再生産過程の全容を展開したのは、ここが最初になる。また、スミスのドグマにたいする批判も、草稿のこの部分を執筆した時には、ここが、『資本論』全三部のなかでこの問題を扱う主要な章と位置づけられていた。その後、マルクスは、第二部の構想を変更し、第二部第三篇に、再生産論の学説史的な研究を織り込むことにし、第二草稿を経て、第八草稿でスミスのドグマにたいする批判を詳論した〕

以下の研究にとっては、生産価格と価値との区別は度外視してよい。というのは、ここでそうするように、労働の年々の総生産物の価値、すなわち社会的総資本の生産物の価値が考察される場合には、この区別は一般になくなるからである。

利潤（企業者利得プラス利子）と地代とは、商品の剰余価値の特殊な諸部分がとる独自な形態にほかならない。剰余価値の大きさは、剰余価値が分解しうる諸部分の総和の限界である。したがって、平均利潤プラス地代は剰余価値に等しい。商品に含まれる剰余労働の、したがって剰余価値の一部分

（841）

が、平均利潤への均等化に直接には参加せず、その結果、商品価値の一部分が商品の価格にはまったく表現されない、ということはありうる。しかしながら、このことは、第一に、その価値よりも安く売られた商品が不変資本の一要素をなす場合には、利潤率が増大するということによって埋め合わされ、そうでなく、その価値よりも安く売られた商品が個人的消費物品として価値のうち収入として消費される部分にはいり込む場合には、利潤と地代とがより大きな一生産物で表わされる、ということによって埋め合わされる。また第二に、このことは平均運動のなかで相殺される。いずれにしても、剰余価値のうち商品の価格に表現されない一部分が価格形成[*1]に加わらない場合でさえ、平均利潤プラス地代の合計が、それの正常な形態では、総剰余価値より小さいことはあっても大きいことは決してありえない。それの正常な形態は、労働力の価値に照応する労賃を前提する。独占地代でさえ、それが労賃からの控除ではなく、したがって特殊なカテゴリーをなすものでない限りでは、間接的にはつねに剰余価値の一部分をなさざるをえない。独占地代は、差額地代の場合のように、それ〔差額地代〕を一つの構成部分とする商品そのものの生産費を超える価格超過分[*2]の一部分をなしたり、または（絶対地代の場合のように）それ〔絶対地代〕を一つの構成部分とする商品そのものの剰余価値のうち、平均利潤によって計量されるその商品自身の剰余価値部分を超える超過部分をなしたりはしないとしても、それでもそれは、他の諸商品の、すなわち独占価格をもつこの商品と交換される諸商品の、剰余価値の一部分をなす。[*3]――平均利潤プラス地代の合計は、この両者を諸部分とし、またこの分割以前にすでに与えられている大きさよりも大きいということは決してありえない。だから、諸商品の剰余価値全部、すなわち、諸商品に含まれているすべての剰余労働が、それら諸商品の価格に実現されるかされないかは、われわれの考察にとってはどうでもよいことである。ある所与の商品の生産に社会的に必要な労働の大きさが恒常的に変動する――これは労働の生産力の恒常的な変動から生じる――もとでは、つねに諸商品の一部分は正常でない諸条件のもとで生産されざるをえず、したがってその個別的価値よりも安く売られざるをえないという理由からだけでもすでに、剰余労働は全部が実現されることはない。いずれにせよ、利潤プラス地代は実現された剰余価値（剰余労働）全部に等しく、ここで問題である考察にとっては、実現された剰余価値は全剰余価値に等しいとすることができる。というのは、利潤および地代は実現された剰余価値であり、したがって一般的には、諸商品の価格にはいり込む剰余価値であり、したがって実際的に見れば、この価格の一構成部分をなす全剰余価値だからである。

＊１〔草稿では、「価格形成」は「価格評価」となっている〕
＊２〔草稿では、「生産費を超える価格超過分」は「超過生産価格」となっている〕
＊３〔このパラグラフの冒頭三行目の「商品に含まれる剰余労働の」からここまでは、草稿では角括弧でくくられている〕

他方では、収入の第三の独自な形態をなす労賃は、資本の可変的構成部分につねに等しい。すなわち、労働諸手段に支出されるのではなくて、生きた労働力の購入に、労働者たちの支払いに支出される構成部分につねに等しい。＊１（収入の支出として支払われる労働は、それ自体、労賃、利潤、または地代によって支払われるのであり、したがって、それは、この労働の支払いに用いられる諸商品の価値部分を形成しない。だから、この労働は、商品価値とそれが分かれる構成諸部分との分析では考察にははいらない。）それ〔労賃〕は、労働者たちの総労働日のうち、可変資本の価値が、したがって労働の価格が再生産される部分の対象化であり[*2]、商品価値のうち、労働者が彼自身の労働力の価値または彼の労働の価格を再生産する部分である。労働者の総労働日は二つの部分に分かれる。一つの部分は、労働者が彼自身の生活諸手段の価値を再生産するために必要な分量の労働を行なう部分である。すなわち、彼の総労働のうち支払いを受ける部分であり、彼の労働のうち彼自身の維持と再生産とにとって必要な部分である。労働日のうち残りの部分全部、彼の労賃の価値に実現される労働を超えて彼が行なう超過労働分量の全部は、彼の総商品生産の剰余価値に（したがって超過商品分量に）現われる剰余労働、不払労働であり、この剰余価値はまた、異なる名前をつけられた部分に、利潤（企業者利得プラス利子）と地代に分かれる。

（842）

＊1〔草稿では、このあとに「労賃の価値は可変資本の価値によってつねに計量される」という一文がある〕

＊2〔草稿では、「対象化」は「体化物」となっている〕

したがって、諸商品の価値のうち、一日間または一年間につけ加えられた労働者たちの総労働が実現される部分の総体、年々の生産物のうちこの労働が創造する総価値は、労賃の価値、利潤、および地代に分かれる。というのは、この総労働は、労働者が、生産物のうち彼自身への支払いに用いられる価値部分すなわち労賃を創造するための必要労働と、労働者が、生産物のうち剰余価値を表わし、のちに利潤と地代とに分裂する価値部分を創造するための不払いの剰余労働とに分かれるからである。労働者は、この労働以外にはなにも労働を行なわないし、労賃、利潤、地代という形態をとる生産物の総価値以外にはなにも価値を創造しない。年々の生産物のうち一年間に新たにつけ加えられる彼の労働を表わす価値は、労賃または可変資本の価値、プラス、剰余価値に等しく、この剰余価値がまた、利潤および地代という形態に分かれるのである。

したがって、年々の生産物の価値のうち労働者が一年間に創造する部分の総体は、三つの収入の年々の価値総額、すなわち労賃、利潤、および地代の価値で表現される。だから、年々創造される生産物価値においては、明らかに不変資本部分の価値は再生産されていない。というのは、労賃は、生産に前貸しされた可変資本部分の価値にちょうど等しく、地代と利潤とは、剰余価値、すなわち、不変資本の価値プラス可変資本の価値に等しい前貸資本の総価値を超えて生産された価値超過分にちょうど等しいからである。

利潤および地代という形態に転化された剰余価値の一部分が、収入として消費されないで蓄積に用いられるということは、ここで解決されるべき困難にとってはまったくどうでもよいことである。剰余価値のうち蓄積元本としてたくわえられる部分は、新たな追加資本の形成には用いられるが、旧資本の補填には——旧資本のうち労働力に支出された構成部分の補填にも、労働諸手段に支出された構成部分の補填にも——用いられない。したがって、ここでは、簡単にするために、諸収入はことごとく個人的消費にはいり込むものと仮定してかまわない。困難は二重に現われる。一方では、これらの

（843）収入――労賃、利潤、地代――が消費される年々の生産物の価値は、自己のうちに、この生産物中に吸収された不変資本部分の価値部分に等しい一価値部分を含む。年々の生産物は、労賃に分解する価値部分と、利潤および地代に分解する価値部分とのほかに、右の価値部分を含む。つまり、年々の生産物の価値は、労賃＋利潤＋地代＋Cに等しいのであって、このCはその不変価値部分を表わす。では、労賃＋利潤＋地代にちょうど等しい年々生産される価値が、どのようにして、（労賃＋利潤＋地代）＋Cに等しい価値の生産物を買うというのであろうか？　年々生産される価値が、どのようにして、それ自身よりも大きい価値をもつ生産物を買うことができるのであろうか？

他方では、不変資本のうち生産物にはいり込んでいない部分、したがって、価値は減少するとはいえ諸商品の年生産の前と同じようにあとにも存続する部分を度外視するならば、すなわち、使用されたが、消費し尽くされはしなかった固定資本をさしあたり捨象するならば、前貸資本のうち、原料および補助材料の形態にある不変部分は、新生産物にすっかり吸収されているが、他方、労働諸手段のほうは、その一部分はすっかり消費され、他の一部分は部分的にのみ消耗されており、したがってその価値の一部分のみが生産で消費し尽くされている。不変資本のうち、生産で消費されたこの部分の全部は〝現物で〟補填されなければならない。他のすべての事情、とくに労働の生産力が不変であると前提すれば、この部分は、それを補填するために、以前と同じ労働分量を必要とする。すなわち、それは価値等価物によって補填されなければならない。そうでなければ、再生産そのものがもとの規模で行なわれることはできない。しかし、だれがこの労働をすべきであるというのか、また、だれが

(844)

〔実際に〕この労働をするのか？

生産物に含まれる不変価値部分をだれが、なにで支払うというのか？　という第一の困難の場合には、生産において吸収された不変資本の価値は生産物の価値部分として再現すると想定されている。[*1] このことは、第二の困難の諸前提とは矛盾しない。というのは、新たな労働は旧価値を再生産するのではなく、旧価値への追加分を創造し、追加価値を創造するだけであるが、それにもかかわらず、新たな労働の単なる追加によって、どうやって、同時に旧価値が生産物のなかに保持され続けるのかということ――しかしこのことは、価値を創造する労働、すなわち労働一般である限りでの労働からではなく、特定の生産的労働として機能している労働から生じるということ[*2]――は、すでに第一部第五章（労働過程と価値増殖過程）〔本訳書、第一巻、三〇九ページ以下〕で証明されているからである。したがって、収入すなわち一年間に創造された全価値が支出される生産物において不変部分の価値を維持し続けるために、追加労働は少しも必要ではなかったのである。しかし、前年中にその価値および使用価値から見て消費し尽くされた不変資本を補填する――この補填なしには再生産はおよそ不可能である――ためには、新たな追加労働が必要である。

＊1〔草稿では、このパラグラフ全体が角括弧でくくられている〕

＊2〔草稿では、「価値を創造する労働」以下は「価値を創造するものとして、すなわちその量にしたがって考察される労働からではなく、現実の生産的労働としての機能によって」となっている〕

新たにつけ加えられたすべての労働は、一年間に新たに創造された価値で表わされているが、この価値は、全部がさらに、三つの収入――労賃、利潤、および地代――となってしまう。――したがって、一方では、消費し尽くされて、一部は〝現物として〟もその価値においても、一部は単にその価値において（固定資本の単なる摩滅分として）更新されなければならない不変資本を補填するための余分な社会的労働は少しも残っていない。他方では、年々労働によって創造され、労賃、利潤、および地代という形態に分かれ、それらの形態で支出されるべき価値は、それら〔労賃、利潤、地代〕自身の価値のほかに、年生産物のなかに潜んでいるはずの不変資本部分を支払うか買うかするのには、十分ではないように見えるのである。

ここで提起されている問題は、すでに社会的総資本の再生産*を考察した第二部第三篇で解決されている。われわれはここでこの問題に立ち返る。なぜなら、まず第一に、そこでは剰余価値がまだその収入諸形態――利潤（企業者利得プラス利子）および地代――では展開されておらず、したがってまた、これらの形態で取り扱うことができなかったからであるが、しかし第二には、まさに労賃、利潤、および地代という形態には、A・スミス以来の全経済学を貫く信じられない分析の誤りが結びついているからでもある。

＊〔草稿では、「社会的総資本の再生産」は「再生産過程」となっている〕

われわれは、そこではすべての資本を二大部門に――生産諸手段を生産する大部門Ⅰと、個人的消費諸手段を生産する大部門Ⅱとに――分割した。*1ある種の生産物が個人的な享受にも生産諸手段としても役立ちうる（馬、穀物など）という事情は、この分割の絶対的な正しさを決して廃棄しない。この分割は、実際、仮説ではなく、事実の表現であるにすぎない。一国の年々の生産物をとってみよう。この生産物の一部分は、生産諸手段として役立つその能力がどうであろうと、個人的消費にはいり込む。労賃、利潤、および地代が支出される生産物がそうである。この生産物は、社会的資本の一定の部門〔大部門Ⅱ〕の生産物である。この同じ資本が、大部門Ⅰに属する諸生産物をも生産する、ということはありうる。この資本がそうする限りでは、大部門Ⅰに帰属し生産的に消費される生産物を提供するのは、この資本のうち、大部門Ⅱの生産物――現実に個人的消費に帰する生産物[*2]――に消費される部分ではない。個人的消費にはいり込み、したがって収入がそれに支出される大部門Ⅱの全生産物は、この生産物に消費された資本、プラス、生産された超過分、の定在である。したがってそれは、消費諸手段の生産だけに投下された資本の生産物である。また、同じように、年々の生産物のうち再生産手段として役立つ大部門Ⅰの生産物、すなわち原料および労働諸用具は、この生産物がそのほかに〝現物で〟消費手段として役立つどんな能力をもっていようと、生産諸手段の生産だけに投下された資本の生産物である。不変資本を形成する諸生産物の比べようもなく大きな部分は、素材的にも個人的消費にはいり込むことのできない形態にある。たとえば、農民が播種用穀粒を食べ、役畜を屠殺することができるように、諸生産物のこの部分が個人消費にはいり込むことができるとしても、経済的制限は、この部分にたいしては、あたかもこの部分が消費されえない形態にあるのとまったく同じように作用する。

(845)

*1 〔草稿では、「そこでは」以下は「再生産過程では当時次のように述べた。われわれはすべての資本を二

大部門に分割しよう。一方は直接に個人的消費手段として役立つ生産物を生産し、他方はこれらの生産物の生産に必要な生産手段、または不変資本を生産するものである。」となっている。草稿では、「大部門Ⅰ」が消費手段の生産部門、「大部門Ⅱ」が生産手段の生産部門となっている。また、次の「ある種の生産物が個人的な」から、このパラグラフの末尾までは角括弧でくくられている〕

＊2〔「現実に」以下のこの挿入句はエンゲルスによる〕

すでに述べたように、われわれは両大部門において、不変資本のうち〝現物として〟も価値としても両大部門の年生産物とは独立に存在し続ける固定部分を捨象する。

大部門Ⅱ――その諸生産物に労賃、利潤、および地代が支出される、要するに諸収入が消費される部門――では、生産物は、その価値から見れば、それ自身三つの構成部分からなる。一つの構成部分は、生産で消費された不変資本部分の価値に等しく、第二の構成部分は、生産に前貸しされ、労賃に支出された可変資本部分の価値に等しい。最後に、第三の構成部分は、生産された剰余価値、すなわち　利潤＋地代　に等しい。大部門Ⅱの生産物の第一の構成部分、不変資本部分の価値は、大部門Ⅱの資本家たちによっても労働者たちによっても、また土地所有者たちによっても、消費されることはできない。この構成部分は、彼らの収入のどの部分も形成せず、〝現物で〟補塡されなければならないのであり、補塡が行なわれうるためには売られなければならない。これに反して、大部門Ⅱの生産物の他の二つの構成部分は、この大部門で生み出された諸収入の価値に等しく、　労賃＋利潤＋地代　に等しい。

大部門Ｉでも、生産物は、形態から見れば同じ〔三つの〕構成諸部分からなる。しかし、ここで収入を形成する部分、すなわち労賃＋利潤＋地代、要するに可変資本部分＋剰余価値は、ここでは、この大部門Ｉの諸生産物の現物形態では消費されず、大部門IIの諸生産物〔の現物形態〕で消費される。したがって、大部門Ｉの諸収入の価値は、大部門IIの生産物のうち、補填されるべきIIの不変資本を形成する部分において消費されなければならない。大部門IIの生産物のうち、この部門の不変資本を補填しなければならない部分は、大部門Ｉの労働者、資本家、および土地所有者たちによって、その現物形態で消費される。彼らは、その諸収入をIIのこの生産物に支出する。他方で、大部門Ｉの生産物は、それが大部門Ｉの収入を表わす限りで、大部門IIによって、その現物形態で生産的に消費され、(846)大部門IIの不変資本を大部門Ｉの生産物が〝現物で〟補填する。最後に、大部門Ｉの消費された不変資本部分は、まさに労働手段、原料および補助材料などからなるこの大部門自身の生産物から補填されるのであり、その補填は、一部は、Ｉの資本家たち相互のあいだでの交換によって、一部は、この資本家たちの一部分が自分自身の生産物を直接ふたたび生産諸手段として使用しうるということによって、行なわれる。

以前に示した単純再生産の表式（第二部、第二〇章、第二節〔本訳書、第二巻、六三六ページ〕）をとりあげてみよう[*1]――

Ｉ[*2]　4.000ｃ＋1.000ｖ＋1.000ｍ＝6.000
II　2.000ｃ＋ 500ｖ＋ 500ｍ＝3.000
＝9.000

これによれば、Ⅱでは、生産者たちと土地所有者たちとによって500ｖ＋500ｍ＝1.000が収入として消費され、残る2.000ｃが補填されるべきものである。これは、その所得が1.000ｖ＋1.000ｍ＝2.000であるⅠの労働者たち、資本家たち、および地代取得者たちによって消費される。Ⅱの消費された生産物[*3]はⅠの収入として消費され、〔個人的に〕消費不可能な生産物で表わされたⅠの収入部分は、Ⅱの不変資本として消費される。したがって残るのは、Ⅰの4.000ｃについて説明することである。これは、Ⅰ自身の生産物＝6.000から補填される。またはむしろ6.000－2.000から補填されるというほうがふさわしい。というのは、この2.000は、すでにⅡのための不変資本に転換されているからである。数字はもちろん任意に仮定されたものであり、したがって、Ⅰの収入の価値とⅡの不変資本の価値との比率も任意のように見えるということは言っておかなければならない。しかしながら、再生産過程が、正常にかつ他の事情に変わりがないもとで、したがって蓄積を度外視して行なわれる限り、大部門Ⅰの労賃、利潤、および地代の価値総額は大部門Ⅱの不変資本部分の価値に等しくなければならない、ということは明らかである。そうでなければ、大部門Ⅱがその不変資本を補填することができないか、大部門Ⅰがその収入を、消費不可能な形態から消費可能な形態に転換することができないか、のどちらかである。

＊1〔この文はエンゲルスによる〕

＊2〔草稿では、ここから「これによれば」までの部分は、「部門Ⅰ＝400ｃ＋100ｖ＋100ｍ　合計＝600で、部門Ⅱ＝800ｃ＋200ｖ＋200ｍ＝1.200であれば」となっている。草稿では部門Ⅰが消費手段生産部門を、部

門Ⅱが生産手段生産部門を表わしていたが、エンゲルスは、第二部、第三篇の単純再生産の表式に合わせて、生産手段生産部門を部門Ⅰ、消費手段生産部門を部門Ⅱとし、以下、数字も変更している。なお、草稿では、ここからパラグラフ末の「のどちらかである。」までは角括弧でくくられている〕

＊3〔草稿も同じであるが、ここの文脈から見て、「Ⅱの消費されなかった」とすべきではないかと思われる（ロシア語サチネーニヤ版は、「消費された」を削除している）〕

したがって、年々の商品生産物の価値は、一つの特殊な資本投下の商品生産物の価値とも商品各個の価値ともまったく同じように、二つの価値構成部分に――前貸不変資本の価値を補填する一方のAと、収入の形態で労賃、利潤、および地代として表わされる他方のBとに――分解される。後者の価値構成部分Bは、前者のAと――他の事情に変わりがなければ、Aは、（一）決して収入の形態をとらず、（二）つねに資本の形態で、しかも不変資本の形態で還流するという限りにおいて――一つの対立を形成する。しかしながら、他の構成部分Bも、これまたそれ自身のうちに対立を含んでいる。利潤および地代は、労賃と、それらは三つともすべて収入形態をなすという点で共通する。それにも(847)かかわらず、利潤と地代には剰余価値すなわち不払労働が表わされ、労賃には支払労働が表わされるという点で、それらは本質的に異なっている。生産物のうち、支出された労賃を表わし、したがって労賃を補填する価値部分、そして、再生産は同じ規模で同じ諸条件のもとで行なわれるというわれわれの諸前提のもとでは、ふたたび労賃に再転化する価値部分は、なによりもまず可変資本として、また新たに再生産に前貸しされるべき資本の一構成部分として、還流する。この構成部分は二重に機能する。それは、まず資本の形態で存在し、資本として労働力と交換される。労働者の手中においては、それは、彼がその労働力の販売から手に入れる収入に転化し、収入として生活諸手段に転換され、消費される。この二重の過程は、貨幣流通に媒介されて現われる。可変資本は貨幣で前貸しされ、労賃に支払われる。これは、資本としての可変資本の第一の機能である。それは労働力と交換され、この労働力の発揮、労働に転化される。これは資本家たちにとっての過程である。しかし第二に、労働者たちはこの貨幣で、彼らの商品生産物のうち、この貨幣によって計量され彼らによって収入として消費される部分を買う。貨幣流通を捨象して考えるとすれば、労働者の生産物の一部分は、現存する資本の形態で資本家の手中にある。彼はこの部分を資本として前貸しし、それを新たな労働力と引き換えに労働者に与え、他方、労働者は、それを直接に、または他の諸商品との交換によって、収入として消費する。したがって、生産物のうち、再生産のさいに労賃に、労働者にとっての収入に転化するように予定されている価値部分は、真っ先に資本の形態で、より詳しく言えば可変資本の形態で資本家の手中に還流する。この部分がこの形態で還流するということは、労働が賃労働として、生産諸手段が資本として、生産過程そのものが資本主義的生産過程として、つねに新たに再生産されるための本質的な一条件である。

＊〔草稿では、「現存する資本」は「可変資本」となっている〕

もし無用の困難に巻き込まれたくないとすれば、総収益および純収益を、総所得〔総収入〕および純所得〔純収入〕から区別しなければならない。

総収益または総生産物は、再生産された生産物全体である。固定資本のうち、使用されはしたが消費されはしなかった部分をのぞくと、総収益の価値または総生産物の価値は、前貸しされて生産で消費された資本――不変資本および可変資本――の価値、プラス、利潤および地代に分解する剰余価値、に等しい。または、個々の資本の生産物ではなく、社会的総資本の生産物を考察すれば、総収益は、(848) 不変資本および可変資本を形成する素材的諸要素、プラス、利潤および地代を表わす剰余生産物の素材的諸要素、に等しい。

総所得は、総生産物のうち、前貸しされて生産で消費された不変資本を補填する価値部分を、またこの価値部分によって計量される生産物部分を控除したあとに残る価値部分であり、また粗生産物または総生産物のうちの、この価値部分によって計量される部分である。したがって総所得は、労賃(または生産物のうち、ふたたび労働者の所得となるように予定されている部分)＋利潤＋地代 に等しい。これにたいして、純所得は剰余価値であり、したがって労賃を控除したあとに残る剰余生産物であり、したがって実際には、資本によって実現され、土地所有者たちとのあいだで分割されるべき剰余価値であり、この剰余価値によって計量される剰余生産物を表わす。

これまでに見てきたように、商品各個の価値および資本各個の商品生産物全体の価値は、二つの部分に分かれる。すなわち、一方の部分は不変資本だけを補填し、他方の部分は、その一小部分が可変資本として、したがってまた資本の形態で還流するとはいえ、全部が総所得に転化して、労賃、利潤、および地代――その合計が総所得をなす――という形態をとることになっている。さらに、すでに見たように、一社会の年々の総生産物の価値についても同じことが言える。個々の資本家の生産物と社会の生産物とのあいだに区別が生じるのは、ただ、個々の資本家の立場から見れば、総所得は労賃を含むが、純所得はそれを含まないから、純所得は総所得から区別されるという限りでのことにすぎない。社会全体の所得を見れば、国民所得は労賃プラス利潤プラス地代から、すなわち総所得からなる。しかしながら、これもまた、社会全体が資本主義的生産の基礎の上では資本主義的立場に立っており、したがって利潤と地代とに分解される所得だけを純所得とみなすという限りで、抽象である。

　これにたいして、たとえば、セー氏に見られるような、収益全体、総生産物の総体は、一国民にとっては純収益に帰着するとか、または純収益とは区別されないとかいう、つまり国民的立場からはこ(849)の区別はなくなるという幻想は、諸商品の価値は究極的には全部が所得に、労賃、利潤、および地代に分解されるという、A・スミス以来全経済学を貫いているばかげたドグマ[*1]の必然的で最終的な表現であるにすぎない。(五一)

(五一)　リカードウは、無思想なセーについて次のようなきわめて適切な指摘を行なっている。「純生産物と総生産物とについて、セー氏は次のように言う――『生産された全価値は総生産物である。この価値から生産費を控除したあとの価値が純生産物である』(〔J・B・セー『経済学概論』、第四版〕、第二巻、〔パリ、一八一九年、〕四九一ページ)。そうであれば、純生産物というものはありえないことになる。なぜなら、セー氏によれば、生産費は地代、賃銀、および利潤からなるからである。五〇八ページで彼は言う――『事物が自然のなりゆきにまかされている場合にはいつでも、生産物の価値、生産的用役の価値、生産費の価値は、すべて同じような価値である』。全体から全体を取り去れば、あとにはなにも残らない」〔リカードウ『経済学および課税の原理』、〔ロンドン、一八二一年、〕第三二章、五一二ページの注〔堀経夫訳『リカードウ全集』Ⅰ、雄松堂書店、四八五ページ〕〕。――ところで、のちに見るように、リカードウもまた、商品価格を諸収入の価値合計へ分解するという、スミスの誤った商品価格*2の分析をどこでも反駁していない。彼は、この誤った分析を気にもしていないし、彼の分析で、彼が諸商品の不変価値部分を「捨象する」限りでは、それを正しいものとみなしている。彼もときどき、同じ考え方に逆もどりしている。

*1〔スミスのドグマについては、とくに本訳書、第二巻、五九〇ページ以下を参照〕

*2〔草稿では、「商品価格」は「必要価格」となっている。「必要価格」については、本訳書、第一巻、九二九、九三五ページ参照〕

資本家各個人の場合には、彼の生産物の一部分は資本に再転化しなければならず（再生産の拡大または蓄積を度外視しても）、しかも、可変資本――それ自身ふたたび労働者たちにとっての所得に、したがって一つの収入形態に転化するように予定されている可変資本――に再転化するだけでなく、決して所得には転化することのできない不変資本にも再転化しなければならない、ということを理解すること――この理解は、もちろんきわめて容易なことである。生産過程をほんの少し見ただけでこのことははっきりとわかる。困難は、生産過程が全体として考察されるときに、はじめて始まる。生産物のうち収入として、労賃、利潤、および地代の形態で消費される（それが個人的に消費されるか生産的に消費されるかは、この場合まったくどうでもよい）部分全体の価値は、分析すれば、実際、全部が、労賃プラス利潤プラス地代からなる価値総額、すなわち三つの収入の総価値に帰着するが、とはいえ、この生産物部分の価値は、収入にはいり込まない生産物部分の価値とまったく同じように、それら〔両生産物部分〕に含まれている不変資本の価値に等しい一価値部分＝C[*1]を含み、したがって、〝明らかに〟収入の価値によって限界づけられるはずがない、という事情、すなわち、一方には実際問題として否定できない事実があり、他方には同じく否定できない理論的矛盾がある――この困難は、商品価値は、個別資本家の立場から見ると、ただ外観上のみ、収入形態で存在する部分から区別されるそれ以外の一価値部分を含むにすぎない、という主張によってきわめてやすやすとごまかされる。（850）一方の者にとって資本をなすものが、他方の者にとっては収入として現われる、という決まり文句は、それ以上の考究をすべて不要にする。この場合、生産物全体の価値が諸収入の形態で消費されるとすれば、旧資本はどのようにして補填されうるのか、また資本各個の生産物の価値が三つの収入プラス不変資本C[*2]の価値総額に等しいのに、すべての資本の生産物の価値総額の合計がどうして三つの収入プラス0の価値総額に等しいものでありうるのか、このことは、ここではもちろん解くことのできない謎として現われるのであり、これを説明しようとすれば、分析は決して価格の単純な諸要素を見きわめることができず、むしろ悪循環と無限累進とで満足しなければならない、ということにならざるをえない。その結果、不変資本として現われるものは、労賃、利潤、地代に分解可能であるが、労賃、利潤、地代を表わす商品価値のほうも、それはそれでまた労賃、利潤、地代によって規定されており、こうしたことが無限に続くのである。（五二）

（五二）「どの社会においても、あらゆる商品の価格は、結局これら三つの部分」〔すなわち労賃、利潤、地代〕

「のどれか一つに、またはその全部に分解される」。「……農業者の資本《ストック》を補填するために、または彼の役畜やその他の営農用具の消耗を埋め合わせるために、第四の部分が必要だと考える人がいるかもしれない。しかし、役馬のような、なんらかの営農用具の価格は、それ自体同じ三つの部分から、すなわち、役馬が飼育されている土地の地代、役馬を世話し飼育する労働、および、この土地の地代とこの労働の賃銀との双方を前貸しする農業者の利潤からなっている、ということが考慮されなければならない。だから、穀物の価格は、馬の維持費と同じように馬の価格を支払うであろうが、なおその全価格は、直接的にか究極的にか、地代、労働」〔賃銀の意〕「および利潤の同じ三つの部分に分解されるのである」（A・スミス〔『諸国民の富』、大内・松川訳、岩波文庫、㈠、一九一―一九二ページ〕）。なおのちに明らかにするように、A・スミス自身この言い逃れの矛盾と不十分さとを感じている。というのは、生産物の価格が〝究極的に〟、その先への〝前進〟なしに、これら三つの部分にすっかり分解するような現実の資本投下をどこにも示さないにもかかわらず、彼がわれわれをポンテオからピラトに送り届ける[*3]とすれば、それは言い逃れ以外のなにものでもないからである。

*1・2〔この大文字Cは小文字cとすべきであろう。本訳書、第三巻、七三ページで大文字Cは、不変資本と可変資本とを合わせた総資本のことであると定義されている〕

*3〔「あちらからこちらへ」「次から次へ」を意味する、新約聖書、ルカ、二三、一一三に由来する言い回し。本訳書、第一巻、一〇二七ページの訳注＊3参照〕

諸商品の価値は究極的には 労賃＋利潤＋地代 に分解されうるという根本的に誤ったドグマは、また、消費者が究極においては総生産物の総価値を支払わなければならないというように[*]も表現されるし、あるいはまた、生産者たちと消費者たちとのあいだの貨幣流通は究極においては生産者たち自身のあいだの貨幣流通に等しくなければならない（トゥック〔『通貨主義の研究』、第二版、ロンドン、一八四四年、三六ページ。玉野井芳郎訳『通貨原理の研究』、日本評論社、世界古典文庫、一九四七年、七九ページ〕）というようにも表現される。これらの諸命題はすべて、それらが依拠する根本命題と同じように誤っている。

＊〔本訳書、第二巻、六九六―六九九ページ参照〕

（851）

これらの誤った〝明らかに〟不合理な分析にいたらせる諸困難は、要するに次のものである――

（一）不変資本と可変資本との根本関係、したがってまた剰余価値の本性、したがって資本主義的生産様式の土台全体が把握されていないということ。資本の各部分生産物の価値すなわち商品各個の価値は、不変資本に等しい価値部分、可変資本（労働者たちにとっての労賃に転化する）に等しい価値部分、および剰余価値（のちに利潤と地代とに分かれる）に等しい価値部分を、含む。したがって、労働者が彼の賃銀で、資本家が彼の利潤で、土地所有者が彼の地代で、諸商品――そのそれぞれがこれらの構成部分の一つだけでなく、三つ全部を含む諸商品――を買うということが、どうしてできるのであろうか？　また労賃、利潤、地代の、すなわち、三つの所得源泉を合計した価値総額が、これらの所得の受領者たちの総消費にはいり込む諸商品――すなわちこれら三つの価値構成部分のほかになおそれを超過する価値構成部分すなわち不変資本を含む諸商品――を買うということが、どのようにしてできるのであろうか？（五三）　彼らは、三つからなる価値で、四つからなる価値をどのようにして買うというのであろうか？

（五三）　プルードンは、このことを把握できないことを愚かな決まり文句で表明する――〝労働者は彼自身の生産物を買いもどすことはできない〟。なぜなら、そのなかには利子が含まれており、それが〝原価〟につけ加わるからである、と。[*1] しかし、ウジェーヌ・フォルカード氏はどのようにプルードンの誤りを正しているか？「もしプルードンの異論が正しいとするならば、彼は資本の利潤[*2]に打撃を加えるばかりでなく、産業の存在の可能性そのものをも絶滅させることになるであろう。もし労働者が八〇しか受け取っていないものに一〇〇を支払うことを余儀なくされるとすれば、もし賃銀が、ある生産物において、賃銀がそれに投入した価値を買いもどすことができるだけだとすれば、労働者はなにも買いもどすことができず、賃銀はなにも支払うことができないと言うに等しい。実際には、原価にはつねに労働者の賃銀よりも大きなあるもの、また販売価格には企業家の利潤よりも大きなあるもの――たとえばしばしば外国に支払われた原料の価格――が含まれる。……プルードンは、国民的資本の恒常的な増大を忘れた。彼は、この増大がすべての勤労者にとって――すべての企業家にとってもすべての労働者にとっても――確かであることを忘れた」（『ルヴュ・デ・ドゥ・モンド』、一八四八年、第二四巻、九九八〔、九九九〕ページ[*3]）。ここには、ブルジョア的無思想性の楽天主義がそれにもっともふさわしい知恵の形態をとって現われている。第一に、フォルカード氏は、労働者は彼が生産する価値のほかになおより大きな価値を受け取らなければ生活することができないであろうと信じているが、しかし、もし労働者が彼の生産する価値を現実に受け取るとすれば、資本主義的生産様式は逆に不可能となるであろう。第二に、彼は、プルードンが局限された観点のもとでのみ語っている困難を的確に一般化している。商品の価格は、労賃を超える超過分だけでなく、利潤を超える超過分すなわち不変価値部分をも含む。したがってプルードンの理屈によれば、資本家もまた、彼の利潤をもってしては商品を買いもどすことができないであろう。では、フォルカードはどのようにしてこの謎を解くのか？　無意味なから文句――資本の増大によってである。

したがって資本の恒常的な増大は、とりわけまた、一〇〇の一資本の場合には経済学者にとって不可能である商品価格の分析が、一万の一資本の場合には不用になるということのうちでも確かめられることになる。土地生産物は、土地が含むよりも多くの炭素を含むのはなぜか、という問いにたいして、それは土地生産が恒常的に増大するからである、と答えるような化学者がいるとすれば、人は彼についてなんと言うであろうか？　ブルジョア的世界のなかにできうる限りの最善の世界[*4]を発見しようとする好意的善意が、俗流経済学においては、真理愛と科学的探究心とのあらゆる必要性に取って代わるのである。

＊1〔プルードン『所有とはなにか？　または法と統治との原理についての諸研究』、パリ、一八四一年、二〇一―二〇二ページ（長谷川進訳「所有とは何か」、『アナキズム叢書　プルードンⅢ』、三一書房、一九七一年、二〇六―二〇八ページ）。本訳書、第三巻、五九〇―五九三ページをも参照〕

＊2〔フォルカードの原文では「資本の利潤」のあとに「財産の収入」と書かれている〕

＊3〔『資本論草稿集』4、大月書店、一九七八年、五五五―五五七ページ参照〕

＊4〔「この最善の世界においては、万事が最善に仕組まれている」とするライプニッツの予定調和論（ライプニッツ『弁神論』一の八）を反駁するために書かれたヴォルテール『カンディード』、第一、第三、第六、第三〇章に由来する言葉。植田祐次訳、岩波文庫、二〇〇五年、二六四、二七五、二九〇、四五八ページ参照〕

第49章　生産過程の分析によせて

（852）

われわれは、すでに第二部第三篇でこの分析を行なった。[*]

＊〔草稿では、「第二部第三篇」は「第一部第三章」となっている。またこのパラグラフは前のパラグラフから改行されていない〕

（二）労働が、新価値をつけ加えることによって、どのようにして旧価値を――この価値を新たに生産することなしに――新たな形態で維持するかという仕方が把握されていないこと。

（三）個別資本の立場からではなく総資本の立場から考察した場合に、再生産過程の連関がどのように現われるかが把握されないこと。労賃と剰余価値とが、すなわち一年間に新たにつけ加えられた全労働の創造した価値全体が実現される生産物は、どのようにしてその不変価値部分を補填し、しかも同時に、ただ諸収入だけによって限界づけられた価値に分解されることができるのかという困難。さらに、新たにつけ加えられた労働の総額は労賃と剰余価値とにのみ実現され、両者の価値総額に余すところなく表わされるにもかかわらず、生産において消費された不変資本が、素材的にも価値においても、どのようにして新たな不変資本によって補填されることができるのか、という困難。まさにここにこそ、再生産を、そして再生産の異なる構成諸部分の――それらの素材的性格ならびにそれらの価値諸関係から見ての――関係を分析するさいの主要な困難が横たわる。

（四）しかし、剰余価値の異なる構成諸部分が互いに自立した諸収入の形態で現われるやいなや、いっそうひどい困難がさらにつけ加わる。すなわち、収入と資本との確固とした規定が互いに入れ替わりその位置を替えるのであり、その結果、それらは、個々の資本家の立場からの相対的な規定でしかなくて、総生産過程を概観する場合には消えてなくなるように見える、という困難。[*1]たとえば、不
(853) 変資本を生産する大部門Ⅰの労働者たちと資本家たちとの収入〔Ⅰ(v＋m)〕は、消費諸手段を生産するⅡの資本家階級の不変資本を〔Ⅱc〕、価値においても素材的にも、補填する。そこで、一方にとっ

て収入であるものが他方にとっては資本であり、したがってこれらの規定は、商品の価値構成諸部分の現実的な区分とはなんのかかわりももたない、と考えることによって、困難を避けて通ることができる。さらに、諸商品――最終的には収入‐支出の素材的諸要素、すなわち消費諸手段をなすことを定められている諸商品――は、一年のあいだにたとえば毛糸、毛織物といった異なる諸段階を通り抜ける。一方の段階ではそれらは不変資本部分〔たとえば毛糸は毛織物の原料〕を形成し、他方の段階ではそれらは個人的に消費され、したがって全部が収入にはいり込む。したがって人は、A・スミスとともに、不変資本は、連関総体のなかで消えうせる、商品価値の外観上の一要素にすぎない、と思い込むことができる。さらにまた、可変資本と収入との交換が行なわれる。労働者は、彼の労賃で、諸商品のうち彼の収入をなす部分を買う。そのことによって彼は、同時に、資本家のために可変資本の貨幣形態を補填する。最後に――不変資本を形成する諸生産物のうちの一部分〔Ic〕は、不変資本の生産者たち自身によって、〝現物で〟または〔彼ら相互の〕交換を通じて補填される。これは消費者たちとはなんのかかわりもない過程である。このことを見落とすことによって、消費者たちの収入が生産物全体、したがって不変価値部分をも補填するという外観が生じるのである。

＊1〔草稿では、「総生産過程」以下は「生産過程そのものの規定ではないように見える」となっている〕
＊2〔草稿では「綿花、糸、織物」となっている〕

（五）価値の生産価格への転化が引き起こす混乱を度外視しても、剰余価値が、それぞれ異なった、特殊な、互いに自立し、別々の生産諸要素に関連づけられた収入諸形態に、すなわち利潤および地代に転化することによって、さらに一つの混乱が起こる。商品の価値が基礎であることが忘れられる。そして、この商品価値が特殊な構成諸部分に分解し、これらの価値構成諸部分が収入諸形態へといっそう発展すること、すなわち、これらの価値構成諸部分が、異なる生産要因の別々の所有者たちの、これら個々の価値構成部分にたいする諸関係に転化し、一定の諸カテゴリーと諸権原とに従ってこれらの所有者たちのあいだで分配されること――こうしたことが、価値規定および価値規定の法則そのものを決して変えないということが忘れられる。それと同じように、利潤の均等化、すなわち異なる資本のあいだでの総剰余価値の分配と、部分的には（絶対地代において）土地所有がこの均等化の途上におく諸障害とが、諸商品の規制的平均諸価格*を諸商品の個別的諸価値から背離させることになるという事情によっても、価値法則は変えられはしない。この事情はまた、異なる商品価格への剰余価値の追加だけには影響をおよぼすが、剰余価値そのものを廃棄しないし、これらの異なる価格構成部分の源泉としての商品の総価値も廃棄しない。

＊〔草稿では、「規制的平均諸価格」は「規制的平均諸価格（必要価格）」となっている〕

(854)　これこそが、われわれが次章で考察する〝取り違え〟であり、この〝取り違え〟は、価値がそれ自身の構成諸部分から生じるかのような外観と必然的に連関しているのである。すなわち、なによりもまず、商品の異なる価値構成諸部分が、諸収入において自立的諸形態をとり、こうした諸収入として、それらの源泉としての商品の価値にではなく、それらの源泉としての特殊な素材的生産諸要素に関連づけられる。それらの価値構成諸部分は、現実には右の素材的生産諸要素に関連づけられているが、しかし、価値構成諸部分としてではなく、諸収入として、生産当事者たちのこれら特定の部類――労働者、資本家、土地所有者――に帰属する価値構成諸部分としてである。けれども、人は、これらの価値構成諸部分が、商品価値の分解から生じるのではなく、逆に、価値構成諸部分の集合によってはじめて商品価値を形成すると思い込むことができるのであり、その場合には、諸商品の価値は労賃、利潤、地代の価値総額から生じ、労賃、利潤、地代の価値は、こんどは、諸商品の価値によって規定されている等々という、うるわしい悪循環が出現するのである。(五四)

(五四)「材料、原料、完成品に使用される流動資本は、それ自身、その必要価格が同じ諸要素から構成される諸商品からなっている。したがって、一国における諸商品の総体を考察する場合には、流動資本のこの部分を必要価格の諸要素に数えることは二重記帳となるであろう」(シュトルヒ『経済学講義』、第二巻〔サンクト・ペテルブルク、一八一五年〕、一四〇ページ)。――シュトルヒがいう流動資本のこれらの要素とは(固定資本は流動資本が形を変えたものにすぎない)不変価値部分のことである。「労働者たちの賃銀も、企業家の利潤のうち賃銀――もしこれを生活必需品の一部とみなすならば――からなる部分と同じように、やはり、同じく賃銀、資本の賃料、地代、および企業家の利潤を含む、市価で買われた諸商品からなる、ということは真実であり、……この考察は、必要価格をそれのもっとも単純な諸要素に分解することは不可能であるということを証明するのに役立つだけである」(同前〔一四〇―一四一ページ〕、注)。――シュトルヒは、その著『国民の収入の性質にかんする諸考察』(パリ、一八二四年)では、セーとのその論争のなかで、確かに、商品価値を単なる諸収入に分解するだけの、商品価値の誤った分析がもたらす不合理さを洞察して、この結論のばからしさを――個々の資本家の立場からではなく、一国民の立場から――正しく述べてはいるが、しかし、彼自身は

〝必要価格〟の分析では一歩も前進せず、この価格について彼はその著『講義』のなかで、誤った無限累進におちいらずにこれを現実的諸要素に分解することは不可能であると言明する。「年生産物の価値が、一部は資本に、一部は利潤に配分されるということ、また、年生産物の価値のこれらの部分のそれぞれは、国民がその資本を維持するためにも、その消費元本を更新するためにも、必要とする諸生産物を規則的に購買するということは、明らかである」（〔『国民の収入の性質……諸考察』、パリ、一八二四年〕一三四、一三五ページ）。……「彼ら」（みずから労働する農民家族）「は、自分の納屋や家畜小屋に住んだり、自分の播種用穀粒や家畜の飼料を食べたり、自分の役畜を衣服にしたり、自分の農機具で遊び興じたりすることができるであろうか？セー氏の命題によれば、これらの問いのすべてにたいして、できる、と答えなければならないであろう」（一三五、一三六ページ）。……「もし人が、一国民の収入はその総生産物に等しいことを、すなわち資本を控除する必要がまったくないことを認めるとすれば、その国民は自分の将来の収入にいささかの損害をも与えることなしに、その年生産物の全価値を不生産的に消費することができるということをも認めなければならない」（一四七ページ）。「一国民の資本を構成する諸生産物は決して消費しうるものではない」（一五〇ページ）。

＊〔以下のシュトルヒの引用は、ドイツ語またはフランス語で、本訳書、第二巻、六二四、六九六ページに、部分的に既出〕

（855）

再生産の正常な状態を考察すれば、新たにつけ加えられる労働の一部分だけが、不変資本の生産、したがって補填に使用される〔Ｉ（v＋m）対Ⅱc〕。すなわち、消費諸手段——収入の素材的諸要素——の生産において消費された不変資本〔Ⅱc〕を補填する部分が、まさにそれである。このことは、この不変部分が大部門Ⅱにはなんらの追加労働も費やさせない、ということによって埋め合わされる。と

（856）ころでしかし、（したがって大部門ⅠとⅡとの右の埋め合わせを含む総再生産過程を考察すれば）新たにつけ加えられた労働の生産物ではない不変資本（とはいっても、この生産物は不変資本なしでは生産されえないであろうが）――この不変資本は、再生産過程中には、素材的に見れば、大損害をもたらしかねない不慮の出来事と危険とにさらされている。（しかしさらに、不変資本は、価値から見ても、労働の生産力の変化によって価値減少しうるが、これは個々の資本家にのみ関連することである。）そのため、利潤の一部、したがって剰余価値の一部、したがってまた（価値から見て）新たにつけ加えられた労働だけを表わす剰余生産物の一部が、保険元本として役立てられる。その場合、この保険元本が保険会社によって別個の事業として管理されるかされないかは、事態の性質をなにも変えない。これは、収入のうち、収入として消費されるわけでもなければ、また必ず蓄積元本として役立てられるわけでもない唯一の部分である。それが、事実上蓄積元本として役立てられるか、または再生産の減損をつぐなうだけかは、偶然に依存する。それはまた、剰余価値と剰余生産物とのうち、したがって剰余労働のうち、蓄積すなわち再生産過程の拡大のために役立てられる部分以外に、資本主義的生産様式の止揚後にも存続しなければならないであろう唯一の部分である。もちろん、このことは、直接的生産者たちによって規則的に消費される部分が、現在のようなその最低限度に制限されたままではないであろう、ということを前提する。年齢のせいで、まだ生産に参加できないか、もはや生産に参加できない人々のための剰余労働のほかには、労働しない人々〔支配階級〕の扶養のためのいっさいの労働はなくなるであろう。社会の始まりを考えてみれば、生産された生産諸手段は、したがって、その価値が生産物にはいり込み、同じ規模での再生産においては、生産物から〝現物で〟、その価値によって規定される程度において、補填されなければならない不変資本はなんら存在しない。しかしここでは、自然が直接に生活諸手段を与えるのであって、それらは前もって生産される必要はない。したがって自然は、ほんの少しの欲求を満たしさえすればよい未開の人々に、時間を与えるが、それは、まだ現存しない生産諸手段を新たな生産に利用するための時間ではなくて、天然に現存する生活諸手段を取得するのに費やされる労働とならんで、他の自然諸生産物を弓、石刀、小舟などの生産諸手段に転化させるための時間である。未開の人々におけるこの過程は、素材的な側面からだけ見れば、剰余労働の新資本への再転化にまったく相当する。蓄積過程では、超過労働のこのような生産物の資本への転化がなお不断に行なわれる。そして、すべての新資本は、利潤、地代、またはその他の収入諸形態から、すなわち剰余労働から発生するという事情は、諸商品のすべての価値が収入から発生するという誤った観念をもたらす。*利潤の資本へのこの再転化は、もっと詳しく分析すれば、むしろ逆に、次のことを示す。すなわち、追加労働——これはつねに収入の形態で表わされる——は、旧資本価値の維持または再生産に用いられるのではなくて、この追加労働が収入として消費されない限り、新たな超過資本の創造に用いられる、ということを示すのである。

＊〔草稿では、次の「全困難は」で始まり「再生産されるのではない」で終わるパラグラフ全体は、この個所に付された脚注であった〕

全困難は、次のことから生じる。すなわち、新たにつけ加えられたいっさいの労働は、それによって創造された価値が労賃に分解しない限りで、利潤――ここでは剰余価値一般の形態と解される――として現われるということから、すなわち、資本家にはなんの費用も費やさせなかった価値、したがって、確かに彼にとっては、なんの前貸しもなんの資本も補填する必要のない価値として現われるということから生じる。だからこの価値は、自由に使用することのできる追加的な富の形態で、要するに個別資本家の立場から見れば彼の収入の形態で、存在する。しかし、この新たに創造された価値は、個人的にも生産的にも、収入としても資本としても、同様に消費されうる。それは、一部はその現物形態から見て当然、生産的に消費されなければならない。したがって年々の追加労働が、収入を創造するのと同じく資本をも創造することは明らかであり、そのことは事実また、蓄積過程で示されるとおりである。しかし、労働力[*1]のうち、資本の新たな創造のために使用される部分（したがって類比すれば、労働日のうち、未開の人々が食糧を取得するためではなく、彼が食糧を取得するのに用いる道具をつくり上げるために使う部分）は、剰余労働の全生産物がなによりもまず利潤の形態で現われる、ということによって見えなくされる。〔これは〕実際には、この剰余生産物そのものとはなんのかかわ(857)りもなく、ただ、資本家の、彼によって吸い上げられた剰余価値にたいする私的関係[*2]にのみ連関する一規定〔である〕。実際には、労働者が創造する剰余価値は、収入と資本とに、すなわち、消費諸手段と追加生産諸手段とに分かれる。しかし、前年から引き継がれた旧不変資本（損傷され、したがって〝その分だけ〟毀損《きそん》される部分は別にして、したがって再生産される必要のない限りでの不変資本であって、そして再生産過程のそのような撹乱は保険の項目に属する）は、その価値から見れば、新たにつけ加えられた労働によって再生産されるのではない。

＊１〔草稿では「労働力」は「労働日」となっている〕

＊２〔草稿では、「私的関係」は「支払関係」となっている〕

さらに、新たにつけ加えられた労働は、諸収入、すなわち労賃、利潤、および地代にしか分解しないにもかかわらず、この新たにつけ加えられた労働の一部分は、消費された不変資本の再生産と補填とに恒常的に吸収されている。しかし、その場合、次のことが見逃される。すなわち、（一）この労働の生産物の価値の一部分は、この新たにつけ加えられた労働の生産物ではなく、前からあって消費された不変資本であるということ。したがってまた、この価値部分を表わす生産物部分は、収入に転化するのではなく、〝現物で〟この不変資本の生産諸手段を補填するということ。（二）この新たにつけ加えられた労働を現実に表わしている価値部分は、〝現物で〟収入として消費されるのではなく、他の部面〔大部門Ⅱ〕の不変資本を補填するのであり、その部面では、この不変資本は、収入として消費されうる現物形態にすでに転換されているということ。ただし、これはこれでまた、新たにつけ加えられた労働だけの生産物ではないのであるが。

再生産が同じままの規模で行なわれる限り、不変資本の消費されたそれぞれの要素は、分量と形態から見てではなくても、作用能力から見て、相当する種類の新品によって〝現物で〟補填されなければならない。労働の生産力が同じままであれば、この現物補填は、不変資本がその旧形態でもっていたのと同じ価値の補填を含む。しかし、労働の生産力が増大し、その結果、同じ素材的諸要素がより少ない労働で再生産されうるとすれば、生産物のより小さい価値部分が、不変部分を完全に〝現物で〟補填することができる。その場合には、超過分を新追加資本の形成に用いることができるか、または、生産物のより大きな部分に消費諸手段の形態を与えることができるか、または、剰余労働を減少させることができる。反対に、労働の生産力が減少すれば、生産物のより大きな部分が、旧資本の補填にはいり込まなければならず、剰余生産物は減少する。

(858)

利潤の、または一般に剰余価値のなんらかの形態の、資本への再転化は――もしわれわれが歴史的に規定された経済的形態を度外視して、この再転化を新たな生産諸手段の単なる形成としてのみ考察するとすれば――、労働者が、直接的生活諸手段を獲得するための労働のほかに、生産諸手段を生産するために労働を使用するという状態が、依然として存続していることを示す。利潤の資本への転化は、超過労働の一部分を、新たな追加生産諸手段の形成のために使用すること以外のなにものをも意味しない。このことが利潤の資本への転化の形態で行なわれるということは、労働者ではなく、資本家が超過労働を意のままにする、ということを意味するだけである。この超過労働がまず、それが収入として現われる段階を通過しなければならないということ（たとえば未開の人々の場合には、この超過労働は、直接に生産諸手段の生産に向けられた超過労働として現われるのにたいし）は、この労働またはその生産物が非労働者によって取得されるということを意味するだけである。しかし、実際に資本に転化されるものは、利潤そのものではない。剰余価値の資本への転化は、剰余価値および剰余生産物が資本家によって収入として個人的に消費されはしない、ということを意味するだけである。

しかし、現実にこのように転化されるものは、価値、すなわち、対象化された労働であり、あるいはまたこの価値が直接に表わされるか、またはあらかじめ貨幣に転化されたあとで交換されるかする生産物である。利潤が資本に再転化されるとしても、剰余価値のこの規定された形態、すなわち利潤が、新たな資本の源泉になるわけではない。この場合には、剰余価値が一つの形態から他の形態に転化されるだけである。しかし、この形態転化が、剰余価値を資本にするのではない。いまや資本として機能するのは、商品とその価値である。しかし、商品の価値が支払われていないということ――そしてただそのことによってのみ商品の価値は剰余価値となるのであるが――は、労働の対象化すなわち価値そのものにとってはまったくどうでもよいことである。

誤解*はさまざまな形態で表現される。たとえば、不変資本を構成する諸商品も、やはり、労賃、利潤、および地代という諸要素を含むというように。あるいはまた、ある者にとって収入を表わすものが他の者にとっては資本を表わし、したがってこれは単に主観的な関連でしかないというように。たとえば、紡績業者の糸は、彼にとっては利潤を表わす一価値部分を含む。したがって、織布業者が糸を買えば、彼は紡績業者の利潤を実現するが、彼自身にとっては、この糸は自分の不変資本の一部分にすぎない。

＊〔草稿では、「まったくの誤解」となっている〕

収入と資本との関係についてすでにこれまでに展開したことのほかに、ここで注意しなければならないことは、価値から見て糸とともに織布業者の資本に構成的にはいり込むものは、糸の価値である、*1

(859)

ということである。この価値の諸部分が紡績業者自身にとってどのようにして資本と収入とに、言い換えれば支払労働と不払労働とに、分解したのかということは、商品そのものの価値規定にとっては(平均利潤による修正は別として)まったくどうでもよいことである。〔しかし〕ここではいつも、利潤、一般に剰余価値は、[*2] 商品の価値を超える一超過分——価格上積み、相互に行なわれる詐欺、譲渡利得によってのみ得られるそれ——であるということが背後に待ち伏せしている。商品の生産価格、あるいはまた商品の価値が支払われることによって、商品の売り手にとっては収入形態で現われる商品の価値構成諸部分も、もちろん支払われる。独占価格はここではもちろん問題にしない。

*1 〔草稿では、「織布業者の資本に」のあとは「規定的に、または構成部分としてはいり込むものは、糸の価値、すなわち商品の価値である」となっている〕

*2 〔草稿では、「剰余価値」は「剰余」となっている〕

*3 〔草稿では、「譲渡利得」は「収奪にもとづく利潤」となっている。これについては、本訳書、第三巻、一四八一ページの訳注＊3参照〕

第二に、不変資本を構成する商品構成諸部分が、他のすべての商品価値と同じように、生産諸手段の生産者たちと所有者たちとにとっては労賃、利潤、および地代に分解した価値諸部分に還元可能であるということは、まったく正しい。このことは、すべての商品価値は商品に含まれている社会的に必要な労働の尺度にほかならないという事実の資本主義的表現形態にすぎない。[*] しかし、このことは、どの資本の商品生産物も別々の諸部分に分かれ、そのうちの一つの部分はもっぱら不変資本を表わし、もう一つの部分は可変資本部分を表わし、第三の部分は剰余価値のみを表わすということを決してさまたげないということは、すでに第一部で明らかにされた。

＊〔「このことは」以下の一文はエンゲルスによる〕

シュトルヒが次のように言うとき、彼は他の多くの人々のものでもある見解を表現している――「国民の収入を構成する売却可能な諸生産物は、経済学では二つの異なる仕方で、すなわち、諸個人にたいする関係では価値として、また国民にたいする関係では財貨として、考察されなければならない。というのは、一国民の収入は、一個人の収入のようにその価値によって評価されるのではなく、その効用によって、またはそれが満たすことのできる欲望によって評価されるからである」（『国民の収入の性質にかんする諸考察』、〔パリ、一八二四年、〕一九ページ）。

第一に、その生産様式が価値に基礎をおき、さらには資本主義的に組織されている一国民を、単に国民的諸欲望の充足のために労働する一全体とみなすのは、誤った抽象である。

第二に、資本主義的生産様式の止揚後も、社会的生産が維持されているとすれば、価値規定は、労働時間の規制、およびさまざまな生産グループ＊のあいだへの社会的労働の配分、最後にこれについての簿記が、以前よりもいっそう不可欠なものになるという意味で、依然として重きをなす。

＊〔草稿では、「生産グループ」は「生産部門」となっている〕

（860）

第五〇章* 競争の外観

＊〔草稿では、「3）競争の外観」となっている〕

すでに明らかにされたように、諸商品の価値、または、諸商品の総価値によって規制される生産価格は、次のものに分解する――

（一）不変資本を補填する一価値部分、または、商品の生産にさいして生産諸手段の形態で消費された過去の労働を表わす一価値部分。ひとことで言えば、これらの生産手段が商品の生産過程にはいり込んだときにもっていた価値または価格。われわれがここで言うのは、個々の商品のことではなく、商品資本のこと、すなわち、一定期間における、たとえば一年間の資本の生産物を表わす形態のことであって、個々の商品はただこの商品資本の一要素――これはさらにまた、その価値から見れば、やはり同様に同じ構成諸部分に分かれる――をなすだけである。

＊〔草稿では、「われわれが」以下このパラグラフの末尾までは角括弧でくくられている〕

（二）労働者の所得を計量し、労働者にとっては労賃に転化する可変資本の価値部分。すなわち、労働者がこの可変的価値部分において再生産した労賃。要するに、商品の生産中に第一の不変部分に新たにつけ加えられた労働の支払部分を表わす価値部分。

（三）剰余価値。すなわち、不払労働または剰余労働を表わす商品生産物の価値部分。この最後の

(861) 価値部分はさらに、同時に収入諸形態でもある次のような自立的な諸形態をとる。すなわち、資本の利潤という諸形態（資本としての資本の利子、および機能資本としての資本の企業者利得）と、生産過程でともに作用する[*1]土地の所有者に帰属する地代。構成部分（二）および（三）、すなわち、いつでも労賃（これはつねに、価値構成部分がまえもって可変資本の形態を経たのちにとる形態でしかない）、利潤、および地代という収入諸形態をとる価値構成部分が、不変的構成部分（一）と区別されるのは、この不変部分すなわち商品の生産諸手段に新たにつけ加えられた労働が対象化される全価値が、右の価値構成部分（二）と（三）に分解されるということによってである。ところで、不変的価値部分を度外視すれば、次のように言うのは正しい。すなわち、商品の価値は、したがってそれが新たにつけ加えられた労働を表わす限りでは、つねに、三つの収入形態をなす三つの部分に、すなわち労賃、利潤、および地代に[五五]分解されるのであり、そこでは、それぞれの価値の大きさ、すなわち、それらが総価値中に占めるそれぞれの可除部分は、それぞれ異なる、独自の、先に述べた諸法則によって規定される、と言うのは正しい。しかし、逆に、次のように言うこと、すなわち、労賃の価値、利潤の率、および地代の率は、自立して価値を構成する諸要素をなし、不変的構成部分を度外視すれば、これら諸要素の合計から商品の価値が生じると言うことは、誤りであろう。言い換えれば、これら諸要素は商品価値または生産価格を構成する諸成分をなすと言うことは、誤りであろう。[五六]

(五五)　[*2]不変資本部分につけ加えられた価値が労賃、利潤、および地代に分かれる場合には、これらのものが価値諸部分であるということは自明である。もちろん、人は、これらの価値諸部分が、この価値を表わす直接的生産物のうちに、すなわち、労働者たちと資本家たちとがある特殊な生産部面たとえば紡績業で生産した直接的生産物のうちに、したがって糸のうちに、存在すると考えることができる。しかし、実は、これら価値諸部分はこの生産物で表わされるのとまったく同じように、同じ価値をもつ他のなんらかの商品、素材的富の他のなんらかの構成部分でも表わされる。そして実際問題としては、労賃はまさに貨幣で、すなわち純粋な価値表現で支払われる。利子と地代も同様である。実際、資本家にとっては、彼の生産物が純粋な価値表現に転化することは非常に重大であるが、分配そのものにおいては、この転化はすでに前提されている。これらの価値が、同じ生産物に、すなわち、同じ商品――それの生産からこれらの価値が生じた――に、再転化されるかどうか、労働者が自分の直接に生産した生産物の一部を買いもどすかどうか、または、他人のかつ他種類の労働の生産物を買うかどうかは、事態そのものとはなんのかかわりもない。ロートベルトゥス氏はこの問題でいきりたっているが、まったく徒労である。*3

(五六) 「次のことを述べておけば十分であろう。すなわち、原生産物および製造品の価値を規制するのと同じ一般法則は、金属にも適用可能である。それは、金属の価値が、利潤率にも、賃銀率にも、鉱山にたいして支払われる地代にも依存せず、金属を獲得してそれを市場にもたらすのに必要な総労働量に依存するからである、と」(リカードウ『〔経済学および課税の〕原理』、第三章、七七ページ〔堀経夫訳『リカードウ全集』Ⅰ、雄松堂書店、一〇一ページ〕)。

*1 〔草稿では、「生産過程でともに作用する」は「現実の生産過程で競争する」となっている〕

*2 〔この注五五全体の文章は、草稿では「4)」(第五一章にあたる)の最後のページに、「第三節〔第五〇章にあたる〕へさらに追加的に述べておくべきこと」という指示に続けて記されている。この場所への注としたのはエンゲルスによる〕

＊3〔ロートベルトゥス『フォン・キルヒマン宛の社会的書簡。第三書簡』、ベルリン、一八五一年、一六二ページ以下（山口正吾訳『改訳　地代論』、岩波文庫、一九五〇年、一八四ページ以下）。『資本論草稿集』6、大月書店、一九八一年、二一三ページ、『剰余価値学説史』（邦訳『全集』第二六巻）、第二分冊、一九〇ページ以下参照〕

区別はすぐにわかる。

500という一資本の生産物価値が 400c＋100v＋150m＝650 であり、この 150m が、さらに 75の利潤＋75の地代 に分かれるとしよう。さらに、無用な諸困難を避けるために、この資本が中位度の構成であり、したがってその生産価格はその価値と一致すると仮定しよう。このような一致は、この個別資本の生産物が、総資本のうちこの個別資本の大きさに照応する部分の生産物とみなされうる場合には、いつも起こるものである。

(862) この場合には、可変資本によって計量される労賃は前貸資本の二〇％であり、総資本にたいして計算される剰余価値は三〇％、すなわち一五％の利潤および一五％の地代である。商品の価値のうち、新たにつけ加えられた労働が対象化される構成部分の総体は、100v＋150m＝250 に等しい。この価値構成部分の大きさは、それが労賃、利潤、および地代に分解することとはかかわりがない。これらの部分の相互の比率から、貨幣で 100 の、たとえば 100 ポンドの支払いを受けた労働力は、250 ポンドの貨幣分量で表わされる労働分量を提供したということがわかる。われわれは、このことから、労働者が自分自身のための労働の一倍半の剰余労働をしたことがわかる。労働日が一〇時間であったとすれば、彼は自分のために四時間、資本家のために六時間労働した。だから100ポンドの支払いを受けた労働者たちの労働は、250ポンドの貨幣価値で表現される。この250ポンドの価値のほかには、労働者と資本家のあいだ、資本家と土地所有者のあいだで分けるべきものはなにもない。これは、400という生産諸手段の価値に新たにつけ加えられた総価値である。それだから、こうして生産され、そしてこの総価値に対象化された労働の分量によって規定される250という商品価値は、労働者、資本家、および土地所有者が収入の形態で、すなわち労賃、利潤、および地代の形態でこの価値から引き出すことのできる諸配当にとっての限界をなすのである。

もし、同じ有機的構成をもつ一資本、すなわち、運動させられる不変資本にたいする、使用される生きた労働力の比率が同じである一資本が、400の不変資本を運動させる同じ労働力に、100ポンドではなく、150ポンドを支払うことを余儀なくされるとしよう。そしてさらに、利潤と地代もまた相異なる比率で剰余価値を分け合うとしよう。以前に100ポンドの可変資本が運動させたのと同じ労働総量を150ポンドの可変資本が運動させると前提したのだから、新たに生産された価値は相変わらず250であり、総生産物の価値は依然として650であろうが、しかしその場合、400c＋150v＋100mとなっており、そしてこの100mは、たとえば、45の利潤＋55の地代に分かれるであろう。新たに生産された総価値が労賃、利潤、および地代に分かれる割合は、非常に異なっているであろう。同様に、前貸総資本の大きさも、それは同じ総量の労働を運動させるにすぎないにもかかわらず、異なっているであろう〔前貸総資本は400c＋150v＝550になっている〕。労賃は、前貸資本の二七$\frac{3}{11}$%、利潤は八$\frac{2}{11}$％、地代は一〇％となり、したがって、総剰余価値は一八％をやや上回るであろう〔正確には一八$\frac{2}{11}$％〕。

労賃の上昇の結果、総労働中の不払部分が変化し、それとともに剰余価値も変化しているであろう。労働者は、一〇時間労働日の場合には、自分のために六時間、そして、資本家のためには四時間労働
(863) しただけであろう。利潤と地代との比率も異なっており、減少した剰余価値が、変化した比率で、資本家と土地所有者とのあいだに分けられるであろう。最後に、不変資本の価値は不変のままであり、前貸可変資本の価値は騰貴したのであるから、減少した剰余価値はさらにいっそう減少した総利潤率で表現されるであろう。ここで総利潤率というのは、前貸資本全体にたいする総剰余価値の比率のことである。

労賃の価値における、利潤の率における、地代の率における変動は、これらの部分の相互の比率を規制する諸法則の作用がどうであろうと、250という新たに創造された商品価値によって設けられる限界内でのみ運動しうるであろう。地代が独占価格にもとづいている場合だけ、一つの例外が生じるであろう。* これは、法則を変化させるのではなくて、考察を複雑にするにすぎないであろう。というのは、この場合には、単に生産物自体を考察しても、剰余価値の分割が異なっているだけであろうが、しかし、他の諸商品と比べてのこの生産物の相対的価値を考察すれば、この相違は、剰余価値の一部分が他の諸商品からこの特殊な商品に移されたということでしかないことがわかるであろうからである。

生　産　物　の　価　値	新価値	剰余価値率	総利潤率
第１の場合：400 c＋100 v＋150m＝650	250	150　%	30　%
第２の場合：400 c＋150 v＋100m＝650	250	$66\frac{2}{3}$＊%	$18\frac{2}{11}$%

＊〔初版では、「$66\frac{1}{3}$」となっていた〕

＊〔草稿では、「地代が」以下この文全体は「商品の独占価格を生み出す場合は例外である。」となっている〕

要約しよう――＊〔上の表参照〕

＊〔草稿では、「次の例を見てみよう」となっており、この文の冒頭から上の表を含め、本訳書、第三巻、一五三五ページの区分線の前までが角括弧でくくられ、ページの左側に縦線が引かれている〕

第一に、剰余価値は、150 から 100 に、その以前の額の三分の一だけ減少する。利潤率は、三〇％から一八〔2/11〕％に、三分の一強だけ減少する。なぜなら、減少した剰余価値は、増大した前貸総資本にたいして計算されなければならないからである。しかし利潤率は、決して剰余価値率と同じ比率で減少しはしない。剰余価値率は $\frac{150}{100}$ から $\frac{100}{150}$ に、すなわち一五〇％から六六⅔％に減少するのにたいし、利潤率は $\frac{150}{500}$ から $\frac{100}{550}$ に、すなわち三〇％から一八2/11％に減少するだけである。このように、利潤率が減少する比率は、剰余価値の総量が減少する比率よりも大きいが、剰余価値率が減少する比率よりは小さい。さらに、以前と同様に同じ労働総量が使用されるとすれば、前貸資本は、その可変的構成部分が増加した結果増大したにもかかわらず、諸生産物の価値ならびに総量は同じままである、というこ(864)とがわかる。もちろん、前貸資本のこの増大は、新しい事業を始める資本家には、非常に手痛いことであろう。しかし、再生産の全体を考察すれば、可変資本の増加は、新たにつけ加えられた労働によって新たに創造された価値のうちのより大きな部分が、労賃に、したがってまず可変資本に――剰余価値および剰余生産物にではなく――転化するということ以上のことを、なにも意味しない。したがって、生産物の価値は同じままである。なぜなら、それは、一方では不変資本価値＝400によって、他方では新たにつけ加えられた労働を表わす数250によって制限されているからである。しかも、この両者は変化していない。この生産物は、それ自身がふたたび不変資本にはいり込む限りで、依然として、同じ総量の使用価値を同じ価値の大きさで表わすであろう。したがって、不変資本の同じ総量の諸要素は同じ価値を保持するであろう。もし、労働者が彼自身の労働の〔生産物の価値の〕より大きな部分を受け取るから労賃が上昇するのではなくて、労働の生産性が減少したから労働者が彼自身の労働の〔生産物の価値の〕より大きな部分を受け取るのだとすれば、事態は違ってくるであろう。後者の場合には、同じ労働――支払労働プラス不払労働――を表わす総価値は同じままであろう。しかし、この労働総量を表わす生産物の総量は減少したであろうし、したがって生産物の各可除部分の価格は、この各部分がより多くの労働を表わすので、騰貴するであろう。上昇した労賃150は、以前に労賃100が表わしていたのよりも多くの生産物を表わしはしないであろう。減少した剰余価値100は、いまでは、以前に比べて$\frac{2}{3}$の生産物、すなわち、以前に100で表わされた使用価値の総量の六六2/3％しか表わさないであろう。この場合には、この生産物が不変資本にはいり込む限りで、不変資本も騰貴するであろう。しかし、これは、労賃の上昇の結果ではなく、〔逆

（865）

に〕労賃の上昇が商品の騰貴の結果であり、同じ分量の労働の生産性が減少した結果であろう。この場合には、労賃の上昇が生産物を騰貴させたかのような外観が生じる。労賃の上昇は、しかしこの場合には原因ではなく、労働の生産性の減少によってもたらされた商品の価値変動の結果である。

これに反して、他の事情が同じで、したがって、同じ使用労働量が相変わらず 250 で表わされる場合に、この労働量によって使用される生産諸手段の価値が増加または減少するならば、同じ生産物総量の価値は、同じ大きさだけ増加または減少するであろう。450 c ＋100 v ＋150m であれば、生産物価値は 700 になるが、これにたいして、350 c ＋100 v ＋150m であれば、同じ生産物総量の価値としては、以前の 650 に比べて 600 にしかならない。したがって、同じ労働量を運動させる前貸資本が増大または減少する場合に、他の事情は不変で、前貸資本の増加または減少が不変資本部分の価値の大きさの変化から生じるとすれば、生産物の価値は増加または減少する。これに反して、前貸資本の増加または減少が、労働の生産力は不変で、可変資本部分の価値の大きさの変化から生じるとすれば、生産物の価値は不変のままである。不変資本の場合には、その価値の増加または減少は、反対向きの運動によって埋め合わされることはない。可変資本の場合には、労働の生産性が同じままであると前提すれば、その価値の増加または減少は、剰余価値の側での逆の運動によって埋め合わされるので、可変資本の価値プラス剰余価値、すなわち、労働によって生産諸手段に新たにつけ加えられ、生産物で新たに表わされる価値は、不変のままである。

これにたいして、可変資本の価値または労賃の価値の増加または減少が、諸商品の騰貴または価格低落の結果であるならば、すなわち、この資本投下で使用される労働の生産性の減少または増加の結果であるならば、これは生産物の価値に作用する。しかし、労賃の上昇または低下は、この場合には、原因ではなく結果であるにすぎない。

その反対に、上記の例において不変資本＝400ｃ は変わらずに、100ｖ＋150ｍ から150ｖ＋100ｍへの変化、すなわち可変資本の増加が、この特殊な部門たとえば綿紡績業における労働の生産力の減少の結果ではなく、たとえば労働者の食糧を供給する農業における労働の生産力の減少の結果であり、したがってこの食糧の騰貴の結果であるとすれば、この生産物の価値は不変のままであろう。650 という価値は、相変わらず同じ総量の綿糸で表わされるであろう。

以上の説明から、さらに次のことが出てくる。節約などによる不変資本の支出における減少が、労働者の消費にはいり込む諸生産物を生産する生産諸部門で生じるならば、このことは、使用される労働そのものの生産性が直接に増大する場合と同様に、労賃の減少をもたらしうるし――なぜなら、労働者の生活諸手段を安くするから――、したがって剰余価値の増大をもたらしうるであろう。したがって、利潤率は、この場合には二重の理由によって増大するであろう。すなわち、一方では不変資本の価値が減少するからであり、他方では剰余価値が増大するからである。剰余価値の利潤への転化を考察したさいに、われわれは、労賃は低下せず不変のままであると想定したが、それは、そこでは、利潤率の諸変動を剰余価値率の諸変化とはかかわりなしに研究しなければならなかったからである。

(866) のみならず、そこで展開された諸法則は一般的なものであり、それらの法則は、その生産物が労働者の消費にはいり込まない資本諸投下、したがって生産物の価値変化が労賃には影響しない資本諸投下にもあてはまるものである。*

＊〔草稿では、前訳注で示したように、本訳書一五三一ページの「要約しよう」からここまでは角括弧でくくられ、ページの左側に縦線が引かれている。エンゲルスはこのあとに区分線を付し、そのあとの文章と区切っている〕

したがって、新たにつけ加えられる労働によって生産諸手段または不変資本部分に年々新たにつけ加えられる価値は、労賃、利潤、および地代という異なる収入諸形態へ分離し分解するが、そのことは、価値そのものの限界を、これらの異なるカテゴリーに分配される価値総額を、少しも変えない。それは、ちょうど、これらの個々の部分の相互の比率の変動が、これらの部分の総額を、この与えられた価値の大きさを、変化させることができないのと同じである。与えられた数 100 は、それが 50＋50 に分かれようが、20＋70＋10 に分かれようが、40＋30＋30 に分かれようが、いつも同じである。生産物のうちこれらの諸収入に分かれる価値部分は、資本の不変価値部分とまったく同様に、諸商品の価値によって、すなわち、そのたびごとに諸商品に対象化された労働の分量によって、[*1]規定されている。したがって、第一に、労賃、利潤、および地代に分配される諸商品の価値総量が、したがってこれらの商品の価値諸部分の総額の絶対的限界が、与えられている。第二に、個々のカテゴリ

ーそのものについて言えば、これらのカテゴリーの平均的で規制的な諸限界もやはり与えられている。労賃が、これらのカテゴリーのこの限界づけにおいて、土台をなす。労賃は、一方から見れば[*2]、自然法則によって規制されている。その最低限界は、労働者が彼の労働力を維持し再生産するために手に入れなければならない生活諸手段の肉体的最低限によって、したがって一定分量の諸商品によって与えられている。これらの商品の価値は、それらの再生産に必要とされる労働時間によって、したがって、生産諸手段に新たにつけ加えられる労働のうち、あるいはまた労働日[*3]のうち、労働者がこれらの必要な生活諸手段の価値の等価物を生産および再生産するために必要とする部分によって、規定されている。たとえば、労働者の平均的な日々の生活諸手段が、価値から見て、六時間の平均労働に等しいとすれば、労働者は自分の日労働のうち平均六時間を自分自身のために労働しなければならない。彼の労働力の現実の価値は、この肉体的最低限から背離する。それは、風土と社会的発展の状態とに応じて、異なっている。それは、肉体的諸欲求に依存するだけでなく、歴史的に発展した社会的諸欲求――それは第二の天性となる――にも依存する。しかし、どの国でも、ある与えられた時代には、
(867) この規制的な平均労賃はある与えられた大きさである。こうして、残りの諸収入全部の価値に限界が与えられる。それは、いつでも、総労働日（これは、社会的総資本によって運動させられる総労働量を包括するのだから、この場合には平均労働日と一致する）が体現されている価値から、労賃に体現されている価値部分を引いたもの、に等しい。したがって、その限界は、不払労働が表現されている価値の限界によって、すなわちこの不払労働の分量によって、与えられている。労働日のうち、労働

者が彼の賃銀の価値を再生産するために必要とする部分の最終的限度が、彼の賃銀の肉体的最低限にあるとすれば、労働日のうち、彼の剰余労働を表わす他の部分、したがってまた剰余価値を表現する価値部分の限度は、労働日の肉体的最高限に、すなわち、労働者が彼の労働力を維持し再生産しながらおよそ与えることのできる日々の労働時間の総分量にある。ここでの考察では、年々新たにつけ加えられる総労働が表わされた価値の分配が問題なのであるから、労働日は、それが、その肉体的最高限からどれほど多く、またはどれほど少なく背離するとしても、ここでは、不変の大きさとみなすことができるのであり、また不変の大きさであると前提されている。この価値部分は、労働日の支払部分と、剰余価値を形成し、利潤と地代とに分解する価値部分の絶対的限界は、したがって、与えられている。この価値部分は、労働日の支払部分を超えた不払部分である超過分によって、したがって総生産物の価値のうち、この剰余労働が実現される部分によって、規定されている。その諸限界がこのように規定された、そして前貸総資本にたいして計算された剰余価値を、私がそうしたように、利潤と名づけるならば、この利潤は、その絶対的大きさから見れば剰余価値に等しく、したがってその諸限界も、剰余価値と同じように法則によって規定されている。ところで、利潤率の高さもやはり、諸商品の価値によって規定される一定の諸限界内に閉じ込められた大きさである。それは、生産に前貸しされた社会的総資本にたいする総剰余価値の比率である。この資本が500（百万単位であってもよい）で、剰余価値が100ならば、二〇%が利潤率の絶対的限界をなす。さまざまな生産部面に投下された諸資本のあいだに、この率に沿って社会的利潤を分配することは、諸商品の価値から背離する生産価格を生み出すのであり、それが

（868）

現実に規制的な平均市場価格なのである。とはいえ、この背離は、価値による諸価格の規定をも、利潤の合法則的な諸限界をも取りのぞきはしない。商品の価値は、その商品に消費された資本〔k〕、プラス、その商品に潜んでいる剰余価値、に等しいということに代わって、いまや、その商品の生産価格は、その商品に消費された資本k、プラス、一般的利潤率によってその商品に帰属する剰余価値――すなわち、その商品の生産のために前貸しされた資本（消費された資本も、単に使用されただけの資本も）にたいするたとえば二〇％――に等しい。しかし、この二〇％の追加自体は、社会的総資本によって生み出された剰余価値と、資本の価値にたいするこの剰余価値の比率とによって、規定されている。だから、この追加は二〇％であり、一〇％でも一〇〇％でもないのである。したがって、価値の生産価格への転化は、利潤の諸限界を取りのぞかないで、ただ、社会資本を構成するさまざまな特殊的諸資本のあいだへの利潤の分配を変えるだけであり、利潤をこれらの資本に均等に――すなわち、これらの資本がこの総資本の価値諸部分をなす比率に応じて――分配するのである。市場価格は、この規制的生産価格よりも高く騰貴したりそれよりも安く低下したりするが、しかしこれらの変動は相互に相殺される。比較的長期間にわたる価格表を見れば、＊4そして、諸商品の現実の価値が労働の生産力の変動の結果変化した場合や、同じくまた自然的または社会的な不慮の出来事によって生産過程が撹乱された場合を除外すれば、第一に諸背離の限界が比較的狭いこと、第二に諸背離の均等化が規則的に行なわれることに、おどろかされるであろう。ここには、ケトレ＊5が社会的諸現象について指摘したのと同じ、規制的平均の支配が見いだされるであろう。＊6商品価値の生産価格＊7への均等化がなんの障害にも出会わないのであれば、地代は差額地代に帰着する。すなわち、地代は、超過利潤――規制的生産価格によって一部の資本家たちに与えられたとしても、いまや、土地所有者によって取得される超過利潤――の均等化に限定される。したがって、ここでは、地代は、一般的利潤率による生産価格の規制がもたらす個別的利潤率の背離に、その価値限界をもっている。土地所有が商品価値の生産価格への均等化をさまたげ、絶対地代を取得するならば、この絶対地代の限界は、土地生産物の価値がその生産価格を超える超過分によって、したがって、土地生産物に含まれている剰余価値が、一般的利潤率を通じて諸資本に帰属する利潤率[*8]を超える超過分によって画されている。その場合には、この差額が地代の限界をなすのであり、地代は依然として、与えられた、そして商品に含まれている剰余価値の一定部分をなすにすぎない。

＊1〔草稿では、「すなわち、そのたびごとに」以下は「すなわち、諸商品に物質化された労働の相対的な分量」となっている〕
＊2〔「一方から見れば」はエンゲルスによる〕
＊3〔草稿による。初版では「各労働日」となっていた。アドラツキー版、ヴェルケ版も同様に変更している〕
＊4〔草稿では、「自然的または社会的」は「自然的または歴史的」となっている〕
＊5〔A・ケトレ『人間について』、第一―二巻、パリ、一八三五年、英訳、エディンバラ、一八四二年（高野岩三郎校閲・平貞蔵・山村喬訳、岩波文庫、上・下、一九三九、一九四〇年）参照〕
＊6〔草稿は、ここで改行されている〕
＊7〔草稿では、「生産価格」は「平均価格」となっている〕

＊８〔草稿も「利潤率」であるが、文脈からすると「利潤」の書き誤りとも考えられる。ロシア語サチネーニヤ版およびステパーノフ版、英語ペリカン版などは、「利潤」に訂正している〕

（869）

最後に、さまざまな生産部面における剰余価値の平均利潤への均等化が、人為的または自然的諸独占、とくに土地所有の独占という障害に出会い、その結果、独占の作用を受ける諸商品の生産価格を超えその価値を超えて騰貴する独占価格が可能になるとしても、商品の価値によって与えられる限界は、そのことによっては取りのぞかれはしないであろう。若干の商品の独占価格は、ただ、他の諸商品の生産者たちの利潤の一部を、独占価格をもつ諸商品に移すだけであろう。間接的には、剰余価値のさまざまな生産部面のあいだへの分配に局所的撹乱が起こるかもしれないが、しかしこの撹乱がこの剰余価値そのものの限界を変えることはないであろう。独占価格をもつ商品が労働者の必要消費にはいり込むとすれば、労働者が以前と同じように自分の労働力の価値を支払ってもらっている場合には、この商品は労賃を騰貴させ、そのことによって剰余価値を減少させるであろう。この商品が労賃を労働力の価値よりも安く押し下げることもありうるであろうが、しかしそういうことが起こりうるのは、労賃がその肉体的最低限の限界よりも高い水準にある限りでのことである。その場合には、独占価格は、実質賃銀（すなわち、労働者が同じ総量の労働によって受け取るであろう諸使用価値の総量）からと他の資本家たちの利潤からの控除によって、支払われるであろう。独占価格が商品価格の正常な規制に影響を与える限界は、はっきり規定され、正確に計算可能であるだろう。＊

＊〔草稿では、「はっきり規定され」以下は「正確に計算可能であり、一定の限界内に限定されているであろ

う」となっている〕

したがって、新たにつけ加えられ、全体として諸収入に分解されうる諸商品の価値の分割にとっては、必要労働と剰余労働との比率、労賃と剰余価値との比率が、その所与の規制的な限界となるのと同様に、剰余価値そのものの利潤と地代とへの分割にとっても、これまた、利潤率の均等化を規制する諸法則が、このような限界となる。利子と企業者利得とへの〔利潤の〕分裂の場合には、平均利潤そのものが両者を合わせたものにとっての限界をなす。平均利潤は、利子と企業者利得とがそのなかで分割されなければならないし、そのなかでのみ分割されうる所与の価値の大きさを提供する。分割の特定の比率は、この場合には偶然的である。すなわち、それはもっぱら競争諸関係によって規定されている。他の場合では、需要と供給との一致は、市場価格のその規制的平均価格からの背離の廃棄に、すなわち競争の影響の廃棄に等しいのにたいして、ここでは競争が唯一の規定的なものである。しかし、なぜか？　同じ生産要因である資本が、自己に帰属する剰余価値部分を、同じ生産要因の二人の所有者のあいだに分割しなければならないからである。しかし、この場合、平均利潤の分割にとって一定の合法則的な限界はなにも生じないが、そのことは、商品価値の部分としての平均利潤の限界を取りのぞきはしない。それはちょうど、一つの事業の二人の共同出資者が、さまざまな外部的事情に規定されて、利潤を不均等に分割するという事情が、この利潤の限界にはなにも影響しないのと同様である。

したがって、商品価値のうち、生産諸手段の価値に新たにつけ加えられる労働を表わす部分が、さ

(870)まざまな部分に分解し、これらの部分が諸収入の形態で相互に自立的な諸姿態をとるとしても、そうだからといって、決して、労賃、利潤、および地代を、それらの合計または総計から諸商品そのものの規制的価格（〝自然価格〟、〝必要価格〟[*1]）が生じる構成的な諸要素[*2]であるとみなしてはならない。すなわち、商品価値から不変価値部分を控除したものが本源的な[*3]単一体であって、それがこの三つの部分に分かれるというようにではなく、逆に、これら三つの部分それぞれの価格は自立的に規定されており、これら三つの独立した大きさの足し算によってはじめて商品の価格が形成される[*4]、というようにみなしてはならない。現実には、商品価値は前提された大きさ、すなわち、労賃、利潤、地代――それらの相互間の相対的大きさがどうあろうとも――の総価値の全体である。右の誤った見解では、労賃、利潤、地代は三つの自立した価値の大きさであり、それら全体の大きさが商品価値の大きさを生産し、限界づけ、規定するというのである。

＊1〔「自然価格」「必要価格」については、本訳書、第一巻、九二九ページ訳注＊、九三六ページ訳注＊1参照〕

＊2〔草稿では、「構成的な諸要素」は「価格－または価値を構成する諸要素」となっている〕

＊3〔「本源的な」はエンゲルスによる〕

＊4〔草稿では、「はじめて商品の価格が形成される」は「商品の価格が発生する」となっている〕

労賃[*1]、利潤、地代が諸商品の価格を構成するとすれば、このことは、商品価値の不変部分にも、可変資本と剰余価値とを表わす他の部分にも[*2]、同じように妥当するであろうということは、さしあたり明らかである。したがって、この不変部分は、この場合にはまったく度外視されうる。というのは、この不変部分をなす諸商品の価値も、やはり、労賃、利潤、および地代の諸価値の総計に帰着するだろうからである。すでに述べたように、*3 この見解は、事実また、このような不変価値部分の定在を否認する。

*1〔草稿では、このパラグラフの冒頭から一二パラグラフ目の末尾までは角括弧でくくられている（本訳書、第三巻、一五五〇ページの訳注＊参照）〕

*2〔草稿では、「商品価値の不変部分にも」以下は、「商品価値の不変部分の価格にも、可変資本が再生産される他の部分にも」となっている〕

*3〔草稿では、「すでに述べたように」は「すでに第二項で述べたように」となっている。第二項は、2)すなわち第四九章をさす。本訳書、第三巻、一五〇五―一五〇九ページ参照〕

さらに、この場合にはいっさいの価値概念が消えてなくなるということも明らかである。なお残るのは、ある量の貨幣が労働力、資本、および土地の所有者たちに支払われるという意味での、価格の観念だけである。しかし、貨幣とはなにか？　貨幣は物ではなく、価値の一定の形態であり、したがってやはり価値を想定する。そこで、一定量の金または銀が右の生産諸要素〔労働力、資本、および土地〕に支払われるか、または右の生産諸要素が頭のなかでこの一定量の金または銀に等置される、と言うことにしよう。しかし、金および銀は（そして啓蒙経済学者はこれを認識したと誇っている）、他のいっさいの諸商品と同様にそれ自身商品である。したがって、金銀の価格もまた、労賃、利潤、および地代によって規定されている。したがって、われわれは、労賃、利潤、および地代を、それらが一定分量の金銀に等置されるということによって規定することはできない。というのは、労賃、利潤、および地代は自分自身と等価にあるものとして、この金銀の価値で評価されなければならないが、この金銀の価値こそは、まさに労賃、利潤、および地代によって、金銀とはかかわりなく、すなわち、まさに右の三つの部分の生産物であるどの商品の価値ともかかわりなく、まず第一に規定されなければならないからである。したがって、労賃、利潤、および地代の価値とは、それらが一定分量の金銀に等しいということであると言うとすれば、それは、ただ、労賃、利潤、および地代は一定分量の労賃、利潤、および地代に等しいと言うことを意味するにすぎないであろう。

(871)

まず労賃をとってみよう。というのは、この〔誤った〕見解の場合にも、労働から出発しなければならないからである。すなわち、労賃の規制的価格、労賃の市場価格の変動の中心をなす価格は、どのようにして規定されるのか？

労働力の需要と供給とによって、と言うことにしよう。しかし、労働力にたいするどんな需要が問題なのか？　資本による需要である。したがって、労働にたいする需要は資本の供給に等しい。資本の供給について語るためには、われわれはなによりも、資本とはなにかということを知らなければならない。資本はなにからなるのか？　資本のもっとも簡単な現象をとってみれば、貨幣と諸商品とからなる。しかし、貨幣は単に商品の一形態にすぎない。したがって、〔資本は〕諸商品からなる。しかし、諸商品の価値は、〔この見解の〕前提によれば、まず第一に、諸商品を生産する労働の価格、すなわち労賃によって規定されている。労賃は、この場合には、諸商品の価格を構成する要素として前提され、取り扱われる。ところで、この価格〔労賃〕は、提供された労働の資本にたいする比率によって規定されるというのである。資本そのものの価格は、資本を構成する諸商品の価格に等しい。労働にたいする資本の需要は、資本の供給に等しい。そして資本の供給は、与えられた価格をもつある商品総額の供給に等しく、この価格は、まず第一に、労働の価格によって規制されている。そして労働の価格は、それはそれでまた、商品価格のうち、労働者にたいして彼の労働と引き換えに引き渡される可変資本を構成する部分に等しい。そして、この可変資本を構成する諸商品の価格は、それ自身また、まず第一に労働の価格によって規定されている。というのは、諸商品の価格は、労賃、利潤、および地代の諸価格によって規定されているからである。したがって、われわれは、労賃を規定するために、資本を前提することはできない。なぜなら、資本そのものの価値が労賃によっても規定されているからである。

　さらにまた、競争をもち込んでも、われわれにはなんの役にも立たない。競争は労働の市場諸価格を騰貴させたり低下させたりする。しかし、労働の需要と供給とが一致すると仮定しよう。その場合には、労賃はなにによって規定されるのか？*　競争によって。しかし、競争が規定するのをやめること、競争がその二つの反対方向に向かう力の均衡によってその作用をやめることは、まさに前提したばかりである。われわれが見いだしたいのは、ほかならぬ労賃の自然価格、すなわち、競争によって規制されるのではなく逆に競争を規制する労働の価格である。

(872)

＊〔草稿では、「反対方向に向かう力」は「対立している力」となっている〕

なお残るのは、労働の必要価格を労働者の必要生活諸手段によって規定することだけである。しかし、この生活諸手段は、ある価格をもつ諸商品である。したがって、労働の価格は、必要生活諸手段の価格によって規定されており、そして生活諸手段の価格は、他のすべての商品の価格と同じように、まず第一に労働の価格によって規定されている。したがって、生活諸手段の価格によって規定された労働の価格は、労働の価格によって規定されている。労働の価格は、それ自身によって規定されている。言い換えれば、労働の価格はなにによって規定されているのか、われわれにはわからない、ということである。ここで労働がそもそもある価格をもつのは、それが商品とみなされるからである。したがって、労働の価格について語るためには、われわれは、価格とはそもそもなんであるかを知らなければならない。しかし、このやり方では、価格とはそもそもなんであるかは、なおさらわからない。

とはいえ、この結構な方法で労働の必要価格が規定されているものと仮定しよう。では、商品の第二の価格要素をなす平均利潤、正常な諸関係のもとでの各資本の利潤は、どのように規定されているのか？　平均利潤は、利潤の平均率によって規定されていなければならない。この平均率はどのように規定されるのか？　資本家たちのあいだでの競争によってか？　しかし、この競争は、すでに利潤の定在を想定する。競争は、同じ生産部門であるか異なる生産諸部門であるかを問わず、それらの生産諸部門におけるさまざまな利潤率、したがってさまざまな利潤を想定する。競争は、それが商品の価格に作用する限りでのみ利潤率に作用しうる。競争が引き起こしうるのは、ただ、同じ生産部面内の生産者たちが彼らの諸商品を等しい価格で売ることだけであり、また、異なる生産諸部面内の生産者たちが、彼らの諸商品を、彼らに同じ利潤を与える価格で——すなわち、すでに部分的に労賃によって規定された商品の価格に同じ比例的追加分を与える価格で——売ることだけである。だから、競争は、利潤率における不等を均等化しうるだけである。不等な利潤率を均等化させるためには、利潤は商品価格の要素としてすでに現存していなければならない。競争は利潤をつくり出しはしない。競争は、均等化が行なわれたときに生じる水準を高くしたり低くしたりはするが、その水準をつくり出しはしない。そして、われわれが、利潤の必然的な率を論じることによって知ろうとするのは、まさに、競争の諸運動[*1]には依存しない、むしろこちらのほうが競争を規制する利潤率である。平均利潤率は、競争する資本家たち相互の諸力の均衡[*2]にともなって現われる。競争は、この均衡をつくり出すことはできるが、この均衡の上に現われる利潤率をつくり出すことはできない。この均衡がつくり出されたとき、それでは、なぜ一般的利潤率は、一〇%または二〇%または一〇〇%なのか？　競争のせ(873)いである。ところが逆に、競争は、一〇%または二〇%または一〇〇%という背離を生み出した諸原因をすでに取りのぞいている。競争は、どの資本もその大きさに比例して同じ利潤を生むような商品価格をもたらした。しかし、この利潤そのものの大きさは競争とはかかわりない。競争は、ただ、あらゆる背離をつねにこの大きさに還元するだけである。ある人が他の人々と競争すれば、競争は彼に、自分の商品を他の人々と同じ価格で売ることを強制する。しかし、この価格が一〇または二〇または一〇〇であるのはなぜか？

＊1〔草稿では、「競争の諸運動」は「競争の諸均等」となっている〕

＊2〔草稿では、「競争する資本家たち」以下は「異なる資本家たち相互の利潤の均衡」となっている。なお、新メガでは「異なる資本家たち相互の諸力の均衡」と判読している〕

したがってなお残るのは、利潤率したがって利潤を、ここまでは労賃によって規定されてきた商品価格への、不可解なやり方で規定される追加分として説明することだけである。競争がわれわれに語る唯一のことは、この利潤率はある与えられた大きさでなければならないということである。しかし、そんなことは、一般的利潤率および利潤の「必要価格」について論じたときに、われわれはすでに知っていた。

このばかげた手順を地代についてまた新たに述べたてることは、まったく不必要である。そうしなくても、この手順がなんとか首尾一貫して遂行されれば、それによって、利潤および地代は、まず第一に労賃によって規定される商品価格への、不可解な諸法則によって規定される単なる価格追加分として現われることになる、ということがわかる。要するに、経済学者たちが競争を説明しなければならないのに、逆に、競争が経済学者たちのあらゆる没概念性を説明する役目を引き受けなければならないのである。

さてこの場合に、利潤と地代とは、流通によってつくり出される価格構成諸部分、すなわち、販売から生じる価格構成諸部分であるという幻想を度外視すれば——そして流通はあらかじめ自分に与えられていないものを決して与えることはできない——、事態は単に次のことに帰着する——

ある商品の、労賃によって規定される価格は100であり、利潤率は労賃にたいして一〇％、地代は労賃にたいして一五％であるとしよう。そうすれば、労賃、利潤、および地代の総額によって規定されるこの商品の価格は、125である。この25という追加分は、商品の販売からは生じえない。というのは、相互に売り合うすべての者のだれもが、100の労賃がかかったものを125で売り合うのであって、これは彼ら全員が100で売った場合とまったく同じだからである。したがって、操作は流通過程とはかかわりなく考察されなければならない。

　いまや125の費用がかかる商品そのものを三者が分け合うとすれば——そして、資本家がまず125で売り、それから労働者に100を、自分自身に10を、地代受領者に15を支払うとしても、事態はなにも変わらない——、労働者は価値および生産物の$\frac{4}{5}$＝100を受け取る。資本家は価値および生産物の$\frac{2}{25}$を、地代受領者は$\frac{3}{25}$を受け取る。資本家が100ではなく125で売るこ（874）とによって、資本家は、労働者に、彼の労働を表わす生産物の$\frac{4}{5}$しか与えない。したがって、彼が労働者に80を与え、20を留保した——そのうち彼の手には8が、地代受領者の手には12が帰属する——としても、まったく同じことであろう。その場合には、彼は商品をその価値どおりで売ったことになるであろう。というのは、実際にはこの価格追加は、商品の価値——これは、この前提のもとでは労賃の価値によって規定されている——とはかかわりのない引き上げだからである。これは、回り道を経て次のことに帰着する——この考えにおいては、労賃という言葉、あの100は、生産物の価値に、すなわちこの一定の労働分量が表わされる貨幣総額に等しいということ、しかしこの価値はこんどは現実の労賃〔80〕とは異なっており、だからある剰余をあとに残すということに帰着する。この剰余は、ここではただ名目的な価格追加によってもたらされるにすぎない。したがって、労賃が 100 ではなくて 110 であるとすれば、利潤は 11 で地代は $16\frac{1}{2}$ であり、したがって商品の価格は $137\frac{1}{2}$ でなければならないであろう。それでも比率は不変のままであろう。しかし、この分割はいつでも労賃へのあるパーセントの名目的追加によって得られるであろうから、価格は労賃とともに騰貴したり低下したりするであろう。労賃は、ここ〔この説〕では、最初は商品の価値に等しいとされ、次にこんどはそれとは違うとされる。しかし実際には、事態は没概念的な回り道をしたうえで次のことに帰着する――すなわち、商品の価値は商品に含まれる労働分量によって規定されているが、労賃の価値は必要生活諸手段の価格によって規定されており、そして労賃を超える価値の超過分は利潤と地代とを形成するということに帰着する。*

＊〔草稿では、本訳書、第三巻、一五四二ページの第二パラグラフの冒頭に付された角括弧が、ここのパラグラフの末尾の角括弧で閉じられている〕

諸商品の価値が、その商品の生産において消費された生産諸手段の価値を控除したあとに分解すること、すなわち商品生産物に対象化された労働分量によって規定されたこの与えられた価値総量が、労賃、利潤、および地代として、自立し互いに独立する収入諸形態の姿態をとる三つの構成部分に分解すること――この分解は、資本主義的生産の目に見える表面では、したがってこの表面にとらわれた当事者たちの観念においては、転倒して現われる。

ある任意の商品の総価値が 300 で、そのうち 200 はその商品の生産に消費された生産諸手段すなわち不変資本の諸要素の価値であるとしよう。したがって、この商品の生産過程でこの商品に追加された新価値の総額として 100 が残る。この 100 の新価値が、三つの収入形態に分割するために自由に処分できるものの全部である。労賃をx、利潤をy、地代をzとすれば、この場合には、x＋y＋zの総額はいつも 100 であろう。ところが、産業家や商人や銀行家たちの観念においては、また俗流経済学者たちの観念においても、このことはまったく違ったふうになる。彼らにとっては、* 商品の価値からその商品に消費された生産諸手段の価値を控除したあとに与えられたもの＝100 であり、こ(875)の 100 が次にx、y、zに分割されるのではない。そうではなく、商品の価格は、単純に、労賃、利潤、および地代という、商品の価値から独立しかつ相互に独立して規定される価値のそれぞれの大きさから構成され、したがってx、y、zはそれぞれ、それだけで自立的に与えられ規定されているのであり、そして、これらの価値の大きさの総計——それは 100 よりも小さいことも大きいこともありうる——から、はじめて商品そのものの価値の大きさが、商品のこれらの価値形成者の足し算の結果として生じてくる、というのである。この〝取り違え〟は次の理由によって必然的である——

＊〔このパラグラフの冒頭の「ある任意の」からここまではエンゲルスによる〕

第一に、商品のそれぞれの価値構成部分が自立的な諸収入として互いに相対しており、これらの収入は、そのようなものとして、労働、資本、および大地という三つの互いにまったく異なる生産作用因に関連づけられていて、したがってこれらの生産作用因から発生するように見えるからである。労働力の所有、資本の所有、大地の所有は、諸商品のこれらの異なる価値構成部分をこれらのそれぞれの所有者に帰属させ、したがってそれらを彼らにとっての収入に転化させる原因である。しかし、価値は収入への転化から発生するのではなく、価値は、それが収入に転化され収入の姿態をとりうる以前に、そこに存在しなければならない。これら三つの部分の相対的な大きさの規定は互いに別種の法則に従っており、諸商品の価値そのものとのこれらの法則の連関、および諸商品の価値そのものによるこれらの法則の制限は決して表面には現われないのであるから、このさかさまにされたものの外観はますます強固にならざるをえない。

第二に――すでに見たように〔本訳書、第三巻、三四三―三五一ページ参照〕、労賃の一般的な騰貴または低下は、他の事情に変わりがなければ、反対の方向での一般的利潤率の運動を引き起こすことによって、さまざまな商品の生産価格を変化させ、それぞれの生産部面の資本の平均構成に応じて、そのあるものを騰貴させ他のものを低下させる。したがってこの場合には、少なくともいくつかの生産部面においては、商品の平均価格が、労賃が騰貴したために騰貴する、そして[*1]労賃が低下したために低下するということが経験される。「経験」されないのは、これらの変化が、労賃とはかかわりのない諸商品の価値によってひそかに規制されているということである。それにたいし、労賃の騰貴が局部的であれば、すなわち、それが特殊な生産諸部面で特有な諸事情によって起こるだけであれば、それに照応するこれらの商品の名目的な価格騰貴が生じうる。ある種類の商品の相対的な価値が、労賃が依然として不変のままである他の種類の諸商品に比べて、このように騰貴することは、この場合には、

（876）ただ、剰余価値の異なる生産部面への均等な配分が局部的に撹乱されたことにたいする反応、すなわち、特殊的諸利潤率の一般的利潤率への均等化の一手段であるにすぎない。この場合になされる「経験」もまた、労賃による価格の規定である。したがってこの二つの場合に経験されるのは、労賃が商品諸価格を規定しているということである。経験されないのは、この連関の隠れた原因である。さらに――、労働の平均価格、すなわち労働力の価値は、必要生活諸手段の生産価格によって規定されている。後者が騰貴または低下すれば、前者も騰貴または低下する。ここでふたたび経験されるのは、労賃と諸商品の価格とのあいだに連関が存在するということである。しかし、原因は結果として、また結果は原因として現われることがありうるのであり、たとえば、市場価格の運動の場合にもそう言える。すなわち、市場価格の運動の場合には、労賃のその平均を超えた騰貴が、繁栄期と結びついた、生産価格を超えた市場価格の騰貴に照応し、労賃のその平均よりも下へのその後の低下が、生産価格よりも下への市場価格の低下に照応する。市場価格の振幅運動を度外視すれば、生産価格が商品の価値によって拘束されていることには、〝明らかに〟次の経験が、すなわち、労賃が騰貴すれば利潤率は低下し、逆に、労賃が低下すれば利潤率は上がるという経験が、つねに照応せざるをえないであろう。しかしすでに見たように〔本訳書、第三巻、一八四―二〇三ページ参照〕、利潤率は不変資本の価値の諸運動によって、労賃の諸運動にかかわりなく規定されうる。その結果、労賃と利潤率とは反対の方向にではなく同じ方向に運動し、両者が同時に上がりまたは下がることがありうる。もし剰余価値率が利潤率と直接に一致するのであれば、こうしたことは不可能であろう。生活諸手段の価格が騰貴した結果労賃が騰貴する場合であっても、労働の強度を増大させたりまたは労働日を延長したりした結果として、利潤率は変わらないままでありうるし、または上がることさえありうる。これらすべての経験は、価値構成諸部分の自立し転倒した形態によって引き起こされる外観――労賃だけが、または労賃と利潤とが一緒になって諸商品の価値を規定するかのような外観――を確証するのである。一般に、労賃についてこのように見えるならば、したがって、労働の価格と労働によって生み出された価値とが一致するように見えるならば、この外観は利潤と地代とにとっては自明のこととなる。そうなると、利潤と地代との価格すなわち貨幣表現*2は、労働および労働によって生み出された価値とはかかわりなく規制されなければならない。

*1　〔草稿では、「そして」は「または」となっている〕
*2　〔「すなわち貨幣表現」はエンゲルスによる〕

(877) 第三に――商品の価値、またはただ外観的にのみこの価値から独立した生産価格が、市場価格の恒常的な変動*1の間断のない相殺によって、規制的平均価格としてのみ貫徹されるのではなく、むしろ、直接にかつ恒常的に、現象において、商品の市場諸価格と一致するものと仮定しよう。さらに、再生産は同一の変わらない諸関係のもとでいつも行なわれ、したがって、労働の生産性は資本のすべての要素において不変のままであると仮定しよう。最後に、商品生産物のうち、各生産部面で、生産諸手段の価値への新たな労働分量の追加、すなわち新たに生産された価値の追加によって形成される価値部分は、つねに不変のままの比率で労賃、利潤、および地代に分解すると仮定しよう。したがって、現実に支払われた労賃、実際に[*2]実現された利潤、および実際の[*3]地代は、労働力の価値、総剰余価値のうち平均利潤率によって総資本中の自立的に機能している各部分に帰属する部分、およびこの基盤の上で正常な場合に地代がそのなかに閉じ込められている諸限界に、つねに直接に一致するものと仮定しよう。ひとことで言えば、社会的価値生産物の分配と生産諸価格の規制とが資本主義的基礎の上で——ただし、競争を除外して——行なわれるものとしよう。[*4]

＊1〔草稿では、「変動」は「変動、水準以上へのそれらの上昇または水準以下への低下」となっている〕
＊2〔草稿では、「実際に」は「現実に」となっている〕
＊3〔草稿では、「実際の」は「現実の」となっている〕
＊4〔草稿では、「ひとことで言えば」以下の文は次のようになっている。「しかし現実の運動では逆に、商品の市場価格がその生産価格をめぐって変動するように、労働の市場価格は労働力の価値をめぐって変動し、同じように利潤の市場率すなわち現実の高さや借地料の市場率は標準的な平均利潤や標準的な地代をめぐって変動するのであるが。」〕

したがって、これらの前提のもとでは——そこでは、諸商品の価値は不変であり、また不変として現われ、そこでは、商品生産物の価値のうち諸収入に帰着する部分は不変な大きさのままであり、また不変な大きさとしてつねに表わされ、最後にそこでは、この与えられた不変な価値部分がつねに、不変の比率で労賃、利潤、および地代に分解されるであろうが——これらの前提のもとでさえも、現実の運動は必然的に転倒した姿態で現われるであろう。すなわち、現実の運動は、あらかじめ与えられた価値の大きさが、互いに独立した収入諸形態をとる三つの部分へ分解するというようには現われないで、逆に、この価値の大きさが、労賃、利潤、地代という、独立にかつそれだけで自立的に規定された、この価値の大きさを構成する諸要素の合計から形成されるというように現われるであろう。*1この外観は必然的に生じるであろう。なぜなら、個別諸資本とその商品諸生産物との現実の運動においては、諸商品の価値がその分解にとっての前提として現われるのではなく、逆に、それが分解していく構成諸部分が諸商品の価値にとっての前提として機能するからである。*2まずわれわれが見たのは、どの資本家にとっても、商品の費用価格は与えられた大きさとして現われ、また現実の生産価格においてはつねにそのようなものとして現われるということである。*3しかし、費用価格は不変資本すなわち前貸生産諸手段の価値、プラス、労働力の価値、に等しいが、しかし、この労働力の価値は、生産当事者たちにとっては、労働の価格という不合理な形態で現われ、そのため労賃は同時に労働者の収入として現われる。労働の平均価格が一つの与えられた大きさであるのは、労働力の価値が、他のどの商品の価値とも同じように、その再生産に必要な労働時間によって規定されているからである。*4しかし、諸商品の価値のうち労賃に帰着する部分について言えば、この価値部分は、それがこの労賃という形態をとること、資本家が労働者に労働者自身の生産物における彼の分け前を労賃という現象形態で前貸しすることから発生するのではなく、労働者が自分の労賃に照応する等価物を生産すること、すなわち、彼の日労働または年労働の一部分が彼の労働力の価格に含まれる価値を生産することから発生するのである。*5しかし、労賃は、それに照応する価値等価物が生産されていないうちに、契約に

(878)

よって取り決められる。だから、商品および商品価値が生産される以前にその大きさが与えられている一つの価格要素として、すなわち費用価格の構成部分として、労賃は、自立的な形態をとって商品の総価値から分離する一部分としては現われないで、逆に、この総価値を前もって規定する所与の大きさとして、すなわち価格または価値の形成者として現われるのである。労賃が商品の費用価格で演じるのと似た役割を、平均利潤は商品の生産価格で演じる。というのは、生産価格は、費用価格、プラス、前貸資本にたいする平均利潤、に等しいからである。この平均利潤は、実際上は、資本家自身の観念や計算において規制的要素としてはいり込むが、それは、平均利潤が一投下部面から他の投下部面への資本の移転を規定する限りではいり込むだけでなく、比較的長期間にわたる再生産過程を包括するすべての販売と契約にとってもまた、規制的要素としてはいり込むのである。しかし、平均利潤がこのようにはいり込む限りでは、それは前提された大きさであり、この大きさは、実際には、それぞれの特殊的生産部面で生み出された価値および剰余価値とはかかわりのない大きさであり、したがってまた、これらそれぞれの部面における個々の各投資によって生み出された価値および剰余価値とはなおさらかかわりのない大きさである。現象は、平均利潤を、価値の分裂の結果として示すのではなく、むしろ、商品生産物の価値とはかかわりのない、諸商品の生産過程であらかじめ与えられた、諸商品の平均価格そのものを規定する大きさとして、すなわち価値形成者として示す。しかも、剰余価値は、そのうえ、そのさまざまな部分が互いにまったく独立した諸形態に分裂する結果、はるかに具体的な形態をとって諸商品の価値形成に前提されたものとして現われる。平均利潤の一部分は、利子の形態で、機能資本家にたいして自立的に、諸商品およびその価値の生産に前提された要素として相対する。利子の大きさがどれほど変動しようとも、それは、どの瞬間にもまたどの資本家にとっても、ある与えられた大きさであり、彼すなわち個々の資本家にとっては、自分の生産する諸商品の費用価格にはいり込む大きさである。同じように、農業資本家にとっては契約で定められた借地料の形態での地代が、他の企業家たちにとっては事業場所の賃借料の形態での地代が、そうである。だから、剰余価値が分解していくこれらの部分は、個々の資本家にとっては費用価格の諸要素として与えられ（879）ているから、逆に、剰余価値の形成者として、すなわち、労賃が商品価格の他の部分を形成するのと同じように、商品価格の一部分の形成者として、現われるのである。[*9] 商品価値のこれらの分解の産物がなぜつねに価値形成そのものの前提として現われるのかという秘密は、単純に次のこと、すなわち、資本主義的生産様式は、他のどの生産様式とも同じように、つねに物質的生産物を再生産するだけではなく、社会的経済的諸関係を、物質的生産物の形成の経済的な形態諸規定を再生産する、ということである。だから、資本主義的生産様式の諸前提がその結果として現われるのと同様に、資本主義的生産様式の結果がつねにその前提として現われるのである。そして、個々の資本家は、同じ諸関係がこのように恒常的に再生産されることを、当然のこと、疑いえない事実[*10]として、予想しているのである。資本主義的生産そのものが存続する限り、[*11] 新たにつけ加えられた労働の一部分はつねに労賃に分解し、他の一部分は利潤（利子と企業者利得）に分解し、第三の一部分は地代に分解する。さまざまな生産作用因の所有者たちのあいだでの契約のさいには、このことが前提されているのであり、個々の場合のそれぞれで相対的な大きさの比率がどんなに変動しようとも、この前提は正しいのである。価値諸部分が相対し合う特定の姿態は、それがつねに再生産されるから前提されているのであり、また、それがつねに前提されているからつねに再生産されるのである。

＊1〔草稿では、「あらかじめ与えられた」は「前提された」となっている〕
＊2・3〔ここの「その」と「それ」とは、「諸商品」を受ける代名詞になっているが、「価値」を受ける代名詞になるべきではないかと思われる〕
＊4〔草稿は、ここで改行されている〕
＊5〔草稿では、「生産する」は「再生産する」となっている〕
＊6〔草稿は、ここで改行されている〕
＊7〔草稿では、「あらゆる販売と契約」は「すべての企業」となっている〕
＊8〔草稿では、「生産過程」は「生産価格」となっている。なお、新メガの判読はエンゲルス版と同様である〕
＊9〔草稿は、ここで改行されている〕
＊10〔草稿では、「疑いえない事実」は「物質的事実」となっている〕
＊11〔草稿では、「資本主義的生産そのものが存続する限り」は「資本主義的生産がその形態規定性を保持する限り」となっている〕

さて、言うまでもなく経験および現象によっても明らかなように、市場価格――実際上資本家にとってはこの市場価格の影響のもとでのみ価値規定が現われる――は、その大きさから見れば、決して先述の予想とはなんのかかわりもないのであり、利子または地代が高く取り決められたか低く取り決められたかによって決まるわけではない。しかし、市場価格は、もっぱら変動のなかで不変であるにすぎず、比較的長期間にわたるその平均が、まさに労賃、利潤、および地代のそれぞれの平均を、不変な大きさとして、したがって市場諸価格を究極的に支配する大きさとして、生み出すのである。*

＊〔草稿では、「比較的長期間にわたるその平均が」以下は「かつその平均でみれば、まさに平均的な労賃、利潤、および地代が、不変な大きさとして、したがって市場諸価格を究極的に支配する大きさとして、生み出されるのである」となっている〕

他方では、次のように考えることはたいへん簡単であるように見える。すなわち、労賃、利潤、および地代*1が価値形成者であるのは、それらが価値の生産に前提されたものとして現われるからであり、また個々の資本家たちにとっては費用価格および生産価格のうちに前提されているからであるとすれば、その価値が与えられたものとしてどの商品の生産にも*2はいり込む不変資本部分もまた価値形成者である、と考えることである。しかし、不変資本部分は、諸商品の、したがって諸商品価値の総計以外のなにものでもない。したがって、これは、商品価値が商品価値の形成者でありその原因であるというばかげた同義反復に帰着するであろう。

＊1〔草稿では、「労賃、利潤、利子、地代」となっている〕
＊2〔草稿では、「どの商品の生産にも」は「それぞれどの生産部面にも」となっている〕

しかし、資本家がもしこの点について十分考慮することになんらかの関心をいだくとすれば――そ

（880）して資本家としての彼の考慮はもっぱら彼の利害とその利害打算的動機によって規定されているのであるが――、彼が経験によって知ることは、彼自身が生産する生産物は不変資本部分として他の生産諸部面にはいり込み、またこれらの他の生産部面の諸生産物は不変資本諸部分として彼の生産物にはいり込む、ということである。したがって、彼にとっては、その新たな生産にかんする限り、価値追加分は、外観上、労賃、利潤、および地代の大きさによって形成されるのであるから、同じことはまた、他の資本家たちの生産物からなる不変部分についてもあてはまるのであり、したがって究極的には、完全には解明しえない仕方でではあっても、不変資本部分の価格は、また、それとともに諸商品の総価値は、究極的には、労賃、利潤、および地代という、それぞれ異なる法則によって規制され、それぞれ異なる源泉からなる、自立的な価値形成者の足し算から生じる価値総額に帰着する。

第四に。諸商品がその価値どおりに売られるか売られないかということ、したがって価値規定そのものは、*個々の資本家にとってはまったくどうでもよいことである。価値規定は、すでにはじめから、彼の背後で彼にかかわりのない諸関係の力によって行なわれるものである。というのは、価値ではなくて価値とは異なる生産価格がそれぞれの生産部面において規制的な平均価格を形成するからである。価値規定そのものが、それぞれの特殊的生産部面における個々の資本家および資本の関心を引き、また彼および資本を規定する役目をするのは、ただ、次の限りにおいてだけである。すなわち、労働の生産力の増大または減少にともなって諸商品の生産に必要となる労働分量の減少または増加が、ある場合には資本家に現存の市場価格のもとで特別利潤をあげることを可能にし、他の場合には諸商品の価格を引き上げることを資本家に余儀なくさせる――なぜなら、より多くの労賃、より多くの不変資本、したがってまたより多くの利子が部分生産物または個々の商品のそれぞれに割り当てられるから――という限りにおいてだけである。価値規定が資本家の関心を引くのは、それが資本家自身にとって商品の生産費を増大または減少させる限りでのことにすぎず、したがってそれが彼を例外的な立場におく限りでのことにすぎない。

＊〔草稿では、「諸商品がその価値」以下は「諸商品がその価値どおりに売られること――したがって価値規定そのもの――は」となっている〕

(881)
これにたいして、資本家にとって、労賃、利子、および地代は、利潤のうち機能資本家としての彼に帰属する部分すなわち企業者利得を彼が実現できるような価格の規制的限界として現われるだけでなく、継続的再生産が可能でなければならないとすれば、およそ彼がその価格で商品を売ることができなければならない価格の規制的限界として現われる。資本家にとっては、彼が、労賃、利子、および地代によって彼に個別的に与えられた費用価格を超えて通常のまたはより大きな企業者利得を、その価格から手に入れるということさえ前提されていれば、彼が商品に潜んでいる価値および剰余価値を販売のさいに実現するかしないかは、まったくどうでもよいことである。だから、不変資本部分を度外視すれば、彼にとっては、労賃、利子、および地代が、商品価格の限界を画する、したがって創造的、規定的な諸要素として、現われる。たとえば、彼が労賃を労働力の価値よりも安く、すなわちその正常な高さよりも下に押し下げること、資本をより低い利子率で入手すること、地代の正常な高さよりも安く借地料を支払うことに成功するならば、彼にとっては、生産物をその価値よりも安く売るかどうか、さらには一般的生産価格[*1]よりも安く売るかどうかさえ、すなわち商品に含まれている剰余労働の一部分を無償で手放すかどうかさえ、まったくどうでもよいことである。このことは不変資本部分についてもあてはまる。たとえば、ある産業家が原料をその生産価格よりも安く買うことができるならば、そのことによって彼は、たとえ彼がこの原料を完成品の形でふたたび生産価格よりも安く売るとしても、損失をしないですむ。商品価格のうち、支払われなければならず等価物によって補塡されなければならない諸要素を超える超過分が、同じままであるかまたは増大する限りで、彼の企業者利得は同じままでありうるし、増大することさえありうる。しかし、与えられた価格の大きさとして彼の諸商品の生産にはいり込む生産諸手段の価値を別とすれば、限界を画し規制する価格の大きさとしてこの生産[*2]にはいり込むのは、まさに労賃、利子、地代である。したがってこれらは、彼にとっては、諸商品の価格を規定する諸要素として現われる。この立場からすれば、企業者利得は、偶然的な競争関係に左右される市場価格が右の価格諸要素によって規定された[*3]諸商品の内在的価値を超える超過分によって規定されたものとして現われるか、または、企業者利得自体が規定的に市場価格に影響をおよぼす限りでは、それ自体がこれまた買い手たちと売り手たちとの競争に左右されるものとして現われる。

*1 〔草稿では、「一般的生産価格」は「その生産価格」となっている〕

*2 〔草稿では、「生産」は「生産価格」となっている。なお、新メガでは「生産過程」と判読している〕

＊３〔「右の価格諸要素によって規定された」はエンゲルスによる〕

個々の資本家たち相互のあいだの競争においても、世界市場での競争においても、不変な、規制的な大きさとして計算にはいり込むのは、労賃、利子、地代という、与えられ前提された大きさである。不変なというのは、それらがその大きさを変えないという意味においてではなく、それらが個個それぞれの場合に与えられており、不断に変動する市場諸価格にとって不変な限界をなすという意味においてである。たとえば、世界市場での競争でもっぱら問題となるのは、与えられた労賃、利子、および地代のもとで、商品が、与えられた一般的市場諸価格どおりに、またはそれよりも安いが利益をともなって、すなわち相当する企業者利得の実現をともなって、販売されることができるかどうかということである。ある国では、資本主義的生産様式がそこでは全体として発展していないために、労賃と土地の価格は低いが資本の利子は高いのにたいして、他のある国では、労賃と土地の価格は名目的には高いが資本の利子は低い水準にあるとすれば、資本家は一方の国ではより多くの労働と土地を使用し、他方の国では相対的により多くの資本を使用する。この場合に両国の資本家のあいだの競争がどの程度まで可能かという計算には、これらの要因が規定的要素としてはいり込む。したがってこの場合に、経験が理論的に示し、資本家の利害打算が実際的に示すのは、諸商品の価格は労賃、利子、および地代によって、すなわち労働の、資本の、および土地の価格によって規定されているということ、そしてこれらの価格諸要素が実際には規制的な価格形成者であるということである。

（882）

もちろんこの場合には、前提されているのではなく諸商品の市場価格から結果として生じる一要素が、いつでも残っている。すなわち労賃、利子、および地代という前記の諸要素の足し算からなる費*用価格を超える超過分である。この第四の要素は、個々それぞれの場合には、競争によって規定されるものとして現われ、また、それらの場合の平均では、これまた同じ競争によって、比較的長期間においてのみ規制される平均利潤によって規定されるものとして現われる。

＊〔草稿では、「労賃、利子、および地代」以下は「労賃などが構成的な要素としてはいり込む」となっている〕

第五に。資本主義的生産様式の基盤の上では、新たにつけ加えられた労働を表わす価値を、労賃、利潤、および地代という収入諸形態に分解することはきわめて自明なことになるから、この方法*は（地代のところでわれわれが例示したような過去の歴史的諸時代はもちろんのこと）はじめからこれら収入諸形態の存在諸条件が欠如しているところにも適用される。すなわち、すべてが類比によってこれら収入諸形態のもとに包摂される。

＊〔草稿では、「方法」は「関係」となっている〕

独立の一労働者——われわれは一小農民を取り上げることにしよう。なぜなら、この場合には三つの収入形態のすべてが適用できるからである——が自分自身のために労働し、自分自身の生産物を売るとすれば、彼は、第一に、自分自身を労働者として使用する自分自身の雇い主（資本家）とみなされ、次に、自分自身を自分の借地農場経営者として使用する自分自身の土地所有者とみなされる。彼は、賃労働者としては自分に労賃を支払い、資本家としては自分に利潤を要求し、土地所有者として

（883）

は自分に地代を支払う。資本主義的生産様式とそれに照応する諸関係を一般的社会的土台として前提すれば、こうした包摂は、彼が自分自身の剰余労働を取得することができるのは彼の労働のおかげではなく、生産諸手段――これはここではすでに一般に資本の形態をとっている――の所有のおかげであるという限りでは、正しい。またさらに、彼が自分の生産物を商品として生産し、したがってその生産物の価格に依存する限りでは（またそうでない場合でも、この価格は見積り可能である）、彼が価値増殖させることのできる剰余労働の分量は、それ自身の大きさにではなく、一般的利潤率に依存する。また、同じように、場合によっては剰余価値のうち一般的利潤率によって規定される分け前を超えて生じうる超過分も、これまた、彼によってなされた労働の分量によって規定されるのではなくて、彼が土地所有者であるという理由だけから彼によって取得されうる。このように、資本主義的生産様式に照応しない生産形態が資本主義的生産様式の収入諸形態のもとに包摂されうる――そしてこのことはある程度までは不当ではない――のだから、資本主義的諸関係はあらゆる生産様式の自然的諸関係であるかのような外観がますます固められる。

　ところで、労賃をその一般的基礎に、すなわち自身の労働生産物のうち労働者の個人的消費にはいり込む部分に、還元してみよう。この分け前を資本主義的制限から解放し、一方では社会の現存する生産力（すなわち現実に[*1]社会的な労働としての労働者自身の労働の社会的生産力）が許し、他方では個性の完全な発展が必要とする消費範囲にまで拡大してみよう。さらに、剰余労働および剰余生産物を、社会の与えられた生産諸条件のもとで、一方では保険元本および[*2]準備元本を形成するために、他方では再生産を社会的欲求によって規定される程度で不断に拡大するために、必要とされる程度にまで、縮小してみよう。最後に、第一の必要労働と第二の剰余労働とのうちに、社会の労働能力のある成員が、まだ労働能力をもっていないかまたはもはや労働能力をもたない社会の成員のためにいつでも行なわなければならない労働分量を含めるものとしよう。すなわち、労賃ならびに剰余価値から、必要労働ならびに剰余労働から、独自の資本主義的性格をはぎ取ってみよう。そうすれば、もはやこれらの形態は残っておらず、すべての社会的生産諸様式に共通するこれらの形態の基礎だけが残っているのである。

＊1〔「現実に」はエンゲルスによる〕
＊2〔「保険元本および」はエンゲルスによる〕

なお、この種の包摂は、以前の支配的な生産諸様式、たとえば封建的生産様式にもそなわるものである。封建的生産様式にはまったく照応しない、完全にその外に立っていた生産諸関係が、封建的な諸関連のもとに包摂されたのであり、たとえばイギリスでは〝自由農民保有地〟（〝騎士保有地〟に対立するもの）[＊1]がそうであったが、これは貨幣納付義務のみを含み、名目的にのみ封建的であった。[＊2]

＊1〔本来の騎士保有地（tenures on knight's service）では、騎士職に一定の土地が付与され、必要に応じ年四〇日間の兵役義務が課され、これが地代とみなされた。騎士保有地の転化したものが自由農民保有地（tenures in common socage）で、奉仕義務が前者では軍事的なのにたいし農業的であった（ソキジは鋤を意味し、鋤奉仕による保有地）が、のちには、この奉仕義務も名目化した〕

＊2〔草稿では、ここに次の注がついている。「チャールズ・ニート『土地所有の歴史および諸条件にかんする二つの講義』、オックスフォード、一八六〇年、一二一ページ。一八六二年に作成された「サブ・ノートA」に関連部分が抜粋されている」〕

（884）

第五一章　分配諸関係と生産諸関係*

*〔草稿では、「4）分配－および生産諸関係」となっている〕

こうして、年々新たにつけ加えられる労働によって新たにつけ加えられる価値は——したがって年々の生産物のうち、この価値を表わしていて、総収益から引き出され分離されうる部分もまた——、三つの異なる収入形態をとる三つの部分に分解する。すなわち、この価値の一部分を労働力の所有者に、一部分を資本の所有者に、また第三の一部分を土地所有者に、所属または帰属するものとして表現する諸形態に、分解する。したがって、これらは分配の諸関係または分配の諸形態である。というのは、これらは、新たに生産された総価値が異なる生産諸作用因の所有者たちのあいだに分配される諸関係を表現するからである。

通例の見解にとっては、これらの分配関係[*1]は自然的諸関係として、あらゆる社会的生産の本性に、人間的生産の諸法則そのものに由来する諸関係として、現われる。確かに、資本主義以前の諸社会が別の分配諸様式を示すということは否定できないが[*2]、しかしその場合には、これらの分配様式は、右の自然的な分配諸関係の、未発展な、不完全な、偽装された、そのもっとも純粋な表現やその最高の姿態に[*3]還元されていない、別の色合いをもった様式と解されるのである。

*1〔草稿では、「分配関係」の「分配」は表題と同じくほとんどがDistributionであるが、エンゲルスはこ

れをしばしば Verteilung に置き換えている〕

＊2〔「未発展な」はエンゲルスによる〕

＊3〔草稿では、「そのもっとも純粋な表現やその最高の姿態に」は「その最終的な表現や姿態に」となっている〕

この観念における唯一の正しい点は次のことである。すなわち、なんらかの種類の社会的生産（たとえば自然発生的なインドの共同体のそれ、またはより人為的に発展したペルー人の共産主義＊のそれ）を前提するならば、労働はいつも二つの部分に区別されうる。すなわち、一つはその生産物が直接に生産者たちおよび彼らの家族によって個人的に消費される労働部分に、他は――生産的消費に帰する部分を別とすれば――つねに剰余労働であって、その剰余生産物がどのように分配されるか、ま(885)ただれがこの社会的諸欲求の代表者として機能するかにかかわりなく、その生産物がつねに一般的社会的諸欲求を充足するのに使用される労働部分に、である。したがって、異なる分配諸様式の同一性なるものは、分配諸様式の区別および独特な形態を捨象して、それらの区別と対立させてそれらの統一だけに固執するならば、それらは同一である、ということに帰着する。

＊〔インカ国家の共同体的な諸関係のこと〕

とはいえ、より教養のある、より批判的な意識は、分配諸関係の歴史的に発展した＊1性格を認める[五六(a)]が、しかし、その代わりに、それだけますます、生産諸関係そのものの、変わることのない、人間の本性に由来する、したがっていっさいの歴史的発展にかかわりのない＊2性格に固執する。

（五六(a)）　J・スチュアト・ミル『経済学の若干の未解決問題にかんする論集』、ロンドン、一八四四年〔第二小論、四七―七四ページ。末永茂喜訳『ミル経済学試論集』、岩波文庫、一九三六年、六五―一〇〇ページ〕。

＊1〔草稿では、「歴史的《ゲシヒトリッヒ》に発展した」が「歴史的な《ヒストーリッシュ》」となっている〕

＊2〔草稿では、「いっさいの歴史的《ゲシヒトリッヒエン》発展にかかわりのない」が「非歴史的な《ウンヒストーリッシュ》」となっている〕

これにたいして、資本主義的生産様式の科学的分析は、逆に次のことを証明する。すなわち、資本主義的生産様式は、特殊な種類の、[*1]独自な歴史的規定性をもつ生産様式であるということ。この生産様式は、他のどの特定の生産様式とも同じように、社会的生産諸力とその発展諸形態との与えられた一段階を、自己の歴史的条件として前提しているのであり、この条件は、それ自体が一つの先行過程の歴史的な結果および産物であり、また新たな生産様式が自己に与えられた基礎としてそこから出発する、ということ。この独自な、歴史的に[*2]規定された生産様式に対応する生産諸関係――人間がその社会的生活過程において、その社会的生活の生産において、取り結ぶ諸関係――は、一つの独自な、歴史的で一時的な性格をもつということ。さらに、最後に、分配諸関係は、この生産諸関係と本質的に同一であり、その裏面なのであり、したがって両者とも同じ歴史的に一時的な[*3]性格を共通にもっているということである。

＊1〔草稿では、「特殊な種類の」は「独特な種類の」となっている〕

＊2〔草稿では、「この独自な、歴史的に」は「この独自に社会的な、すなわち歴史的に」となっている〕

＊3〔草稿では、「歴史的に一時的な」は「歴史的な特有の」となっている〕

分配諸関係を考察するさいには、人はまず、年々の生産物が労賃、利潤、および地代として分配されるという、事実なるものから出発する。しかし、そういう言い方は事実を誤って述べることになる。生産物は、一方では資本に、他方では諸収入に、分かれる。これらの収入の一つである労賃は、それ自体が収入の形態、すなわち労働者の収入の形態をとるが、そうなるのは、いつも、労賃があらかじめこの同じ労働者に資本の形態で相対したあとだけである。生産された労働諸条件と労働諸生産物とが一般に資本として直接的生産者たちに対立して立ち現われるということは、はじめから、物的[*1]労働(886)諸条件が労働者たちにたいしてもつ一定の社会的性格を含み、したがって、彼らが生産そのものにおいて労働諸条件[*2]の所有者たちにたいして、また彼ら相互で結ぶ一定の関係、を含む。これらの労働諸条件[*3]の資本への転化は、それはそれでまた、直接的生産者たちからの[*4]土地の収奪を、したがって土地所有の一定の形態を含む。

＊1〔草稿では、「物的」は「客観的」となっている〕
＊2・3〔草稿では、「労働諸条件」は「生産諸条件」となっている〕
＊4〔「直接的生産者たちからの」はエンゲルスによる〕

生産物の一方の部分が資本に転化しないのであれば、他方の部分も労賃、利潤、および地代の形態をとらないであろう。

他方で、資本主義的生産様式が生産諸条件のこの特定の社会的姿態を前提するのであれば、この生産様式はこの姿態を絶えず再生産する。この生産様式は、物質的な諸生産物を生産するだけではなく、物質的な諸生産物が生産される生産諸関係を、したがって、またこれに照応する分配諸関係をも絶えず再生産する。

確かに、資本（および、資本がその対立物として含む[*1]土地所有）はそれ自身、すでにある分配を前提する、と言うことができる。この分配とは、労働者たちからの労働諸条件の収奪、少数の個人の手中へのこれらの諸条件の集中、他の諸個人による土地の排他的所有、要するに、本源的蓄積の部（第一部第二四章）で展開された諸関係のすべてのことである。しかし、この分配は、人が、生産諸関係に対立させて、分配諸関係に一つの歴史的性格を与えようとする場合に、分配諸関係として考えているものとは、まったく異なっている。人が分配諸関係と言うときに意味するのは、生産物のうち個人的消費に帰する部分にたいするさまざまな権原である。これにたいして、ここで言う分配諸関係は、生産関係[*2]そのものの内部で、直接的生産者たちに対立して、生産関係[*2]の特定の当事者たちに割り当てられる特殊な社会的諸機能の基礎である。この分配諸関係は、生産諸条件そのものとその代表者たちに独自な社会的性質を与える。それらは、生産の全性格と全運動とを規定する。

＊1 〔草稿では、「含む」は「前提する」となっている〕

＊2 〔草稿では、「生産関係」は「生産過程」となっている〕

資本主義的生産様式をはじめからきわ立たせるのは、次の二つの特徴である。

第一に。この生産様式はその生産物を商品として生産する。商品を生産するということは、この生産様式を他の生産諸様式から区別するものではない。しかし、商品であるということがこの生産様式

(887)

の生産物の支配的で規定的な性格であるということこそ、この生産様式を他の生産諸様式から区別するものである。このことは、まず第一に、労働者自身がただ商品の売り手としてのみ、したがって自由な賃労働者としてのみ登場し、したがって労働は一般に賃労働として登場するということを含む。これまでに与えられた展開のあとでは、資本と賃労働との関係が生産様式の全性格をいかに規定するかをあらためて論証することは、余計なことであろう。この生産様式そのものの主要な当事者たち、資本家と賃労働者とは、そのようなものとして資本と賃労働との体化であり人格化であるにすぎない。すなわち、それらは、社会的生産過程が諸個人に刻印する特定の社会的性格であり、* この特定の社会的生産諸関係の産物であるにすぎない。

＊〔草稿では、「資本家と賃労働者とは」のあとは「そのようなものとしての体化であり人格化であるにすぎず、諸個人が社会的生産過程でとる特定の社会的性格であり」となっている〕

（二）商品としての生産物という、および（二）資本の生産物としての商品という性格は、すでに流通諸関係の総体を含む。すなわち、諸生産物がそこを通らなければならず、またそこで諸生産物が特定の社会的性格を身につける一定の社会的過程を含む。この性格は、同じくまた、生産当事者たちの特定の諸関係——彼らの生産物の利用を規定し、また生活諸手段なり生産諸手段なりへのこの生産物の再転化を規定する諸関係——を含む。しかし、この点は度外視しても、商品としての生産物という、または資本主義的に生産された商品としての商品という、上記の二つの性格から、価値規定の全体と、価値による総生産の規制とが生じる。価値というこのまったく独自な形態においては、労働は、一方では、ただ社会的労働としてのみ意義をもつ。他方では、この社会的労働を配分すること、およびその諸生産物を相互に補充し素材変換すること、社会的駆動装置に〔この労働を〕従属させはめ込むことは、個々の資本主義的生産者たちの偶然的な、相互に相殺し合う営みにゆだねられる。資本主義的生産者たちはただ商品所有者としてのみ相対し、また各人はその商品をできるだけ高く売ろうとつとめる（生産そのものの規制においても、外見上は、各人の恣意によってのみ導かれている）から、内的法則は、ただ彼らの競争、彼らが互いに加え合う圧力を媒介としてのみ貫徹されるのであり、この競争や圧力によってもろもろの背離が互いに相殺される*1のである。価値の法則は、ここでは、ただ内的法則としてのみ、個々の当事者たちにたいしては目に見えない*2自然法則としてのみ作用し、生産の偶然的な諸変動のただなかで生産の社会的均衡を貫徹する。

*1 〔草稿では、「相殺される」は「打ち消される」となっている〕
*2 〔「目に見えない」はエンゲルスによる〕

さらに、すでに商品のうちには、また資本の生産物としての商品のうちにはなおさらのこと、資本主義的生産様式全体を特徴づける、社会的な生産諸規定の物化と生産の物質的諸基礎の主体化とが含まれている。

（888）資本主義的生産様式をとくにきわ立たせる第二のものは、生産の直接的目的および規定的動機としての剰余価値の生産である。資本は本質的に資本を生産するのであり、資本がそうするのは、ただそれが剰余価値を生産する限りでのことである。われわれは、相対的剰余価値を考察したさいに、さらに剰余価値の利潤への転化を考察したさいに、このことにいかに、資本主義時代[*1]に特有な生産様式――労働の社会的生産諸力の発展の一つの特殊な形態であるが、労働者にたいして自立した資本の諸力として、したがって、彼すなわち労働者自身の発展に直接に対立するものである――がもとづいているかを見た。価値および剰余価値のための生産は、さらに進んだ展開で示されたように、商品の生産に必要な労働時間を、すなわち商品の価値を、そのときどきに現存する社会的平均よりも低く引き下げようとする、不断に作用する傾向を含む。費用価格をその最低限にまで引き下げようとする衝動は、労働の社会的生産力の増大のもっとも強力な槓杆《てこ》となる――しかし、この増大は、ここでは資本の生産力の恒常的な増大としてのみ現われる。[*2]

*1〔草稿では、「資本主義時代」は「資本主義的生産」となっている〕

*2〔草稿では、「社会的平均よりも低く引き下げようとする」のあとは、「傾向〔規則、規準〕を含み〔生産過程において。同時に流通過程においては可能な限りその価値よりも高く販売しようとする〕、可能な限りの最低限に、またとくに費用価格を最低限に引き下げようとする」となっている〕

資本家が資本の人格化として直接的生産過程で受け取る権威、資本家が生産の指揮者および支配者として占める社会的機能は、奴隷、農奴等々を使っての生産にもとづく権威とは、本質的に相違する。

資本主義的生産[*1]の基盤の上では、直接的生産者の大衆にたいして、彼らの生産の社会的性格が、厳格に規制する権威の形態で、そして、労働過程の、完全な階層制度として編成された社会的機構の形態で相対している――といっても、この権威は、労働に対立する労働諸条件の人格化としてのみ、その担い手たち[*2]に帰属するのであって、以前の生産諸形態の場合のように政治的または神政的支配者として帰属するのではない――のにたいして、この権威の担い手たち[*3]のあいだ、商品所有者としてのみ相対し合う資本家たち自身のあいだでは、もっとも完全な無政府性、その内部では生産の社会的連関が個人的恣意にたいする圧倒的な自然法則としてのみはっきりと姿を現わす無政府性が支配する。

*1〔草稿では、「資本主義的生産様式」となっている〕

*2・3〔草稿では、「担い手たち」は「操縦者たち」となっている〕

　労働が賃労働の形態で、生産諸手段が資本の形態で前提されているという理由からのみ――したがって、これらの二つの本質的な生産作用因がとるこの独特な社会的姿態の結果としてのみ――、価値（生産物）の一部は剰余価値として現われ、またこの剰余価値は利潤（賃料）として、資本家の利得として、資本家に属する、追加的な、自由に処分することのできる富として現われる。しかし、この(889)剰余価値がこのように彼の利潤として現われるという理由からのみ、利潤の一部分をなし再生産の拡大にあてられる予定の追加生産諸手段は、新たな追加資本として現われるのであり、また、再生産過程一般の拡大は資本主義的蓄積過程として現われるのである。

　賃労働としての労働の形態は、過程全体の姿態にとって、また生産そのものの独自な様式にとって決定的であるとはいえ、賃労働が価値を規定するのではない。価値規定で問題となるのは、社会的労働時間一般であり、社会一般が自由に使うことのできる労働分量であって、さまざまな生産物によってこの労働分量が相対的にどれだけ吸収されるかが、いってみれば、それらの生産物のそれぞれの社なるという限りにおいてである。*

会的重みを規定するのである。社会的労働時間が諸商品の価値において規定的なものとして自己を貫徹するさいの特定の形態は、もちろん、賃労働としての労働の形態およびそれに対応する資本としての生産諸手段の形態と連関するが、それは、こうした基盤の上でのみ商品生産が生産の一般的形態となるという限りにおいてである。*

＊〔草稿では、ここまでの二つのパラグラフは、「4)」の最後のページに書かれており、第五〇章の原注五五（本訳書、第三巻、一五二六―一五二七ページ）に移された論述のあとに、「4)になお追加すべきこと」との指示に続けて記されていた〕

ところで、いわゆる分配諸関係そのものを考察しよう。労賃は賃労働を想定し、利潤は資本を想定する。したがって、これらの特定の分配形態は、生産諸条件の特定の社会的諸性格と生産当事者たちの特定の社会的諸関係とを想定する。したがって、特定の分配関係は、ただ、歴史的に規定された生産関係の表現にすぎない。

そこで次に、利潤をとりあげよう。剰余価値のこの特定の形態は、生産諸手段の新たな形成が資本主義的生産[*1]の形態で行なわれるための前提であり、したがって、再生産を支配する一関係である。もっとも、個々の資本家には、本来は利潤全体を収入として食べ尽くすことができるかのように見えるのであるが。しかしながら、資本家はそのさいもろもろの制限にぶつかるのであり、これらの制限は、すでに保険元本および準備元本、競争の法則等々の形態で資本家の前に立ちはだかり、利潤が個人的に消費可能な生産物の単なる分配カテゴリーではないことを、資本家に実際に証明する。さらに、資

（890）本主義的生産過程の全体は、諸生産物の価格によって規制されている。しかし、この規制的な生産価格自体は、これまた、利潤率の均等化と、それに対応する、さまざまな社会的生産諸部面への資本の配分とによって規制されている。したがって、利潤は、この場合には、諸生産物の分配の主要要因としてではなく、諸生産物の生産そのものの主要要因として、さまざまな生産諸部面への資本および労働そのものの配分の一部分として、現われる。*2 利潤の企業者利得と利子とへの分裂は、同じ収入の分配として現われる。しかし、この分裂は、まずもって、自己自身を増殖し剰余価値を生む価値としての資本の発展から、支配的な生産過程*3のこの特定の社会的姿態から、生じる。この分裂は、それ自身のなかから、信用および信用諸施設*4を、またそれとともに生産の姿態を、発展させる。利子などにおいては、いわゆる分配諸形態が、規定的な生産諸契機として、価格にはいり込む。

＊1〔草稿では、「資本主義的生産」は「資本主義的蓄積」となっている〕

＊2〔草稿では、「生産そのものの主要要因として」以下は、「生産そのものの主要動因として現われる。なぜなら、〔利潤は〕さまざまな生産諸部面への資本および労働そのものの配分の主要動因だからである」となっている〕

＊3〔草稿では、「生産過程」は「生産関係」となっている〕

＊4〔草稿では、「信用および信用諸施設」は「信用制度など」となっている〕

地代については、これは単なる分配形態であるように見えるかもしれない。なぜなら、土地所有そのものは、生産過程そのものにおいてはなんの機能も果たさないか、少なくとも正常な機能はなにも果たさないからである。しかし、（一）地代が平均利潤を超える超過分に限定されるという事情、（二）土地所有者が、生産過程と社会的生活過程全体との指揮者および支配者から、単なる土地の賃貸人、土地における高利貸し、単なる地代収納者に引きおろされるという事情は、資本主義的生産様式の独自な歴史的結果なのである。大地が土地所有の形態をすでに受け取っているということは、資本主義的生産様式の歴史的前提である。土地所有が農業の資本主義的経営様式を許す諸形態を受け取るということは、この生産様式の独自な性格の産物である。土地所有者の所得は、他の社会諸形態においても地代と呼ばれるかもしれない。しかし、それは、この生産様式のもとで現われる地代とは本質的に異なる。

したがって、いわゆる分配諸関係は、生産過程の、および、人間が彼らの人間的生活の再生産過程で相互に取り結ぶ[*1]諸関係の、歴史的に規定された独自に社会的な諸形態に照応し、またこれらの諸形態から生じる。これらの分配諸関係の歴史的性格は生産諸関係の歴史的性格であり、分配諸関係は生産諸関係の一面しか表現しない。[*2]資本主義的分配は、他の生産諸様式から生じる分配諸形態とは異なっているのであり、そしてあらゆる分配形態は、それが由来しそして照応する特定の生産形態とともに消えうせる。

＊1〔草稿では、「人間が」以下は「人間が生産過程で取り結ぶ」となっている〕

＊2〔草稿では、この文のあとに「しかし、生産諸形態と分配諸形態とは同じ諸形態で表現される」という文がある〕

分配諸関係のみを歴史的なものとみなし生産諸関係をそうみなさない見解は[*1]、一方では、ブルジョア経済学にたいする、始まりつつあるがしかしまだ囚われている批判の見解にすぎない。しかし、他方では、この見解は、社会的生産過程を、単純な労働過程――異常な孤立状態にある人間であっても、いっさいの社会的援助なしに行なわなければならないような[*2]――と混同し同一視することにもとづく。労働過程が人間と自然とのあいだの単なる一過程であるにすぎない限り、労働過程の単純な諸要素は、(891)労働過程のすべての社会的発展形態に共通であり続ける。しかし[*3]、この過程の特定の歴史的形態の各々は、この過程の物質的基礎および社会的形態をさらに発展させる。一定の成熟の段階に達すれば、特定の歴史的形態は脱ぎ捨てられ、いっそう高い形態に席をゆずる。このような危機の時機が到来したことがわかるのは、一方では分配諸関係、したがってまたそれに照応する生産諸関係の特定の歴史的な姿態と、他方では生産諸力――その諸作用因の生産能力および発展――とのあいだの矛盾と対立とが、広さと深さとを示すようになるときである。そのとき、生産の物質的発展と生産の社会的形態とのあいだに衝突が起こる(五七)。

(五七)　〝競争と協同〟にかんする著作（一八三二年？）を見よ[*4]。

*1 〔「生産諸関係をそうみなさない」はエンゲルスによる〕

*2 〔草稿では、「異常な」以下は「個々の未開の人々もまたこの過程のいっさいの社会的発展もなしに行なわなければならないような」となっている〕

*3 〔草稿では、「しかし」は「他方で」となっている〕

＊４〔おそらく、著作『競争と協同との功罪の比較にかんする懸賞論文』（ロンドン、一八三四年）をさしていると思われる。『資本論草稿集』９、大月書店、一九九四年、四七六―四七八ページ参照〕

（892）

第五二章　諸　階　級＊

＊〔草稿では、「5）諸階級」となっている〕

労賃、利潤、および地代を各自の所得源泉とする、単なる労働力の所有者、資本の所有者、および土地の所有者、すなわち賃労働者、資本家、および土地所有者は、資本主義的生産様式にもとづく近代社会の三大階級を形成する。

イギリスでは、経済的編成から見て、近代社会がもっとも広範に、もっとも典型的に発展していることは争う余地がない。にもかかわらず、この国においてさえ、右の階級的編成は純粋には現われていない。この国においても中間－および過渡諸階層が（農村では都市でよりも比較にならないほどわずかであるとはいえ）、いたるところで〔階級間の〕境界決定をあいまいにしている。しかしながら、このことはわれわれの考察にとってはどうでもよいことである。すでに見たように、生産諸手段をますます労働から切り離し、分散した生産諸手段をますます大グループに集中させ、このようにして労働を賃労働に転化させ、生産諸手段を資本に転化させることは、資本主義的生産様式の恒常的な傾向であり、発展法則である。そして、この傾向に照応して、他方では、土地所有の資本および労働からの自立的分離（五八）、すなわちすべての土地所有の、資本主義的生産様式に照応する土地所有形態への転化が生じる。

（五八）　Ｆ・リストは次のように正しく述べている。「大農地で自家経営が優勢であることは、文明、交通諸手段、国内工業、富裕な都市が欠けていることを証明するにすぎない。だから、それはロシア、ポーランド、ハンガリー、メクレンブルク*のいたるところで見られるのである。以前にはそれはイギリスでも優勢であった。しかし、商工業の勃興とともに、中規模経営への分割と賃貸しとがそれに代わって現われた」（『農地制度、零細経営、および国外移住』〔シュトゥットガルトおよびチュービンゲン〕、一八四二年、一〇ページ〔小林昇訳『農地制度論』、岩波文庫、一九七四年、四〇ページ〕）

＊〔ドイツ北部のバルト海に面した地域。歴史的に発展の遅れた地域だった〕

（893）

まず答えなければならない問題は、階級を形成するのはなにか？　ということであり、そしてその答えは、賃労働者、資本家、土地所有者たちを三大社会階級の形成者にするのはなにか？　という別の問題に答えれば、おのずから与えられる。

一瞥してわかることは収入および収入源泉が同じであるということである。三大社会グループがあり、それらの構成諸分子、それらを形成する諸個人は、それぞれ、労賃、利潤、および地代によって、彼らの労働力、彼らの資本、および彼らの土地所有の運用によって生活する。

とはいえ、この立場からすれば、たとえば医師と役人も、二つの階級を形成することになるであろう。というのは、彼らは二つの異なる社会グループに属し、その二つの各グループの成員たちの収入は同一の源泉から流れてくるからである。同じことは、社会的分業によって労働者ならびに資本家および土地所有者が――たとえば土地所有者ならばブドウ畑所有者、耕地所有者、森林所有者、鉱山所有者、漁場所有者に——分裂していく、利害関係と地位との無限の分裂についてもあてはまるであろう。

〔ここで草稿は中断している。〕

『資本論』第三部への補足と補遺*

フリードリヒ・エンゲルス

＊〔ここに収録したエンゲルスの二つの論稿のうち、前書きの部分を含む「価値法則と利潤率」は、一八九五年四月はじめ—六月はじめに執筆された。第三部刊行後、ローリア、ゾンバルト、シュミットらの批評に接したエンゲルスは、それらにたいする批判を『資本論』第三部の「補足」として執筆する計画を立てた（コンラート・シュミット宛のエンゲルスの手紙、一八九五年四月六日付、邦訳『全集』第三九巻、四〇〇—四〇一ページ）。五月には、カウツキーへ「『資本論』第三部への補足と補遺、第一号、価値法則と利潤率。ゾンバルトおよびC・シュミットの疑問への回答」の執筆にとりかかっていることを知らせている（カウツキー宛のエンゲルスの手紙、一八九五年五月二一日付、同前、四一九ページ）。同論文は、エンゲルスの死後、『ノイエ・ツァイト』、第一四巻（一八九五—一八九六年）、第一号および第二号に、「フリードリヒ・エンゲルスの最後の論文。『資本論』第三部への補足と補遺」と題して、ベルンシュタインの前書きをつけて発表された。

「取引所」は、一八九一年一一月ないし一二月、遅くとも一八九二年一〇月ないし一一月までに執筆されたと推定される未完の草稿で、「取引所。資本論第三巻のための補注」との表題が書かれている。草稿は、一九三二年一二月、『ボリシェヴィキ。政治・経済、隔週、全同盟共産党（ボリシェヴィキ）』、モスクワ、二三・二四号にロシア語ではじめて発表され、ドイツ語では、『マルクス主義の旗のもとに』、第七年次、第三集、一九三三年七・八月号、にはじめて発表された。

二つの論稿はアドラツキー版（一九三三年）ではじめて第三巻の巻頭に、エンゲルスの序文に続けて収載され、その後多くの版で巻頭または巻末に収載されている。翻訳にあたっては新メガ、第Ⅱ部、第一四巻を参照した〕

〔価値法則と利潤率〕

(897)

『資本論』第三部は、世論の判定にゆだねられて以来、すでにたびたびの、さまざまな種類の解釈を受けている。それは予期されないことではなかった。刊行にさいして、とりわけ私にとって肝要であったのは、できるだけ信頼できるテキストをつくりあげること、マルクスによって新たに獲得された諸成果をできるだけマルクス自身の言葉で示すこと、私自身が口出しするのは、どうしてもそれが避けられない場合だけにすること、そしてその場合でも、自分に話しかけているのはだれかについて読者にいささかの疑いもいだかせないようにすること、であった。このことは非難され、こう言われた——私は私の目の前にある材料を一冊の体系的に仕上げられた本に書き換えるべきであり、フランス人が言うように〝一冊の本を書く〟べきだったのであり、言い換えれば、読者の便宜のためにテキストの信頼性を犠牲にすべきであった、と。*しかし、私は自分の任務をそのようには考えなかった。私にはそのような書き直しをする権利はまったくなかった。マルクスのような人には、本人の言葉が聞かれるよう要求する権利、自分の科学的な諸発見をまったく本物の本人自身の叙述で後世に伝えるよう要求する権利がある。さらに、このように優れた人の遺稿を、私が冒涜と考えざるをえないようなやり方で扱う気は私には毛頭なかった。そうすることは、私には背信に思えたであろう。また第三に、そのようなことはまったくむだであったであろう。読むことができないか、読もうとしない人々、すでに第一部において、それを正しく理解するのに必要であった以上に、誤って理解することにより多くの努力を払った人々――これらの人々のためになんらか骨を折ることはおよそ無意味である。しかし、ほんとうの理解が問題である人々にとっては、まさに原稿そのものがもっとも重要なものであった。彼らにとっては、私の書き直しはせいぜい注釈――しかも、公刊されていない入手不可能なものにたいする注釈――の価値しかもたなかったであろう。なにしろ、最初の論争のときも原文がもち出されなければならなかったし、第二、第三の論争では、原文を〝全部残らず〟刊行することが避けがたいこととなったからである。

＊〔一八九五年三月一一日の、ゾンバルト宛のエンゲルスの手紙、邦訳『全集』第三九巻、三七三―三七四ページ参照〕

(898)

ところで、多くの新たなものを、しかも急いで大ざっぱに書きつけられた、ところどころ脱漏のある最初の論稿という形でのみもたらしている著作の場合には、このような論争が起こるのは当然である。そしてその場合には、理解の困難を取りのぞくために、本文ではその意義が十分適切には浮かび上がっていない重要な観点をもっと前面に押し出すために、また、一八九五年の事態にもとづいて、一八六五年に書かれた本文へのいくつかの比較的重要な補足を追加するために、私が口出しすることは、確かに有益でありうる。実際すでに、私には簡単な説明が必要であると思われる点が二つある。＊

＊〔前出、一八九五年五月二一日付カウツキー宛の手紙で、エンゲルスは、「第一号、価値法則と利潤率」に続けて「第二号……マルクスが一八六五年に執筆して以来の、取引所の役割のとてもいちじるしい変化」に

ついても「続篇」を書くつもりでいることを知らせている。しかし、この原稿は残っていない。本訳書、第三巻、一六二三―一六二七ページに収めた「取引所」は、この手紙より前に書かれたものである」

一　価値法則と利潤率

この二つの要因のあいだの外観上の矛盾の解決が、マルクスのテキストの公刊以前と同じくそれ以後においても、論争を引き起こすであろうということは、予期されることであった。実に多くの人が完璧な奇跡を期待していたが、期待された手品の代わりに、一つの簡単で合理的な、散文的で味気ない対立の調停が目の前に現われたので、失望を感じている。もっとも喜んで失望しているのは、もちろんかの〝高名な〟ローリアである。彼はついに、彼程度の一寸法師であっても、堅固なマルクスの大建築物を空中に持ち上げて粉みじんにすることができる、アルキメデスの支点[*1]をみつけた。なんと、これが解決だというのか？　と彼は憤慨して叫ぶ。これはまったくのごまかしだ！　経済学者たちが価値という言葉を使うときには、彼らは、実際に交換のなかで確定される価値のことを言っているのである。「しかし、商品がそのとおりには売られないし、決して売られることもありえない価値を論じることは、少しでも分別のある経済学者ならだれもしなかったし、これからもしないであろう。……商品が決してそのとおりには売られることのない価値は、その商品に含まれている労働に比例して規定される、とマルクスが主張するとすれば、彼は、商品がそのとおりに売られる価値は、それに

(901)

使用された労働には比例しないという正統派経済学者たちの命題を、逆の形で繰り返しているだけではないか？……個々の価格は個々の価値から背離するにもかかわらず、全商品の総価格は、全商品の総価値または商品総量のなかに含まれる労働量とつねに一致する、とマルクスが言っても、なんの役にも立たない。というのは、価値は、ある商品がある他の商品と交換される比率にほかならないので、総価値という単なる観念がすでに一つの不合理、一つのナンセンス……一つの〝形容矛盾〟[*2]だからである」。マルクスは、著書のまさに冒頭で、交換が二つの商品を等置できるのは、それらの商品に含まれる同じ種類の、同じ大きさの一要素、すなわち、それらに含まれる同じ大きさの労働量によってのみである、と言う。そしていまマルクスは、諸商品はそれらに含まれる労働量の比率とはまったく別な比率で交換される、と断言することによって、もっともおごそかに自分自身を否定するのである。「〝不合理〟へのこのように完全な帰着、これ以上に大きな理論的破産が、かつてあったであろうか？これ以上はなばなしく、これ以上おごそかに学問的自死がなされたことが、かつてあったであろうか？」（『ヌオーヴァ・アントロジーア』[*3]〔ローマ、第三シリーズ、第五五巻〕、一八九五年二月一日、〔四七七、〕四七八、四七九ページ）

＊1〔本訳書、第一巻、五三八ページの訳注＊参照〕

＊2〔「丸い三角形」のように、そのものの概念に矛盾する形容詞がつくこと〕

＊3〔本訳書、第三巻、三五ページの訳注＊2参照〕

ご覧のように、わがローリアは大喜びである。彼が、マルクスを自分の同類として、ありふれたいかさま師としてあしらったのは、もっともだったのではないか？　ご覧あれ――マルクスは、ローリアとまったく同様に読者を愚弄し、もっとも取るに足りないイタリアの経済学教授とまったく同様にごまかしで生活している。しかし、ドゥルカマーラ*は商売を心得ているからそのようなこともできるが、無器用な北国人のマルクスは、まったくのへまをやらかし、ナンセンスなことと不合理なことをしでかし、その結果、マルクスにはついにはおごそかな自死しか残されていないのである。

＊〔イタリアのオペラ「愛の妙薬」（ドニゼッティ作曲）に登場する、博士を名のるいかさまの薬売り〕

商品は、労働によって規定された価値どおりに売られたことはないし、これからも売られることはありえないという主張については、あとで述べることにしよう。ここでは、ローリア氏の次のような断言だけを問題にしよう――「価値は、ある商品がある他の商品と交換される比率にほかならず、したがって、商品の総価値という単なる観念がすでに一つの不合理、一つのナンセンス等々である」という。そうすると、二つの商品が交換される比率、すなわちその価値は、まったく偶然的なもの、外部から飛んできて商品に付着するものであり、きょうはこうで、あすはああであるかもしれないものである。一メートルツェントナー〔一〇〇キログラム〕の小麦が一グラムの金と交換されるか、一キログラムの金と交換されるかは、この小麦または金に内在する諸条件には少しも依存せず、この二つのこととはまったく無関係な事情に依存する。というのは、もしそうでないとすれば、これらの条件は、交換において効力を発揮して、全体として交換を支配し、そして、交換を度外視しても、ある自立的存在をもつはずであろうし、そうすると、諸商品の総価値が問題になるかもしれないからである。かの〝高名な〟ローリア氏は、そうしたことはナンセンスであると言う。二つの商品がどのような比率で交換されるとしても、その比率がその商品の価値であり、それで終わりである。したがって、価値は価格と同じものであり、どの商品もそれが実現しうる価格と同じだけの価値をもつ。そして価格は、需要と供給とによって決定されるのであり、答えを期待してなおそれ以上の質問をするものは、愚か者である。

しかし、これにはちょっとしたやっかいな問題がある。正常状態では需要と供給とは一致する。そこで世界中にあるすべての商品を二等分し、需要のグループと、同じ大きさの供給のグループとに分けてみよう。それぞれが一兆マルク、フラン、ポンド（または貨幣の単位はなんでもよい）という価格を表わす、と仮定しよう。正しく計算するならば、これは合計二兆の価格または価値となる。ナンセンスだ、不合理だとローリア氏は言う。二つのグループの合計は二兆の価格を表わすかもしれない。しかし価値の場合はそうはならない。われわれが価格と言うのであれば、1兆＋1兆＝2兆である。しかし、価値と言うのであれば、1兆＋1兆＝0である。少なくとも、商品の総体が問題であるこの場合にはそうなる。というのは、この場合には、二つのグループのそれぞれが他のグループの商品にたいして一兆を与えようとし、また与えることができるので、二つのグループのそれぞれ一方の商品はちょうど一兆に値するからである。しかし、二つのグループの商品の総体をある第三のグループの手に集中するならば、第一のグループはその手中にもはやなんの価値ももたず、第二のグループもそうであり、第三のグループももちろんそうである――結局はだれもなにももたないのである。そして、われわれは、南国のわがカリオストロ[*1]が、もはやほんの少しの価値概念の痕跡さえも残らないほどにこの概念をたたきのめしたその手腕に重ねて驚嘆する。これこそまさに俗流経済学の完成である！〔一〕

〔二〕「その自信によって有名な」（ハイネの言葉を借りれば[*2]）同氏は、少しあとで、第三巻の私の序言にも答えざるをえないと思った――すなわち、この序言が一八九五年の『ラッセーニャ[*3]』第一号にイタリア語で掲載されたあとで。その答えは、一八九五年二月二五日の『リフォルマ・ソチャーレ[*4]』にある。彼は、まず、その相も変わらぬ、それだからこそ二重にいやらしいおべっかをたらたらと私に使ってから、唯物史観にかんするマルクスの功績をくすねとろうなどとは思ったこともない、と言明する。彼は、一八八五年〔ローリア原文では一八八三年〕にすでに、マルクスの功績を認めていたというのである――つまり、ある雑誌論文でまったくことのついでに。しかし、その代わり、その功績が述べられてしかるべきところでは、すなわち、この問題にかんする彼の著書では、なおさら頑強にマルクスの功績に口を閉ざすのであり、マルクスの名前は、一二九ページではじめて、しかもただフランスにおける小土地所有を論じたさいにあげられているにすぎない。そしていまや、彼は大胆に次のように言明する。マルクスは決してこの理論の創始者ではない、アリストテレスがすでに暗示していたのではないとしても、ハリントン[*5]がすでに一六五六年に疑いもなくこの理論を宣言しており、それは、マルクスよりもずっと以前に、歴史家、政治学者、法学者、経済学者の巨星たちによって展開されていた、と。これはすべてローリアのフランス語版の著書〔『政治制度にかんする経済理論』第二版の仏語訳、パリ、一八九三年〕に書いてあることである[*6]。要するに、〔マルクスは〕完全な剽窃者だというのである。私によって、マルクスからの剽窃でこれ以上大ぼらを吹くことができないようにされたあと、彼は、マルクスも彼自身とまったく同じように、他人の羽根で身を飾っている[*7]、と厚かましくも主張するのである。――私が行なったそのほかの反論のなかから、彼がなおも取り上げるのは、ローリアによればマルクスは『資本論』の第二部または第三部を書こうと考えたことは決してなかった、ということである。「そしていまやエンゲルスは、私に第二巻と第三巻を投げつけることによって勝ち誇って答える。……立派だ！　そして私は、このようにたくさんの知的楽しみを与えてくれるこの両巻が実にうれしいので、私にとっては、勝利でさえも、きょうのこの敗北のうれしさほどには決してうれしくなかった――もしそれが本当に敗北であるならば。しかし、それは本当に敗北なのであろうか？　エンゲルスが崇敬を込めた友情でまとめあげたこの支離滅裂な覚え書きのごたまぜを、〔かの〕マルクスが公表の意図をもって書いたというのは、はたして本当に真実であろうか？〔かの〕マルクスが……これらの手書きのページに自分の著書と体系との完成を託したとみなすことが、本当に許されるであろうか？　あのように何年も前から約束された解決が、まったく救いようのないごまかしと低俗きわまりない言葉あそびに帰着した平均利潤率にかんする例の章を、〔かの〕マルクスが公表したであろうというのは、ほんとうに確かなことであろうか？　少なくともそれを疑うことは許される。……〔いまや〕それは、次のことを証明するように私には思われる。すなわち、マルクスは、彼のすばらしい著書を刊行したあとに、続巻を出すつもりはなかったか、またはせいぜい大著の完成を、その後継者たちに、しかもマルクス自身の責任外で、ゆだねるつもりであったかである、と」。

二六七ページ〔前出『リフォルマ・ソチャーレ』のページ数〕にそのように書かれている。ハイネは、自分のドイツ人の俗物的読者について、次の言葉以上に軽蔑的に語ることはできなかった。すなわち、著者とは、自分の読者があたかも理性的な存在であるかのように、結局は自分の読者に慣れてしまうものだ、と。[*8]〝高名な〟ローリアは、自分の読者をなんであるとみなさなければならないのか？

最後に、不幸な私に新たな賛辞がさんざん浴びせかけられる。この場合には、わがズガナレル[*9]は、呪うためにやってきたのだが、その唇が意に反して「祝福と愛の言葉」をほとばしらせたバラム[*10]と同じたぐいである。

おひとよしのバラムは、彼がその主人よりも分別のあるロバに乗っているという点で、とくに際立っていた。このたびは、バラムは明らかに自分のロバを家に残してきた。

＊1〔一八世紀のイタリアの冒険家、詐欺師〕

＊2〔ハイネ『告白』（『雑文集』、ハンブルク、一八五四年）のなかの表現（六〇ページ）。高地久隆訳「告白」、『ハイネ散文作品集』第三巻「回想記」、松籟社、一九九二年、一七九ページ〕

＊3〔『ラ・ラッセーニャ・アグラリア・インドゥストリアレ・コメルチアレ・レテラリオ－ポリティカ－アルティスティカ』（『農学、工業、商業、文学－政治－芸術評論』）。一八九二─一八九五年、ナポリで月二回発行された芸術文化雑誌〕

＊4〔『ラ・リフォルマ・ソチャーレ。ラッセーニャ・ディ・シェインツェ・ソチャーリ・エ・ポリティケ』（『社会改革。社会学・政治学評論』）。一八九四─一九三五年、トリノ、ローマで当初は月二回、一八九七年以後は月一回刊の自由主義的専門誌〕

＊5〔一七世紀のイギリスの政治評論家。理想的共和制を説く『オシーアナ』（一六五六年）を著わした〕

＊6〔エンゲルスは、前出『リフォルマ・ソチャーレ』に載ったローリアの論文「エンゲルスの若干の批判についての」によっている〕

＊7〔本訳書、第三巻、三五ページの訳注＊4参照〕

＊8〔ハイネ『ロマンツェーロ』後記（井上正蔵訳『ハイネ全詩集』、Ⅳ、角川書店、一九七三年、四七二ページ）〕

＊9〔本訳書、第三巻、四一ページ、はじめの訳注＊2参照〕

＊10〔メソポタミアの予言者。イスラエルに呪いをかけるという王の依頼に応じたが、乗っているロバを通じ

ての神のいましめにより、逆にこれに祝福を与えた。旧約聖書、民数記、二三—二四、新約聖書、ペテロ第二、二・一五・一六など。無原則で裏腹のあるローリアへの嘲笑〕

(903) ヴェルナー・ゾンバルトは、ブラウンの『アルヒーフ・フュール・ゾツィアーレ・ゲゼッツゲーブング』[*]第七巻、第四冊〔ベルリン、一八九四年〕に、マルクスの体系の輪郭についての全体としては優れた叙述を載せている。ドイツの一大学教授が、マルクスの著書のなかに、マルクスが実際に言ったことを全体として見てとることをやってのけて、マルクスの体系の批判は、それを反駁することにあるのではなく——「そんなことは政治的野心家にやらせておけばよい」——、それをさらに発展させることにのみありうる、と言明しているのは、これがはじめてである。言うまでもないが、ゾンバルトもまたわれわれの主題に取り組んでいる。彼は、マルクスの体系において価値がどのような意義をもつかという問題を研究して、次のような結論に達している。すなわち、価値は、資本主義的に生産された諸商品の交換関係のなかで現象として現われることはない。価値は、資本主義的生産当事者たちの意識のなかに生きているわけではない。価値は、経験的事実ではなく、思考の事実、論理的事実
(904) である。マルクスにおいては、物質的規定性としての価値概念は、労働の社会的生産力が経済生活の基礎であるという事実の経済学的表現にほかならない。価値法則は、資本主義的経済秩序における経済的出来事を究極的に支配するのであり、この経済秩序にとってはまったく一般的に次のような内容をもつ。すなわち、商品の価値は、すべての経済的出来事を究極において支配する労働の生産力が規定的に自己を貫徹する、独自の歴史的形態である。——以上がゾンバルトの言である。資本主義的生

産形態にとっての価値法則の意義のこのような把握にたいして、それはまちがっていると言うことはできない。しかし、私にはこの把握はあまりに広すぎ、もっと狭くてもっと正確な把握が可能であると思われる。この把握は、私の見解では、価値法則によって支配される社会の経済的発展諸段階にとっての価値法則の意義全体を、決してくみ尽くしてはいない。

＊〔『社会立法および統計集』――ハインリヒ・ブラウン編集のドイツの政治経済雑誌。年四回刊、一八八八―一九〇三年、チュービンゲン、のちベルリンで発行〕

一八九五年二月二五日付の、ブラウンの『ゾツィアールポリティッシェス・ツェントラルブラット』＊第二二号には、『資本論』第三巻についてのコンラート・シュミットの同じように優れた論文が載っている。この論文でとくに強調すべきは、剰余価値からの平均利潤のマルクスの導出が、どのようにして、これまでの経済学によって一度も提起されたことのない問題――すなわち、この平均利潤率の高さがいったいどのようにして規定されるのか、また、それがたとえば、どうして五〇％や一〇〇％ではなく、一〇％や一五％になるのか――にたいする解答をはじめて与えるか、ということの論証である。産業資本家によってまず最初に取得される剰余価値が、利潤および地代が流れ出てくる唯一無二の源泉であることをわれわれが知って以来、この問題はひとりでに解決される。シュミットの論文のこの部分は、理解しようとしない人々に目を開かせることがむだな骨折りでないとすれば、ローリア流の経済学者のために直接書かれていると言えるであろう。

＊〔『中央社会政策雑誌』――ハインリヒ・ブラウン編集のドイツの週刊誌。一八九二―一八九五年、ベルリ

ンで発行〕

シュミットもまた、価値法則にかんして形式上の疑念をいだいている。彼は、この法則を実際の交換過程の説明のためにたてられた一つの学問的な仮説と呼び、この仮説は、それとは外観上まったく矛盾する競争価格という現象にたいしても、必要な理論的出発点であり、解明の光をあてるもので避けることのできないものであることが実証される、としている。彼の見解によっても、価値法則抜きでは資本主義的現実の経済的仕組みのどんな理論的洞察も不可能である。そして、シュミットが私に引用を許した一私信のなかで、*彼は、資本主義的生産形態の内部での価値法則は、たとえ理論的には必要とされるものであるにしても、一つの擬制である、と率直に言明している。――しかし、私の見解によれば、このような把握はまったくあたっていない。価値法則は、資本主義的生産にとって、単なる仮説がもつよりも、まして、必要なものであるとしても擬制といわれるものがもつよりも、はるかに大きくて、はるかに確固とした意義をもっている。

＊〔一八九五年三月一日のシュミットのエンゲルス宛の手紙。これに答えた一八九五年三月一二日のエンゲルスのシュミット宛の手紙（邦訳『全集』第三九巻、三七四―三七八ページ）参照〕

(905)

ゾンバルトにおいても、シュミットにおいても――かの〝高名な〟ローリアは、愉快な俗流経済学的引き立て役として、ここにその名をあげるだけにしておく――、ここでは、単に純粋に論理的な過程が問題なのではなく、歴史的な過程と、この過程を説明する、思考におけるその反映、この過程の内的諸連関の論理的追跡が問題なのであるということが、十分に考慮されていない。

決定的な個所は、マルクスの第三部、第一部《タイル》、一五四ページに見いだされる。「すべての困難は、諸商品が単純に諸商品として交換されないで、諸資本の生産物として交換され、諸資本は、剰余価値総量のなかからそれらの資本の大きさに比例して、または大きさが同じならば同じ分け前を要求するということによって、生じてくる」〔本訳書、第三巻、三〇一―三〇三ページ〕。さて、この区別を説明するために、労働者たちが自分の生産諸手段を所有し、平均して同じ長さの時間、同じ強度で労働し、自分たちの商品を相互に直接に交換し合うものと想定しよう。その場合には、二人の労働者は、その労働によって、一日のうちに同じ量の新価値をその生産物につけ加えたであろうが、しかし各自の生産物は、生産諸手段のなかにすでに体現されているこれまでの労働に従って、異なる価値をもつであろう。この後者の価値部分は、資本主義経済の不変資本を表わし、新しくつけ加えられた価値のうち、労働者の生活諸手段に使用された部分は、可変資本を表わし、新価値のうち、さらにまだ残っている部分は、剰余価値――これは、この場合にはしたがって、労働者のものになる――を表わすであろう。したがって二人の労働者は、彼らによって前貸しされただけの「不変的」価値部分にたいする補塡を控除した後には、等しい価値を受け取る。しかし、生産諸手段の価値にたいする剰余価値を表わす部分の比率――資本主義的利潤率に相当するもの――は、二人においては異なるであろう。しかし、彼らのどちらも、生産諸手段の価値を交換において補塡されて受け取るのであるから、これ〔右比率の相違〕はまったくどうでもよい事情であろう。「したがって、価値どおりの、または近似的に価値どおりの諸商品の交換は、資本主義的発展の一定の高さを必要とする生産価格での交換に比べれば、それよりはるかに低い段階しか必要としない。……価値法則による価格および価格運動の支配を別としても、諸商品の価値を単に理論的にだけでなく歴史的にも生産価格の〝先行者〟とみなすことは、まったく適切である。このことは、生産諸手段が労働者のものである諸状態にあてはまるのであり、このような状態は、古代世界においても近代世界においても、みずから労働する土地所有農民のもとで、(906)また手工業者のもとで、見いだされる。このことは、われわれが前に述べた見解、すなわち、諸生産物の商品への発展は、異なる諸共同体のあいだの交換によって生じるのであり、同一の共同体の諸成員のあいだの交換によって生じるのではない、という見解とも一致している。それは、この原初的状態にあてはまるのと同様に、奴隷制および農奴制にもとづくもっとあとの状態にもあてはまるのであり、また、手工業の同職組合組織についても――各生産部門に固定された生産諸手段が容易には一部面から他部面に移転されることができず、したがって、異なる〔生産〕諸部面どうしが互いに、〔ある限界内では〕諸外国または共産主義的諸共同体どうしのように関係しあう限りでは――あてはまる」（マルクス『資本論』、第三部、第一部《タイル》、一五五、一五六ページ〔本訳書、第三巻、三〇四―三〇五ページ〕）。

もしマルクスが第三部をもう一度練り上げることになったとすれば、彼は、疑いもなく、この個所をもっとずっと詳しく論じたであろう。ここにあるままでは、この個所は、問題点について言うべきことのスケッチ的な輪郭を与えているにすぎない。したがって、われわれはもう少し詳しくこの点に立ち入ることにしよう。

われわれのだれもが知っているように、社会の始まりでは、生産物は生産者たち自身によって消費され、これらの生産者は、多かれ少なかれ共産主義的に組織された共同体のなかで自然発生的に組織されている。そして、これらの生産物の余剰の、見知らぬ人々との交換——これが、諸生産物の商品への転化を導入する——はもっとあとの時期のことであり、はじめは部族を異にする個々の諸共同体のあいだで行なわれるだけであるが、のちには共同体の内部でも行なわれるようになり、大小の家族群への共同体の分解に根本的に寄与する。しかし、この分解後でさえも、交換する家父長たちは、相変わらず働く農民であり、彼らは、その需用のほとんど全部をその家族の協力を得て自分の農場で生産し、必要とされる諸物品のわずかな部分を、自己の余剰な生産物と引き換えに外部から手に入れるだけである。家族は農耕と牧畜を営むだけではなく、その生産物を完成消費物品に仕上げることもし、ときにはまた、みずから手臼で粉をひき、パンを焼き、亜麻と羊毛を紡いで染めて織り、革をなめし、木造の家を建てて修理し、道具と器具をつくり、指物と鍛冶をすることも珍しいことではない。その結果、家族または家族群は、だいたいにおいて自給自足する。

さて、このような家族がほかの人から交換で手に入れるか買うかしなければならないわずかな物は、ドイツでは一九世紀のはじめにいたるまでも、主として手工業生産の諸対象物からなっていた。すなわち、その製造法が農民に決して知られていないわけではないが、彼には原料が手にはいらないとか、買った品物のほうがずっと良質である、またははるかに安いとかいう理由から、自分では生産しないだけであるような物からなっていた。したがって中世の農民には、彼が交換で入手する諸対象物の製

(907)

造に要する労働時間は、かなり正確に知られていた。村の鍛冶屋、車大工は、農民のまさに目の前で働いた。仕立屋や靴屋も同様で、彼は、私の若いころにもまだわがライン地方の農家を順番に訪れて、手製の材料を衣類や靴に仕立てあげた。農民も、農民に物を売る人々も、ともに彼ら自身が労働者であったし、交換される品物は各自自身の生産物であった。これら生産物の製造に彼らはなにを費やしたか？　労働であり、労働だけであった。道具の補填のためにも、原料の生産のためにも、原料の加工のためにも、彼らは彼ら自身の労働力のほかにはなにも支出しなかった。したがって、彼らには、こうした自分たちの生産物を、他の労働する生産者たちの諸生産物と交換するのに、それらに費やされた労働に比例して交換する以外にどのようなやり方ができるであろうか？　そこでは、これらの生産物に費やされた労働時間が、交換すべき大きさの量的規定のための唯一の適切な尺度であっただけではなく、それ以外の尺度は決してありえなかったのである。それとも、農民と手工業者が、一方の一〇時間労働の生産物を、他方のたった一労働時間の生産物と交換するほど愚かであった、とでも考えるのか？　農民的現物経済の全時代にわたって、交換される商品分量がますます、それに体現された労働量によって計量される傾向をもつような交換のほかには、どんな交換も不可能である。この経済様式に貨幣がはいり込む瞬間から、価値法則（マルクスの定式化におけるそれ――〝要注意〟！）に適合する傾向は、一方では、なおいっそう顕著になるが、しかし他方では、この傾向はまた、高利資本や国庫の収奪に侵害されてさっそく打ち破られるのであり、価格が価値に、平均して取るに足らない大きさしか残らないところまで接近する期間もそれだけ長期化する。

＊〔エンゲルスの草稿では、このあとに「直接的生産者」と書いたあと抹消されている〕

同じことは、農民たちの生産物と都市手工業者たちの生産物とのあいだの交換についても言える。はじめは、この交換は、商人の仲介なしに、直接に都市の市日《いちび》に行なわれ、農民はそこで売ったり、買い物をしたりする。ここでも、農民には手工業者の労働諸条件が知られているだけでなく、手工業者にも農民の労働諸条件が知られている。というのは、手工業者自身もまだ農民の一部だからであり、彼は、菜園や果樹園だけでなく、非常にしばしば一片の耕地、一、二頭の牛、豚、家禽《きん》などをもっているからである。こうして、中世の人々は、それぞれがほかの人の原料、補助材料、労働時間についての生産費をかなり正確に算出することができた――少なくとも、日常一般に使用される品物については。

（908）

しかし、労働分量という尺度によるこの交換にとっては、この労働分量は、たとえば穀物または家畜のような、比較的長期にわたるが、不規則な間隔で中断され、その収穫が不確実であるような労働を必要とする生産物については、たとえ間接的で相対的でしかないとしても、どのように計算できたであろうか？　おまけに、計算ができない人々の場合には、それはどうであったか？　明らかに、長期にわたる、しばしば暗闇のなかであちこち手さぐりをする、ジグザグに接近する過程によるしかなく、そこでは人は、いつもそうであるように、損をすることによってはじめて利口になった。しかし、各人がだいたいにおいて自分の費用を取り返さなければならないという必要が、再三再四正しい方向に進むことを助け、また、交易される品物の種類の数が少なかったことと、それらの生産の仕方がしばしば数世紀にわたって変わらなかったこととが、目標の達成を容易にした。そしてこれらの生産物の相対的な価値の大きさがほぼ近似的に確定されるまでにそれほど長くはかからなかったということは、次の事実が証明している。すなわち、個々の生産に長い時間がかかるためにこの確定がもっとも困難であるように見える商品、すなわち家畜が、最初のかなり一般的に認められた貨幣商品となったという事実である。こうしたことが成り立つためには、家畜の価値、すなわち、一連の他の商品との家畜の交換比率が、すでに、比較的異例なことであるが、多数の部族にわたって異議なく承認されて確定されている必要があった。そして当時の人々は確かに――牧畜者もその取引相手も――自分が費やした労働時間を、交換のさいに等価物なしにくれてやらないだけの分別はそなえていた。逆に、人々が商品生産の原始状態に近ければ近いほど――たとえばロシア人や東洋人《オリエンターレン》――、それだけ人々は、こんにちでもそうであるが、長く粘り強い駆け引きによって、生産物に費やされた自分たちの労働時間の完全な代償を手に入れるために、より多くの時間を浪費する。

労働時間によるこの価値規定から出発して、いまや全面的な商品生産が発展し、それとともに、『資本論』第一部第一篇で詳しく述べられているような、価値法則のさまざまな側面がはっきり現われてくる多様な諸関連が、したがってとくに、そのもとで労働だけが価値形成的である諸条件が、発展した。しかもこれは、当事者たちの意識にのぼることなく自己を貫徹する諸条件であり、それ自体、骨の折れる理論的研究によってはじめて日常の実際から抽象されうる諸条件、したがって自然法則の仕方で作用する諸条件であって、それは、マルクスがこれも商品生産の本性から必然的に生じるもの

(909)

であることを証明したとおりである。もっとも重要でもっとも決定的な進歩は、金属貨幣への移行であったが、しかしこの移行がこんどは、労働時間による価値規定がもはや商品交換の表面においては目に見えるものとして現われないという結果をもたらした。貨幣は、実際的な見解にとって決定的な価値測定器となった。そして取り引きされる諸商品が多様になればなるほど、またそれらが遠い国かららくることが多くなればなるほど、したがって、それらの生産に必要な労働時間が点検できなくなればなるほど、ますますそうなった。というのも、貨幣自体がはじめはたいてい外国からきたからである。貴金属として国内で採掘されたとしても、農民や手工業者は、一方では、それに費やされた労働を近似的に算定することができなかったし、他方では、彼ら自身にとって、労働がもつ価値を計量するという属性についての意識が、貨幣での計算の習慣によってすでにかなりあいまいになっていた。貨幣は、通俗的観念のなかで絶対的価値を代表するものとなりはじめた。

ひとことで言えば、マルクスの価値法則は、およそ経済諸法則が妥当する限り、単純商品生産の全期間にわたって、したがって、資本主義的生産形態の登場によって単純商品生産が変化をこうむるときまで、一般的に妥当する。そのときまで、価格は、マルクスの法則によって規定される価値のほうへ引き寄せられ、価値を中心に変動するのであり、その結果、単純商品生産が十分に発展すればするほど、外からの暴力的撹乱によって中断されない比較的長い期間にわたる平均価格は、それだけますます、無視しうるほどの範囲内で価値と一致する。したがってマルクスの価値法則は、生産物を商品に転化する交換の始まりから一五世紀にいたるまでの期間にわたって、経済的一般的妥当性をもっている。しかし商品交換は、すべての書かれた歴史より以前の時代——エジプトでは少なくとも紀元前二五〇〇年、おそらくは紀元前五〇〇〇年にまで、バビロニアでは紀元前四〇〇〇年、おそらくは紀元前六〇〇〇年にまでさかのぼる時代——に始まっている。したがって価値法則は、五〇〇〇年から七〇〇〇年の期間にわたって支配してきた。そこでいまや人は、ローリア氏の徹底ぶりに驚嘆するがよい。同氏は、この期間にわたって一般的直接的に妥当する価値を、商品がそのとおりには決して売られない、または売られることのありえない価値、いささかなりとも健全な分別のある経済学者ならだれも論じないであろう価値と呼ぶのだから！

　これまでわれわれは、商人については語らなかった。われわれが単純商品生産から資本主義的商品生産への転化に移ろうとする現時点まで、商人の介在は考慮せずにおくことができた。商人は、それまではすべてが安定していた、いわば世襲のおかげで安定していたこの社会における、革命的要素であった。この社会では、農民は、自分の持ち分地《フーフェ》[*1]だけでなく、自由な所有者、自由なもしくは隷属的な小作農、または農奴としての自分の地位をも受け継いだのであり、都市の手工業者は、自分の手工業と自分の同職組合的諸特権を世襲的に、ほとんど譲ることのできないものとして受け継いだのであり、そのうえ彼ら〔手工業者たち〕のだれもが、自分の顧客、自分の販売市場、さらに少年期から世襲的職業のために訓練してきた技能を受け継いだのである。いまや、この世界に商人が現われ、彼からこの世界の変革が始まることになった。しかし、意識的な革命者としてではなく、逆に、この世界の肉の肉、この世界の骨の骨[*2]として現われた。中世の商人は決して個人主義者ではなく、彼は、そのすべての同時代人と同じように、本質的に共同体成員であった。農村では、原生的共産主義から芽生えたマルク共同体*3が支配的であった。どの農民も当初は、あらゆる土質からなる同じ大きさの地片をそなえた同じ大きさの持ち分地と、それに照応する共有マルクにおける同じ大きさの諸権利の分け前とをもっていた。マルク共同体が閉鎖的な共同体になり、新たな持ち分地がもはや分与されなくなって以後は、相続等によって持ち分地の細分と、それに照応するマルク権利の細分とが始まった。しかし、依然として完全な持ち分地が単位であったので、共有マルクにおける二分の一、四分の一、および八分の一の権利をそなえた、二分の一、四分の一、八分の一の持ち分地があった。その後のすべての営業組合、とりわけ都市の同職組合《ツンフト》は、マルク共同体を模範にしていた。この同職組合の秩序は、マルク制度を、限られた土地領域へ適用する代わりに手工業特権に適用したものにほかならなかった。全組織の中心点は、全体のために確保された諸特権と諸用益とへの各組合員の平等な参加であり、それは、一五二七年のエルバーフェルトおよびバルメンの「撚糸業」への特許状においてなお明確に表明されている（トゥーン『ニーダーラインにおける工業』第二部、〔ライプツィヒ、一八七九年、〕一六四ページ以下）。同じことは、鉱山の共有組合についても言える。この場合にも、各鉱山持ち分は、平等な分け前をもち、また、マルク共同体員の持ち分地と同様に、組合の権利義務といっしょに分割可能なものであった。また同じことは、これに劣らない程度に、海外貿易を誕生させた商人組合についても言える。アレクサンドリアまたはコンスタンティノープルの港にいたヴェネツィア人やジェノヴァ人、すなわち、各自の〝商館《フォンダコ》〟――本部事務所であるとともに住居、旅館、倉庫、展示販売場でもあった――にいた各「国民」は、完全な商業組合をつくっていた。これらの組合は、競争相手と顧客とにたいしては、門戸を閉ざしていた。組合は、仲間内で確定された価格で売り、組合の商品は、公的な審査としばしば押印とによって保証された一定の品質をもっていた。組合は、原地住民の生産物に支払うべき価格を、共同で取り決めた、等々。ノルウェーのベルゲン[*4]のドイツ埠頭《チュスケ・ブリュゲン》でのハンザ同盟商[*5]人のやり方も、また、彼らの競争相手であったオランダ人およびイギリス人のやり方も、これと違わなかった。この価格より安く売ったり、この価格より高く買い入れた者に、災いあれ！　この者に向けられたボイコットは、組合が有罪者に課する直接的処罰を別としても、当時は、無条件の破滅を意味した。しかしまた、特定の諸目的のためのもっと局限された組合も設立された。すなわち、一四世紀および一五世紀に小アジアのフォカイア〔フォチャの旧名〕およびキオス島の明礬坑《みょうばん》を長年支配していたジェノヴァのマオーナ〔「大帆船」の意〕組合がそうであり、さらに、一四世紀末以来イタリアとスペインを相手に取り引きをし、そこに居留地を設けていた大ラーヴェンスブルク商事会社[*6]、また、アウクスブルクのフッガー[*7]、ヴェルザー[*8]、フェーリン、ヘヒシュテッター[*9]その他のドイツ人会社もそうであり、また、六万六〇〇〇ドゥカーテン[*10]の資本と三隻の船とでポルトガル人のインド遠征（一五〇五―一五〇六年）に参加し、そのとき一五〇％、一説では一七五％の純益を手に入れたニュルンベルクのヒルシュフォーゲル[*11]など（ハイト『レヴァント貿易』第二巻、〔シュトゥットガルト、一八七九年、〕五二四ページ）もそうであり、また、ルターがあのように憤慨しているその他一連の「〝独占〟」会社[*12]もそうである。

＊1〔一家族が一本の犂と二頭の牛馬で耕作し、暮らしていくのに足りるだけの土地のほか、家屋、宅地や共同地の用益権を含む。七世紀以来存在してきた、ドイツのマルク共同体（次出の訳注＊3参照）における農民的土地所有制度で、持ち分地をもたない農民は、共同体の正規の成員とは認められなかった〕

＊2〔旧約聖書、創世記、二・二三、アダムのエバについての言葉「わが骨の骨、わが肉の肉」より。ここでは「骨の髄からの旧世界の人」の意〕

＊3〔本訳書、第三巻、一一一八ページの訳注＊5参照〕

＊4〔一五―一六世紀におけるドイツ・ハンザ同盟（次出の訳注＊5参照）の主貿易港。港の東部の市区は、一六世紀なかばまでドイツ人が支配権をにぎり、チュスケ・ブリュゲンと呼ばれ、こんにちもなお貿易の中心地〕

＊5〔北ドイツの商人および都市が結成した海外貿易に特権をもつ同盟。一三―一七世紀にわたって存続し、最盛期の一三七〇年ごろには加盟都市は七〇前後を数えた。ハンザは「群団」の意〕

＊6〔ドイツ南部の都市ラーヴェンスブルクに本拠を置いた中世最大の商事会社（一三八〇―一五三〇年）。主に麻織物を扱い、ヨーロッパ各地に一三の支店をもった。原文では誤って「ラーヴェンスベルク」と表記されている〕

＊7〔ドイツ南西部シュヴァーベンの貿易、鉱山、金融業者。一四世紀に繊維商業、一五世紀に鉱業・金融業に従事し、一六世紀にヨーロッパ最大の資本力をもった〕

＊8〔ヴェルザーは、一五世紀末、次出のフェーリンと商事会社を設立、ドイツ第二の大企業となり、一六世紀後半までその地位を保った〕

＊9〔ドイツ南部アウクスブルクの商社。一五世紀末から一五二九年まで、遠隔地貿易、銀行業、鉱山業を営

んだ〕

＊10〔一三世紀以降のイタリア、オーストリア、オランダの金貨で、全ヨーロッパで用いられた。ドイツでは一五五九年以降帝国鋳貨〕

＊11〔一四世紀はじめから一六世紀はじめにかけて繁栄した大商社、鉱山業を兼営した〕

＊12〔本訳書、第一巻、五四七ページの原注二〇六と訳注＊2、および一三二五ページ参照〕

ここではじめて、われわれは、利潤および利潤率に遭遇する。しかも、商人たちの努力は、意図的かつ自覚的に、この利潤率をすべての参加者たちにとって同等にすることに向けられている。レヴァント＊におけるヴェネツィア人、北方におけるハンザ商人は、だれもが自分の買う商品には自分の隣人と同じ価格を支払い、だれもがこの商品に同じ輸送費をかけ、その商品と引き換えにだれもが同じ価格を受け取り、同様に、彼の「国民」の他のどの商人とも同じ価格で帰り荷を買い入れた。したがって、利潤率はだれにとっても同じであった。大商事会社の場合に、醵出《きょしゅつ》された資本持ち分に〝比例して〟利得が分配されるのは、ちょうど、マルクの権利への参加が権利を付与された持ち分地に〝比例し〟、または、鉱山の利得への参加が鉱山の持ち分に〝比例する〟のと同じように、自明なことである。したがって、均等な利潤率は、その完全に発展した形においては資本主義的生産の最終成果の一つであるが、ここでは、そのもっとも簡単な形態において資本の歴史的な出発点の一つであるということ、それどころか、マルク共同体――マルク共同体がこれまた原始共産主義からの直接的な分枝である――からの直接的な分枝であるということが、判明する。

＊〔イタリア語で東方の意。地中海東岸地域をさす。一〇―一六世紀には、イタリア諸都市と東方との貿易で、東インド産の香料、奢侈品などが、ヨーロッパの毛織物、オリーブ油、銀などと取り引きされた〕

(912) この最初の利潤率は、必然的に、非常に高いものであった。取り引きは＊いちじるしく危険をともなうものであったが、それは、さかんに猛威をふるう海賊のせいだけではなかった。競争する諸国民も、機会さえあれば、しばしばどんな種類の暴力行為もあえてしたからである。最後に、販売と販売諸条件は外国の王侯の特許にもとづいていたが、これらの特許は非常にしばしば破られたり取り消されたりしたからである。したがって利得は、高い保険料を含まざるをえなかった。そのうえ、売れ行きは緩慢であり、取り引きの進展は手間取り、また最良の時代には――もちろんめったに長続きはしなかったが――、取り引きは独占利潤をともなう独占貿易であった。利潤率が平均して非常に高かったことは、当時行なわれていた非常に高い利子率――とはいえ、この利子率は普通の商業利得の率よりもいつも全体としては低くなければならなかったが――によっても、証明されている。

＊〔エンゲルスの草稿では、続けて「まずもって独占取引であり、したがって法外に儲かった」と書かれたあと抹消されている〕

しかし、組合的協力によって獲得される、この高い、すべての参加者にとって等しい利潤率は、組合の内部で、すなわち、この場合には「国民」の内部で、局地的に通用しただけであった。ヴェネツィア人、ジェノヴァ人、ハンザ同盟商人、オランダ人は、それぞれの国民がそれぞれに、またおそらくはじめは多かれ少なかれ個々の販売領域ごとに、特殊な利潤率をもっていた。これらのさまざまな組合利潤率の均等化は、正反対の道で、すなわち競争によって、実現された。まず第一に、同じ一つの国民にとってのさまざまな市場の諸利潤率が均等化された。もしアレクサンドリアのほうが、キプロス、コンスタンティノープル、またはトラブゾン[*1]よりも、ヴェネツィアの商品にたいして、より多くの利得を提供したならば、ヴェネツィア人はアレクサンドリアのほうにより多くの資本を動員し、その他の諸市場との交易からは資本を引きあげたであろう。さらには、同じ市場に向けて同じ商品またはは類似の商品を輸出する個々の国民のあいだで、利潤率の漸次的均等化が順次に行なわれざるをえなくなり、その場合には、これらの国民のうちのいくつかは、非常にしばしば押しつぶされて、舞台から消えていった。しかしこの過程は、絶えず政治的な事件によって中断され、たとえば、レヴァント貿易の全体が、モンゴル人とトルコ人との侵入[*2]の結果、これが原因となって滅びたのであり、一四九二年以来の地理上、商業上の大発見[*3]は、この没落を促進し、次いで最終的なものとしただけである。

＊1〔黒海沿岸のトルコの港市。ペルシアおよび中央アジアとの交易の起点。古名「トラペズス」、ドイツ語では「トラペツント」〕

＊2〔レヴァント地方へのモンゴル人の侵入は、のちにイルハン朝を興したフレグの征西（一二五三—一二六〇年）を指す。トルコ人の侵入は、オスマン・トルコ帝国のシリア侵攻（一五一六年）を指す〕

＊3〔本訳書、第三巻、五六五ページ以下、および五六八ページの訳注＊1参照〕

いまやそれに続く突然の販売領域の拡張と、それに連関する交通路線の変革とは、さしあたっては、貿易経営の仕方になんら本質的な変化を生じさせなかった。インドおよびアメリカとの貿易も、さし

(913)

あたっては、おもになお組合が行なっていた。しかしまず第一に、これらの組合の背後には、いっそう大きな諸国民が立っていた。レヴァント貿易を営むカタロニア人〔スペイン北東・地中海沿岸の住民〕に代わって、アメリカ貿易では、大統一スペイン全体[*1]が現われた。スペインとならんで、イギリスおよびフランスといった二大国があった。そして、もっとも小さな国であるオランダおよびポルトガルでさえ、前代の最大最強の貿易国民であるヴェネツィアと、少なくとも同じ強大さを依然としてもっていた。このことは、一六世紀および一七世紀の巡歴商人[*2]であるマーチャント・アドヴェンチャラー〔冒険商人〕[*3]にうしろ楯を与えることになったのであり、このうしろ楯は、武器によっても組合員を保護する組合をますます不用にし、したがって組合の費用をただちに重荷にした。次にいまや、個々人の手中にある富がいちじるしく急速に発展したので、やがて、単独の商人が、以前には一つの組合全体でなければ出せなかったほどの資金を、一つの企業に出せるようになった。貿易会社は、それがなお存続している場合には、たいてい武装団体に転化し、母国の保護と高権とのもとで、新たに発見された諸国全体を征服し、独占的に搾取した。しかしまた、新たな地域で植民地が主として国家の手で設けられるようになればなるほど、組合貿易は、個別の商人の貿易に直面してますます退却し、それとともに、利潤率の均等化はますますもっぱら競争上の問題となった。

*1〔カスティリヤ王女イザベルとアラゴン王太子フェルナンドが一四六九年に結婚、一四七四年に前者がカスティリヤ女王に、七九年に後者がアラゴン国王に即位して両国の統一が実現（スペイン王国）。その後、コロンブスの「発見航海」を推進し、中南米を侵略するなどして、一五八八年にその無敵艦隊がイギリス海

軍に破れるまで世界貿易を支配した〕

＊2〔もともとは定期市を巡歴した中世ヨーロッパの卸売商人のこと〕

＊3〔一三世紀に発し一七世紀ごろまで活躍したイギリスの毛織物輸出組合の組合員。組合は、ヘンリー四世（一四〇七年）、ヘンリー七世（一五〇五年）、エリザベス一世（一五六四年）などの特許状により、ロンドンおよび地方港市を統合した特権的貿易独占団体となり、イギリス絶対主義のもっとも重要な財政的支柱をなした〕

これまでわれわれが知った利潤率は、商業資本の利潤率だけである。というのは、これまでは、ただ商業資本と高利資本とがあっただけで、産業資本は、やっとこれから発展するはずのものであったからである。生産は、まだ、主として、自分自身の生産諸手段をもっている労働者たちの手中にあり、したがって、彼らの労働が、資本に剰余価値をもたらすことはなかった。彼らが生産物の一部を無償で第三者に引き渡さなければならなかったとすれば、それは封建領主への貢納の形態においてであった。だから、商人資本が自己の利潤を手に入れることができたのは、少なくともはじめのうちは、ただ国内諸生産物の外国の買い手からか、または外国諸生産物の国内の買い手からだけであった。この時代の末ごろに――したがって、イタリアについて言えば、レヴァント貿易の衰退とともに――ようやく、外国の競争と販売困難とからやむをえず、輸出商品の手工業的生産者が、商品をその価値よりも安く輸出商人に売るようになったようである。こうしてここに、個々の生産者相互間での国内小口取引では、商品は平均してその価値どおりに売られるが、国際貿易では、前述の理由から、通常、価値どおりには売られないという現象が見いだされる。これは、こんにちの世界――すなわち、国際貿易と卸売業とにおいては生産価格が通用し、他方、都市の小売業では価格形成がまったく別の利潤率によって規制されるこんにちの世界――とは正反対である。そのため、こんにちでは、たとえば牛肉は、ロンドンの卸売商人からロンドンの個々の消費者の手に渡るまでの途上でのほうが、シカゴの卸売商人からロンドンの卸売商人の手に渡るまでの途上（運賃を含めて）でよりも、さらに大きい値上がりを示すのである。

(914)

価格形成におけるこのような変革を徐々に引き起こした道具は、産業資本であった。すでに中世に、産業資本への萌芽が、しかも船舶業、鉱山業、繊維工業という三つの領域で、形成されていた。イタリアやハンザ同盟という沿海共和国によって営まれた規模での船舶業は、海員すなわち賃労働者（その賃銀関係は利得参加をともなう同業組合的形態によって隠蔽されていたかもしれない）なしには不可能であり、また当時のガレー船[*1]にとっては、漕ぎ手、すなわち賃労働者または奴隷なしにはやはり不可能であった。鉱山の共有組合――最初は労働者の組合であった――は、ほとんどすべての場合に、すでに、賃労働者を用いて操業するための株式会社に転化していた。また、繊維工業では、商人は、織布工小親方たちに糸を供給し、固定賃銀を支払って商人の計算でこれを織物に転化することによって、要するに、商人が単なる買い手からいわゆる問屋《フェアレーガー》[*2]になることによって、小親方たちを直接に自己に奉仕させるようになりはじめていた。

＊1 〔古代・中世から一八世紀ごろまで、主として地中海で使用された軍船。多数の長いオールを囚人、奴隷、

捕虜などに漕がせた〕

＊2 〔小生産者たちに、原料の前貸し、織機の賃貸しなどを行なって彼らを隷属させる問屋商人〕

ここにわれわれが見るのは、資本主義的な剰余価値形成の最初の諸発端である。採鉱者の共有組合は、閉鎖的な独占団体として無視してもよい。船舶業者については、彼らの利潤は、少なくともその国の普通の利潤に、保険、船舶の損耗などの費用を特別につけ加えたものでなければならなかったことは明白である。しかし、直接に資本家的計算で生産された諸商品をはじめて市場に出し、〔それらを〕手工業者的計算で生産された同種の諸商品と競争させた織物問屋の場合には、事態はどうであったか？

商業資本の利潤率はすでに存在していた。それはまた、少なくとも当該のそれぞれの地方にとっては、すでに均等化されて近似的な平均率になっていた。ところで、商人を動かして問屋という特別業務を引き受けさせるようにできたものは、なんであったか？ ただ一つ——他人の販売価格と同じ販売価格でありながらより大きな利潤が手にはいるという見込みであった。そして、彼〔商人〕にはこの見込みがあった。商人は、小親方を自分に奉仕させることによって、生産の伝統的な制限、すなわち、生産者は自分の完成生産物を売るだけであるという制限を、打ち破った。商人資本家は、労働力——さしあたりはなお自分の生産用具を所有したが、しかしもう原料は所有していなかった労働力——を買った。こうして、彼は、織布工に規則的な仕事を保証することによって、その代わりに、なされた労働時間の一部が不払いになるように織布工の賃銀を押し下げることができた。こうして、問

(915) 屋は、彼のこれまでの商業利得を超える剰余価値の取得者となった。ただし、その代わりにまた、彼は、糸などを買いそれを織物ができ上がるまで織布工の手にゆだねておくために、ある追加資本を使用しなければならなかった――以前には、〔でき上がった〕織物を買い取るさいにはじめてその全価格を支払えばよかったのであるが。しかし、第一に、彼はすでに、たいていの場合には、織布工への前貸しのために特別資本をも出していたのであり、通例、ただ債務奴隷状態だけが、織布工を、新たな生産諸条件に隷属させるにいたったのである。そして、このことは別としても、第二に、計算は次のような表式で行なわれる――

わが商人は、三万（ドゥカーテンでもツェキノ*でもポンドでもその他なんでもよいが）の資本で輸出業を営んでいるとしよう。そのうち、一万は国内商品の買い入れで動き、二万は海外の販売市場で使用されるとしよう。この資本は、二年に一回回転し、年回転額は一万五〇〇〇であるとしよう。さてわが商人は、自分の計算で織らせ、問屋になろうとする。彼はどれだけの資本をそのために支出しなければならないか？　彼が売るような織物の一反の生産期間を平均二ヵ月としよう――これは確かにたいへん長いものである。さらに、彼はすべてに現金で支払わなければならないと仮定しよう。その場合には、彼は、自分の織布工たちに二ヵ月分の糸を供給するに足りるだけの資本を支出しなければならない。彼は、一年に一万五〇〇〇を回転させるのであるから、二ヵ月では二五〇〇の織物を買う。そのうち二〇〇〇は糸の価値を表わし、五〇〇は織賃を表わすとすれば、わが商人は二〇〇〇の追加資本を必要とする。彼が新しい方法によって織布工から取得する剰余価値は、織物の五％

にすぎないと仮定しよう〔$2{,}500 \times \frac{5}{100} = 125$〕。これは、二五％という、確かにきわめて控え目な剰余価値率となる（$2{,}000c + 500v + 125m$；$m' = \frac{125}{500} = 25\%$，$p' = \frac{125}{2{,}500} = 5\%$）。その場合には、わが商人は、一万五〇〇〇という彼の年回転額にたいして七五〇の特別利潤を得〔$125 \times 6 = 750$〕、したがって彼の追加資本を二$\frac{2}{3}$年ですでに回収する〔$2{,}000 \div 750 = 2\frac{2}{3}$〕。

＊〔一二八四―一七九七年にヴェネツィアで鋳造された金貨〕

しかし、彼の販売を、それとともに彼の回転を速めるために、またそうすることによって、同じ資本でより短期間に同じ利潤を、すなわち、従来と同じ期間により大きな利潤をあげるために、彼は、自分の剰余価値の小部分を買い手に贈り、自分の競争相手たちよりもより安く売るであろう。これらの競争相手もしだいに問屋に転化するであろう。そうなれば、特別利潤は、みんなにとっては普通の利潤に、または、みんなの手もとにあるより大きくなった資本にとっては普通の利潤よりさらに低い利潤にさえ、下落する。利潤率の均等化は回復される――もしかすると、国内でつくり出された剰余価値の一部分が外国の買い手に引き渡されることによって、別の水準で回復されるかもしれないとはいえ。

資本への産業の隷属の次の一歩は、マニュファクチュアの導入によって進められる。このマニュファクチュアもまた、マニュファクチュア経営者――一七世紀および一八世紀には、ドイツでは一八五〇年まではまだほとんど一般的に、そしてところによってはこんにちでもいまだに、たいていはなお自分自身の輸出商人である――に、時代遅れの競争相手である手工業者よりもより安く生産すること

（916）を可能にする。〔先ほどと〕同様の過程が繰り返される。すなわち、マニュファクチュア資本家は、彼が取得する剰余価値によって、彼もその仲間である輸出商人に、自分の競争相手よりも安く売ることが可能になる。それは、新たな生産様式が一般化され、そのあとふたたび平均化が始まるまで続く。すでに存在する商業利潤率は、ただ局地的に平均化されている場合でも、やはりプロクルステスの寝台*であり、そこでは余分な産業剰余価値は容赦なく切り落とされる。

＊〔ギリシア神話によれば、強盗プロクルステスは、捕えた旅人を寝台に寝かせ、その身長が寝台より長ければ余った部分を切り落とし、短ければ引き延ばして寝台と同じ長さにしたという〕

マニュファクチュアがすでに生産物を低廉化することによって興隆したとすれば、大工業はなおさらそうであり、大工業は、何度も繰り返される生産の革命によって商品の生産費をますます低く押し下げ、それまでのすべての生産様式を容赦なく排除するのである。大工業はまた、そうすることによって、国内市場を最終的に資本のために略取し、自給自足する農民諸家族の小生産と現物経済とを終結させ、小生産者たちのあいだの直接的交換を排除し、全国民を資本に奉仕させる。大工業は、同様にまた、さまざまな商業的および工業的事業部門の諸利潤率を一つの一般的利潤率に均等化し、そしてついには、この均等化のもとで、これまで一つの部門から他の一部門への資本の移転をさまたげていた障害の大部分を除去することによって、大工業にふさわしい権力の座を産業に確保する。これとともに、すべての交換にとって全体として価値の生産価格への転化が行なわれる。したがって、この転化は、当事者たちの意識または意図抜きに、客観的法則に従って行なわれる。競争が一般的な率を超える利潤を一般的な水準にまで引き下げ、またそうすることで平均を超える剰余価値を最初の産業的取得者からふたたび取り上げるということは、理論的にはまったくなにも困難なことではない。しかし、実際においては、超過剰余価値をもつ生産部面、すなわち可変資本が大きくて不変資本が小さい、したがって資本の構成が低度である部面は、まさにその性質から見て、もっとも遅くもっとも不完全に資本主義的経営に隷属させられる部面であるので――とりわけ農耕がそうであるが――、それだけ困難は大きい。それに反して、商品価値を超える生産価格の引き上げ――それは、資本構成の高度な部面の諸生産物に含まれる不足剰余価値を平均利潤率の水準まで引き上げるために必要とされる――にかんしていえば、これは理論的にはきわめて困難なように見えるが、われわれがすでに見てきたように、実際においては、もっとも容易にもっとも早く行なわれる。というのは、この部類の商品は、それらがはじめて資本主義的に生産されて資本主義的商業にはいってくる場合には、同種の、資本主義以前の方法で製造された、したがってより高価な諸商品との競争にはいるからである。したがって、資本主義的生産者は、剰余価値の一部を放棄しても、相変わらず、その地方で通用する利潤率を手に入れることができる。この利潤率は、およそ資本主義的な生産が行なわれるよりもずっと前から、したがって産業利潤率が可能になるずっと前から、商業資本から生じていたので、もともと剰余価値とはなにも直接の関連をもたなかったのである。

取引所

（一）第三巻第五篇、とくに〔第二七〕*章から、資本主義的生産一般において取引所がどのような地位を占めるかが明らかになる。しかしいまでは、この書物が書かれた一八六五年以来、ある変化が生じており、この変化は、こんにち、取引所に、いちじるしく大きくなった、そしていまなお絶えず大きくなる役割を与えている。またその変化は、さらにいっそう進めば、全生産——工業と農業との——と、全交易——交通手段と交換機能——とを、相場師の手に集中し、その結果、取引所を、資本主義的生産そのもののもっともきわ立った代表者にする傾向をもつ。

＊〔エンゲルスの草稿では空白になっている〕

（二）一八六五年には、取引所は、まだ、資本主義体制における二次的な要素であった。国債証券は、取引証券の大部分を表わしていたが、その量もまだ比較的わずかであった。他方では、大陸とアメリカで優勢であった株式銀行は、イギリスでは、ちょうどこれから貴族的な個人銀行を吸収しようとしているところであった。しかし分量の点ではまだ比較的わずかであった。*鉄道株も、こんにちに比べればまだ比較的微力であった。直接に生産的な事業で株式形態をとるものは、わずかしかなかった。当時はまだ、「親方の目」〔直接管理〕が克服されていない迷信であったのであり——そして、銀行と同様に、〔直接に生産的な事業で株式形態をとるものは〕比較的貧しい諸国、ドイツ、オーストリア、アメリカなどでもっとも多かった。

＊〔エンゲルスの草稿には、このあとに「(3)」と書かれているが、次項の(三)に相当するもので、不要と思われる〕

したがって、取引所は、当時はまだ、資本家たちが蓄積された彼らの資本を互いに奪い合う場所であり、労働者にとっては、直接にはただ、資本主義経済の退廃的な一般的作用の新たな証拠としてだけ、また、神の恩寵による選択、〝言い換えれば〟偶然が、すでにこの世で至福と劫罰とを決定し、富すなわち享楽と権力とを決定し、貧困すなわち欠乏と隷属とを決定する、というカルヴァン派の教義＊の確証としてだけ、かかわりがある場所であった。

＊〔ジャン・カルヴァン(一五〇九―一五六四)が宗教改革のなかで提唱したキリスト教神学体系。救いと罰とは、もっぱら神の意志にのみもとづくとする絶対的予定説を特徴とする〕

(918)

(三) いまでは事態が違っている。蓄積は、一八六六年の恐慌以来、絶えず速度を増しながら進行し、しかも、どの工業国でも、少なくともイギリスでは、生産の拡張が蓄積の拡張に追いつかず、個々の資本家の蓄積は、自分自身の事業の拡張のうちに十分な使途を見いだすことができないほどになった。イギリスの綿工業はすでに一八四五年に、鉄道詐欺＊〔を起こした〕。しかし、この蓄積とともに、金利生活者――すなわち、事業での規則的な緊張にいや気がさした人々、したがって、享楽だけを欲するか、さもなければ会社の取締役や監査役として軽い仕事だけをする人々――の群れもふえた。そして第三に、このように貨幣資本として浮動している大量の資本の投下を容易にするために、いまや、それがまだ行なわれていないいたるところで、有限責任会社という新しい法律上の形態がつくり出され、そして従来の無限責任株主の義務も＋－〔多かれ少なかれ〕軽減された（一八九〇年におけるドイツの株式会社、株式応募の四〇％！）。

＊〔本訳書、第三巻、七一九―七二〇ページ参照〕

（四）このあと、産業の株式企業への漸次的転化。産業部門はつぎつぎにこの運命にみまわれていく。まず、いまや巨大な投資が必要となった鉄（それ以前には鉱山――これがすでに鉱山持ち分化されているのではない場合）。次に化学工業、〝同じく〟機械製作工場。大陸では繊維工業、イギリスではまだランカシャーの二、三の地方だけで（オールダム[*1]の紡績工場、バーンリー[*1]の織布工場など、裁縫業組合――しかしこれは、次の恐慌でふたたび〔個々の〕〝親方〟の手におちる前段階でしかなかった）、醸造業（ほんの数年前にアメリカの醸造業がイギリスの資本に高く売りさばかれた。そのあと、ギネス、バス、オールソップ[*2]）。次に、トラスト――これは共同管理部をそなえた巨大企業をつくり出す（ユナイテッド・アルカリ[*3]のように）。普通の個人商会は、＋＆＋〔ますます〕、「株式会社を設立」するのに十分な大きさになるまで事業を導いていくための前段階でしかなくなる。

＊1〔いずれもランカシャー州の都市〕

＊2〔いずれも一九世紀のイギリスの醸造会社〕

＊3〔本訳書、第三巻、七七三ページの本文および七七四ページの最初の訳注＊参照〕

商業も同じである。リーフ商会、パースン商会、モーリー商会、モリスン・ディロン商会[*1]――すべてが株式会社となった。いまでは、小売店もすでにそうである。しかも、単に「ストアズ[*2]」〝式の〟

協同組合の外観のもとでそうであるだけではない。

*1〔いずれもイギリスの商社一族〕

*2〔協同組合商店会の加盟商店で、はじめ組合員にのみ、のち一般人にも商品を販売した一八五〇年ころからの組織。のちにロンドン大商店会所属の百貨店式店舗をさす名称になった〕

銀行その他の信用施設も――イギリスにおいても――同じである。無数の新設があり、すべてが〝有限責任〟株式である。グリン銀行*などのような古い銀行でさえも、七人の個人株主で有限責任会社に転化する。

*〔一七五三年に設立されたイギリス最大の個人銀行、一八八五年に株式銀行に転換した〕

（五） 農耕の領域でも同じである。巨大化した銀行は、とくにドイツでは（あらゆる官僚主義的名称のもとに）、ますます抵当権の所有者となり、それらの銀行の株式とともに、土地財産の現実の上位所有権が取引所に引き渡され、こうしたことは、農場が債権者の手に帰する場合には、さらにはなはだしくなる。ここでは、草原耕作〔大規模耕作〕の農業革命が強力に作用する。これが進行するとすれば、イギリスとフランスの土地も取引所の手に帰する時期が予測できる。

(919)
（六） ところでいまや、対外投資はすべて株式で行なわれる。イギリスだけについて言えば、アメリカの鉄道――北部および南部の（取引所報を参照のこと）、金鉱*、等々。

*〔『マルクス主義の旗のもとに』以来、アドラツキー版、ヴェルケ版、新メガとも「ゴルトベルガー」としているが、「ゴルトベルクヴェルク（金鉱）」の略語 Goldbergw. の判読の誤りと思われる。英語ペリカン版

は「金鉱」にしている〕

（七）次に植民地。これは、こんにちでは、純粋に取引所の出張所である。取引所の利益のために、ヨーロッパの列強は、二、三年前にアフリカを分割し、フランス人は、チュニス[*2]とトンキン[*3]を略取した。アフリカは、直接、諸会社に賃貸しされ（ナイジェリア、南アフリカ、ドイツ領南西および東アフリカ）、またマショナランドとナタールランドとは、取引所のために、ローズによって分捕られた。[*4]

＊1〔ベルギー国王のレオポルド二世によるコンゴ領有をきっかけとして、一八八四—八五年に、ビスマルクの提唱で、ヨーロッパやアメリカなど一四ヵ国が参加してベルリン会議が開催され、アフリカ分割にかんする協定が締結された〕

＊2〔アフリカ北部チュニジアの首都。チュニジアは一八八一年、フランスの保護領になった〕

＊3〔ベトナム北部をさす。一八八三年にフランス保護領となり、一八八七年に南ベトナムやカンボジア、ラオスとともにフランス領インドシナとなった〕

＊4〔イギリスのセシル・ローズ（一八五三—一九〇二）は、南アフリカのダイヤモンド鉱・金鉱を採掘、その大株主となると同時に、とくにマタベルランドおよびマショナランド（のちのローデシア）でイギリス植民地獲得に狂奔、またアパルトヘイトの推進者で、陸の海賊とも呼ばれた。ナタールランド（現在は南アフリカ共和国東南部の州）は、すでに一八四三年にイギリス領植民地となっているので、「マタベルランド」の誤りではないかと思われる〕

マルクス　新版《しんぱん》 資本論《しほんろん》　第《だい》12分冊《ぶんさつ》

2021年7月20日　初　版

監修者　日本共産党中央委員会社会科学研究所
発行者　田　所　　稔

郵便番号　151-0051　東京都渋谷区千駄ヶ谷4-25-6
発行所　株式会社　新日本出版社
電話　03（3423）8402（営業）
03（3423）9323（編集）
info@shinnihon-net.co.jp
www.shinnihon-net.co.jp
振替番号　00130-0-13681
印刷・製本　光陽メディア

落丁・乱丁がありましたらおとりかえいたします。

ISBN978-4-406-06386-9 C0033　Printed in Japan

巻末付録

全三部　総目次

凡　例……各分冊のⅢ～Ⅴページ（この総目次では凡例ページは略）

第１巻　第１部　資本の生産過程

第１分冊

第2分冊

第2篇　貨幣の資本への転化

第3篇　絶対的剰余価値の生産

第3分冊

第4篇　相対的剰余価値の生産

第６篇　労　賃

第４分冊

第７篇　資本の蓄積過程

第２巻　第２部　資本の流通過程

第５分冊

第１篇　資本の諸変態とそれらの循環

第６分冊

第２篇　資本の回転

第７分冊

第３篇　社会的総資本の再生産と流通

第３巻　第３部　資本主義的生産の総過程

第８分冊

第１篇　剰余価値の利潤への転化、および剰余価値率の利潤率への転化

第2篇　利潤の平均利潤への転化

第3篇　利潤率の傾向的低下の法則

第９分冊

第４篇　商品資本および貨幣資本の商品取引資本および貨幣取引資本への（商人資本への）転化

第５篇　利子と企業者利得とへの利潤の分裂。利子生み資本

第10分冊

第11分冊

第６篇　超過利潤の地代への転化

第12分冊

第７篇　諸収入とその源泉

人名索引

1) 本索引では，本訳書で言及されている人名から経済学者，政治家，歴史家，また各種の労働調査の委員や医師，議会報告書に登場する銀行家などを中心に，その略歴，著書（匿名を含む）などを紹介した．そのほか，本索引には，小説と聖書，神話などに登場する架空の人物，神なども含めた．
2) 原則として姓を見出しとし，五十音順に長音（ー）を無視して配列した．
3) 人名のあとに原綴りと生没年を示した．
4) 末尾のローマ数字（Ⅰ，Ⅱ，Ⅲ）は，『資本論』の巻数を表わし，その後の数字は本訳書のページ数をさす．ページ数は，各巻ごとの通しページ数である．
5) 本訳書の指示ページで〔　〕が付されたものは，訳注に当該人物が挙げられているものをさす．また矢印記号（→）は，「以下の人名を見よ」の意である．
6) 索引中の議会報告書とは，『銀行法にかんする特別委員会報告書』（ロンドン，1857年，1858年）をさす．
7) 本索引の作成にあたっては，服部文男編『資本論総索引』（1997年，新日本出版社）を参照し，生没年については，新『マルクス・エンゲルス全集』（新メガ）諸巻の索引にならった．

【ア】

アイスキュロス　Aischylos（前525-前456）古代ギリシアの三大悲劇詩人の１人．Ⅰ〔1126〕

アイソーポス　(Aísōpos、(前619-前564頃）古代ギリシアの寓話作家．Ⅰ〔290〕

アエネアス　Aeneis　ローマの詩人ウェルギリウスの叙事詩『アエネイス』に登場するトロイアの英雄．Ⅲ〔183〕

アーカート，デイヴィド　Urquhart, David（1805-1877）イギリスの外交官，政論家．国会議員（1847-52）．パーマストン外交の評価では，マルクスが到達した結論に近い立場をとった．『ザ・フリー・プレス』紙（1855-65）の創刊者．『常用語』を著わす．Ⅰ 177, 479, 640, 882, 1277, 1305, 1307

アークライト，サー・リチャード　Arkwright, Sir Richard（1732-1792）イギリスの企業家．理髪師を経て，各種の紡績機械の考案者で製作者．Ⅰ 649,〔658〕, 662, 671, 743, 744,〔747〕, 752, 851

アシュリー卿 Lord Ashley →シャーフツバリー伯，アントニー・アシュリー・クーパー

アシュワース，ヘンリー Ashworth, Henry（1794-1880）イギリスの綿紡績業者，反穀物法同盟員，コブデンの支持者．Ⅰ 507, 712

アズボン Osborne → バーナル・アズボン，ラルフ

アダム Adam 旧約聖書中の人物．神によって土から造られた人間（人祖）で，妻のエバとともに禁断の木の実を食べエデンの園から追放されたとされる．Ⅰ 182, 1033, 1040, 1076, 1244,〔1611〕

アダムズ，ウィリアム・ブリッジズ Adams, William Bridges（1797-1872）イギリスの技師，鉄道建設にかんする著作『道路とレール』の著者．Ⅱ 275, 278

アディントン，スティーヴン Addington, Stephen（1729-1796）イギリスの神学者で経済学者．『開放耕作地囲い込みの賛否両論にかんする研究』を著わす．Ⅰ 1269

アテナイオス Athenaios（170頃-230）ギリシアの著作家．現存しない古い著作からの多数の引用を含む文化史を主題とする問答の著者．『学者の饗宴』など．Ⅰ 178, 231

アトウッド，トマス Attwood, Thomas（1783-1856）イギリスの銀行家，政治家，経済学者，バーミンガムの「小シリング論者」（貨幣を価値とは無関係な観念的な度量単位にすぎないとする立場）の代表者．Ⅰ〔402〕, Ⅲ 967, 1008

アトウッド，マサイアス Attwood, Matthias（1781-1852）イギリスの銀行家，経済学者，バーミンガムの「小シリング論者」の代表者．トマス・アトウッドは弟．Ⅲ 967, 1008

アドラツキー，ウラジーミル・ヴィクトロヴィチ Адоратски Влалимир Викторович（1878-1945）ソ連共産党の理論幹部の1人．リャザノフ追放後，マルクス-レーニン主義研究所の所長．1932-34年に刊行された『資本論』全3巻はアドラツキー版と通称された．Ⅰ〔1172〕, Ⅱ〔831〕, Ⅲ〔116〕,〔244〕,〔309〕,〔317〕,〔330〕,〔437〕,〔448〕,〔485〕,〔489〕,〔524〕,〔644〕,〔661〕,〔663〕,〔684〕,〔689〕,〔715〕,〔725〕,〔758〕,〔838〕,〔1104〕,〔1105〕,〔1107〕,〔1108〕,〔1163〕,〔1254〕,〔1342〕,〔1467〕,〔1539〕,〔1588〕,〔1626〕,

アナカルシス Anacharsis（前6世紀頃）スキティア（黒海北部）出身の古代ギリシアの哲学者．Ⅰ 178

アーバスナット，ジョージ Arbuthnot, George（1802-1865）イギリスの大蔵省官吏．通貨・信用問題についての著作がある．「通貨主義」学派の1人．Ⅲ 987

アーバスナット，ジョン Arbuthnot, John（18世紀）イギリスの農場経営者．匿名で『食糧の現在の価格と農場規模との関連の研究』を著わす．Ⅰ〔545〕,〔577〕,〔580〕,〔1261〕,〔1271〕

アピアン（アピアノス） Appianos（Appian）（1世紀末-170頃）エジプト=ギリシア系のローマの士官で官吏，『ローマの内乱』の著者．Ⅰ 1270

アブラハム Abraham 旧約聖書中の人物．イスラエル民族の始祖とされる．Ⅰ 1011
アベル Abel 旧約聖書中の人物．アダムとエバの第2子で牧畜を業としていた．兄カインのねたみによって殺害された．Ⅰ 1307
アリヴァベーネ伯（小アリヴァベーネ伯），ジャン（ジョヴァンニ） Arrivabene, Jean (Giovanni), comtede (der Jüngere)（1787-1881）イタリアの経済学者，1847年のブリュッセル経済学者会議の発起人，シーニアの著作のフランス語への翻訳者．Ⅰ 1040, Ⅱ 704
アリオスト，ロドヴィーコ Ariosto, Lodovico（1474-1533）ルネサンス期のイタリアの詩人．物語詩『狂えるオルランド』が代表作．Ⅰ 60
アリグザーンダー，ナサニエル Alexander, Nathaniel（1815-1853）イギリスの商人．国会議員（1841-53）．19世紀前半，インド貿易に従事．議会報告書に登場．Ⅲ 727, 992
アリストテレス Aristoteles（前384-前322）古代ギリシアの哲学者．多くの分野にわたる学識をもち，経済学についても多くの考察を行なった．Ⅰ 107-109, 147, 153, 265, 266, 287, 576, 577, 716,〔718〕, Ⅲ 663,〔665〕,〔1468〕, 1595
アーリッジ，ジョン・トーマス Arledge, John Thomas（1822-1899）イギリス，北スタッフォードシャー診療所の医師 Ⅰ 425,〔426〕
アルキメデス Archimedes（前287頃-前212）古代ギリシアの数学者，物理学者，設計者．Ⅰ 537,〔538〕, Ⅲ 1591
アルキロコス Archilochos（前7世紀）古代ギリシアの叙情詩人．古代ではホメロスと並び称された．Ⅰ 644,〔647〕
アルント，カール Arnd, Karl（1788-1877）自然法的見解をもつドイツの自由主義的経済学者．Ⅲ 625,〔626〕, 1407,〔1408〕
アレクサンドラ Alexandra（1844-1925）デンマーク国王クリスティアン9世の娘．1863年に，ウェールズの皇太子，のちのイギリス国王エドワード7世と結婚．Ⅰ 442, 451
アレクサンドル2世 Aleksandr II（1818-1881）ロシア皇帝（在位1855-81）Ⅱ〔63〕
アン（スチュアート家） Anne (Stuart)（1665-1714）1702年以降，イングランド，スコットランドおよびアイルランドの女王．1707年にイングランドとスコットランドを大ブリテンに統合した．Ⅰ 284, 1286, Ⅲ 1102
アンタイオス Antaios ギリシア神話に登場する巨人．海洋神ポセイドンと大地の女神ガイアの子で，母である大地に触れているあいだは無敵であった．ヘラクレスによって倒された．Ⅰ 1032.
アンダースン，アダム Anderson, Adam（1692ないし1693-1765）スコットランドの経済学者，商業史にかんする著作『商業の起源の歴史的・年代記的由来』がある．Ⅰ 1301, 1325, Ⅲ 567
アンダースン，ジェイムズ Anderson, James（1739-1808）スコットランドの経済学者．借地農場経営者．差額地代論の概要を

仕上げた．Ⅰ 883, 974, 975, 1078, 1269, 1273, 1275, 1301, Ⅲ 1122, 1123
アンダースン，ジェイムズ・アンドルー Anderson, James Andrew（1780–1863）スコットランドの銀行家．ユニオン・バンク・オブ・スコットランドの重役．議会報告書に登場．Ⅲ 940, 943, 1013
アンティパトロス Antipatros（前1世紀頃）古代ギリシアの詩人．Ⅰ 716,〔896〕
アンティポン Antiphon（前430頃）古代ギリシアの哲学者，ソフィストの1人．円と球の積を求める積尺法を創案した．Ⅲ〔1408〕
アンファンタン，バルテルミ-プロスペル Enfantin, Barthélemy-Prosper（1796–1864）フランスの空想的社会主義者，サン-シモンの門弟．バザールとともにサン-シモン学派を率いた．『サン-シモン派の宗教．経済学と政治学』を著わす．Ⅲ〔1091〕,〔1094〕
アンリ3世 Henri III.（1551–1589）1574年以降，フランスの国王．Ⅰ 230
アンリ4世 Henri IV.（1553–1610）1589年以降，フランスの国王．Ⅰ〔96〕

【イ】

イエス・キリスト Jesus Christus（前4頃-後30頃）新約聖書中の人物．キリスト教の始祖．キリストは救世主の意．Ⅰ〔11〕,〔96〕,〔394〕,〔419〕, 452,〔479〕,〔494〕,〔542〕,〔709〕,〔993〕,〔1011〕,〔1018〕,〔1027〕,〔1079〕,〔1139〕,〔1300〕, Ⅱ〔211〕, Ⅲ 682, 684,〔1465〕,〔1624〕
イサク Isaak 旧約聖書中の人物．アブラハムとその妻サラ（Sarah）の子．イスラエル民族の祖の1人とされる．Ⅰ 1011
イザヤ Esaia（Jesaias）旧約聖書中の人物．前8世紀にユダヤ王国に属した預言者．イザヤ書は，旧約聖書の四大預言書の1つ．Ⅲ 563
イソクラテス Isokrates（前436–前338）古代ギリシアの演説家，政論家．ペルシア王国にたいする戦争のためのギリシアの諸国家の同盟を説いた．Ⅰ 643, 647
イーデン，サー・フレドリク・モートン Eden, Sir Frederic Morton（1766–1809）イギリスの経済学者，アダム・スミスの学徒．『貧民の状態』を著わす．Ⅰ 422, 1048, 1073, 1074, 1075, 1080, 1174, 1175,〔1252〕,〔1258〕, 1260, 1265, 1266, 1269, 1271,〔1286〕,〔1298〕, 1322, 1324, 1327

【ウ】

ヴァーグナー，アードルフ・ハインリヒ Wagner, Adolph Heinrich（1835–1917）ドイツの経済学者，講壇社会主義者．キリスト教社会党の創立者（1878年）．『経済学教科書』を著わす．Ⅱ〔14〕,〔30〕,〔829〕
ヴァーグナー，ヴィルヘルム・リヒャルト Wagner, Wilhelm Richard（1813–1883）ドイツの作曲家，ドイツ・ロマン派オペラの頂点を築いた．Ⅰ〔295〕, Ⅱ〔800〕
ヴァルピー，モンタギュー Valpy, Montagu J.（？）イギリス、ノッティンガムの聖職者 Ⅰ 422
ヴァーレンティーン，ガーブリエル・グスタフ Valentin, Gabriel

Gustav（1810-1883）ドイツの生理学者．Ⅰ 843
ヴァロ，マルクス・テレンティウス Varro，Marcus Terentius（前116-前27）古代ローマの学者．『農業にかんする書』などを著わす．Ⅰ〔343〕
ヴァンサール，ピエール-ドニ Vinçard, Pierre-Denis（1820-1882）フランスの労働者，政論家，1848年2月革命に参加．共同組合運動で積極的に活動した．労働者階級の状態にかんする諸著作の著者．国際労働者協会会員．Ⅰ〔1240〕，Ⅲ 1402
ヴァンダリント，ジェイコブ Vanderlint, Jacob（？-1740）イギリスの経済学者，重農学派の先駆者．『貨幣万能論』を著わす．Ⅰ 215, 216, 228, 253, 480,484, 556, 585, 614, 1076
ヴィクトリア（女王） Victoria（1819-1901）1837年以降，大ブリテンとアイルランドの女王．Ⅰ〔512〕，〔1161〕，〔1293〕
ヴィーコ，ジャンバッティスタ Vico, Giambattista（1668-1744）イタリアの哲学者，社会学者．『新しい科学の諸原理』を著わす．Ⅰ 654
ヴィシュヌ Wischnu ヒンズー教のブラフマー，シヴァとともに三主神の1つ．世界の維持，生類に慈悲を施す神．Ⅰ 1040，〔1041〕
ヴィッカーズ，エドワード Vickers, Edwaard（1804-1897）イギリスでジェイムズ・ネイラーと製鋼会社を共同経営．Ⅰ 454
ウィット，ヨハン・デ Witt, Johan de（1625-1672）オランダの政治家，富裕な商人層の利害代弁者．Ⅰ 1076, 1320
ウィットブレド，サミュエル Whitbread, Samuel（1758-1815）イギリスの政治家，ホイッグ党員，国会議員．Ⅰ 1292
ヴィラーズ，チャールズ・ペラム Villiers, Charles Pelham（1802-1898）イギリスの政治家，法律家，国会議員，救貧法庁長官．Ⅰ 468
ウィリアム１世 William Ⅰ.（1027-1087）1066年，イングランドを征服し（ノルマン・コンクエスト），ノルマン朝を開いた王（1066-87）．Ⅰ〔408〕，〔1251〕
ウィリアム３世（オレンジ家の） William Ⅲ.（Wilhelm Ⅲ. Von Oranien）（1650-1702）オランダ統領（1672-1702），イギリス国王（1689-1702）．Ⅰ 1263,〔1264〕
ウィリアム４世 William Ⅳ.（1765-1837）1830年以降，大ブリテンとアイルランドの国王．Ⅰ 509
ウィリアムズ，サー・ウィリアム・フェニック，カルス准男爵 Williams, Sir William Fenwick, Baronet of Kars（1800-1883）イギリスの将軍，1854-55年にトルコのコーカサス軍の参謀長．アルメニアの要塞カルスのトルコ軍守備隊を指揮．国会議員．Ⅰ 217
ウィリアムズ，リチャード・プライス Williams, Richard Price（1827-1916）イギリスの技師，鉄道制度の専門家．Ⅱ 274, 290, 291
ウィリアム・トンプソン →トムスン,ウィリアム
ウィルクス，マーク Wilks, Mark（1760頃-1831）イギリスの植民地軍将校．長い間，インドにいた．『インド南部の歴史的概要』を著わす．Ⅰ 631

ウィルスン，ジェイムズ Wilson, James（1805-1860）イギリスの政治家，国会議員，経済学者，大蔵財務次官（1853-58），インド財務長官（1859-60）．『エコノミスト』誌（1843年）の創刊者で編集者． I 394, 600, III 781, 794, 954, 956, 957, 972, 975, 988, 1039, 1040, 1041, 1043, 1044, 1045, 1049, 1050, 1051, 1053,〔1054〕

ウィルスン，ジョン（筆名モーディケイアイ・マリオン） Wilson, John（Mordecai Mullion）（1785-1854）スコットランドの詩人，政論家．種々の筆名で執筆した． II〔27〕

ウィルスン-パットン，ジョン Wilson-Patten, John（1802-1892）イギリスの政治家，トーリー党員，国会議員（1830-31, 1832-74）． III 157

ヴィルト，マックス Wirth, Max（1822-1900）ドイツの経済学者，政論家．ロンドン『タイムズ』通信員． I 137

ヴィルヘルム1世 Wilhelm I.（1797-1888）第7代プロイセン王（1861-88），北ドイツ連邦主席（1867-88），ドイツ新帝国の初代皇帝（1871-88）． I〔34〕

ウェイクフィールド，エドワード・ギボン Wakefield, Edward Gibbon（1796-1862）イギリスの政治家，植民政策家，経済学者．『イギリスとアメリカ』，『植民の方法にかんする一見解』を著わす． I〔345〕, 471, 576, 931, 990, 1013, 1122, 1176, 1336-1350, III 1350, 1351, 1372

ウェイド，ジョン Wade, John（1788-1875）イギリスの政論家，経済学者，社会学者，歴史家．『中間階級および労働者階級の歴史』を著わす． I 422, 477, 1081

ウェイド，ベンジャミン・フランクリン Wade, Benjamin Franklin（1800-1878）アメリカの政治家，アメリカ合衆国の副大統領（1867-69）． I 15

ウェイランド，フラーンシス Wayland, Francis（1796-1865）アメリカの聖職者．『経済学要論』など経済学，倫理学などにかんする諸著作がある． I 285, 361, II 362

ウェゲリン，トマス・マサイアス Weguelin, Thomas Mathias（1809-1885）イギリスの実業家，国会議員（1857-59, 1861-80），自由党員，イングランド銀行副総裁（1853-55），同総裁（1855-57）．議会報告書に登場． III 577, 794, 881, 891, 894, 928, 929, 943, 1029, 1042

ウェスト，サー・エドワード West, Sir Edward（1782-1828）イギリスの経済学者．『土地への資本投下にかんする小論』，『穀物の価格と労働の賃銀』で，地代論のいくつかの問題を論じた． I 883, 917,〔919〕, 944, 945, 946, III〔416〕, 1191,〔1192〕,〔1193〕

ウェスパシアヌス Vespasianus（9-79）ローマ帝国の皇帝（在位69-79）． I〔195〕

ウェッジウッド，ジョウサイア Wedgwood, Josiah（1730-1795）イギリスの陶工，企業家．近代的製陶法の発明者．イギリスの陶器工業の創始者． I 466, 472

ヴェッリ，ピエートロ Verri, Pietro（1728-1797）イタリアの経済学者，重農学派の最初の批判者の1人．『経済学にかんする諸考察』を著わす． I 80, 161, 234,

582, Ⅲ 478
ウェリントン公，アーサー・ウェルズリー Wellington, Arthur Wellesley, Duke of（1769-1852）イギリスの将軍，政治家，トーリー党員．ナポレオン１世にたいする同盟戦争（1808-14および15）でイギリスの軍隊を指揮した．首相（1828-30,34），外相（1834-35）．Ⅰ 217
ウェルギリウス・マロ，プブリウス Vergilius Maro, Publius（前70-前19）古代ローマの詩人．叙事詩『アエネイス』の作者．Ⅰ〔268〕，〔534〕，〔1181〕，〔1328〕，Ⅲ〔183〕
ヴェルザー（家） Welser 15世紀末，フェーリンと商事会社を設立，ドイツ第２の大企業となる．Ⅲ 1610，〔1611〕
ヴォーカンソン，ジャック・ド Vaucanson, Jacques de（1709-1782）力織機などを開発したフランスの機械製作者，発明家．Ⅰ 671
ウォークリー，メアリー・アン Walkley, Mary Anne（1843-1863）ロンドンの婦人服仕立女性工．Ⅰ 442-443
ウォッツ，ジョン Watts, John（1818-1887）イギリスの政論家，空想的社会主義者，オウエンの信奉者．のちに自由党員．『経済学者の事実と虚構』，『労働組合とストライキ』を著わす．Ⅰ 957, 962
ウォード，ジョン Ward, John（19世紀）イギリスの歴史記述者．Ⅰ 468
ウォトスン，ジョン・フォーブズ Watson, John Forbes（1827-1892）イギリスの医師，政論家．イギリスの軍属として長いあいだインドで勤務．インドの農業と織物生産にかんする諸著作がある．Ⅰ 688
ヴォバン侯，セバスティアン・ル・プレトル Vauban, Sébastien le Prêtre, marquis de（1633-1707）フランスの軍事技師，経済学者．1703年以降，フランスの元帥．Ⅰ 244
ウォリス，ロバート Wallace, Robert（1697-1771）スコットランドの長老派の僧．『古代および近代の人口』を著わし，人口と食料との関係にかんして，のちのマルサスと同様の論理を展開した．Ⅰ 621, 1076
ヴォルテール（本名フランソワ・マリー・アルエ） Voltaire（François Marie Arouet）（1694-1778）フランスの文学者，歴史家で，代表的な啓蒙思想家．百科全書派の１人．Ⅰ〔129〕，〔147〕，〔148〕，〔339〕，Ⅲ〔1511〕
ウォールトン，アルフリド・アームストロング Walton, Alfred Armstrong（1816-？）イギリスの建築家，政論家，経済学者．国際労働者協会総評議会の評議員（1867-70）．『大ブリテンおよびアイルランドの土地保有の歴史』を著わす．Ⅲ 1123，〔1124〕
ヴォルフ，ヴィルヘルム Wolff, Wilhelm（1809-1864）ドイツの教師，政論家．共産主義者同盟員．1848/1849年のドイツ革命では，『新ライン新聞』の編集者の１人．フランクフルト国民議会の議員（最左翼）．1849年にスイス，51年半ばにイギリスに亡命．マルクスとエンゲルスの友人であり同志．Ⅰ 5
ヴォルフ男爵，クリスティアン

Wolff (Wolf), Christian Freiherr von (1679-1754) ドイツの哲学者, 数学者. ライプニッツの哲学を体系化して一般に広めた. Ⅰ 1063
ヴォルフ, ユーリウス Wolf, Julius (1862-1937) ドイツの経済学者. チューリヒ大学教授.『社会主義と資本主義的社会秩序』を著わす. Ⅲ 32-33, 39
ウッド, サー・チャールズ, (1866年以後) **ハリファクス・オブ・マンク・ブレタン子爵** Wood, Sir Charles, (seit 1866) Viscount Halifax of Monk Bretton (1800-1885) イギリスの政治家, ホイッグ党員, 国会議員, 大蔵大臣 (1846-52), インド相 (1859-66), 国璽尚書 (1870-74). 議会報告書に登場. Ⅲ 995, 1048, 1049, 1050, 1052
ウルフ, アーサー Woolf, Arthur (1766-1837) イギリスの技師, 高圧蒸気機関の発明者. Ⅲ 171-173, 〔174〕
ヴルム, ユーリウス・フリードリヒ Wurm, Julius Friedrich (19世紀) ディオドロス・シクルス『歴史文庫』を独訳した. Ⅰ 〔249〕, 〔407〕

【エ】

エイヴリング, エドワード Aveling, Edward (1851-1898) イギリスの著述家, 医師. ムアと共同で『資本論』第1巻を英訳. 1884年以後, 社会民主連盟の会員. 社会主義連盟の創立者の1人 (1884). カール・マルクスの四女エリナーの夫. Ⅰ 45
エイキン, ジョン Aikin, John (1747-1822) イギリスの医師, 歴史家.『マンチェスター周辺30―40マイルの地方にかんする記述』を著わす. Ⅰ 1034, 1035, 1036, 1310, 1325
エヴァリット Everet (18世紀) イギリスの発明家. 水力で動かす最初の剪毛《せんもう》機を製作 (1758年). Ⅰ 752
エヴァンズ, デイヴィド・モリア Evans, David Morier (1819-1874) イギリスの経済学者, ジャーナリスト,『タイムズ』のシティ通信員.『1847―48年の商業恐慌』を著わす. Ⅲ 〔672〕
エヴァンズ, ハワード Evans, Howard (1839-1915) イギリスのジャーナリスト. Ⅰ 1264
エカテリーナ2世 Екатерина II. (1729-1796) ロシアの女帝 (在位1762-96). Ⅰ 1192, 〔1195〕
エスクリジ Eskrigge (19世紀) イギリスのカーショー・リーズ会社の綿紡績業者で治安判事 (1849年). Ⅰ 508
エゼキエル Ezechiel 旧約聖書中の前6世紀初めのユダヤ人. 四大預言者の1人. Ⅲ 〔564〕
エッカルト Eckart ドイツの伝説等にしばしば現われる人物で警告者の象徴. Ⅰ 484
エッシュヴェーゲ, ヴィルヘルム・ルートヴィヒ・フォン Eschwege, Wilhelm Ludwig von (1777-1855) ドイツの鉱員, 地質学者, 地理学者. 鉱業にかんする諸著作の著者. Ⅰ 75
エドモンズ, トマス・ロウ Edmonds, Thomas Rowe (1803-1889) イギリスの経済学者, 空想的社会主義者. リカードウの理論から社会主義的結論を引きだした.『実践的・道徳的・政治的経済学』を著わす. Ⅱ 28

エドワード３世 Edward Ⅲ.（1312-1377）1327年以降，イングランド国王．Ⅰ 171, 475, 1288
エドワード６世 Edward Ⅵ.（1537-1553）1547年以降，イングランド国王．Ⅰ 1283, 1284
エピクロス Epikuros（前342頃-前271頃）古代ギリシアの哲学者．原子論の改革者．Ⅰ 142,〔143〕, Ⅲ 560, 1077
エホバ Jehova →ヤーヴェ（エホバ）
エマリー，チャールズ・エドワード Emery, Charles Edward（1838-1898）アメリカの発明家．Ⅰ 675
エリクスン，ジョン John, Ericsson（1803-1889）スウェーデン出身のアメリカの技師．熱機関を発明した．Ⅰ〔656〕
エリザベス１世 Elisabeth Ⅰ.（1533-1603）1558年以降，イングランドとアイルランドの女王．Ⅰ〔15〕, 476,〔1261〕, 1284, 1285,〔1290〕, 1292, Ⅲ〔1616〕
エリーズ Elise（19世紀）ロンドンの婦人服仕立所の女性所有者．Ⅰ 442-443,〔445〕
エリナー Eleanor →マルクス-エイヴリング，エリナー
エルヴェシュウス，クロード-アドリアン Helvétius, Claude-Adrien（1715-1771）フランスの哲学者，機械的唯物論の代表者，無神論者．Ⅰ 1063
エンゲルス，フリードリヒ（父）Engels, Friedrich（1796-1860）フリードリヒ・エンゲルスの父，バルメンの紡績工場の経営者．1837年にフランツ・エルメルと共同でイギリス・マンチェスターに木綿紡績工場を設立．Ⅲ〔827〕
エンザー，ジョージ Ensor, George（1769-1843）イギリスの政論家，マルサスの反対者．『諸国民の人口にかんする研究』を著わす．Ⅰ 1276

【オ】

オウィディウス・ナソ，プブリウス Ovidius Naso, Publius（前43-後17頃）古代ローマの詩人．『愛の技術』ほか．Ⅰ〔177〕,〔771〕,〔1261〕, Ⅲ〔1468〕
オウヴァストン卿，サミュエル・ジョウンズ・ロイド Overstone, Samuel Jones Loyd, Lord（1796-1883）イギリスの銀行家，経済学者，「通貨主義」学派の代表者，国会議員（1819-26）．1848年，57年の議会の銀行法委員会での主要な証言者の１人．議会報告書に登場．Ⅰ 217, 251, Ⅲ 704, 738-743,〔745〕, 746-754, 757, 758, 760, 763, 765, 766, 767, 858, 908, 909, 918-920, 923, 926, 929,〔961〕, 967, 984, 987, 991, 994, 995, 997, 1001, 1010, 1015, 1016, 1030, 1033
オウエン，ロバート Owen, Robert（1771-1858）イギリスの工場主で，代表的な空想的社会主義者の一人．『新社会観』，『工場制度の影響にかんする考察』，『マンチェスターで行なわれた六つの講演』ほかを著わす．Ⅰ〔138〕, 168, 527,〔528〕,708, 844, 877,〔879〕, 957, 1039, Ⅱ 28, Ⅲ 1092, 1093
オウコナー，チャールズ O’Coner, Charles（1804-1884）アメリカの弁護士，政治家．Ⅲ 664
王茂蔭 →王茂蔭（ワン・マオイン）
オークニー夫人，エリザベス・ヴィラーズ Orkney, Elizabeth

【カ】

判の見地」がある．Ⅰ〔29〕,〔32〕

カクス Cacus ローマ神話に登場する怪物で，三頭の口から火を吐き，盗みをはたらく．ヘラクレスから牛を盗んで殺された．Ⅰ 1032

ガサ，テオドロス Gaza, Theodoros（1398-1475） ギリシアの15世紀の古典学者．ルネサンス初期にヨーロッパにギリシア学をもたらした．Ⅲ〔304〕

ガスリー，ジョージ・ジェイムズ Guthrie, George James（1785-1856） イギリス・ロンドンの外科医．Ⅰ 491

カースルレイ子爵，ヘンリー・ロバート・スチュアト卿，（1821年以後）**ランダンデリー侯** Castlereagh, Henry Robert Stewart, Lord（seit 1821） Marquess of Londonderry, Viscount（1769-1822） イギリスの政治家，トーリー党員，外務大臣（1812-22）．Ⅰ 752

カーティス，ティモシー・エイブラハム Curtis, Timothy Abraham（1786-1857） イギリスの金融専門家．イングランド銀行副総裁（1835-37），総裁（1837-39）．Ⅲ 672

カトー，マルクス・ポルティウス（大カトー） Cato, Marcus Portius（der Ältere）（前234-前149） 古代ローマの政治家，文筆家．奴隷所有者，貴族の特権を擁護した．Ⅲ 563, 662, 1403

カードウェル子爵，エドワード Cardwell, Edward, Viscount（1813-1886） イギリスの政治家，指導的なピール派，のちに自由党員，商務大臣（1852-55），アイルランド大臣（1859-61），植民地大臣（1864-66），陸軍大臣（1868-74）．議会報告書に登場．Ⅲ 995

ガードナー，ロバート Gardner, Robert（18/19世紀） イギリス・マンチェスターの綿紡績工場主．Ⅰ 721, 726, Ⅲ 721, 863, 864

ガーニー，サミュエル Gurney, Samuel（1786-1856） イギリスの銀行家，ロンドンの手形割引銀行オウヴァレンド＝ガーニー社の社長（1825-56）．議会報告書に登場．Ⅲ 720, 726, 731, 739, 932, 944, 946, 969, 979,〔981〕, 1033

ガニル，シャルル Ganilh, Charles（1758-1836） フランスの政治家，経済学者，重商主義の亜流．『経済学の諸体系について』を著わす．Ⅰ 110, 111, 146, 165, 304, 314, 785

カニンガム，ジョン Cunningham, John（1729-1773） イギリスの文筆家，経済学者．『工業および商業にかんする一論』（匿名）ほかを著わす．Ⅰ〔400〕,〔402〕,〔480〕,〔482〕,〔649〕,〔946〕,〔1046〕,〔1075〕,〔1112〕,〔1284〕,〔1320〕

カーライル，サー・アントニー Carlisle, Sir Anthony（1768-1840） イギリスの医師．Ⅰ 491, 698

カーライル，トマス Carlyle, Thomas（1795-1881） イギリスの文筆家，歴史家，哲学者，英雄崇拝の主張者．Ⅰ 445,〔835〕

ガリアーニ，フェルディナンド Galiani, Ferdinando（1728-1787） イタリアの経済学者，重農学派の反対者．『貨幣について』を著わす．Ⅰ 134, 160, 162, 177, 267, 276, 558, 1123

カリオストロ，アレッサンドロ Cagliostro, Alessandro（1743-1795） イタリアの大詐欺師，神秘主義者．Ⅲ 1595

ガリバルディ，ジュゼッペ Garibaldi, Giuseppe（1807-1882）イタリアの統一と独立の運動の指導者．Ⅲ 40
ガリレイ，ガリレオ Galilei,Galileo（1564-1642）イタリアの物理学者，天文学者，数学者．『新科学対話』などの著作がある．Ⅰ〔614〕，〔1328〕
カール５世 Karl V.（1500-1558）ローマ-ドイツ皇帝（1519-56），カルロス１世としてスペイン国王（1516-56）．Ⅰ 1287
カール６世 Karl Ⅵ.（1685-1740）1711年以降，ローマ-ドイツ皇帝．Ⅰ 753
カール９世 Karl IX.（1550-1611）1604年以降，スウェーデン国王．Ⅰ〔1265〕
カール10世 Karl X.（1622-1660）1654年以降，スウェーデン国王．Ⅰ 1263
カール11世 Karl Ⅺ.（1655-1697）1660年以降，スウェーデン国王．Ⅰ 1263
カルヴァン，ジャン Calvin, Jean（1509-1564）スイスの神学者（フランス生まれ）．ルターと並んで16世紀のもっとも重要な宗教改革者．Ⅲ 1624
カルス・フォン・カルス，ウィリアムズ Kars von Kars, Williams →ウィリアムズ，サー・ウィリアム・フェニック
カール大帝 Karl der Große（742-814）768年以降，フランク人の国王．800年以降，ローマ皇帝．Ⅰ 1270，Ⅲ 1076, 1078, 1402
ガルニエ伯，ジェルマン Garnier, Germain, comte de（1754-1821）フランスの政治家，経済学者，重農学派の亜流．アダム・スミス『諸国民の富』の翻訳者で注釈者．Ⅰ〔582〕,638, 639, 941, 960,〔1082〕，Ⅱ〔214〕
カルプ Kalb ドイツの劇作家シラーの悲劇『たくらみと恋』の登場人物．大臣の侍従長．Ⅰ 1000,〔1001〕
カルペパー，サー・トマス Culpeper, Sir Thomas（1578-1662）イギリスの経済学者，重商主義者．Ⅰ 1327
カルリ伯，ジョバンニ・リナルド Carli, Giovanni Rinaldo, conte（1720-1795）イタリアの学者，貨幣と穀物貿易にかんするいくつかの著作がある．Ⅰ 582
カンティロン，フィリップ Cantillon, Philip（1700-1759頃）アイルランドの経済学者．1759年にリチャード・カンティロンの著作『商業一般の性質にかんする試論』の英語版を編集．Ⅰ 965, 966
カンティロン，リチャード Cantillon, Richard（1680-1734）イギリスの商人，経済学者，重農学派とスミスの先駆者．『商業一般の性質にかんする試論』を著わす．Ⅰ 965,〔966〕, 1076, Ⅲ 1397,〔1398〕

【キ】

キケロ（マルクス・トゥリウス・キケロ） Cicero（Marcus Tullius Cicero）（前106-前43）古代ローマの政治家，演説家，文筆家．Ⅰ 183,〔446〕, 716, Ⅱ〔311〕
キシリョーフ伯，パーヴェル・ドミートリエヴィチ Киселев, Павел Дмитриевич, граф（1788-1872）ロシアの政治家，外交官，将軍．

ロシアが占領したドナウ諸侯国（モルダヴィア，ワラキア）の総督．I 410,〔412〕
ギズボーン，トマス Gisborne, Thomas（1758-1846）イギリスの神学者，道徳哲学者．『人間の義務にかんする研究』をはじめ，奴隷貿易の廃止を含む道徳的および宗教的な諸問題にかんする著書がある．I 1324
キーセルバッハ，ヴィルヘルム Kiesselbach, Wilhelm（1824-1872）ドイツの歴史家，社会学者．『中世における世界商業の進展』を著わす．Ⅲ 556
キニア，ジョン・ガードナー Kinnear, John Gardiner（19世紀）グラスゴウの商人で経営者．グラスゴウ商業会議所事務局長（1846-62）．エディンバラ学士院会員．『恐慌と通貨』を著わす．Ⅲ 782, 942
キャザノウヴ，ジョン Cazenove, John（1788-1879）イギリスの経済学者，マルサスの支持者．匿名で『経済学概論』を著わす．I〔346〕,〔564〕,〔910〕, 988,〔997〕, 1007, 1040, Ⅲ〔67〕
ギャスケル，ピーター Gaskell, Peter（19世紀前半）イギリスの医師，政論家，自由党員．『イギリスの工業人口』，『職工と機械』を著わす．I 763, 765, 780
キャップス，エドワード Capps, Edward（19世紀）イギリス・ロンドンの建築請負業者．議会報告書に登場．Ⅱ〔376〕, Ⅲ 1012, 1381
キャンブル，サー・ジョージ Campbell, Sir George（1824-1892）イギリスのインド駐在植民地官吏（1843-74，中断あり），国会議員（1875-92）．『近代インド』を著わす．I 631
キャンブル男爵，ジョン Campbell, John, Baron（1779-1861）イギリスの政治家，法律家，女王座裁判所首席裁判官（1850-59），大法官（1859-61）．Ⅲ 155,〔157〕
キュヴィエ男爵，ジョルジュ-レオポール-クレティアン-フレデリク-ダゴベール Cuvier, Georges-Léopold-Chrétien-Frédéric-Dagobert, baron de（1769-1832）フランスの自然研究者，動物学者，古生物学者．『地表の変革にかんする論究』を著わす．I 895
キュクロープス Kyklops ギリシア神話に登場する一眼の巨人族．I 411, 439, 456
キューピッド Cupido ローマ神話の恋愛の神．ギリシアの愛の神エロスのローマ名．I 1076
ギュリヒ，グスタフ・フォン Gülich, Gustav von（1791-1847）ドイツの企業家，農業経営者，経済史家．大著『現代主要商業諸国の商業，工業および農業の歴史的叙述』を著わす．I 19, 1315,〔1316〕
キリスト Christus →イエス・キリスト
ギルクリスト，パーシ・カーライル Gilchrist, Percy Carlyle（1851-1935）イギリスの化学者で技術者．いとこのシドニー・ギルクリスト・トマスと協同してトマス転炉を発明．改良に努める．Ⅲ 124
ギルバート，ジェイムズ・ウィリアム Gilbart, James William（1794-1863）イギリスの銀行家，経済学者．『銀行業の歴史と諸原理』を著わす．Ⅲ 579, 618, 704,〔708〕, 709, 971, 979, 1103

キルヒホーフ，フリードリヒ Kirchhof, Friedrich（19世紀）ドイツの農業経営者，経済学者．『農業経営学提要』を著わす．Ⅱ 288, 387, 392, 394, 396, 398, 409

キルヒマン，ユーリウス・ヘルマン・フォン Kirchmann, Julius Hermann von（1802-1884）ドイツの法律家，政論家，哲学者，1848年にはプロイセン国民議会議員．Ⅰ 924

キンキンナトゥス，（ルキウス・クィンクティウス・キンキンナトゥス） Cincinnatus（Lucius Quinctius Cincinnatus）（前519頃-前438）古代ローマの貴族，執政（前460）．伝説によると，質素な生活をし，自分の農園を自ら耕した．Ⅰ 321

キンケイド，サー・ジョン Kincaid, Sir John（1787-1862）イギリスの官吏．監獄監督官，工場監督官（1849-61）．Ⅰ 703, 706, Ⅲ 156

【ク】

クイックリー Quickly ウィリアム・シェイクスピア『ヘンリー4世』などの戯曲に登場する架空の女性．Ⅰ 87

クー，サロモン・ド Cous, Salomon de（1576-1626） フランスの建築師，技師．Ⅰ 664

クウィンシー，トマス Quincey, Thomas →ド・クウィンシー，トマス

クーゲルマン，ルイ（ルートヴィヒ） Kugelmann, Louis (Ludwig)（1828-1902）ドイツの医師．1862年以後，マルクスと親交を結び，国際労働者協会にも参加し，『資本論』第1巻の普及に協力．Ⅰ 17,〔33〕,〔531〕, Ⅲ〔194〕

クーザ，アレクサンドル・イオン Cuza, Alexandru Ion（1820-1873）ルーマニアの政治家．アレクサンドル・イオン1世としてモルダヴィアとワラキアのドナウ諸侯国を治めた（1859-66）．それらの侯国は，1862年にルーマニアの統一国家を形成した．Ⅰ 293,〔409〕

クストーディ，ピエトロ Custodi, Pietro（1771-1842） イタリアの経済学者，16世紀末から19世紀初めまでにおけるイタリアの経済学者の著作集の編集者．Ⅰ 80, 134, 160, 164, 177, 267, 276, 558, 582, 644, 1129

クセノフォン Xenophon（前430-前354頃）古代ギリシアの政治家，将軍，文筆家．歴史的，経済学的および哲学的著述がある．Ⅰ 643, 646-647

グッド，ウィリアム・ウォルター Good, William Walter（19世紀）イギリスの農業経営者，著作家．『政治，農業，および商業にかんする謬見』を著わす．Ⅱ 378

クラウセン，ペーター Claussen, Pieter ベルギーの発明家，丸編み機の考案者．Ⅰ 653,〔655〕

クラウディアヌス Claudianus（375頃-404頃） 古代ローマの宮廷詩人．Ⅰ〔336〕

クラウレン，ハインリヒ Clauren, Heinrich（1771-1854） ドイツの文筆家，感傷的，えせロマン主義的な大衆文学の作者．Ⅰ 385

クラーク，ジョージ Clarke, George（17世紀） イギリスの経済学者．『わがイギリスの羊毛に

かんする準備書簡』を著わす．Ⅰ〔436〕
グラッドストン，ウィリアム・ユアート Gladstone, William Ewart (1809-1898) イギリスの政治家．はじめはトーリー党員，次いでピール派．19世紀後半に自由党の指導者．大蔵大臣（1852-55，1859-66）ならびに首相（1868-74，1880-85，1886，1892-94）．Ⅰ 54-62,〔793〕, 794, 1136-1138, 1293
グリーノウ，エドワード・ヘッドラム Greenhow, Edward Headlam (1814-1888) イギリスの医師，社会衛生学者．Ⅰ 423, 424, 517, 733
グリン，ジョージ・グリンフェル Glyn, George Grenfell（1824-1887）イギリスの銀行家，自由党員，国会議員（1857-68），大蔵次官（1868-73）．議会報告書に登場．Ⅲ 977, 1626
クルセル-スヌイユ，ジャン-ギュスターヴ Courcelle-Seneuil, Jean-Gustave（1813-1892）フランスの経済学者，商人．『工業，商業，農業の理論的および実践的概論』を著わす．Ⅰ 401, 1041, Ⅱ 385
クルップ，アルフレート Krupp, Alfred（1812-1887）ドイツの軍需工業家，エッセンの鋳鋼・大砲工場の所有者．Ⅰ 687
クールトキュイス Courtecuisse エーグという架空の土地を舞台にしたバルザックの小説『農民』に登場する人物．Ⅲ〔68〕
クレイ，サー・ウィリアム Clay, Sir William（1791-1869）イギリスの経済学者，政治家，国会議員(1832-57)．「通貨主義」の代表者の1人．Ⅲ 987
グレイ，サー・ジョージ Grey, Sir George（1799-1882）イギリスの政治家，ホイッグ党員．1846年から1866年まで3回内務大臣．1854-55年に植民大臣．Ⅰ 507, 1158, Ⅲ 156
グレイ，ジョン Gray, John（？-18世紀末）イギリスの文筆家．『諸国民の富の根本原理』を著わす．Ⅰ〔280〕
グレイ，ジョン Gray, John（1798あるいは1799-1850）イギリスの経済学者，リカードウ派社会主義者，労働貨幣論を展開．『社会制度論』を著わす．Ⅰ 124
クレイグ，ギブソン Craig, Gibson（19世紀）イギリス（エディンバラ）の金融業者．1826年の議会調査委員会に出席．Ⅰ 246
グレグ，ロバート・ハイド Greg, Robert Hyde（1795-1875）イギリスの工場主，自由党員，マンチェスター商業会議所会頭．『工場問題と10時間法案』を著わす．Ⅰ 513, Ⅲ 188, 189
グレゴワール，アンリ・リトレ Gregoir, Henri Litreg（19世紀）19世紀後半のブリュッセルの印刷工協会の書記．Ⅰ 966
グレーベ，カール Graebe, Karl（1841-1927）ドイツの化学者．ナフタリンその他類似の化合物を研究，リーバーマンと共にアンスラキノンから茜の色素アリザリンを合成した．Ⅲ〔125〕
クレマント，サイモン Clement, Simon（17世紀末）イギリスの商人．『相互関係にある貨幣，商業，および為替の一般的観念にかんする一論』を著わす．Ⅰ〔162〕
グロウヴ，サー・ウィリアム・ロバート Grove, Sir William Robert

（1811-1896）イギリスの物理学者，法律家．『物理的諸力の相関関係について』を著わす．Ⅰ 916

クロムウェル，オリヴァー Cromwell, Oliver（1599-1658）イギリスの政治家，清教徒革命中のブルジョアジーとブルジョア化した貴族との指導者．1653年以降，イングランド，スコットランドおよびアイルランドの護民官．Ⅰ 1256, 1261,〔1264〕, 1307,〔1308〕

クロンプトン，サミュエル Crompton, Samuel（1753-1827）イギリスの発明家．1779年，新たな精紡機（ミュール紡績機）を発明．Ⅰ〔658〕

【ケ】

ケアリ，ヘンリー・チャールズ Carey, Henry Charles（1793-1879）アメリカの経済学者，資本主義社会の階級調和論をとなえた．バスティアの「隠れた源泉」（マルクス）．『賃金率にかんする試論』，『奴隷貿易』などを著わす．Ⅰ 376, 926,〔973〕, 978, 979, 1276, 1307, Ⅱ 565,〔566〕, Ⅲ 198, 262, 690, 1072, 1123, 1126, 1379

ケアンズ，ジョン・エリオット Cairnes, John Elliot（1823-1875）イギリスの経済学者，政論家，アメリカ合衆国の南部諸州における奴隷制の反対者．『奴隷力』を著わす．Ⅰ 342, 466, 587, Ⅲ 660, 661

ケイリー，エドワード・スティリングフリート Cayley, Edward Stillingfleet（1802-1862）イギリスの経済学者，バーミンガムの「小シリング論者」の代表者，国会議員，1857年の銀行委員会委員．Ⅲ 751, 967

ゲオルギウス Georgius（270頃～303頃）ローマの軍人，キリスト教の伝説的な聖人．白馬に乗って槍で竜を退治した勇者として描かれる．Ⅰ 59, 60

ゲーテ，ヨハン・ヴォルフガング・フォン Goethe, Johann Wolfgang von（1749-1832）ドイツの詩人，劇作家，小説家．ドイツ古典主義の主たる代表者．哲学，自然科学の書も著わす．Ⅰ〔59〕,〔95〕,〔125〕,〔129〕,〔152〕,〔156〕,〔319〕,〔338〕,〔339〕,〔473〕,〔485〕,〔513〕,〔534〕,〔750〕,〔1033〕,〔1235〕,〔1245〕, Ⅲ〔679〕,〔887〕,〔1485〕

ケトレ，ランベール-アドルフ-ジャック Quételet, Lambert-Adolphe-Jacques（1796-1874）ベルギーの統計学者，数学者，天文学者．いわゆる平均的個人の理論を提起した．著書『人間とその諸能力の発達について』．Ⅰ 572,〔573〕, Ⅲ 1538,〔1539〕

ケニット，ワイト Kennet, White（1660-1728）イギリスの主教，歴史家．Ⅰ 1257

ケネー，フランソワ Quesnay, François（1694-1774）重農主義を代表するフランスの経済学者，医師．『経済表』，『経済表の分析』ほかを著わす．Ⅰ 22,192, 566-567, 965,〔1028〕, 1076, 1077,〔1079〕, Ⅱ〔161〕, 162, 212, 305-307, 321, 545, 571-573, 575, 576, 590,〔615〕

ケネディー，プリムロウズ・ウィリアム Kennedy, Primrose William（19世紀）イギリスの銀行家，スコットランドの一銀行の重役．議会報告書に登場．Ⅲ 940, 1013

ケプラー，ヨハネス Kepler, Johannes（1571-1630） ドイツの天文学者，数学者．惑星の運動に関する「ケプラーの法則」を発見．Ⅰ〔614〕
ゲリュオン Geryon（Gerion） ギリシア神話に登場する三頭三身の怪物で，ヘラクレスに殺された．Ⅰ 1032
ケント，ナサニエル Kent, Nathaniel（1737-1810）イギリスの農学者．『土地所有のジェントルマンへの示唆』を著わす．Ⅰ 1269

【コ】

コクラン，シャルル Coquelin, Charles（1803-1852）フランスの経済学者，自由貿易論者．『産業における信用と銀行について』を著わす．Ⅲ 699
コーツァク，テーオフィール Kozak, Theophil（1852-1913）ドイツの経済学者， ロートベルトゥスの遺稿編集者．Ⅱ 15
ゴットシェート，ヨハン・クリストフ Gottsched, Johann Christoph（1700-1766）ドイツの文学者，ドイツにおける初期啓蒙主義の代表者．Ⅰ 374
コットン，ウィリアム Cotton, William（1786-1866）イギリスの大商人，イングランド銀行の総裁（1844-45），および理事（1821-65）．議会報告書に登場．Ⅲ 732
コップ，ヘルマン・フランツ・モーリッツ Kopp, Hermann Franz Moritz（1817-1892）ドイツの化学者，化学史家，リービヒの弟子で，ショルレマーの師．著書に『近代における化学の発達』．Ⅰ 546
ゴドゥノーフ，ボリース・フョードロヴィチ Годунов, Борис Фёдорович（1551頃-1605）1598年以降，ロシアのツァーリ．Ⅰ 1262
ゴードン，サー・ジョン Gordon, Sir John（1798-1862以後）アイルランドの医師，コークの市長．Ⅰ 304
ゴプセック Gobseck バルザックの作品群『人間喜劇』に登場する人物．Ⅰ 1024
コブデン，リチャード Cobden, Richard（1804-1865） イギリス・マンチェスターの工場主，自由党員，自由貿易の支持者，穀物法反対同盟の共同創立者，国会議員．Ⅰ 23, 497, 1182
コベット，ウィリアム Cobbett, William（1762-1835）イギリスの政治家，政論家，小ブルジョア的急進主義の代表者．1802-35年までロンドンで発行された急進的な週刊新聞『コベッツ・ウィークリー・ポリティカル・レジスター』の発行者．Ⅰ 509,〔1176〕, 1259, 1317, 1320
コーベト，トマス Corbet, Thomas（19世紀）イギリスの経済学者，リカードウの支持者．『諸個人の富の原因および様式の研究』を著わす．Ⅰ 262, 1024, Ⅱ 224, Ⅲ 287, 295, 316, 360,〔361〕, 523
コラン，ジャン-ギヨーム-セザール-アレクサンドル-イポリト Colins, Jean-Guillaume-César-Alexandre-Hippolyte（1783-1859）ベルギー生まれのフランスの経済学者．『経済学．革命とい

わゆる社会主義的ユートピアとの源泉』を著わす．Ⅰ〔934〕,〔1038〕, 1349

コルベール，ジャン-バティスト，セニュレ侯 Colbert, Jean-Baptiste, marquis de Segnelay（1619-1683）フランスの政治家，ルイ14世のもとで財政総監となり，のち事実上の宰相として重商主義政策を実施した．Ⅰ 547, 1321

コルボン，クロード-アンティム Corbon, Claude-Anthime（1808-1891）フランスの政治家，共和主義者．1848-49年に憲法制定国民議会の副議長．国民議会議員（1871-75）．Ⅰ 853

ゴロヴニン，ヴァシリー・ミハイロヴィチ Головнин, Василий Михайлович（1776-1831）ロシア帝国の海軍軍人．日本での幽閉生活（1811-13）をまとめた『日本幽囚記』がある．Ⅰ〔1252〕

コロンブス，クリストフォルス（コロンボ，クリストフォロ） Columbus, Christophorus (Colombo, Cristoforo)（1451-1506）スペインに仕えたイタリアの航海者．アメリカの「発見者」とみなされた．Ⅰ 229,〔1341〕,〔1615〕

コンスタンティウス２世 Constantius II（317-361）ローマ帝国の皇帝（在位337-361）．Ⅰ〔164〕

コンディヤック，エティエンヌ・ボノ・ド Condillac, Étienne Bonnot de（1715-1780）フランスの経済学者，哲学者．感覚一元論を提唱．『商業と政府』を著わす．Ⅰ 277-278

コント，イジドール-オギュスト-フランソワ-マリ Comte, Isidore-Auguste-François-Marie（1798-1857）フランスの哲学者，社会学者．実証主義の創始者．Ⅰ 27, 588

コント，フランソワ-シャルル-ルイ Comte, François-Charles-Louis（1782-1837）フランスの自由主義的政論家，経済学者．『立法論』，『所有論』ほかを著わす．Ⅰ 1312, Ⅲ 1117,〔1119〕

コンドルセ侯，マリ-ジャン-アントワヌ-ニコラ・カリタ Condorcet, Marie-Jean-Antoine-Nicolas Caritat, marquis de（1743-1794）フランスの哲学者，数学者，フランス革命の参加者でジロンド党員，社会の歴史的進歩の法則を主張した啓蒙主義者．Ⅰ 1075

コーンウォリス，キナハン Cornwallis, Kinahan（19世紀）『日本への1856，57年の二度の旅行』を著わす．Ⅰ〔1252〕

【サ】

サイクス，ビル Sikes, Bill チャールズ・ディケンズの小説『オリヴァー・ツイスト』に登場する強盗の１人．Ⅰ 775

サイモン，サー・ジョン Simon, Sir John（1816-1904）イギリスの医師，枢密院の主席医務官で『公衆衛生報告書』の編纂官．Ⅰ 700, 814, 815, 1145, 1147, 1158, 1162, 1187, Ⅲ 159, 160, 163, 166,〔167〕

サザーランド公爵夫人，エリザベス・リュースンゴー Sutherland, Elizabeth Leveson-Gower, Duchess（1765-1839）スコットランドの大地主．1785年に結婚し

てスタッフォード侯爵夫人，夫が死んだ1833年にサザーランド公爵夫人となる．Ⅰ 1274

サザーランド公爵夫人，ハリエト・エリザベス・ジョージアーナ・リュースンゴー Sutherland, Harriet Elizabeth Georgiana Leveson-Gower, Duchess（1806-1868）スコットランドの大地主．Ⅰ 1276

サドラー，マイクル・トマス Sadler, Michael Thomas（1780-1835）イギリスの経済学者，政治家，国会議員（1829-32）．10時間労働法案を議会に提出．『アイルランド，その禍いとそれの救済策』，『人口法則』を著わす．Ⅰ〔583〕,1176, 1225

サバラ Sabara 牝牛の姿をしたインドの神．古代インドの叙事詩『ラーマーヤナ』に登場する聖牛のこと．Ⅰ 1004

サマーズ，ロバート Somers, Robert（1822-1891）イギリスの政論家．『高地からの手紙．または1847年の飢饉』を著わす．Ⅰ 1277, 1279, 1280

サングラド Sangrado ル・サージュの小説『ジル・ブラース物語』に登場する人物．Ⅰ 1236

サン-シモン，クロード-アンリ・ド・ルヴロワ Saint-Simon, Claude-Henri de Rouvroy, comte de（1760-1825）フランスの空想的社会主義者．『産業者の教理問答』，『新キリスト教』などを著わす．Ⅰ 1039, Ⅲ 1091-1093,〔1094〕, 1097, 1098

サンダースン Sanderson, E.F.（19世紀）イギリス，ヨークシャーの製鋼・圧延・鍛鉄工場の共同所有者．Ⅰ 457-459

サンチョ・パンサ Sancho Pansa セルバンテスの小説『ドン・キホーテ』に登場する従者．Ⅰ 1117

【シ】

シー，ウィリアム Shee, William（1804-1868）アイルランドの法律家，国会議員．Ⅰ 745

シーコウル Seacoal ウィリアム・シェイクスピアの喜劇『から騒ぎ』に登場する夜警．Ⅰ 150

シィモー Simo ローマの劇作家テレンティウスの喜劇『アンドリア』に登場するアテネの老人．Ⅲ〔386〕

シェイクスピア，ウィリアム Shakespear, William（1564-1616）イギリスの劇作家，叙情詩人．Ⅰ〔60〕,〔88〕,〔150〕,〔191〕, 231,〔295〕,〔480〕,〔504〕,〔506〕,〔747〕, 852, 1298, Ⅲ〔745〕

ジェイコブ，ウィリアム Jacob, William（1761ないし1762-1851）イギリスの商人，文筆家．『サミュエル・ウィットブレドへの手紙』，『貴金属の生産および消費についての歴史的研究』などを著わす．Ⅰ 74,〔75〕, 378

ジェイムズ1世 James Ⅰ.（1566-1625）1603年以降，イングランドとアイルランドの国王．1567年以降，ジェイムズ6世としてスコットランドの国王．Ⅰ 1259,〔1262〕, 1286, 1290, 1291, Ⅲ 1102

ジェヴォンズ，ウィリアム・スタンリー Jevons, William Stanley（1835-1882）イギリスの経済学者，哲学者，限界効用説を提唱．Ⅲ 23

シェッフレ，アルバート・エーバー

ハルト・フリードリヒ　Schäffle, Albert Eberhard Friedrich (1831-1903)　ドイツの俗流経済学者, 社会学者.『資本主義と社会主義』を著わす. Ⅱ 15, 829
ジェノヴェーシ, アントーニオ　Genovesi, Antonio (1712-1769)　イタリアの経済学者, 哲学者, 重商主義者.『市民経済学講義』を著わす. Ⅰ 267
ジェラール, シャルル-フレデリク　Gerhardt, Charles-Frédéric (1816-1856)　フランスの化学者. Ⅰ 546
シェルビュリエ, アントワヌ-エリゼ　Cherbuliez, Antoine-Elisée (1797-1869)　スイスの経済学者. シスモンディの理論をリカードウの学説の諸要素と結びつけた.『富か貧困か』を著わす. Ⅰ 317, 323, 1015, Ⅱ 625, Ⅲ 275
シェーレ, カール・ヴィルヘルム　Scheele, Karl Wilhelm (1742-1786)　スウェーデンの化学者. Ⅱ 31, 32
シシュフォス　Sisyphos　ギリシア神話に登場する人物. 下界での罰として, 地獄の急坂で永久に転落する岩を山の上に押し上げる刑をうけた. Ⅰ 233, 741
シスモンディ, ジャン-シャルル-レオナール・シモンド・ド　Sismondi, Jean-Charles-Léonard Simonde de (1773-1842)　スイスの経済学者, 歴史家. フランス古典派経済学の最後の代表者であるとともに, 小ブルジョア的なロマン派経済学の創始者. 主著は『経済学新原理』. Ⅰ 21, 271, 302, 407, 558, 〔717〕, 932, 985, 1005, 1010, 1011, 1012, 1018, 1019, 1038, 1108, 1129, 1130, 1331, Ⅱ 35, 180, 226, 625, 707, Ⅲ 843, 1434
シドマス子爵, ヘンリー・アディントン　Sidmouth, Henry Addington, Viscount (1757-1844)　イギリスの政治家, トーリー党員, 首相および大蔵大臣 (1801-04), 内務大臣 (1812-21). Ⅰ 752
シーニア, ナッソー・ウィリアム　Senior, Nassau William (1790-1864)　イギリスの経済学者. マンチェスターの工場主たちから依頼されて, 労働日の短縮に反対する『綿業におよぼす影響から見た工場法についての書簡』を書き, 1日の労働日のうち,「最後の1時間」が利潤の源泉となるとした. Ⅰ 385-394, 460, 567, 712, 713, 769, 844, 845, 〔846〕, 859, 860, 946, 955, 1039, 1040, 1041, 1061, 1238, 1277, Ⅱ 703, 704, Ⅲ 58, 76
ジーベル, ニコライ・イヴァーノヴィチ　Зибер, Николай Иванович (1844-1888)　ロシアの経済学者. マルクスの経済学的諸著作をロシアで普及した最初の1人. Ⅰ 28, 〔29〕
ジーベル, ハインリヒ・カール・ルドルフ・フォン　Sybel, Heinrich Carl Ludolf von (1817-1895)　ドイツの歴史家, 経済学者. Ⅰ 〔26〕
シーボルト, フィリップ・フランツ・バルタザール・フォン　Siebold, Philipp Franz Balthasar von (1796-1866).　ドイツの医師, 博物学者. 長崎・出島のオランダ商館医. 日本にかんする資料を集め,『日本』,『日本植物誌』ほかを著わす. Ⅰ 〔1252〕
ジーメンス　Siemens　→シーメンズ, サー・ウィリアム

シーメンズ，サー・ウィリアム Siemens, Sir William（1823-1883）ドイツ生まれのイギリスの発明家．シーメンス兄弟の１人で，1859年にイギリスに帰化．1864年にP．E．マルタンとともに平炉製鋼法（シーメンズ・マルタン法）を発明．Ⅲ 124

シャイロック Shylock ウィリアム・シェイクスピアの喜劇『ヴェニスの商人』に登場する高利貸．Ⅰ〔504〕,〔852〕, 1193

シャーフツバリー伯，アントニー・アシュリー・クーパー Shaftesbury, Anthony Ashley Cooper, Earl of（1801-1885）イギリスの政治家．はじめはトーリー党員，1847年以降，ホイッグ党員．1840年代に，10時間労働法案のための貴族的＝博愛主義的運動の指導者．Ⅰ 707, 724, 725, 1177,〔1178〕, Ⅲ 1137

ジャン２世 Jean Ⅱ, le Bon（1319-1364）フランスの王（在位1350-64）．Ⅰ 1289

シュヴァリエ，ジャン-バティスト-アルフォーンス Chevallier, Jean-Baptiste-Alphonse（1793-1879）フランスの化学者．主著『食物、薬物、および商品の内実の変造と不純物混和の辞典』．Ⅰ 432

シュタイン，ローレンツ・フォン Stein,Lorenz von（1815-1890）ドイツの行政学者，経済学者，ヘーゲル右派．主著に『国家学体系』がある．Ⅱ 262

シュトルヒ，ハインリヒ・フリードリヒ・フォン（シュトルヒ，アンドレイ・カルロヴィチ） Storch, Heinrich Friedrich von（Шторх, Андрей Карлович）（1766-1835）ロシアの経済学者（ドイツ出身），統計学者，歴史家．『経済学講義』を著わす．Ⅰ 304, 317, 619, 634, 635, 1028, 1129, 1130, Ⅱ 241, 624, 625, 695, 696, Ⅲ 315,〔316〕, 1190, 1478, 1515,〔1516〕, 1524

シュトルベルク伯，クリスティアン・レーオポルト Stolberg, Christian Leopold Graf zu（1748-1821）ドイツの詩人，翻訳家．フリードリヒ・レーオポルト・シュトルベルク伯の兄．Ⅰ 717,〔896〕

シュトルベルク伯，フリードリヒ・レーオポルト Stolberg, Friedrich Leopold Graf zu（1750-1819）ドイツの詩人，劇作家，外交官，翻訳家．Ⅰ〔896〕

シュトロウスベルク，ベーセル・ヘンリ Strousberg, Bethel Henry（1823-1884）ドイツの鉄道企業家．1873年に破産した．Ⅰ〔405〕

ジュピター Jupiter → ユピテル

シュミット，コンラート Schmidt, Conrad（1863-1932）ドイツの経済学者．はじめはマルクスの経済学説を支持したが，のちにその放棄を宣言．ベルンシュタインらの修正主義への口火を切る役割を果たした．Ⅲ 25-28, 33, 37,〔38〕, 44,〔1588〕, 1599, 1600

シュモラー、グスタフ Schmoller, Gustav von（1838-1917）ドイツの経済学者．新歴史学派の代表者の１人で，社会政策学会会長．『19世紀ドイツ小営業史』などを著わす．Ⅱ〔14〕

シュリー公，マクシミリアン・ド・ベチュヌ Sully, Maximilian de Béthune, duc de（1559-1641）アンリ４世治下のフランスの政治家，

重商主義者．Ⅰ〔96〕, 1076
シュルツ，ヴィルヘルム Schulz, Wilhelm（1797-1860）ドイツのジャーナリスト，1848/49年革命の参加者，フランクフルト国民議会の代議士（左派）．『生産の運動』を著わす．Ⅰ 654
シュルツェ-デーリッチ，ヘルマン・フランツ Schulze-Delitzsch, Hermann Franz（1808-1883）ドイツの政治家，経済学者．Ⅰ 9
シュロウズバリ Shrewsbury → トールバト，チャールズ
ショー，ジョージ・バーナード Shaw, George Bernard（1856-1950）イギリスの小説家，劇作家，フェビアン協会会員．Ⅲ 23
ジョウンズ，リチャード Jones, Richard（1790-1855）イギリスの経済学者，古典派経済学の最後の代表者の1人．『経済学序講』，『国民経済学教科書』，『富の分配および課税の源泉にかんする一論』を著わす．Ⅰ 54, 546, 568, 581, 590, 989, 1022, 1042, 1043, 1103, Ⅲ 456, 1357, 1392
ジョージ2世 George Ⅱ.（1683-1760）1727年以降，大ブリテンとアイルランドの国王ならびにハノーヴァーの選帝侯．Ⅰ 74, 171, 1291, 1292
ジョージ3世 George Ⅲ.（1738-1820）1760年以降，大ブリテンとアイルランドの国王．ハノーヴァーの選帝侯．1814年以降，ハノーヴァーの国王．Ⅰ 1292, Ⅲ 685
ジョフロア・サン-ティレール，エティエンヌ Geoffroy Saint-Hilaire, Étienne（1772-1844）フランスの動物学者．進化論におけるダーウィンの先駆者．『自然哲学の総合的・歴史的・生理的概念』を著わす．Ⅰ 1301
ショルレマー，カール Schorlemmer, Carl（1834-1892）ドイツの化学者，有機化学の共同創始者．1859年以降，マンチェスター在住．国際労働者協会会員．1860年代のはじめ以降，マルクスとエンゲルスの友人．Ⅰ 546, Ⅱ 31
ジョンストン，ジェイムズ・フィンレイ・ウィア Johnstone, James Finlay Weir（1796-1855）イギリスの化学者，地質学者，ベルツェリウスの弟子．『農芸化学および地質学にかんする講義』，『北アメリカの農業・経済・社会にかんする覚え書き』を著わす．Ⅲ 1117, 1118,〔1119〕, 1210
シラー，フリードリヒ・フォン Schiller, Friedrich von（1759-1805）ドイツの詩人，劇作家．ゲーテと並ぶドイツ古典主義の代表者．Ⅰ〔445〕,〔679〕,〔714〕,〔853〕,〔1001〕,〔1033〕,〔1343〕, Ⅲ〔875〕,〔1468〕
シーリー，ロバート・ベントン Seeley, Robert Benton（1798-1886）イギリスの出版業者，政論家，博愛主義者．『国民の危難』を著わす．Ⅰ〔1271〕
ジロット，ジョウジフ Gillot, Joseph（1799-1873）バーミンガムの鉄ペン工場主．Ⅰ 808
シンプスン Simpson, J.（19世紀）ロンドンの紙箱・紙袋製造業者（1866年）．Ⅰ 857

【ス】

スエトニウス・トランクィルス，ガイウス Suetonius Tranquillus,

Gaius（70頃-140頃）古代ローマの歴史家，伝記作家．カエサルからドミティアヌスにいたる12人の皇帝の列伝などを著わした．Ⅰ〔195〕
ズガナレル Sganarell イタリアの人形劇や即興喜劇に登場する道化的人物．モリエールの喜劇『ドン・ファン』に登場する奉公人．Ⅲ 40, 1596,〔1597〕
スカルベク伯，フレデリク Skarbek, Frédéric, Graf（1792-1866）ポーランドの経済学者，アダム・スミスの信奉者．『社会的富の理論』を著わす．Ⅰ 578, 619
スクリヴン，サミュエル Scrive, Samuel（19世紀）児童労働調査委員会の委員（1840-41）．Ⅰ 423
スクループ，ジョージ・ジューリアス・ポーリト Scrope, George Julius Poulett（1797-1876）イギリスの経済学者，地質学者，国会議員（1833-68）．『経済学原理』を著わす．Ⅰ 1041,〔1042〕, Ⅱ 301, 302, 304
スコウ，ヨアキム・フレデリク Schouw, Joakim Frederik（1789-1852）デンマークの植物学者．『土地，植物，人間』を著わす．Ⅰ 898
スタインメッツ，アンドリュー Steinmetz, Andrew（1816-1877）『日本と日本人』を著わす．Ⅰ〔1252〕
スタッフォード，ウィリアム Stafford, William（1554-1612）イギリスの経済学者，初期重商主義の代表者．Ⅰ 1298
スチュアト Stuart スコットランドの王朝（1371-1714）およびイングランドの王朝（1603-49, 1660-94, 1702-14）．Ⅰ 1262
スチュアト，サー・ジェイムズ Steuart, Sir James（1744-1839）イギリスの将軍．彼の父サー・ジェームズ・デナム・スチュアトの著作の編集者．Ⅰ 259
スチュアト，サー・ジェイムズ・デナム Steuart, Sir James Denham（1712-1780）イギリスの経済学者，重商主義の最後の代表者の１人，主著は『経済学原理』．Ⅰ 53, 215, 252, 259, 312, 587, 621, 755, 965, 1075, 1130, 1252,〔1254〕, 1273, 1275, 1302, Ⅱ 20, Ⅲ〔396〕, 626, 1400,〔1481〕
スチュアト，ジェイムズ Stuart, James（1775-1849）スコットランドの医師，工場監督官（1835-49）．Ⅰ 508, 550
スチュアト，ドゥガルド Stewart, Dugald（1753-1828）スコットランドの観念論的哲学者，経済学者．『経済学講義』を著わす．Ⅰ 568, 608, 635, 851
ステイプルトン Stapleton（19世紀）イギリスの政治家，トーリー党員，国会議員．Ⅰ 1048
スティーベリング，ジョージ Stiebeling, George（1830-1895）アメリカの医師，統計学者，北アメリカ社会主義労働党員．経済的および経済史的諸問題にかんするいくつかの論文を書いた．Ⅲ 41-43
ストライプ，ジョン Strype, John（1643-1737）イギリスの教会史家．Ⅰ 1285
ストラーン，ウィリアム Strahan, William（1715-1785）イギリスの印刷業者，ヒュームとスミスの諸著作の刊行者．Ⅰ 1077

【セ】

スの発明家．最初の蒸気機関を発明．Ⅰ〔660〕

聖ゲオルギウス Sanctus Georgius → ゲオルギウス

ゼウス Zeus → ユピテル

セクストゥス・エンピリクス Sextus Empiricus（2世紀後半）ギリシアの医師，哲学者，懐疑論者．『定説家論駁』を著わす．Ⅰ 644,〔647〕

ゼートベーア，ゲオルク・アードルフ Soetbeer, Georg Adolf（1814-1892）ドイツの経済学者，統計学者．『貴金属の生産と金銀比価』を著わす．Ⅰ 42, Ⅱ 758

ゼノン Zenōn（前335-前263）古代ギリシアの哲学者で，ストア派の創始者．Ⅲ〔240〕

セルバンテス・サーベドラ，ミゲル・デ Cervantes Saavedra, Miguel de（1547-1616）スペインの小説家，劇作家，詩人．長編小説『ドン・キホーテ』の作者．Ⅰ〔154〕,〔1118〕

【ソ】

ソフォクレス Sophokles（前497頃-前406頃）古代ギリシアの三大悲劇詩人の1人．Ⅰ 231

ゾルゲ，フリードリヒ・アードルフ Sorge, Friedrich Adolf（1828-1906）1848/49年のドイツ革命に参加．52年にアメリカに亡命．国際労働者協会に参加し，アメリカの支部を組織．総評議会がニューヨークに移転したのち，書記長（1872-74）．Ⅰ〔26〕,〔40〕, 46

ソーンダーズ，ロバート・ジョン Saunders, Robert John（？-1852）イギリスの工場監督官（1835-52）．Ⅰ 512, 531, 708

ソーントン，ウィリアム・トマス Thornton, William Thomas（1813-1880）イギリスの文筆家，経済学者，ジョン・スチュアト・ミルの支持者．『過剰人口とその救済策』を著わす．Ⅰ 299, 472,〔1174〕, 1253

ゾンバルト，ヴェルナー Sombart, Werner（1863-1941）ドイツ歴史学派の経済学者．一時期マルクスの経済学に接近したが，のちにドイツ帝国主義のイデオローグ．晩年にはファシズムを信奉した．Ⅲ〔1588〕,〔1590〕, 1598, 1600

【タ】

ダイダロス Daidalos ギリシア神話に登場する名工匠，建築家で，人工翼や神像などの発明者．Ⅰ 716

タイラー，サー・エドワード・バーネット Tylor, Sir Edward Burnett（1832-1917）イギリスの人類学者，民族学者，進化論の支持者．『人類の原始史および文明の発達にかんする諸研究』を著わす．Ⅱ 704

ダヴ，パトリク・エドワード Dove, Patrick Edward（1815-1873）イギリスの哲学者，経済学者．『政治学原理』を著わす．Ⅲ 1146,〔1147〕, 1156,〔1157〕

ダヴィナント，チャールズ Davenant（D' Avenant）, Charles（1656-1714）イギリスの経済学者，統計学者，著名な重商主義者の1人．『一国の人民を貿易差額において利得者にするための有望な方法に関する一論』を著

わす．Ⅲ 1193
ダーウィン，チャールズ・ロバート Darwin, Charles Robert（1809-1882）イギリスの自然研究者．『種の起源』を著わし，淘汰原理の導入によって近代的進化論を基礎づけた．Ⅰ 602, 654
ダウマー，ゲオルク・フリードリヒ Daumer, Georg Friedrich（1800-1875）ドイツの文筆家．宗教史にかんする著作『キリスト教古代の秘密』がある．Ⅰ 506
タウンゼンド，ジョウジフ Townsend, Joseph（1739-1816）イギリスの牧師，地質学者，社会学者．人口論を展開し，マルサスがそれを継承した．『救貧法にかんする一論』を著わす．Ⅰ 621,〔622〕, 1075-1076, 1127, 1128, 1130
タケット，ジョン・デベル Tuckett, John Debell（1786-1864）イギリスの政論家．『勤労人口の過去および現在の状態の歴史』を著わす．Ⅰ 637,〔655〕, 1259, 1307, Ⅲ 1083
タッカー，ジョウサイア Tucker, Josiah（1712-1799）イギリスの牧師，経済学者，アダム・スミスの先駆者．『政治経済問題四論』を著わす．Ⅰ 480, 1077, 1327
タッパー，マーティン Tupper, Martin（1810-1889）イギリスの文筆家，詩人．『諺の哲学』で知られる．Ⅰ 1062, 1064
ターナー，チャールズ Turner, Charles（1803-1875）イギリスの商人，リヴァプールの東インド・中国商社の社長，国会議員（1852-53, 1861-68）．Ⅲ 722,〔724〕, 731, 864
ダニエリソーン，ニコライ・フランツェヴィチ Даниелбсону, Николаю Францевичу（1844-1918）ロシアの経済学者．『資本論』全３巻の最初のロシア語訳を完成させた．マルクス，エンゲルスとも文通したが，ロシアでは、ニコライ・オンのペン・ネームでナロードニキの理論家として活動した．Ⅰ〔38〕,〔41〕,〔190〕,〔547〕,〔901〕
ダニング，トマス・ジョウジフ Dunning, Thomas Joseph（1799-1873）イギリスの労働運動の役員，政論家．『労働組合とストライキ』を著わす．Ⅰ 958, 963, 965, 1328
ダービー，エドワード・ジョージ・ジョフリー・スミス・スタンリー，（1851以降）伯爵 Derby, Edward George Geoffrey Smith Stanley,（seit 1851）Earl of（1799-1869）イギリスの政治家．1835年までホイッグ党員，その後トーリー党の指導者．首相（1852, 1858-59, 1866-68）．Ⅰ 799
ダファリン・アンド・アーヴァ侯，フレドリク・テンプル・ハミルトン-テンプル-ブラックウッド Dufferin and Ava, Frederick Temple Hamilton-Temple-Blackwood, Marquess of（1826-1902）イギリスの政治家，外交官，アイルランドの大地主，インドの摂政（1884-88）．Ⅰ 1234-1236
ダフィー，チャールズ・ギャヴァン Duffy, Charles Gavan（1816-1903）アイルランドのジャーナリスト，政治家，国会議員．1855年にオーストラリアに移住し，政府の官職につく．Ⅰ 1351
タフネル，エドワード・カールトン Tufnell, Edward Carleton（19世

紀） イギリスの著述家，政論家．1833年のイギリスの工場調査委員会をはじめ，工場労働等各種の労働者状態を調査する政府委員会に参加．『労働組合の性格，目的，影響』を著わす． I 461

ダブルデイ，トマス Doubleday, Thomas（1790-1870） イギリスの政論家，経済学者．『真の人口法則』を著わす． I 1320

ダランベール，ジャン-バティスト・ル・ロン D' Alembert, Jean-Baptiste Le Rond（1717-1783） フランスの数学者，自然科学者，哲学者，啓蒙主義者．ディドロとともに『百科全書』を編集した． II 129

タレラン-ペリゴール，シャルル-モリス・ド，ベネヴェント公 Talleyrand-Périgord, Charles-Maurice de, prince de Bénévent（1754-1838） フランスの政治家で外交官．ヴィーン会議のフランス代表．『失われた記録』を著わす． I〔542〕, II〔30〕

ダンテ・アリギエーリ Dante Alighieri（1265-1321） イタリアの詩人． I〔16〕, 183,〔184〕, 427, III 40

【チ】

チェインバリン，ジョウジフ Chamberlain, Joseph（1836-1914） イギリスの政治家．大臣を歴任．バーミンガム市長（1873-75）． I 1120

チェインバリン（チェインバレイン），ヒュー Chamberlen (Chamberlayne), Hugh（1664-1728） イギリスの医師，経済学者．高利からの解放の手段と彼が考えた土地銀行の設立案を提示した． III 1083,〔1084〕

チェルヌィシェーフスキー，ニコラーイ・ガヴリーロヴィチ Чернышевский, Николай Гаврилович（1828-1889） ロシアの文筆家，文芸批評家，経済学者，哲学者，革命的民主主義者．経済学分野では，著作『ミルによる経済学概説』がある． I 23

チャイルド，サー・ジョウサイア Child, Sir Josiah（1630-1699） イギリスの商人，経済学者，重商主義者．『交易にかんする論考……』などを著わす． I〔162〕, 1327,〔1337〕, III 686, 1087-1089

チャップマン，デイヴィド・バークリー Chapman, David Barcly（1799-1891） イギリスの銀行家，ロンドンの手形割引銀行オウヴァレンド=ガーニー社の出資者．議会報告書に登場． III 757, 912, 943, 946, 947, 952-958,〔960〕, 961, 963, 964, 965, 967,〔968〕, 969, 970, 973, 1033

チャーマズ，トマス Chalmers, Thomas（1780-1847） スコットランドの神学者，経済学者，マルサスの支持者．『経済学について』を著わす． I 267, 283, 1076, 1078,〔1080〕, II 251, III 422, 779

チャールズ1世 Charles I.（1600-1649） 1625年以降，イングランド，スコットランドおよびアイルランドの国王．清教徒革命のときに処刑された． I 1256, 1258,〔1264〕

チャールズ2世 Charles II.（1630-1685） 1660年以降，イングランド，スコットランドおよびアイルランドの国王． I 219,〔1262〕, III

1085, 1102
チャールズ，エドワード・ルイ・フィリップ・カジミール・スチュアト Charles, Edward Louis Philip Casimir Stuart（1720-1788） イギリスの王位僭称者．Ⅰ〔1276〕
チューダー Tudor イギリスの王朝（1485-1603）．Ⅰ 1307
チューネン，ヨハン・ハインリヒ・フォン Thünen, Johann Heinrich von（1783-1850） ドイツの地主，経済学者．地代論者としては，農業の資本主義的発展のプロイセン的道の主張者．『孤立国』を著わす．Ⅰ 1086
チュプローフ，アレクサンドル・イヴァーノヴィチ Чупров, Александр Иванович（1842-1908） ロシアの経済学者，統計学者，鉄道業の専門家．『鉄道経済』を著わす．Ⅱ 91, 92
チュルゴ，アンヌ-ロベール-ジャック-ロルヌ男爵 Turgot, Anne-Robert-Jacques, baron de l' Aulne（1727-1781） フランスの政治家，経済学者，ケネーの弟子，財務総監（1774-76）．『富の形成および分配にかんする諸考察』を著わす．Ⅰ 314, 557, 927 Ⅱ〔161〕, 307, 545, 575
チョーサー，ジョフリ Chaucer, Geoffrey（1340頃-1400） イギリスの詩人．「英詩の父」と呼ばれ，『カンタベリー物語』はその代表作．Ⅰ〔420〕

【ツ】

ツヴィルヒェンバルト，R. Zwilchenbart, R.（1810-？） リヴァプール在住のスイスの商人．Ⅲ 827
ツェラー，J. Zeller, J.（19世紀） ドイツの経済学者．Ⅱ 15

【テ】

デイヴィドスン，ダニエル・ミッチェル Davidson, Daniel Mitchell（19世紀） イギリスの商人．1854年に詐欺的な取引操作が暴露されたときに，外国へ逃げた．Ⅲ 961
ティエール，ルイ-アドルフ Thiers, Louis-Adolphe（1797-1877） フランスの政治家，歴史家．パリ・コミューンの弾圧者で第三共和政の大統領（1871-73）．『所有について』のほか，『フランス革命史』を著わす．Ⅰ 776, 1244,〔1245〕, Ⅲ 1130
ディオドロス・シクルス Diodorus Siculus（前80頃-前29） 古代ギリシアの歴史家．『歴史文庫』を著わす．Ⅰ 249, 406, 407, 600, 647, 893, 894
ディケンズ，チャールズ Dickens, Charles（1812-1870） イギリスの小説家．主としてヴィクトリア時代のブルジョアジーや産業革命によって生まれた貧民などの諸階級をリアルに描いた．Ⅰ〔776〕
ディズレイリ，ベンジャミン Disraeli（D 'Israeli）, Benjamin（1804-1881） イギリスの政治家，文筆家．トーリー党の指導者の１人，次いで保守党の指導者の１人．大蔵大臣（1852, 1858-59, 1866-68），首相（1868, 1874-80）．Ⅲ 732
ディーツゲン，ヨーゼフ Dietzgen, Joseph（1828-1888） ドイツの労働者．哲学を独力で研究し，唯物

論と弁証法に到達した．1848/49年のドイツ革命の参加者．1860年代の半ば以降，マルクスと文通する．著書に『人間の頭脳活動の本質』ほか．Ⅰ 25,〔26〕

ディド Dido ローマの詩人ウェルギリウスの叙事詩『アエネイス』に登場する、カルタゴを建設したとされる女王．Ⅲ〔183〕

ティトゥス・フラウィウス・ウェスパシアヌス Titus Fravius Vespasianus（39-81）79年以降，ローマ皇帝．Ⅰ 697

ディドロ，ドニ Diderot, Denis（1713-1784）フランスの哲学者，機械的唯物論の代表者，無神論者，啓蒙主義者，百科全書派の指導者．Ⅰ 234,〔1316〕

ティームール（タメルラン） Timur（Tamerlan）（1336-1405）蒙古の汗．1370年以降，サマルカンドの支配者で、ティームール朝の祖．中央アジアとペルシアを支配した．Ⅰ 460、〔461〕

テイラー，セドリー Taylor, Sedley（19/20世紀） 19世紀後半から20世紀初めのイギリスの協同組合制度の宣伝家．『資本と労働との利潤分配』を著わす．Ⅰ 58, 60-62

ディルク，チャールズ・ウェントワス Dilke, Charles Wentworth（1789-1864）イギリスの政論家，編集者．パンフレット『国民的苦難の根源と救済策．ジョン・ラッセル卿への手紙として』（匿名）を著わす．Ⅰ〔1022〕，Ⅱ〔24〕

デカルト（カルテジウス），ルネ Descartes（Cartesius），René（1596-1650）フランスの二元論哲学者，数学者，自然研究者．Ⅰ〔577〕，685,〔1328〕

デスチュト・ド・トラシ伯，アントワヌ-ルイ-クロード Destutt de Tracy, Antoine-Louis-Claude, comte de（1754-1836）フランスの経済学者，フランス学士院会員．『イデオロギー要論，第４部および第５部．意志および意志作用論』を著わす．Ⅰ 144, 145, 274, 284, 575, 579, 1129, 1130，Ⅱ〔17〕，713, 776-780,〔781〕，782-784, 786-788, 790, 791

デフォー，ダニエル Defoe, Daniel（1660頃-1731）イギリスの文筆家．『公的信用にかんする一論』（匿名）を著わす．Ⅰ〔245〕，1075

デュ・オセ，ニコル du Hausset, Nicole（1713-1801）フランスのポンパドゥール夫人のもとで働き，宮廷生活について『回想録』を残す．Ⅰ〔473〕

デュクペティオ，エドゥアール Ducpétiaux, Edouard（1804-1868）ベルギーの政論家，統計学者．ベルギーの刑務所および慈善施設の総監．『ベルギー労働者階級の家計予算』を著わす．Ⅰ 1169, 1171

デュポン，ピエール Dupont, Pierre（1821-1870）フランスの詩人．Ⅰ 1207

デュポン・ド・ヌムール，ピエール-サミュエル Dupont de Nemours, Pierre-Samuel（1739-1817）フランスの政治家，経済学者，重農主義者，ケネーの弟子．Ⅰ〔192〕，Ⅱ 306

デュマ，アレクサンドル（子） Dumas, Alexandre（1824-1895）フランスの劇作家，小説家．作品に『椿姫』，『金の問題』ほか．Ⅱ〔63〕

デューリング，カール，オイゲン Dühring, Karl Eugen（1833-1921）

ドイツの著作家．はじめは俗流経済学者として出発したが，その後，「社会主義」の理論家を自称し，一時，ドイツの社会主義運動に影響を及ぼした．Ⅰ〔29〕,〔33〕,〔1333〕
デュロ・ド・ラ・マル，アドルフ-ジュル-セザール-オギュスト Dureau de la Malle, Adolphe-Jules-César-Auguste（1777-1857）フランスの詩人，歴史家．ローマの諸著作のフランス語への翻訳者．『ローマ人の経済学』を著わす．Ⅰ〔343〕,Ⅲ 181
デール，ルイ-フランソワ-ウジェーヌ Daire, Louis-François-Eugène（1798-1847）フランスの経済学者，経済学書の編集者．Ⅰ 68, 163, 192, 194, 227, 245,〔257〕,〔274〕,〔275〕, 278, 567, Ⅱ 212, 306, 307, 545, 576, Ⅲ 1401
テレンティウス・アフェル，プブリウス Terentius Afer, Publius（前185/195-前159）古代ローマの喜劇作家．Ⅲ〔386〕
テンプル，サー・ウィリアム Temple, Sir William（1628-1699）イギリスの外交官，政治家．いくつかの経済的および政治的な著作がある．重商主義者．Ⅰ 1076

【ト】

トウェルズ，ジョン Twells, John（1805-1875）イギリスの銀行家．議会報告書に登場．Ⅲ 908, 909, 1008
トゥキュディデス Thukydides（前460頃-前400頃）古代ギリシアの歴史家．Ⅰ 374-375, 644, 645
トゥック，トマス Tooke, Thomas（1774-1858）イギリスの経済学者で銀行学派の代表者．『物価史』，『通貨主義の研究』を著わす．Ⅰ 521, Ⅱ〔121〕, 524, 525, 764, 768-770, 773, Ⅲ 608, 619, 636,〔637〕, 638, 698, 703,〔714〕, 734, 776, 781,〔782〕, 784, 785, 786, 794, 800, 802, 812, 858, 939, 969, 988, 1001, 1024, 1030, 1033, 1442, 1509
ドゥルカマーラ Dulcamara イタリアの即興喜劇に登場するいかさま師．ドニゼッティの喜劇的オペラ『愛の妙薬』にも登場する．Ⅲ 40, 1593
トゥーン，アルフォンス Thun, Alphons（1853-1883あるいは1885）ドイツの経済史家．『ニーダーラインにおける工業』を著わす．Ⅲ 1609
ド・クー，サロモン De Cous, Salomon（1576-1626）フランスの建築家，技師．Ⅰ 664
トクヴィル，アレクシ・クレルル・ド Tocqueville, Alexis Clérel de（1805-1859）フランスの歴史家，政治家，正統王朝派，立憲君主制の支持者．Ⅲ 1434
ド・クウィンシー，トマス De Quincey, Thomas（1785-1859）イギリスの経済学者，リカードウの注釈者．『経済学の論理』を著わす．Ⅰ 695
ドッグベリー Dogberry ウィリアム・シェイクスピアの喜劇『から騒ぎ』に登場する巡査．Ⅰ 150, 745
ドニソープ Donisthorpe, George（19世紀）イギリスの発明家．Ⅰ〔669〕
トマス，シドニー・ギルクリスト Thomas, Sidney Gilchrist（1850-1885）イギリスの冶金学者．1878年に，いとこのパーシ・カーライ

ル・ギルクリストと共同で銑鉄脱燐法（トマス製鋼法）を発明．Ⅲ 124

ドミティアヌス，ティトゥス・フラウィウス Domitianus, Titus Flavius（51-96） 古代ローマ帝国の皇帝（在位81-96）．Ⅰ〔430〕

トームズ，ロバート Tomes, Robert（19世紀） ペリー遠征記を編集したホークスの弟子．『日本と日本人』を著わす．Ⅰ〔1252〕

トムスン，ウィリアム Thompson, William（1775-1833）アイルランドの経済学者，空想的社会主義者，オウエンの支持者．「リカードウ派社会主義者」と呼ばれた1人．『富の分配の諸原理の研究』を著わす．Ⅰ 637, Ⅱ 28, 512, 515

トムスン，サー・ベンジャミン，ラムフォード伯 Thompson, Sir Benjamin, Count of Rumford（1753-1814）イギリスの公務・社会経済分野での発明・改良家．アイルランドで病院や救貧院を設立．『政治的，経済的，および哲学的論集』を著わす．Ⅰ 1046, 1047, 1048

ドライデン，ジョン Dryden, John（1631-1700）イギリスの詩人，劇作家，批評家．王政復古期の古典主義の代表的作家．『古今寓話集』を編む．Ⅰ 419,〔420〕

ドラモンド，ヴィクター・アーサー・ウェリントン Drummond, Victor Arthur Wellington（1833-1907）イギリスの外交官，ワシントン駐在イギリス大使館書記官．Ⅱ〔761〕, 845,〔846〕, 847

トランズ，ロバート Torrens, Robert（1780-1864）イギリスの経済学者．士官としてナポレオン戦争に従軍（陸軍大佐，1835年退役），国会議員，ピール銀行法を立案した代表者．『穀物貿易にかんする一論』，『富の生産にかんする一論』を著わす．Ⅰ 281, 282, 300, 321, 712, 769, Ⅲ 65, 66, 76, 187, 607, 987

トリマンヒア，ヒュー・セイモー Tremenheere, Hugh Seymour（1804-1893）イギリスの公務員，著作家．1842年から71年までの公務中，工場労働等各種の労働者状態を調査する政府委員会に助手や委員として参加．『製パン職人によって申し立てられた苦情にかんする報告書（第一次）』をはじめ多くの調査報告を作成した．Ⅰ 304, , 305, 433, 461

トール Thor 北欧の神話中に登場する戦争と雷の神．その雷槌は，投げれば敵を倒して手元に返ってきた．Ⅰ 677

トールバト，チャールズ，シュロウズバリ公 Talbot, Charles, Duke of Shrewsbury（1660-1718） イギリスの政治家．名誉革命時の主要な運動家，トーリー党，首相（1714)．Ⅰ 1264

トルーマン Trueman, E. B.（19世紀）イギリス・ノッティンガムの医師．Ⅰ 816

ド・ロベルティ，ウジェーヌ（デ・ロベルティ，エヴゲーニー・ヴァレンティーノヴィチ） De Roberty, Eugène（Де-Роберти, Евгений Валентинович）（1843-1915）ロシアの社会学者でコント流の実証主義哲学の支持者．フランスに移住した．Ⅰ〔28-29〕

ドン・キホーテ Don Quixote de la Mancha セルバンテスの小説『ドン・キホーテ』の主人公．Ⅰ

147, 〔154〕, 〔1118〕
ドンバール，マティユ・ド Dombasle, Mathieu de →マティユ・ド・ドンバール，クリストフ-ジョゼフ-アレクサンドル

【ナ】

ナポレオン1世 ボナパルト Napoléon Ⅰ. Bonaparte（1769-1821）フランスの軍人，皇帝（1804-14，15）．Ⅲ 1092, 〔1135〕
ナポレオン3世 ルイ・ボナパルト Napoléon Ⅲ. Lois Bonaparte（1808-1873）フランス皇帝（1852-70），ナポレオン1世の甥．1851年12月にクーデター，翌年皇帝となる．Ⅰ〔19〕, 485, 〔1442〕

【ニ】

ニーヴ，シェフィールド Neave, Sheffield（1799-1868）イングランド銀行理事（1830-68），同総裁（1857-59）．銀行法にかんする下院特別委員会（1857年と58年）等の委員会でイングランド銀行の諸業務について証言．Ⅲ 839, 939
ニート，チャールズ Neate, Charles（1806-1879）イギリスの経済学者．国会議員（1863-68）．『土地所有の歴史および諸条件にかんする2つの講義』を著わす．Ⅲ〔1568〕
ニーブーア，バルトルト・ゲオルク Niebuhr, Barthold Georg（1776-1831）コペンハーゲン生まれのドイツの古代史家．『ローマ史』の著者．Ⅰ 407
ニュートン，サー・アイザック Newton, Sir Isaac（1643-1727）イギリスの物理学者，天文学者，数学者．力学の基礎を築く．Ⅰ〔614〕
ニューナム，ジョージ・ルイス Newnham, George Lewes（18/19世紀）イギリスの法廷弁護士．Ⅰ 1050
ニューマーチ，ウィリアム Newmarch, William（1820-1882）イギリスの経済学者，統計学者．トゥックの『物価史』第4巻の編集に協力し，第5，6巻の共著者となる．Ⅰ 521, Ⅲ〔891〕, 937, 942, 971, 974, 975, 976, 1002, 1019, 1021, 1026, 1028, 1044, 1045, 1046, 1047, 1048, 1050, 1052
ニューマン，サミュエル・フィリプス Newman, Samuel Philips（1797-1842）アメリカの牧師，哲学者，経済学者．『経済学要論』を著わす．Ⅰ 278, 361, Ⅱ 251, Ⅲ 479
ニューマン，フラーンシス・ウィリアム Newman, Francis William（1805-1897）イギリスの宗教的・政治的・経済的諸著の著述家．『経済学講義』を著わす．Ⅰ 1264, 1273, 1275, Ⅲ 1071, 1187, 〔1189〕, 1380, 1449, 〔1450〕

【ネ】

ネイズミス，ジェイムズ Nasmyth, James（1808-1890）イギリス，スコットランドの多くの道具・機械類の発明家，技術者．蒸気ハンマーの発明で著名．Ⅰ 677, 727, 765, 〔766〕, Ⅲ 168
ネイラー Naylor（19世紀）イギリスの工場主（1865年）．Ⅰ〔454〕
ネッケル，ジャック Necker, Jacques（1732-1804）フランスの

政治家で経済学者．ルイ16世の財政赤字解消のため３度財務総監をつとめ，自由主義的改革を打ち出すがいずれも貴族の反対にあって辞職．２度目の辞職はバスティーユ攻撃（1789年）のきっかけとなる．Ⅰ〔1024〕

【ノ】

ノース，サー・ダッドリー North, Sir Dudley（1641-1691）イギリスの商人，経済学者．貨幣，資本，利子等にかんする古典経済学の初期の諸思想を述べた．著作に『交易論』がある．Ⅰ 180, 212, 219, 235, 685, 1076, Ⅲ 1106, 1127

ノーマン，ジョージ・ウォード Norman, George Warde（1793-1882）イギリスの銀行家，経済学者．イングランド銀行理事（1821-72）.「経済学クラブ」の創立会員．1840年の議会証言で「通貨主義」という言葉をはじめて用いたとされる．Ⅲ 734, 737, 738, 754, 987, 991

【ハ】

ハイト，ヴィルヘルム Heyd, Wilhelm（1823-1906）ドイツの歴史家，中世商業史にかんする著作『レヴァント貿易の歴史』がある．Ⅲ 1610

ハイネ，ハインリヒ Heine, Heinrich（1797-1856）ドイツの著名な詩人．７月革命以降パリに住む．パリ時代のマルクス家と親交を結ぶ．Ⅰ〔248〕,〔534〕, 1064,〔1066〕, Ⅱ〔30〕, Ⅲ 1595, 1596,〔1597〕

バイルズ，サー・ジョン・バーナード Byles, Sir John Barnard（1801-1884）イギリスの裁判官，退官後，1873年以来，枢密顧問官．『自由貿易の詭弁』（匿名）など，法律と経済にかんする著作がある．Ⅰ〔477〕,〔1290〕

ハウアード・デ・ウォールデン卿，チャールズ・オーガスタス・エリス Howard de Walden, Charles Augustus Ellis, Baron（1799-1868）イギリスの外交官，1846年12月以来ブリュッセル駐在イギリス全権公使．Ⅰ 486

ハウイット，ウィリアム Howitt, William（1792-1879）イギリスの著述家．『植民とキリスト教』を著わす．Ⅰ 1311, 1312

ハウエル，トマス・ジョウンズ Howell, Thomas Jones（1793-1858）イギリスの工場監督官（1833-58）．Ⅰ 392, 417, 509,〔511〕, 512

パウロ Paulus（１世紀頃）新約聖書中の人物．イエス没後に使徒となり原始キリスト教の大伝道者．新約聖書に集録されている伝道上の多くの手紙の著者と伝承されている．Ⅰ 1077

バーク，エドマンド Burke, Edmund（1729-1797）イギリスの政治家，はじめホイッグ党員，のちトーリー党員．著作に『食糧不足にかんする意見と実情』がある．Ⅰ 359, 407, 570, 572, 1264, 1327

ハクスリー，トマス・ヘンリー Huxley, Thomas Henry（1825-1895）イギリスの生物学者．軍医，船医等を経て，王立軍医学校教授（1863-69）．ダーウィンの進化論の普及者．哲学では，不可知論の立場をとった．Ⅰ 843

バクーニン，ミハイル・アレクサンドロヴィチ Баку́нин, Михаи́л

Алексáндрович（1814-1876） ロシアの革命家．一時，マルクスと交友があった．のちに無政府主義者として，国際労働者協会への破壊活動に熱中した． I 〔19〕
バークリー，ジョージ Berkeley, George（1685-1753） アイルランドの聖職者．哲学，宗教，経済の諸問題にかんする著作がある．典型的な主観的観念論を唱え，貨幣名目論の代表者． I 592, 624
ハーグリーヴズ，ジェイムズ Hargreaves, James（1720頃-1778） 1764年に手動精紡機（ジェニー精紡機）を発明した． I 〔658〕
パスカル，ブレーズ Pascal,Blaise（1623-1662） フランスの哲学者，物理学者，数学者．『パンセ』を著わしたほか，機械式計算機を製作した． I 〔614〕
バスティア，フレデリック Bastiat, Frédéric（1801-1850） フランスの経済学者．資本主義社会の階級調和論を説く．主著『経済的調和』． I 24, 110, 146-147, 335,〔376〕, 716, 979, Ⅲ 262, 590,〔591〕,〔1097〕
パースンズ（ピアスン），チャールズ Parsons（Pearson）, Charles（19世紀） イギリス，北スタッフォードシャー診療所外科医． I 426
バーゼドー（バセドー），ヨハン・ベルンハルト Basedow, Johann Bernhard（1724-1790） コメニウスやロック，ルソーの影響を受け，教育制度の改革に努めたドイツの教育理論家． I 853
パタースン，ウィリアム Paterson, William（1658-1719） スコットランド生まれのイギリスの実業家，イングランド銀行（1694），スコットランド銀行を創設した． Ⅲ 1089
パッシー，イポリト-フィリベール Passy, Hippolyte-Philibert（1793-1880） フランスのブルジョア政治家，俗流経済学者．２月革命後のルイ・ナポレオン第１次内閣で蔵相，そのクーデター後は引退，経済学研究に専心．1860年のフランス統計学会創立に加わり，のち，会長． Ⅲ 1373, 1392, 1397, 1401,〔1402〕, 1407
ハッスル，アーサー・ヒル Hassall, Arthur Hill（1817-1894） イギリスの医師．『摘発された不純物混和』など社会衛生学にかんするいくつかの著述を行なった． I 304, 431
パッタースン，ロバート・ホウガード Patterson, Robert Hogard（1821-1886） イギリス，スコットランドの経済学者，政論家．『金融論』を著わす． Ⅱ 366,〔367〕
ハットン，チャールズ Hutton, Charles（1737-1823） イギリスの数学者．『数学教程』を著わす． I 654
ハッバード，ジョン・ゲリブランド Hubbard, John Gellibrand（1805-1889） イギリスの金融家，政治家，イングランド銀行理事（1838-51），同副総裁（1851-53），同総裁（1853-55）．保守党議員として財政に参画．『通貨とわが国』などを著わす．議会報告書に登場． Ⅲ 729, 949, 978, 988, 990, 1036, 1059
ハードカースル，ダニエル，ジュニア（本名ペイジ，リチャード） Hardcastle, Daniel, Jr.（Page,

Richard）（1773-1841）イギリスの文筆家，イギリスの銀行制度にかんする著書『諸銀行と銀行家たち』もある．Ⅲ 980,〔981〕, 1105

バトラー，サミュエル Butler, Samuel（1612-1680）イギリスの諷刺詩人．清教徒を辛辣に諷刺した機知に富む句のある詩作がある．Ⅰ 68

バートン，ジョン Barton, John（1789-1852）イギリスの経済学者．『社会の労働者階級の状態に影響をおよぼす諸事情にかんする諸考察』で，資本構成の高度化と労働者階級の状態への影響を研究．Ⅰ 1102-1103, 1174, Ⅱ 364, 366, 625

バーナル・アズボン，ラルフ Bernal Osborne, Ralph（1808-1882）イギリスの政治家，国会議員，海軍次官（1852-58）．Ⅲ 240

バビジ・チャールズ Babbage Charles（1792-1871）イギリスの数学者，技術者，経済学者．『機械および製造業の経済論』を著わす．計算機やその他の機械類の発明者．Ⅰ 611, 616, 617, 661, 688, 711, Ⅲ〔168〕, 182, 198,〔199〕

パピロン，トマス Papillon, Thomas（1623-1702）イギリスの商人，政治家，国会議員，東インド会社の支配人の1人．『東インド貿易は王国にもっとも有利な貿易である』を著わす．Ⅰ〔162〕

バーボン，ニコラス Barbon, Nicholas（1640頃-1698）イギリスの経済学者．『新貨幣をより軽く鋳造することにかんする一論』で，貿易差額説を批判．Ⅰ 66, 68, 70, 216, 225, 250-251, 253, 1076

パーマー，ジョン・ホースリー Palmer, Johon Horsley（1779-1858）イギリスの財政家，イングランド銀行の理事（1811-28, 32-57），および総裁（1830-33）．議会報告書に登場．Ⅲ 1003, 1006,〔1008〕, 1025

パーマストン子爵，ヘンリー・ジョン・テンプル Palmerston, Henry John Temple, Viscount（1784-1865）イギリスの政治家．はじめトーリー党から国会議員，1822年ホイッグ党に転じ，外相，内相，首相（1855-58, 1859-65）として，19世紀なかばのイギリス外交を支配．Ⅰ 799, Ⅲ 156, 1133,〔1133〕

ハミルトン，サー・ウィリアム Hamilton, Sir William（1788-1856）イギリスの哲学者，スコットランド学派の1人．はじめ弁護士，後，エジンバラ大学の歴史学・哲学教授，ドゥガルド・スチュアトらの著作を編集・出版．Ⅰ 568, 608, 851

ハミルトン，ロバート Hamilton, Robert（1743-1829）イギリス，スコットランドの経済学者，数学者．『大ブリテンの国債の起源と発達，償還と現状，および運用にかんする研究』を著わす．Ⅲ 683

ハム，ヴィルヘルム・フォン Hamm, Wilhelm von（1820-1880）ドイツの農学者．『イギリスの農具と農業機械』を著わす．Ⅰ 880

ハラー，カール・ルートヴィヒ・フォン Haller, Carl Ludwig von（1768-1854）スイスの法律家，歴史家．ベルン大学教授．フランス革命思想，自然法主義に反対し，農奴制と絶対主義とを弁護．『国家学の復興』を著わす．Ⅰ 685

バラード，エドワード Ballard, Edward（1820-1897）イギリス

の医師，ロンドンの医務官．Ⅰ 821
バラム Bileam 旧約聖書中の人物．メソポタミアの預言者．Ⅲ 1596, 1597
パリ，サー・ウィリアム・エドワード Parry, Sir William Edward（1790-1855）イギリスの北極探検家，軍人．北西航路を探検し，1818年にバフィン湾北部に至り，1827年には北緯82° 45′ まで到達，1852年海軍少将．Ⅰ 170
パリ，チャールズ・ヘンリー Parry, Charles Henry（1779-1860）イギリスの医師．経済と政治についての著作があり，『現行穀物法の必要性の問題』を著わす．Ⅰ 1048, 1050,〔1051〕, 1175
ハリス，ジェイムズ Harris, James →マームズバリー伯，ジェイムズ・ハリス
ハリス，ジェイムズ Harris, James（1709-1780）イギリスの政治家，言語学者，哲学者．国会議員．『幸福にかんする対話』を著わす．イギリスの外交官ジェイムズ・ハリス（マームズバリー伯）の父．Ⅰ 644,〔647〕
ハリスン，ウィリアム Harrison, William（1534-1593）イギリスの聖職者，年代記編集者．『イギリス記』を著わす．Ⅰ 1253, 1285, 1297
パリゾ，ジャック-テオドール Parisot, Jacques-Théodore（1783-？）フランスの海軍士官，政論家，英語諸著作のフランス語への翻訳家．Ⅰ 987,〔993〕
ハリントン，ジェイムズ Harrington, James（1611-1677）イギリスの政論家．著作『オシアーナ』で，ピューリタン革命の原因の探求から，空想的な理想共同体を描き，年収2000ポンド以上にならないように土地を均分する農地法等の政治的・社会的改革案を掲げる．Ⅲ 1595,〔1597〕
バルザック，オノレ・ド Balzac, Honoré de（1799-1850）フランスのリアリズム作家．精力的な執筆活動は，『人間喜劇』の総表題を持ち，長編を主とした約90の作品群に結実，フランス革命から1848年の２月革命に至る社会の諸側面を描く．Ⅰ 1024, Ⅲ 68
パルトニー，サー・ウィリアム，バース伯 Pulteney, Sir William, Earl of Bath（1684-1764）イギリスの政治家，ホイッグ派の国会議員．『貨幣の利子一般，およびとくに公債の利子にかんする若干の考察』（匿名）を著わす．Ⅰ 74, 86
パルマンティエ，アントワヌ-オギュスタン Parmentier, Antoine-Augustin（1737-1813）フランスの農学者，薬剤師，博愛家．Ⅲ 180
ハーロウ，ジョン Harlow, John（19世紀）イギリスの経済学者．バーミンガムの「通貨学派」の「小シリング論者」の１人．トマス・バーバー・ライトとともに匿名で『通貨問題』を発行．Ⅰ〔402〕
バンクス，ジョージ Bankes, George（1788-1856）イギリスの法律家，政治家，トーリー党員，国会議員．Ⅰ 1177
ハンセン，ゲオルク Hanssen, Georg（1809-1894）ドイツの農業史家，経済学者．著作に『シュ

レースヴィヒ＝ホルシュタインにおける農奴制』ほか．Ⅰ 410

ハンター，ヘンリー・ジューリアン Hunter, Henry Julian（19世紀）イギリスの医師．都市貧困層の住宅事情や農業地域での公衆衛生にかんする調査に参加．Ⅰ 699-700, 701, 1147, 1148, 1149, 1153, 1154, 1163, 1181, 1187, 1189, 1193, 1194, 1195, 1204, 1206, 1256, 1257

パンニーニ，ジョヴァンニ・フランチェスコ Pagnini, Giovanni Francesco（1715-1789）イタリアの経済学者．『諸物の公正な価格にかんする試論』を著わす．Ⅰ 164

【ヒ】

ヒエロニムス Hieronymus, Eusebius Sofronius（347頃-420頃）ダルマティア生まれのラテン系のキリスト教教父．修道士として苦行の後，司祭，教皇秘書．聖書をラテン語に翻訳した．Ⅰ 182, 183,〔184〕,〔190〕

ピーズ，ジョウジフ・ウォーカー Pease, Joseph Walker（1820-1882）イギリスのハルの銀行業者．議会報告書に登場．Ⅲ 703, 733

ビスマルク侯，オットー Bismarck, Otto von（1815-1898）ドイツの政治家．プロイセン首相（1862－71），ドイツ帝国宰相（1871－90）．プロイセン中心のドイツ統一とその軍国主義的発展を推進し，社会主義運動を弾圧．Ⅰ〔26〕, Ⅱ〔14〕,〔17〕

ビーゼ，フランツ Biese, Franz（1803-1895）ドイツの教育学者，文献学者．『アリストテレスの哲学』を著わす．Ⅰ 717

ビーチャー-ストー，ハリエト・エリザベス Beecher-Stowe, Harriet Elizabeth（1811-1896）アメリカの作家．黒人奴隷の生活を描いた『アンクル・トムズ・ケビン』は奴隷解放運動の促進に寄与．Ⅰ 1276

ピット，ウィリアム Pitt, William（1759-1806）イギリスの政治家，24歳で首相，直後にホイッグ党からトーリー党へ転じて長く首相に在任（1783-1801, 1804-06）．アメリカ独立等で悪化した財政整理のため減債基金制度を設け（1786），フランス革命政府の対英宣戦（1793）後には革命の波及を妨げるために人身保護法を停止し，あらゆる改革運動を抑圧した．同名の父（通称大ピット）に対し，通称小ピット．Ⅰ 359, 1292, Ⅲ 682, 685

ビドー，J.N. Bidaut, J. N.（19世紀）19世紀前半のフランスの官吏．『工業的技術と商業とにおいて生じる独占について』を著わす．Ⅰ 568

ピートウ，サー・サミュエル・モートン Peto, Sir Samuel Morton（1809-1889）イギリスの鉄道企業家．自由党員，国会議員，1866年の破産とともに引退．Ⅰ 404,〔405〕

ビュキャナン，デイヴィド Buchanan, David（1779-1848）イギリスの経済学者，ジャーナリスト．スミスの学徒で，『諸国民の富』を編集・解説．著作に『グレイト・ブリテンの課税および商業政策の研究』がある．Ⅰ 220, 973, 1275

ピュージー，フィリップ Pusey, Philip（1799-1855）イギリスの政

治家．トーリー党員，大地主，王立農業協会会長．Ⅰ 1178
ビュシェ，フィリップ-ジョセフ-バンジャマン Buchez, Philippe-Joseph-Benjamin（1796-1865）フランスの医師，社会運動家．カルボナリ党，サン・シモン主義をへて，カトリック社会主義のイデオローグとなる．1848年２月革命後，一時，憲法議会議長．Ⅰ 1296
ビュッシュ，ヨハン・ゲオルク Büsch, Johann Georg（1728-1800）ドイツの経済学者，重商主義的見解を持つ．『商業の理論的・実際的説明』などを著わす．Ⅲ 1107
ビュヒナー，ルートヴィヒ Büchner, Ludwig（1824-1899）ドイツの生理学者，医師，機械的唯物論者．国際労働者協会員，自立的な労働運動を否定．Ⅰ〔33〕
ヒューム，デイヴィド Hume, David（1711-1776）スコットランドの哲学者（不可知論者）で経済学者．アダム・スミスの友人．哲学上の主著は『人性論』，経済学では，『穀物法についての見解』，『若干の主題にかんする小論および論文集』などを著わす．Ⅰ 214-216, 898, 966, 1076-1078, Ⅲ 647, 984
ヒュルマン，カール・ディートリヒ Hüllmann, Karl Dietrich（1765-1846）ドイツの歴史家．1818-41年ボン大学教授．『中世の都市制度』などを著わす．Ⅲ 540 544, 1076
ビュレ，アントワヌ-ウジェーヌ Buret, Antoine-Eugène（1810-1842）フランスの小ブルジョア社会主義者，経済学者．シスモンディの弟子で，『イギリスおよびフランスにおける労働諸階級の貧困について』を著わす．Ⅰ〔1261〕，Ⅲ 1434
ピラト，ポンテオ Pilatus, Pontius（？-39頃）古代ローマのユダヤ総督（在位26-36）．Ⅰ 1026,〔1027〕，Ⅲ 1508
ピール，サー・ロバート Peel, Sir Robert（1750-1830）イギリス，ランカシャーの綿工場主，トーリー党の国会議員．長男は同名のイギリス首相．Ⅰ 1324
ピール，サー・ロバート Peel, Sir Robert（1788-1850）イギリスの政治家．トーリー党の国会議員として内相（1822-27，28-30），30年代にトーリー党を保守党へ衣替えさせ，首相（34-35兼蔵相，41-46）時，通貨主義に基づくピール銀行３法制定（1844-45），穀物法廃止（1846）．ピール派領袖．Ⅰ 23, 248, 401, 1337, 1349,〔1351〕，Ⅲ〔714〕，〔732〕，〔736〕，〔981〕，984, 987,〔996〕
ヒルデブラント，ブルーノ Hildebrand, Bruno（1812-1878）ドイツ歴史学派の経済学者で統計学者．Ⅱ〔187〕
ヒルドレス，リチャード Hildreth, Richard（1807-1865）アメリカの歴史家．『日本　過去と現在』などを著わす．Ⅰ〔1252〕
ピンダロス Pindaros（前520頃-前446頃）古代ギリシアの詩人．Ⅰ 262, 735, 1137, 1325, Ⅲ 666
ピント，イザアク・ド Pinto, Isaac de（1715あるいは1717-1787）オランダの大商人，取引所投機師，経済著作家．『流通および信用にかんする論究』を著わす．Ⅰ 262, 263

【フ】

ファイアマン，ピーター Fireman, Peter（1863-1962）アメリカの化学者，工場主．ロシアで生まれ，ドイツとアメリカ合衆国に住む．エンゲルスは『資本論』第3巻「序文」の校正刷りを送る．Ⅲ 29, 31, 44

ファウスト Faust ゲーテの代表作『ファウスト』の主人公．Ⅰ〔59〕, 155,〔338〕,〔339〕,〔513〕,〔534〕,〔1033〕,〔1235〕

ファウハー，ユーリウス Faucher, Julius（1820-1878）ドイツの俗流経済学者．青年ヘーゲル派で，ドイツの自由貿易論者．Ⅰ〔29〕, 415, 817

ファウルハーバー，ヨハン Faulhaber, Johann（1580-1635）ドイツの数学者，技師．『馬挽き古代製粉機の機械的改善』を著わす．Ⅰ 664

ファーガスン，アダム Ferguson, Adam（1723-1816）イギリスの哲学者，歴史家，社会学者．スコットランド歴史学派の1人でアダム・スミスに影響を与える．『市民社会史』を著わす．Ⅰ 215, 624, 636, 637, 639

ファレ，ジョン・リチャード Farre, John Richard（1774-1862）イギリスの医師．Ⅰ 491

フアレス，ベニト・パブロ Juárez (Juarez), Benito Pablo（1806-1872）メキシコの政治家．1861-65年の大統領時，自由主義的憲法に沿った諸改革をすすめ，62年にフランス軍等のメキシコ占領にあい，抵抗．67年，再び大統領，皇帝マクシミーリアーンを銃殺．Ⅰ 293,〔294〕

フィセリング，シモン Vissering, Simon（1818-1888）オランダの俗流経済学者，統計学者．『実践経済学提要』を著す．Ⅰ 878, Ⅲ 541, 543

フィヒテ，ヨハン・ゴットリープ Fichte, Johann Gottlieb（1762-1814）ドイツの哲学者．自己意識を重視した主観的観念論によりカント哲学の体系化を試み，ヘーゲルに至るドイツ古典哲学の一媒介環となる．1794年イェーナ大学教授，1799年以来ベルリン大学教授．Ⅰ 97

フィリップ6世（ヴァロア） Philippe Ⅵ. De Valois（1293-1350）フランス，ヴァロア朝国王（在位1328-50）．莫大な戦費調達に必要な貨幣改鋳のための貨幣鋳造権の確保等，国王専決事項の拡大をはかる．百年戦争の開始は，農民反乱激化の一因となる．Ⅰ 163

フィールデン，ジョン Fielden, John（1784-1849）イギリスの紡績工場主．ブルジョア的博愛主義者で，工場法制定のために著作活動を行なう．『工場制度の呪詛』を著わす．Ⅰ 708, 725, 1322, 1324

フェアベアン，サー・ウィリアム Fairbairn, Sir William（1789-1874）イギリスの機械製作技師，マンチェスターに機械工場，ロンドンに造船所等をもつ工場主．世界初の鋼鉄船を建造する．Ⅰ 765, Ⅲ 156

フェラー，フリードリヒ・エルンスト Feller, Friedrich Ernst（1800-1859）ドイツの言語学者，多くの辞典の編集者．Ⅲ 534

フェランド，ウィリアム・ブッシュフィールド Ferrand William

Bushfield（1809-1889） イギリスの政治家．国会議員（1841-47, 1863-66），トーリー党員，貴族的博愛主義運動の主要な代表者． I 468,〔470〕,〔732〕,〔798〕, 999

フェリエ，フランソワ-ルイ-オギュスト Ferrier, François-Louis-Auguste（1777-1861） フランスの関税実務家．関税副検査官，関税総監督官をつとめる．ナポレオンの大陸封鎖を支持し，保護貿易を主張，リストの学説の有力な源泉．『商業との関係から見た政府について』を著わす． I 110, 111

フェーリン Vöhlin 15世紀末から16世紀にかけてのドイツの商人． Ⅲ 1610,〔1611〕

フェルマ，ピエール・ド Fermat, Pierre de（1607-1665） フランスの数学者． I〔614〕

フォーシット，ヘンリー Fawcett, Henry（1833-1884） イギリスの経済学者．若年で視力喪失，ジョン・スチュアト・ミルの弟子．『イギリスの労働者の経済状態』を著わす．1865年以後，国会議員． I 861, 970, 1066, 1067, 1137, 1139, 1307, Ⅲ 1138,〔1139〕

フォースター，ウィリアム・エドワード Forster, William Edward（1818-1886） イギリスの羊毛工場主，政治家，自由党員，国会議員．奴隷制に反対し，南北戦争で北部を擁護．アイルランド大臣（1880-82）の時期に，アイルランドの民族解放運動を弾圧した． I 1154,〔1156〕

フォースター，ナサニエル Forster, Nathaniel（1726頃-1790） イギリスの聖職者．神学博士，『食料の現在の高価格の諸原因の研究』の著者，プロレタリアートの利益を擁護． I 480, 751,〔895〕

フォックス，ジョージ Fox, George（1624-1691） イギリスの宗教家．クエーカー派の開祖とされる． I〔420〕

フォーティスキュー，サー・ジョン Fortescue, Sir John（1394頃-1476頃） イギリスの法律家，司法官．15世紀の法慣習を『イギリス法の賛美』にまとめた． I 1250, 1253

フォーブズ Forbes（19世紀） イギリスの発明家．綿繊維を綿実から分離するための用具チュルカを改良した． I 687

フォルカード，ウジェーヌ Forcade, Eugène（1820-1869） フランスの政論家．『ルヴェ・デ・ドゥ・モンド』の編集者． Ⅲ 1510,〔1511〕

フォルトゥナートゥス Fortunatus 16世紀はじめのドイツの通俗小説に登場する人物． I 802, 1131

フォルボネ，フランソワ-ヴェロン-デュヴェルジェ・ド Forbonnais, François Véron-Duverger de（1722-1800） フランスの財政実務家，経済学者．新重商主義者．『商業にかんする基本原理』を著わす． I 163

フォントレ，アントワヌ-ルイ Fonteret, Antoine-Louis（19世紀） フランスの医師．19世紀後半に社会衛生学にかんする諸著作を執筆． I 640

ブシリス Busiris ギリシアの伝説に登場する人物．ポセイドンの子でエジプトの残虐な王で，ヘラクレスに殺された．イソクラテスは彼を有徳の模範として描いた．

Ⅰ 647
ブースロイド Boothroyd（19世紀）イギリスの開業医（1860年代）．Ⅰ 425
フッガー（家） Fugger 16世紀の南ドイツの大商人．Ⅲ 1610,〔1611〕
プライス，リチャード Price, Richard（1723-1791）イギリスの神学博士で経済学者，道徳哲学者．『国債問題についての公衆への訴え』，『生残年金支払いにかんする諸考察』などを著わす．Ⅰ 480, 1173,〔1258〕, 1268, 1269, 1270, Ⅲ 682-685, 687, 691
フライターク，グスタフ Freytag, Gustav（1816-1895）ドイツの作家，文化史家．『辺境の使者』誌を編集（1848-70）．Ⅰ 1291
フライデイ Friday ダニエル・デフォーの小説『ロビンソン・クルーソー』に登場する人物．Ⅰ 508,〔509〕
ブライト，ジョン Bright, John（1811-1889）イギリスの綿紡績工場主，政治家．自由貿易を主張するマンチェスター学派の指導者で，穀物法反対同盟の創立者の１人．国会議員（1843-88），59年以降，自由党急進派に属し自由党内閣の大臣を歴任．Ⅰ 23, 443, 497, 971, 1135, 1182, 1307, Ⅲ 1144
ブラウン，ウィリアム Brown, William（1784-1864）イギリスの商人，銀行家，国会議員（1846-57），議会報告書に登場．Ⅲ 1012
ブラウン，ハインリヒ Braun, Heinrich（1854-1927）ドイツのジャーナリスト，社会民主主義者．雑誌『社会立法および統計集』を編集（1888-1903）．国会議員（1903-04）．Ⅲ 1598, 1599
ブラシー，トマス Brassey, Thomas（1836-1918）イギリスの企業家，政治家，経済学者．Ⅰ〔764〕,〔766〕
プラトン Platon（前427頃-前347頃）古代ギリシア，アテネの観念論哲学者．Ⅰ〔629〕, 643, 644, 645,〔647〕, Ⅱ〔502〕,〔734〕
フラートン，ジョン Fullarton, John（1780頃-1849）イギリスの経済学者．貨幣流通と信用制度に関する著作『通貨調節論』がある．ピール銀行法改正をきっかけに通貨論争に加わる．Ⅰ 223, 224, 246, 252 Ⅱ 809, Ⅲ 704, 781, 792, 793, 794, 796, 797, 800-804, 812-814, 819, 988
ブランキ，ジェローム-アドルフ Blanqui, Jérôme-Adolphe（1798-1854）フランスの経済学者で，自由貿易論者．『産業経済学講義』，『ヨーロッパにおける経済学の歴史』を著わし，労働者の状態とスラムも研究．Ⅰ 486, 595
ブランキ，ルイ-オギュスト Blanqui, Louis-Auguste（1805-1881）フランスの革命家，ジェローム-アドルフ・ブランキの弟．1830年の７月革命，1848年の２月革命および1871年のパリ・コミューンに参加し，36年間獄中で過ごした．Ⅰ 486
フランクリン，ベンジャミン Franklin, Benjamin（1706-1790）アメリカの政治家，自然科学者で経済学者．『紙幣の性質と必要とについての小研究』を著わす．アメリカ独立宣言の起草者の１人．Ⅰ 93, 286, 313,〔315〕, 577
フラーンシス，ジョン Francis, John（1810-1886）イギリスの経済学者，イングランド銀行の幹部

社員（1833-75）．同行の歴史にかんする著作『イングランド銀行の歴史』を著わす．Ⅲ 1085,〔1086〕,〔1088〕, 1090,〔1091〕
ブラントン，ウィリアム Brunton, William（1777-1851） イギリスの技師、発明家．蒸気機関車の1つを組み立てた．Ⅰ〔673〕
フーリエ，フランソワ-マリ-シャルル Fourier, François-Marie-Charles（1772-1837）フランスの空想的社会主義者．『四運動の理論』,『細分された虚偽の産業』,『産業的協同社会的新世界』などを著わす． Ⅰ 511,〔513〕, 674,〔675〕, 748,〔750〕,〔786〕, 1039, 1210,〔1211〕, Ⅲ 1093, 1352
ブリスコウ，ジョン Briscoe, John（17世紀後半）イギリスの経済学者，国会議員．『最近の100万〔ポンド〕法，富くじ法，およびイングランド銀行のファンドにかんする一論』を著わす．Ⅲ 1083,〔1084〕
プリーストリー，ジョウジフ Priestley, Joseph（1733-1804）イギリスの化学者，非国教派の牧師．1774年酸素を発見したが，燃素説に留まった．フランス革命を支持したため迫害され，1794年アメリカへ移住．Ⅱ 30, 31, 32, 34
フリートウッド，ウィリアム Fleetwood, William（1656-1723）イギリスの主教．イギリスにおける物価の歴史『物価編年誌』を著わす．Ⅰ 477
フリードリヒ２世 Friedrich Ⅱ.（1194-1250）イタリア・シチリア王（在位1197-1212），ドイツ国王（在位1212-50）兼神聖ローマ帝国皇帝（在位1220-50）．Ⅲ 1076
フリードリヒ２世 Friedrich Ⅱ.（1712-1786）プロイセン国王（在位1740-86）．プロイセン絶対主義を確立．Ⅰ 1279, 1302
プリニウス・セクンドゥス，ガイウス（大プリニウス） Plinius Secundus, Gaius（Major）（23〔24〕-79）古代ローマの政治家，博物学者．当時の自然科学の百科全書である『博物誌』全37巻を執筆．Ⅰ〔446〕,〔854〕,〔1066〕, Ⅲ 181
ブリンドリー，ジェイムズ Brindley, James（1716-1772） イギリスの技師，発明家．Ⅰ 614
ブルックナー，ジョン Bruckner, John（1726-1804）イギリスのプロテスタントの牧師，『動物系統論』を著わす．Ⅰ 1076
プルトス Plutos ギリシア神話の富と冥界の神．Ⅰ 229
フルトン，ロバート Fulton, Robert（1765-1815）アメリカの技師，発明家．はじめ宝石細工職人．1803年，実用可能な最初の汽船を建造した．Ⅰ 851
プルードン，ピエール-ジョゼフ Proudhon, Pierre-Joseph（1809-1865）フランスの思想家．ボナパルト帝政下のフランスの労働運動に大きな影響を与える．『所有とは何か？』,『経済的諸矛盾の体系，または貧困の哲学』などを著わす．Ⅰ 124, 146, 152, 741, 898, 933, 1015, 1021, Ⅱ 28, 624, 695, Ⅲ 68,〔70〕, 590-593, 609, 1097,〔1100〕, 1130, 1510,〔1511〕
ブルーム，ヘンリー・ピーター（ブルマンヴォークス卿） Brougham, Henry Peter（Lord Brougham and Vaux）（1778-1868）イギリスの政治家，大法官（1830-34），ホイッグ党の国会議

員．匿名で『経済学におけるある種の用語論争の考察』を著わす．Ⅰ〔150〕,〔355〕,〔930〕,〔1045〕, 1326, Ⅲ 316, 329
ブレイ，ジョン・フラーンシス Bray, John Francis（1809-1895あるいは1897）イギリスのリカードウ派社会主義者．「労働貨幣」による社会改造を提案．Ⅰ 124
ブレイキー，ロバート Blakey, Robert（1795-1878）イギリスの哲学者．『最古代からの政治文献史』を著わす．Ⅰ 1260
フレグ Hülegü（1218-1265）チンギス・ハンの孫，兄・モンケの命をうけ1253-1260に西アジアの征服活動を行ない，イル・ハン国の開祖となった．〔1614〕
ブレージヒ Bräsig ドイツの作家F．ロイターの作品の登場人物で，北ドイツの農場経営者．Ⅱ 778
ブレーズ，アドルフ-ギュスターヴ Blaise, Adolphe-Gustave（1811-1886）フランスの経済学者で，ジェローム-アドルフ・ブランキの諸著作の編集者．Ⅰ 595
フレッチャー，アンドルー（ソールタンのフレッチャー） Fletcher, Andrew（Fletcher of Saltoun）（1655-1716）スコットランドの政治家，土地所有者．スコットランド議会の議員．Ⅰ 1260
フレロフスキー，N.（本名ベルヴィ，ヴァシーリー・ヴァシーリエヴィチ） Flerovsky, N.（Флеровский, Н.）（Берви, Василий Васильевич）（1829-1918）ロシアのナロードニキの経済学者，社会学者で，『ロシアにおける労働階級の状態』（1869）を執筆．Ⅱ〔704〕
ブレンターノ，ルーヨ（ルートヴィヒ・ヨーゼフ） Brentano, Lujo（Ludwig Joseph）（1844-1931）ドイツの経済学者，社会政策学会の創立者の1人．1872年，グラッドストン演説の引用の問題で，マルクスに「偽造者」などの中傷を浴びせる匿名論文を発表．Ⅰ〔54〕,〔55〕,〔58〕, 59-62, Ⅱ〔14〕
ブロウディー，サー・ベンジャミン・コリンズ Brodie, Sir Benjamin Collins（1783-1862）イギリス・ロンドンの医師，生理学者．Ⅰ 491
プロクルステス Prokrustes ギリシア神話中に登場する強盗．Ⅲ 1621
プロタゴラス Protagoras（前480頃-前410頃）古代ギリシアの哲学者，ソフィスト．Ⅰ 431
ブロック，モリス Block, Maurice（1816-1900あるいは1901）フランスの統計学者，経済学者．Ⅰ 28
ブロードハースト，ジョン Broadhurst, John（1778頃-1861）イギリスの経済学者．著作に『経済学』．Ⅰ 101
ブロートン Broughton（19世紀）イギリスの州治安判事（1860）．Ⅰ 422
プロメテウス Prometheus ギリシア神話の英雄．鍛冶の神ヘファイストスの鍛冶場の火を盗み人間にあたえたために、怒ったゼウスによって岩に鎖でつながれた．Ⅰ 1126

【へ】

ベアリング，フラーンシス Baring, Francis（1740-1810）イギリスの金融業者，マンチェスタ

ーの金融業ベアリング兄弟会社の創業者．Ⅲ 959,〔960〕

ベイカー，ロバート Baker, Robert（1803-1880）イギリスの医師，工場監督官（1858-78），副監督官（1834-58）．Ⅰ 529, 700, 746, 786, 1233, Ⅲ 154, 158, 213, 219

ベイクウェル，ロバート Bakewell, Robert（1725-1795）イギリスの農場経営者．Ⅱ 382

ベイコン，フラーンシス Bacon, Francis（1561-1626）イギリスの哲学者，政治家，法律家．経験論による唯物論的立場と帰納法とを唱え，近代の哲学および経験諸科学の礎を築く．Ⅰ 685, 686, 1254, 1255, 1256

ペイジ，リチャード Page, Richard →ハードカースル，ダニエル

ヘイスティングズ，ウォリン Hastings, Warren（1732-1818）イギリス初代ベンガル総督（1773-85）．統治の残虐さから1788年に弾劾され裁判（-95）ののち免訴となる．Ⅰ 1313

ベイリー，サミュエル Bailey, Samuel（1791-1870）イギリスの銀行家，経済学者，哲学者．シェフィールド・バンキング・カンパニーを設立し，その頭取となる．『価値の性質，尺度，および諸原因に関する批判的論究』で，リカードウの価値論を批判した．Ⅰ 91, 103, 115, 150,〔283〕,〔304〕,〔774〕,〔930〕,〔1038〕,〔1059〕, 1064, Ⅱ 172,〔173〕, 823

ベインズ，ジョン Baynes, John（19世紀） イギリスのジャーナリスト，ブラックバーンの市会議員．『綿業．ブラックバーン文学・科学・機械学協会会員にたいする上記主題についての二講義』を著わす．Ⅰ 682,〔683〕, 686 Ⅲ 215, 216

ペクール，コンスタンタン Pecqueur, Constantin（1801-1887）フランスの経済学者，空想的社会主義者．サン-シモン派からフーリエ派に転じ，1836年，フーリエ派と分かれたのち，『社会的政治的経済学の新理論』を著わす．Ⅰ 1071, 1330,〔1331〕, Ⅲ 1098, 1099

ヘーゲル，ゲオルク・ヴィルヘルム・フリードリヒ Hegel, Georg Wilhelm Friedrich（1770-1831）ドイツ古典哲学のもっとも重要な代表者．客観的観念論の体系のなかで弁証法を展開した．『小論理学』，『論理学』ほか．マルクス，エンゲルスは1840年代はじめには左派の青年ヘーゲル派に属した．Ⅰ 28, 32-33, 82,〔106〕, 163, 182,〔183〕,〔290〕, 294, 314, 460, 545,〔546〕,〔547〕,〔588〕,〔636〕, 640, 1023,〔1024〕, 1040,〔1042〕, Ⅲ 27, 81, 1116, 1117, 1390

ベッカー，イマーヌエル Bekker, Immanuel（1785-1871）ドイツの文献学者，プラトン，アリストテレス等の諸著作の編集者．Ⅰ〔108〕, 266, Ⅲ 663

ベッカリーア侯，チェーザレ・ボネサーナ Beccaria, Cesare Bonesana, marchese de（1738-1794）イタリアの法学者，経済学者．『公経済原理』を著わす．Ⅰ 644

ベックマン，ヨハン Beckmann, Johann（1739-1811）ドイツの歴史家．ゲッティンゲン大学の哲学教授で経済学を講義し，科学技術史を研究．技術史家ポッペの師．

『発明の歴史にかんする論集』を著わす. I 〔660〕, 753,〔754〕
ベッセマー，サー・ヘンリー Bessemer, Sir Henry (1813-1898) イギリスの技師，発明家，化学者，企業家．1855年から60年にかけてベッセマー式転炉による製鋼法を発明，発展させ，1871年，イギリス鉄鋼協会会長となる．II 385, III 124
ベッドフォード公 Bedford（1766-1839）イギリスの貴族，ベッドフォード公爵家第６代．I 1264,〔1265〕
ペティ，サー・ウィリアム Petty, Sir William（1623-1687） イギリスの経済学者，統計学者．労働価値論の端緒を開いた古典派経済学の創始者の１人．『租税貢納論』，『アイルランドの政治的解剖』，『貨幣小論』などを著わす．I 80, 93, 146, 165, 179, 180, 214, 246, 247, 254, 299, 476, 477, 478, 556, 603,〔606〕, 614, 643, 756, 966, 1076, 1077, III 604, 823, 1193, 1397, 1398
ペテロ Petrus（？ -64頃）新約聖書中の人物，イエスの十二使徒の１人．初代ローマ教皇とされる．I 183
ヘファイストス Hephaistos ギリシア神話に登場する鍛冶の神．I 716, 1126
ベーベル，フェルディナント・アウグスト Bebel, Ferdinand August（1840-1913）ドイツの社会主義者，北ドイツ議会の議員（最初の普通選挙），その後帝国議会議員．ドイツの社会民主党と労働運動の指導者で，普仏戦争時には，追加軍事支出案やアルザス-ロレーヌの併合に反対し，パリ・コミューンを擁護した．I 56
ヘラクレイトス Herakleitos（前540-前480頃）古代ギリシアの唯物論哲学者．火を万物の原理とし，事物の静止的同一性を一時的な仮の姿ととらえ，事物の生成・転化を説いた．弁証法的な自然観の先駆者．I 187
ヘラクレス Herakles ギリシア神話に登場する最強の英雄，ゼウスの息子．I 743, 1032
ベラーズ，ジョン Bellers, John（1654-1725）イギリスの織物商．クウェーカー教徒で博愛主義の立場から，諸種の社会事業を行ない，『産業高等専門学校設立の提案』をはじめ，社会改革的著作を著わした．I 229, 241, 254, 576, 614, 751, 839, 853, 1072, 1074, III 489
ペリー，マシュー・カルブレイス Perry , Matthew Calbraith（1794-1858） アメリカ海軍の軍人．1853年艦隊を率いて日本に来航．その模様は，『日本遠征記』に詳しい．I〔1252〕
ペリクレス Perikles（前495頃-前429）古代ギリシアの政治家．アテネの奴隷所有者民主制の徹底に努めた．I 644
ベル Bell イギリス，ブラッドフォードの救貧医．I 1154
ベル，ギャヴィン・メイスン Bell, Gavin Mason（19世紀）19世紀前半の種々のスコットランドの銀行の重役，『株式銀行業の原理』など，銀行・貨幣制度についての著作を著わした．III 982
ベル，サー・チャールズ Bell, Sir Charles（1774-1842）スコットランドの外科医，解剖学者．神経系の生理学の基礎を置いた．I 491

ペルセウス Perseus ギリシア神話に登場するゼウスの息子．見た者を石にする怪物メドゥーサの首をとったとされる英雄．Ⅰ 13

ベルンシュタイン，エードゥアルト Bernstein, Eduard（1850-1932）ドイツの社会民主党の幹部．社会民主党中央機関紙『ゾツィアール・デモクラート』の編集者（1881-90）．エンゲルス没後，修正主義の旗を掲げ，国際的にも日和見主義の潮流の代表者となった．Ⅱ 14

ペレール，イザアク Péreire, Isaac（1806-1880）フランスの銀行家，立法院議員．兄のジャコブ-エミル・ペレールらの影響から青年時代にはサン-シモン派，第２帝政中はボナパルト派，1852年，株式投機銀行クレディ・モビリエを創設．同行は，1867年，破産した．Ⅲ 780,〔1094〕

ペレール，ジャコブ-エミル Péreire, Jacob-Émile（1800-1875）フランスの銀行家，1825年より31年までサン-シモン派，第２帝政中はボナパルト派，立法院議員．弟イザアークとともにクレディ・モビリエを創設．Ⅲ 1092,〔1094〕

ヘレンシュヴァント，ジャン Herrenschwand, Jean（1728-1811あるいは1812）スイスの経済学者．『近代経済学，人口の基本的論述』を著わす．Ⅰ 212, Ⅲ 1403

ヘロデ Herodes（前73頃－前４）ユダヤ王．新約聖書によれば，ベツレヘムの幼児をみな殺しにした．Ⅰ 708,〔709〕,〔1027〕

ヘロン Heron（前１世紀頃）古代ギリシアの機械学者，数学者．Ⅰ〔664〕

ベンサム，ジェレミー Bentham, Jeremy（1748-1832）イギリスの法学者，功利主義の理論家．著作に『刑罰および賠償の理論』ほか．Ⅰ 306, 307, 1062-1064, 1067

ヘンダースン Henderson, James（19世紀）19世紀なかばイギリスのブラックバーンの労働委員会議長．Ⅲ 234

ベンティンク卿，ウィリアム・ジョージ・フレデリック・キャヴェンディッシュ Bentinck, William George Frederick Cavendish, Lord（1802-1848）イギリスの政治家，国会議員（1826-48），保護貿易主義の信奉者．Ⅲ 732

ベントリ，トマス Bentley, Thomas（1731-1780）イギリスの実業家で製陶業者．匿名で『労働短縮のために機械を使用することの効用および政策についての手紙』を著わした．Ⅰ〔315〕

ヘンリー７世 Henry Ⅶ.（1457-1509）イングランド国王（在位1485-1509）．Ⅰ 475, 1254, 1255, 1257, 1283, Ⅲ〔1616〕

ヘンリー８世 Henry Ⅷ.（1491-1547）イングランド国王（在位1509-47）．Ⅰ 1255, 1283, 1285, Ⅲ 1102

ヘンリー４世 Henry Ⅳ.（1367-1413）イングランド国王（在位1399-1413）．Ⅲ〔1616〕

【ホ】

ホイットニー，イーライ Whitney, Eli（1765-1825）アメリカの発明家．1793年綿繰機を発明．工場にフライス盤はじめ多くの工作機械を導入，機械制大工業への道を開

く．Ⅰ 674, 687
ボウズンキト，ジェイムズ・ウォットマン Bosanquet, James Whatman（1804-1877）イギリスの銀行家，銀行・信用制度にかんする著書『金属通貨，紙幣，および信用通貨』を著わした．Ⅲ 638, 697
ホウルズワース，ウィリアム・アンドリュース Holdsworth, William Andrews（？-1891頃）イギリスの法廷弁護士．Ⅱ 279, 285
ボウルトン，マシュー Boulton, Matthew（1728-1809）イギリスの技師，企業家．蒸気機関の発明を完成させた．Ⅰ 663,〔664〕, 683
ホジスキン，トマス Hodgskin, Thomas（1787-1869）イギリスの経済学者，政論家．『民衆経済学』，『資本の諸要求にたいする労働の擁護』などを著わす．リカードウの理論を労働者階級の利益擁護のために利用した，「リカードウ派社会主義者」の1人．Ⅰ 598, 622, 628, 933, 998, 1310, Ⅱ 28, 29, 389, Ⅲ 671, 691
ホジスン，アダム Hodgson, Adam（18/19世紀）イギリスの銀行家．リヴァプールの株式銀行の理事．Ⅲ 720, 721, 861, 863
ポスルスウェイト，マラカイ Postlethwayt, Malachy（1707-1767）イギリスの経済学者，商業と営業とにかんする大部の辞典『商工業大辞典』の編集者．Ⅰ 480, 481, 482
ボックスホルン，マルクス・ズエリウス Boxhorn, Marcus Zuerius（1612-1653）オランダの歴史家，文献学者．著作に『政治的制度』がある．Ⅰ 753
ポッター，アロンゾ Potter, Alonzo（1800-1865）北アメリカの聖職者，ニューヨークで哲学・経済学の教授．Ⅰ 1041,〔1042〕, Ⅱ 301
ポッター，エドマンド Potter, Edmund（1802-1883）イギリスの工場主（キャラコ捺染業者），マンチェスター商工会議所会頭，国会議員，自由貿易論者．Ⅰ 521, 998, 999, 1002, 1003
ホッブズ，トマス Hobbes, Thomas（1588-1679）イギリスの唯物論哲学者．『リヴァイアサン』を著わし，経済学も研究した．Ⅰ 297,〔629〕, 686, 1076
ポッペ，ヨハン・ハインリヒ・モーリツ・フォン Poppe, Johann Heinrich Moritz von（1776-1854）ドイツの数学者，技術史家，テュービンゲン大学技術学教授（1818-43）．『諸科学復興以後18世紀末までの技術学の歴史』を著わす．Ⅰ〔593〕,〔606〕,〔609〕,〔614〕,〔624〕,〔655〕,〔658〕,〔660〕,〔664〕,〔753〕, Ⅲ 571,〔572〕
ホートン，ジョン Houghton, John（1640-1705）イギリスの商人，経済学者．『農業および商工業の改良』を著わす．Ⅰ 751
ホーナー，フラーンシス Horner, Francis（1778-1817）イギリスの法律家，ウィッグ党の国会議員，議会での経済問題の専門家，レナド・ホーナーの兄．Ⅰ 1324
ホーナー，レナド Horner, Leonard（1785-1864）イギリスの工場監督官（1833-59）．地質学者で教育者，フラーンシス・ホーナーの弟．Ⅰ 387, 416, 417, 488, 494, 499-500, 507, 509, 510, 519, 706, 725, 726, 727, 749, 959, Ⅲ 155, 168, 217, 222

ボナパルト Bonaparte →ナポレオン1世，ナポレオン3世
ホプキンズ，トマス Hopkins, Thomas（1780-1864）イギリスの経済学者.『地代およびそれが生計と人口とに及ぼす影響について』を著わす. Ⅰ 396,〔397〕
ホブハウス，ジョン・キャム，ブロートン・ド・ジフォド男爵 Hobhouse, John Cam, Baron Broughton de Gyfford（1786-1869）イギリスの政治家，ウェストミンスター選出のホイッグ党議員，1831年の工場法の主唱者. Ⅰ 509
ホメロス Homeros（前8世紀頃）古代ギリシアの伝説的な詩人，叙事詩『イリアス』と『オデュッセイア』の作者とされている. Ⅰ 113,〔232〕,〔442〕,〔446〕,〔644〕,〔647〕, Ⅱ〔728〕
ホラティウス・フラクス，クィントゥス Horatius Flaccus, Quintus（前65-前8）古代ローマの詩人.『書簡詩』,『諷刺詩』ほか. Ⅰ〔11〕,〔191〕,〔464〕,〔470〕,〔606〕,〔1182〕,〔1240〕, Ⅱ〔728〕, Ⅲ〔350〕,〔1123〕
ホリンシェド，ラフェイアル Holinshed, Raphael（？-1580頃）イギリスの歴史家，イングランド，スコットランドおよびアイルランドの年代記を著す. Ⅰ 1253, 1285
ボリンブルク子爵，ヘンリー・スィンジャン Bolingbroke, Henry Saint-John, Viscount（1678-1751）イギリスの政治家，啓蒙主義者，トーリー党内閣で陸相（1704-08），国務相（1710）. Ⅰ 1318
ホール，クリストファ・ニューマン Hall, Christopher Newman（1816-1902）イギリスの牧師．南北戦争のさい北部を支持した. Ⅰ 445
ポロウニアス Polonius ウィリアム・シェイクスピアの悲劇『ハムレット』に登場する侍従長. Ⅰ 480
ホワイト，ジョン・エドワード White, John Edward（19世紀）イギリスの児童労働調査委員（1863-65）. Ⅰ 427, 449, 456, 460, 706, 826, 841
ボワギュベール，ピエール・ル・プザン，シュール・ド Boisguilbert（Boisguillebert）, Pierre Le Pesant, sieur de（1646-1714）フランスの経済学者，統計学者．フランスにおける古典派経済学の祖．著書に『フランス詳論』ほか. Ⅰ 227, 244, 245
ボワロ，エティエンヌ Boileau, Étienne（1200頃-1270頃）フランスの商人，パリの商人組合の代表．パリの手工業組合を描いた『職業の書』を著わす. Ⅰ 851,〔854〕
ボワロ-デプレオ，ニコラ Boileau-Despréaux, Nicolas（1636-1711）フランスの詩人，文芸批評家. Ⅰ 1138,〔1139〕, Ⅲ〔727〕
ホーン，ジョージ Horne, George（1730-1792）イギリスの聖職者．1790年以来，ノリッジの高教会の主教．ニュートン，ヒューム，アダム・スミスに反対する小冊子『法学博士A・スミスへの手紙』を著わす. Ⅰ 1077
ポンテオ Pontius →ピラト，ポンテオ
ポンパドゥール，ジャンヌ-アントワネット・ポワソン Pompadour, Jeanne-Antoinette Poisson（1721-1764） フランスのルイ15

世の愛人．Ⅰ〔473〕

【マ】

マイアー，ジークムント Mayer, Sigmund　ヴィーンの工場主．Ⅰ 19
マイアー，ルードルフ・ヘルマン Meyer, Rudolf Hermann（1839-1899）ドイツの経済学者，ジャーナリスト．ロートベルトゥスの『書簡および社会政策論集』の編集者．Ⅰ 413, 924, 925, Ⅱ 15, 16,〔17〕,〔35〕
マイスナー，オット・カール Otto, Meissner Karl（1819-1902）ドイツ・ハンブルクの出版者．『資本論』その他のマルクス，エンゲルスの著作を刊行した．Ⅰ〔8〕,〔17〕,〔39〕,〔52〕
マイツェン，アウグスト Meitzen, August（1822-1910）ドイツの統計学者，経済史家．『プロイセン国家の土地および農業諸関係』を著わす．Ⅰ 410
マイネルト，テーオドール・ヘルマン Meynert, Theodor Hermann（1833-1892）オーストリアの精神科・神経科医師，脳生理学者．Ⅲ 9
マウラー勲爵士，ゲオルク・ルートヴィヒ Maurer, Georg Ludwig, Ritter von（1790-1872）ドイツの法制史家．マルク共同体をはじめドイツの古代と中世の社会制度を研究．『マルク制度、荘園制度、村落制度、および都市制度と公的権力との歴史への序論』等を著わす．Ⅰ 130, 410
マカダム，ジョン・ルードン McAdam, John Loudon（1756-1836）スコットランドの技師，発明家．道路監督長官．Ⅲ 125,〔126〕
マカロック，ジョン・ラムジー MacCulloch, John Ramsay（1789-1864）スコットランドの経済学者，統計学者．リカードウの学説を俗流化した．著作は『経済学原理』ほか．Ⅰ 251, 262, 267, 480, 567, 716, 769, 776, 907, 1060, 1061, 1062, 1269, Ⅱ 26, 396, 623, Ⅲ 113, 385, 410
マクシミーリアーン・フォン・ハープスブルク Maximilian von Habsburg（1832-1867）オーストリア大公．メキシコの保守派がメキシコ皇帝として推戴（在位1864-67），帝国瓦解後，共和派により銃殺された．Ⅰ 293,〔294〕
マクドネル，ジョン MacDonnell, John（19世紀）イギリスの銀行家．アイルランド銀行副総裁（1846-48），総裁（1848-50）．議会報告書に登場．Ⅲ 941
マクベイン McBean（19世紀）イギリスの医師（1860）．Ⅰ 425
マクラウド，ヘンリー・ダニング Macleod, Henry Dunning（1821-1902）イギリスの経済学者．スコットランドに生まれイングランドの法律家となる．1858年までロイヤル・バンクの理事．著作に『銀行業の理論と実際』など．Ⅰ 269, Ⅱ 366,〔367〕
マクラレン，ジェイムズ Maclaren, James　19世紀のイギリスの法廷弁護士．貨幣流通の歴史を研究し，『通貨史概観』を著わす．Ⅰ 173
マグレガー，ジョン MacGregor, John（1797-1857）スコットランドの統計学者．自由貿易論者，国会議員，ブリティッシュ・ロイヤ

ル・バンクの創立者で，理事の1人（1849-56）．Ⅰ 480
マコーリー，トマス・バビントン Macaulay, Thomas Babington（1800-1859）イギリスの歴史家，政治家．ホイッグ党の国会議員．その著『イギリス史』では終始ウィッグ党とブルジョアの利益になるような歴史叙述を行なった．Ⅰ 478-479, 485, 1261, Ⅲ〔1086〕, 1089
マゴン Magon 古代カルタゴの執政官．Ⅲ 662,〔663〕
マーシャル，ウィリアム Marshall, William（19世紀） イギリスのガラス工場の総支配人．Ⅰ 616
マーシャル，マシュー Marshall, Matthew（1790-1873）イングランド銀行の営業局長（1835-64）．Ⅲ 934
マッシー，ジョウジフ Massie, Joseph（？-1784）イギリスの経済学者．自然利子率が資本量に，利子が利潤にそれぞれ依存することをいち早く主張．『自然的利子率を支配する諸原因にかんする一論』を著わす．Ⅰ 898, Ⅲ 604, 622, 647
マーティノウ，ハリエト Martineau, Harriet（1802-1876）イギリスの女性著作家，ジャーナリスト．『マンチェスターのストライキ』を著わす．Ⅰ 1109
マティユ・ド・ドンバール，クリストフ-ジョゼフ-アレクサンドル Mathieu de Dombasle, Christoph-Joseph-Alexandre（1777-1843）フランスの農学者．鋤の発明家．1822年，『ロヴィル農業年代記』を著わす．Ⅲ 1357,〔1357〕, 1450
マーティン，ヘンリー Martyn, Henry（？-1721）イギリスの法律家，政治家．匿名書『イギリスにとっての東インド貿易の諸利益』がある．Ⅰ〔565〕, 598,〔607〕,〔609〕,〔614〕,〔643〕,〔751〕,〔892〕
マーフィー，ジョン・ニコラス Murphy, John Nicholas（19世紀）イギリス，アイルランドのジャーナリスト．『アイルランド――産業的，政治的，および社会的に見た』を著わす．Ⅰ 1227
マブリ，ガブリエル-ボノ・ド Mably, Gabriel-Bonnot de（1709-1785）フランスの啓蒙思想家，財貨共有のユートピア的共産主義を主張した．Ⅱ 573
マームズバリー伯，ジェイムズ・ハリス Malmesbury, James Harris, Earl of（1746-1820）イギリスの外交官．『ジェームズ・ハリスの日記と通信』がある．Ⅰ 644,〔647〕
マリー，ヒュー Murray, Hugh（1779-1846）イギリスの地理学者，編集者．Ⅰ 600
マリー，ロバート Murray, Robert（19世紀）イギリス，ダブリンの銀行重役，プロヴィンシャル・バンク・オブ・アイルランドの支店監査部長．議会報告書に登場．Ⅲ 941
マリオン，モーディケイアイ Mullion, Mordecai →ウィルスン，ジョン
マリット Mallett（？）19世紀のイギリスの工場主．Ⅰ 422
マリトルネス Maritornes セルバンテス『ドン・キホーテ』に登場する宿ではたらく女性．Ⅰ 152
マルクス，イェニー（生家姓フォ

ン・ヴェストファーレン) Marx, Jenny (von Westphalen) (1814-1881) カール・マルクスの妻. Ⅱ〔39〕

マルクス-エイヴリング，エリナー Marx-Aveling, (Jenny Julia) Eleanor (1855-1898) マルクスの末娘. 教師，著述家，イギリス労働運動および国際労働運動に参加.『ニューヨーク・デイリー・トリビューン』に寄稿したマルクスの諸論説を編集し1897年に『東方問題』として公刊,『価値，価格，および利潤』(ドイツ語版『賃銀，価格，および利潤』) を1898年に出版. Ⅰ〔44〕,〔45〕, 53, 60, 61, 62, Ⅱ 12,〔16〕

マルサス，トマス・ロバート Malthus, Thomas Robert (1766-1834) イギリスの聖職者で経済学者. ヘイリバリーの東インド大学の近代史・経済学教授. 勤労者の貧困の原因を過剰人口に求める人口論の提唱で知られる.『人口の原理にかんする一論』,『地代の性質および増進にかんする研究』,『経済学原理』,『経済学における諸定義』などを著わす. Ⅰ 283, 367, 557, 621,〔622〕, 883, 918, 919, 968, 988, 997, 1007, 1022, 1024, 1036, 1038, 1040, 1059, 1062, 1075, 1076, 1107, 1108, 1130, 1233, Ⅱ 707, Ⅲ 62, 63, 67, 76, 81, 294, 329,〔330〕, 341, 684,〔685〕, 1168, 1191,〔1192〕, 1213

マローン，ヘルマン Maron, Hermann (1820-1882) プロイセンの農務省官吏. ドイツの農業経営学にかんする小冊子の著者. プロイセン政府による東アジア遠征団の一員 (1860-61). 帰国後，農務省大臣に「日本農業にかんする報告書」を提出.『日本と中国』を著わす. Ⅰ〔1252〕Ⅲ 1444

マン，ジョン Mun, John (1615-1670) トマス・マンの息子でマンの『外国貿易によるイギリスの財宝』の刊行者. Ⅰ 895

マン，トマス Mun, Thomas (1571-1641) イギリスの商人，1615年以後イギリス東インド会社の理事の一人，経済学者. 初期重商主義を体系化した. 著書に『外国貿易によるイギリスの財宝』がある. Ⅰ 895

マンデヴィル，バーナード・ド Mandeville, Bernard de (1670-1733) イギリスに帰化したオランダ人の医師，諷刺作家，経済学者.『航海旅行記』,『蜂の寓話，または私悪は公益』を著わす. Ⅰ 627, 1072, 1073, 1074, 1076

マンリー，トマス Manley, Thomas (1628-1690) イギリスの著述家，経済学者.『誤解された貨幣利子』でチャイルドの法定利子率引下論に反駁した. Ⅲ 1087

【ミ】

ミュラー，アダム・ハインリヒ，ニッタードルフ勲爵士 Müller, Adam Heinrich, Ritter von Nitterdorf (1779-1829) ドイツの経済学者，国家学者.『国家学要論』を著わす. Ⅰ 219, Ⅱ 299, Ⅲ 613, 688, 689

ミュラー，H. Müller, H. タイラー『人類の原始史〔……〕にかんする諸研究』の独訳者. Ⅱ 704

ミラボー侯，ヴィクトール・リクティ Mirabeau, Victor Riquetti, marquis de (1715-1789) フラン

スの社会思想家，経済学者．ケネーとの論争後その高弟となり重農学派の核をなした．自著の書名『人民の友』を終生筆名とした．ミラボー伯の父．Ⅰ 1076,〔1079〕, 1337, Ⅲ 1350

ミラボー伯，オノレ-ガブリエル-ヴィクトール・リクティ Mirabeau, Honoré-Gabriel-Victor Riquetti, comte de（1749-1791）フランスの政治家，フランス革命期の雄弁家．３度ベルリンを訪問（1786-88）し，『プロイセン王国について』を著わす．Ⅰ 834,〔835〕, 1251, 1279, 1280, 1303, 1304, 1321

ミル，ジェイムズ Mill, James（1773-1836）イギリスの経済学者，歴史家，哲学者．リカードウ学説を体系的な形で叙述した最初の人．『経済学要綱』を著わす．J.S.ミルの父．Ⅰ 201, 217, 269, 323, 345, 622, 769, 883,〔884〕, 987, 993, 997, 1062, Ⅱ〔17〕, 396, 823

ミル，ジョン・スチュアト Mill, John Stuart（1806-1873）イギリスの経済学者，社会哲学者．東インド会社の職員を務める．J.ミルの長子．リカードウ学説を卑俗化した．『経済学の若干の未解決問題にかんする論集』，『経済学原理』を著わす．Ⅰ 23, 24, 217, 235, 652, 769, 882, 883, 899-902, 1026,〔1027〕, 1040, 1045, 1047, 1064, 1065, 1307, Ⅱ 366, 625,〔626〕, Ⅲ 672, 690, 929, 1000, 1035, 1571

【ム】

ムア，サミュエル Moore, Samuel（1830頃-1911あるいは1912）イギリスの法律家，国際労働者協会の会員．マルクス，エンゲルスの友人で，『共産党宣言』や『資本論』第１巻の英訳に参加した．Ⅰ 44, 45,〔201〕Ⅲ 12

ムニエ，L． Mounier, L.（19世紀）フランスの歴史家．『フランスの農業について』を著わす．Ⅲ 1443, 1449,〔1450〕

【メ】

メアリー Mary → ウォークリー，メアリー・アン

メーザー，ユストゥス Möser, Justus（1720-1794）ドイツの歴史家．歴史記述における保守的・ロマン主義的潮流の創始者．『愛国的夢想』を著わす．Ⅲ 1411,〔1412〕

メドゥーサ Medusa ギリシア神話に登場する怪物で，見た者は石となった．ペルセウスによって首を切り落とされた．Ⅰ 12,〔13〕

メネニウス・アグリッパ Menenius Agrippa（？-前493）古代ローマの貴族．Ⅰ 635

メリヴェイル，ハーマン Merivale, Herman（1806-1874）イギリスの経済学者，政治家（自由党員）．オックスフォード大学経済学教授（1837-42）．ウェイクフィールドの植民論を分析批評した講義『植民および植民地についての講義』全２巻を出版．植民省次官（1848-59）．インド省終身次官（59-）．自由党員．Ⅰ〔75〕, 1107, 1108, 1344

メルシエ・ド・ラ・リヴィエール，ポル-ピエール Mercier de la Rivière, Paul-Pierre（1720-1793）フランスの官吏，経済学者．重農学派の学説の体系化に努め，『政治社会の自然的および本質的秩

序』を著わす．Ⅰ 194, 195, 227, 257, 262, 274, 275, 281, 332,〔936〕
メンガー，カール Menger, Carl（1840-1921）オーストリアの経済学者，限界効用説の主張者．Ⅲ 23
メンデルスゾーン，モーゼス Mendelssohn, Moses（1729-1786）ドイツのライプニッツ=ヴォルフ学派の哲学者．啓蒙主義とユダヤ思想に基づき信仰の自由を主張．レッシングと親しく，音楽家メンデルスゾーンの祖父．Ⅰ 33

【モ】

モア，サー・トマス More, Sir Thomas（1478-1535）イギリスのカトリック人文主義者，法律家，政治家，大法官（1529-32）．『ユートピア』（1516）第1部で当時のイギリスの土地囲い込みの進行，浮浪，盗奪の横行を，第2部で共産主義的理想社会を描写．Ⅰ 1076, 1253, 1256, 1285
モウジズ，エリエイザー Moses, Eleazar（1783-1868）ロンドンの大量既製服の縫製業者．Ⅲ 1087
モウルズワース，サー・ウィリアム Molesworth, Sir William（1810-1855）イギリスの政治家，国会議員．公共事業大臣（1853-55），植民大臣（1855）．また，ホッブス著作集などの編者．Ⅰ 297
モーガン，ルイス・ヘンリー Morgan, Lewis Henry（1818-1881）アメリカの人類学者．ニューヨークの弁護士，実業家，同州下院議員をへて上院議員．『古代社会』でインディアン社会，とくにイロクォイ族を研究．アメリカ学士院会員，1880年からアメリカ学術振興会人類部会会長．Ⅰ〔621〕, Ⅲ 305,〔306〕
モーズリー，ヘンリー Maudslay, Henry（1771-1831）イギリスの金属工出身の工場主，技師，発明家．Ⅰ 675
モーセ Moses 旧約聖書に登場する人物．神からシナイ山で律法（十戒）を啓示されたとされるユダヤの立法者，預言者．Ⅰ〔11〕, 659, 1036,〔1038〕, 1345
モートン，ジョン・チャーマズ Morton, John Chalmers（1821-1888）イギリスの農学者．『アグリカルチュラル・ダイジェスト』等，種々の雑誌，著作を編集し，寄稿も行なった．Ⅰ 663,〔664〕, 963, Ⅲ 1139,〔1141〕
モートン，ジョン・ロッカート Morton, John Lockhart（1781-1864）イギリスの農学者．ジョン・チャーマズ・モートンの父．Ⅲ 1140,〔1141〕, 1218
モムゼン，テーオドール Mommesen, Theodor（1817-1903）ドイツの歴史家．チューリヒ大学教授（1852-54），ベルリン大学教授（1858-1903）．『ローマ史』を著わす．Ⅰ 293, 299, Ⅲ 556, 662, 1403
モリス，ジェイムズ Morris, James（1795-1882）イングランド銀行理事（1827-47），同銀行総裁（1847-49）．議会報告書に登場．Ⅰ〔222〕, Ⅲ 732, 801, 828, 836,〔914〕, 1024
モリナリ，ギュスターヴ・ド Molinari, Gustave de（1819-1912）ベルギーの経済学者，ジャーナリスト．俗流経済学的立場から楽観的自由貿易論を主張．『経済学研究』を著わす．Ⅰ 278, 742, 743, 1041,

1344, 1345
モロク Moloch 古代シリアやパレスチナの神．その祭礼には人身を供物として捧げられた．Ⅰ 1148, Ⅲ 687
モンタランベール伯，シャルル・フォルブ・ド・トリヨン Montalembert, Charles Forbes de Tryon, comte de（1810-1870）フランスの政治家，政論家．カトリック党の党首．Ⅰ 822
モンテーイ，アマン-アレクシ Monteil, Amans-Alexis（1769-1850）フランスの歴史家．『各種史書稿本論』を著わす．Ⅰ 1300
モンテスキュー，シャルル-ルイ・ド・スゴンダ，バロン・ド・ラ・ブレド・エ・ド Monstesquieu, Charles-Louis de Secondat, baron de la Brède et de（1689-1755）フランスの政治思想家，歴史家．啓蒙思想の指導的人物の１人．主著『法の精神』．Ⅰ 163, 216, 1075, 1318

【ヤ】

ヤーヴェ（エホバ） Jahve（Jehova）ユダヤ教の神．旧約聖書のなかで唯一神の名として用いられ，イスラエル人を「選ばれた民」とした．Ⅰ 635,〔636〕
ヤコブ Jakob 旧約聖書の創世記に現れる人物．イサクの子で，イスラエル民族の祖の１人とされる．Ⅰ 1011
ヤラントン，アンドルー Yarranton, Andrew（1616-1684頃）イギリスの経済学者，農学者．Ⅰ 614
ヤング，アーサー Young, Arthur（1741-1820） イギリスの農学者．イングランド，アイルランド，フランス，イタリアの農業経営を視察旅行し，その報告をまとめたほか，『政治算術』を著わす．Ⅰ 215, 396, 480, 1172, 1185

【ユ】

ユア，アンドルー Ure, Andrew（1778-1857）スコットランド（イギリス）の化学者，経済学者．『工場哲学，または大ブリテンの工場制度の科学的，道徳的，商業経済の説明』を著わす．Ⅰ 53, 392, 460, 476, 528, 567, 614,〔615〕, 617, 618, 649, 650,〔651〕,〔655〕,〔660〕, 669,〔670〕, 679,〔680〕, 710, 735, 736, 737, 739, 744,〔747〕, 761, 762,〔763〕, 766, 767, 768, 961, 970, 975, Ⅲ 141,〔168〕, 182, 666
ユウェナリス，デキムス・ユニウス Juvenalis, Decimus Junius（50頃-130頃）古代ローマの諷刺詩人．皇帝ドミティアヌス支配下の退廃した世相を批判した．Ⅰ〔430〕
ユピテル（ジュピター） Jupiter ローマの神々の中で最重要な神．ギリシア神話の最高神ゼウスと同一視される．Ⅰ 642, 1004

【ラ】

ライダー Ryder（19世紀） イギリスの工場主で発明家．Ⅰ 683
ライト，チャールズ Wright, Charles（1828-1870以降） イギリスの銀行家（ノッティンガム），国会議員（1868-70）．議会報告書に登場．Ⅲ 940, 945
ライト，トマス Wright, Thomas

(1711-1786) イギリスの自然研究者.『小農場の独占について公衆に訴える簡潔な提言』を著わす. I 1269
ライト，トマス・バーバー Wright, Thomas Barber (1809-1878) イギリスの経済学者. バーミンガムの「小シリング論者」の1人で，ジョン・ハーロウとともに匿名で『通貨問題. ジェミニ書簡集』を発行. I〔402〕
ライヒ，エードゥアルト Reich, Eduard (1836-1919) ドイツの医師.『人類の退化について』など，公衆保健・衛生にかんする著作を執筆した. I 640
ライプニッツ，ゴットフリート・ヴィルヘルム Leibniz , Gottfried Wilhelm (1646-1716) ドイツの観念論哲学者で数学者. 主著に『形而上学叙説』,『弁神論』,『モナドロジー』等. I〔147〕,〔307〕〔339〕, III〔1511〕
ラウ，カール・ハインリヒ Rau, Karl Heinrich (1792-1870) ドイツの経済学者. 個々の問題ではスミスとリカードウの見解を支持したが，著作では領邦国家の官吏養成のための現状叙述に専念. 1848年革命時のフランクフルト国民議会議員. II 17
ラヴェルニュ，ルイ-ガブリエル-レオーンス-ギルオ・ド Lavergne, Louis-Gabriele-Léonce-Guilhaud de (1809-1880) フランスの政治家，経済学者. 農業，人口，銀行等にかんする統計的資料，地理的・歴史的調査にもとづいて書かれた多くの著作がある.『イングランド，スコットランド，およびアイルランドの農村経済』もその1つ. I 880, 924, 925, 1239, II 382, III 1142, 1143
ラヴォワジエ，アントワヌ-ロラン Lavoisier, Antoine-Laurent (1743-1794) フランスの化学者. 物質の燃焼を酸素との化合であると説明して燃素説を覆す. また，質量保存の法則を発見するなど現代に至る化学の体系を確立した. II 31, 33, 35, III〔68〕
ラヴレイ，エミル-ルイ-ヴィクトール・ド Laveleye, Emile-Louis-Victor de (1822-1892) ベルギーの法学者，経済学者.『ベルギー農村経済論』を著わす. II 390
ラサール，フェルディナント Lassalle, Ferdinand (1825-1864) ドイツの労働者運動の指導者. 1848/49年の革命に参加，その敗北後，ドイツで弁護士活動，著作活動に取り組む. 1863年，全ドイツ労働者協会を創設し，会長. ビスマルクとの秘密の会談を重ね，運動に親ビスマルクの誤った路線をもちこむ. I 9,〔10〕, 187, II 18
ラシャトール，クロード-モリス Lachâtre (La Châtre), Claude-Maurice (1814-1900) フランスのジャーナリストで，1871年のパリ・コミューンの参加者.『資本論』第1巻フランス語版の出版者. I 35, 40, 46
ラスカー，エードゥアルト Lasker, Eduard (1829-1884) ドイツの政治家，国民自由党の創立者の1人. I〔26〕, 56
ラッセル卿，ジョン Russell, Lord John (1792-1878) イギリスの政治家，ホイッグ党の指導者. 首相 (1846-52, 1865-66)，外相 (1852-53, 1859-65) 等を歴任. I 1022,

1264, Ⅱ 24, Ⅲ 731
ラッド，ネド Lud（Ludd），Ned ラダイド運動の指導者とされる架空の人物の名．機械打ち壊しの脅迫状の末尾にこの名の署名があった．Ⅰ 752,〔754〕
ラッフルズ，サー・トマス・スタンフォード Raffles, Sir Thomas Stamford（1781-1826）イギリスの植民地官吏，ジャワ副総督（1811-16）．東南アジアの植民地経営をオランダと争い，また同地方の歴史，社会，民俗等を研究し，『ジャワの歴史』全２巻を著わす．Ⅰ〔631〕, 632, 1313
ラドクリフ，ジョン・ネッタン Radcliffe, John Netten（1826-1884）イギリスの医師．伝染病学会の名誉書記（1862-71）および会長（1875-77），枢密院の保健監督官（1860-83）．Ⅲ 167
ラードナー，ダイアニシャス Lardner, Dionysius（1793-1859）イギリスの数学者，物理学者．自然科学や技術学，哲学や経済学にかんする多くの著作を著わす．『鉄道経済』もその１つ．Ⅱ〔273〕, 274, 276,〔277〕, 287, 290-292
ラファルグ，ポール Lafargue, Paul（1842-1911）フランスの社会主義者．国際労働者協会評議員，フランス労働党の創立者の１人，マルクスの次女ラウラの夫．Ⅱ〔17〕
ラブレー，フランソワ Rabelais, François（1494頃-1553）フランスの医師，作家，『ガルガンチュワ物語』『パンタグリュエル物語』で豊富な語彙を駆使して鋭い諷刺を行なった．Ⅰ〔1239〕,〔1328〕
ラボルド侯，アレクサンドル-ルイ-ジョゼフ Laborde, Alexandre-Louis-Joseph, marquis de（1774-1842）フランスの考古学者，文筆家，自由主義的政治家．『共同社会の全利益における協同の精神について』を著わす．Ⅰ 926
ラマッツィーニ，ベルナルディーノ Ramazzini, Bernardino（1633-1714）イタリアの医師，パドヴァの臨床医学の教授．職業病にかんする資料を収集し体系化し，『働く人々の病気について』を著わす．Ⅰ 640
ラムジー，サー・ジョージ Ramsay, Sir George（1800-1871）スコットランドの経済学者．古典派経済学の最後の代表者の１人．『富の分配にかんする一論』を著わす．Ⅰ 282, 289, 560, 891, 987, 1103, Ⅱ 257,〔258〕, 366, 623, 625, 695, 700, 701, Ⅲ 67, 76, 478, 620, 621, 651,〔652〕, 653, 1369
ラムフォード Rumford →トムスン，サー・ベンジャミン，ラムフォード伯
ラング，サミュエル Laing, Samuel（1810ないし1812-1897）イギリスの法律家，鉄道経営者，自由主義的政治家．『国民的困窮』を著わす．Ⅰ 344-345, 1123, 1148, 1176, Ⅲ 1380
ラング，シートン Laing, Seton（19世紀）『コウル，デイヴィドスン・アンド・ゴードンのシティ大詐欺事件の新シリーズ』の著者．Ⅲ〔961〕
ランゲ，シモン-ニコラ-アンリ Linguet, Simon-Nicolas-Henri（1736-1794）フランスの弁護士，歴史家．『民法の理論』を著わす．Ⅰ 402, 505,〔506〕, 591, 1075,〔1079〕, 1289, Ⅱ 573, Ⅲ 147,〔148〕, 1411,〔1412〕

ランチェロッティ，ゼコンド Lancellotti, Secondo（1575-1643）イタリアの聖職者，考古学者，修史家．Ⅰ 752

【リ】

リー，ナサニエル Lee, Nathanael（1653頃-92）イギリスの劇作家．古代史に取材した英雄劇をつくった．Ⅱ〔210〕
リヴァイアサン（レビヤタン） Leviathan 旧約聖書中の水に棲む大怪獣．Ⅲ 1125,〔1126〕
リーヴァイ，レオン Levi, Leone（1821-1888）イギリスの経済学者，統計家，法律家．Ⅰ 1280,〔1281〕
リウィウス，ティトゥス Livius, Titus（前59-後17）古代ローマの歴史家．『都ローマの建設以来』を著わす．Ⅰ〔491〕
リカードウ，デイヴィド Ricardo, David（1772-1823）イギリスの経済学者．古典派経済学の最高の到達点を示す（1819年以後，国会議員）．主著『経済学および課税の原理』〔『経済学原理』〕．Ⅰ 21, 26, 101, 115, 138, 143, 144-145, 150, 217, 250,〔251〕, 290, 291, 326, 355,〔356〕, 358, 395, 396, 541, 681, 689,690,692, 717, 758, 759, 769, 883,〔884〕, 898, 899, 906, 907, 917, 918, 924, 930, 979, 997, 1025, 1026, 1036, 1040, 1045, 1057-1059, 1072, 1103, 1324, Ⅱ〔17〕, 22-24, 26-29, 33, 36, 37, 243, 347, 348, 350, 351, 354, 359, 360, 364-366,〔396〕, 474, 622, 623, 776, Ⅲ 21, 33, 65, 78, 113, 187, 200, 309, 315, 316, 340, 347, 349,〔350〕, 385, 408-410, 414-417, 427, 445, 551, 552, 758,〔759〕, 983-987, 1174-1176, 1191,〔1192〕, 1213,〔1214〕, 1226,〔1227〕, 1229,〔1230〕, 1335, 1351, 1377, 1467, 1505, 1506, 1527
リキニウス・ストロ，ガイウス Licinius Stolo, Gaius（前4世紀）古代ローマの政治家．Ⅰ 1270
リーサム，ウィリアム・ヘンリー Leatham, William Henry（1815-1889）イギリスの銀行業者，国会議員．『通貨にかんする書簡集』を著わす．Ⅲ 696
リスター，サミュエル・カンリフ Lister, Samuel. Cunliffe（1815-1906）イギリスの実業家，発明家．Ⅰ 668,〔669〕
リスター，ジェイムズ Lister, James（1803-1879）イギリスの銀行家，ユニオン・バンク・オブ・リヴァプールの理事（1835-74）．議会報告書に登場．Ⅲ 724,〔792〕
リスト，フリードリヒ List, Friedrich（1789-1846）ドイツの経済学者．『経済学の国民的体系』，『農地制度，零細経営，国外移住』を著わす．Ⅱ 17, Ⅲ 1584
リチャードスン，サー・ベンジャミン Richardson, Sir Benjamin（1828-1896）イギリスの医師．論文「労働と過度労働」を著わす．Ⅰ 443, 444, 447
リッチー，チャールズ・トマス Ritchie, Charles Thomas（1838-1906）イギリスの銀行家．Ⅲ 978
リード，ジョージ Read, George（19世紀）19世紀のイギリス製パン業の歴史の著者．『製パン業の歴史』を著わす．Ⅰ 435, 436
リーバーマン，カール・テオドール Liebermann ,Karl Theodor（1842-1914）ドイツの化学者．グ

レーベと共にアリザリンを初めて合成した（1869）．また天然色素アルカロイドなどを研究し，第二アミン，フェノールなどを検出した．Ⅲ〔125〕

リヒノフスキ侯，フェーリクス・マリーア Linchnowski, Felix Maria, Fürst von（1814-1848）ドイツの政治家，シュレージエンの大地主．フランクフルト・アム・マインの９月蜂起で殺された．Ⅰ 1030,〔1031〕

リービヒ男爵，ユストゥス Liebig, Justus, Freiherr von（1803-1873）ドイツの化学者．理論化学（とくに有機化学と分析化学）ならびにその農業への応用で業績があり，『化学の農業および生理学への応用』，『農業の理論と実際』などを著わす．Ⅰ 414, 580, 679,〔680〕, 882, 883, 996, Ⅲ〔1109〕, 1331, 1374, 1389, 1453

リュザク，エリー Luzac, Elie（1721-1796）オランダの哲学者，法学者，経済学者．『オランダの富』（全４巻）を著わす．Ⅲ 543

リュクルゴス Lykurgos 古代ギリシアの伝説上の人物．スパルタの立法と国制を定めたとされる．Ⅰ 744

リュビション，モリス Rubichon, Maurice（1766-1849）フランスの経済学者，政治家．『フランスおよびイギリスにおける社会機構について』を著わす．Ⅲ 1140, 1443, 1449,〔1449〕

リルバーン，ジョン Lilburne,John（1614-1657）イギリス，清教徒革命における水平派の指導者．Ⅰ〔154〕

【ル】

ルアール・ド・カル，ピーマリ Rouard de Card, Pie-Marie（19世紀）フランスの聖職者．『聖体の偽造について』を著わす．Ⅰ 432

ルイ14世 Louis XⅣ（1638-1715）フランス国王（在位1643-1715．ルイ14世の時代と呼ばれる親政は1661年から）．Ⅰ 244,〔547〕Ⅲ 180

ルイ16世 Louis XⅥ（1754-1793）フランス国王（在位1774-92）．Ⅰ 1286

ルイ-フィリップ，オルレアン公 Louis-Philippe, duc d' Orléans（1773-1850）フランスの王（在位1830-48）．Ⅰ 488-489

ルイ・ボナパルト Louis Bonaparte →ナポレオン３世

ルキアノス Lukianos（120頃-180頃）古代ギリシアの諷刺作家．Ⅰ 1077

ルクレティウス・カルス，ティトゥス Lucretius Carus, Titus（前95頃-前55頃）古代ローマの詩人，唯物論哲学者．エピクロスの原子論を継承した．『物の本質について』を著わす．Ⅰ 371

ルーゲ，アーノルト Ruge, Arnold（1802-1880）ドイツの政論家．青年ヘーゲル派で，1844年にマルクスとともに『独仏年誌』を編集．1866年以降は国民自由党員．Ⅰ 135, 265

ル・シャプリエ，イザアク-ルネ-ギ Le Chapelier, Isaac-René-Guy（1754-1794）フランスの弁護士，政治家．1791年６月14日の労働者の結社を処罰する法律の提案者．

ジャコバン独裁時に処刑された．Ⅰ 1295

ルソー，ジャン-ジャック Rousseau, Jean-Jacques（1712-1778）フランスの思想家．フランス革命前の啓蒙思想を代表する思想家の1人．著作に『人間不平等起源論』，『社会契約論』がある．Ⅰ〔854〕, 1304

ルター，マルティーン Luther, Martin（1483-1546）ドイツの宗教改革の指導者．高利禁止の立場から高利資本，商業資本の活動を批判した著作『商取引と高利とについて』，『牧師諸氏に，高利に反対するように説く』がある．Ⅰ 236,〔314〕, 335, 547,〔548〕, 1031, 1033, 1315, Ⅲ 563,〔564〕, 593, 679, 681, 1080, 1104,〔1104〕,〔1105〕, 1610

ル・トローヌ，ギヨーム-フランソワ Le Trosne, Guillaume-François（1728-1780）フランスの経済学者，重農主義者．『社会的秩序について』第2巻「社会的利益について」で重農主義の価値論をまとまった形で展開した．Ⅰ 68, 74, 163, 181, 197, 204, 210, 253, 275, 276, 278, 280, 285, 364, Ⅱ 306

ルニョ，エリアス-ジョルジュ-スランジュ-オリヴァ Regnault, Élias-Georges-Soulange-Oliva（1801-1868）フランスの歴史家，法律家，政論家で，1848年革命後に内務省・大蔵省の官吏，その後，研究に復帰し，『ドナウ諸侯国の政治的社会的歴史』を著わす．Ⅰ 412

ルーベンス，ペーテル・パウル Rubens, Peter Paul（1577-1640）フランドルの画家．バロック絵画の第一人者．Ⅰ 523

ルモンテ，ピエール-エドゥアール Lemontey, Pierre-Édouard（1762-1826）フランスの歴史家，経済学者，政治家．1791-92年の立法議会の議員．『分業の道徳的影響について』を著わす．Ⅰ 639

ルー-ラヴェルニュ，ピエール-セレスタン Roux-Lavergne, Pierre-Célestin（1802-1874）フランスの歴史家，哲学者．Ⅰ 1296

【レ】

レイ，ジョン Ray, Johe（1627-1705）イギリスの博物学者．植物学、動物学の著作のほか、『イギリス格言集』をまとめた．Ⅰ〔482〕

レイヴンストン，ピアシー Ravenstone, Piercy（？ -1830）イギリスの経済学者．リカードウの理論にもとづいて，マルサスの人口論を批判するなど，プロレタリアートの利益を擁護．『減債基金制度とその影響にかんする考察』を著わす．Ⅰ 756, 891, Ⅱ 29

レイラー，ジョン Laylor, John（1814-1856）イギリスの時事評論家，経済学者．『貨幣と道徳』を著わす．Ⅱ 226, 230, 231

レクシス，ヴィルヘルム Lexis, Wilhelm（1837-1914）ドイツの経済学者，統計学者．1891年以降『コンラート年報』の編集者．Ⅲ 21, 25

レサビー，ヘンリー Letheby, Henry（1816-1876）イギリスの医師，化学者．Ⅰ 443

レスター伯，トマス・ウィリアム・クク Leicester, Thomas William Coke, Earl of（1752-1842）イギ

リスのノーフォークの農場経営者．Ⅰ 1206,〔1207〕
レッシング，ゴットホルト・エーフライム Lessing, Gotthold Ephraim (1729-1781) ドイツの啓蒙主義の代表的文筆家，劇作家，批評家，文芸史家．Ⅰ 33
レッドグレイヴ，アリグザーンダー Redgrave, Alexander (1818-1894) イギリスの工場監督官 (1852-78)．Ⅰ 468-470, 664, 698, 706, 732, 761, 787, 799, 801, 951, 975-977, Ⅲ 175, 234, 237
レーデン男爵，フリードリヒ・ヴィルヘルム・オットー・ルートヴィヒ Reden, Friedrich Wilhelm Otto Ludwig, Freiherr von (1804-1857) ドイツの政治家，統計学者．1848/49年のフランクフルト国民議会議員（左派）．『比較文化統計』を著わす．Ⅲ 824
レビヤタン Leviathan →リヴァイアサン（レビヤタン）

【ロ】

ロー，ジョン・オブ・ロリストン Law, John of Lauriston (1671-1729) スコットランド出身の経済学者，銀行家，財政家．フランスの財務総監 (1719-20)．『貨幣と交易にかんする考察』を著わす．Ⅰ 162,〔163〕, 1076, Ⅲ 780, 1089
ロイ，ヘンリー Roy, Henry (19世紀) イギリスの医師，経済学者．『取引所の理論』を著わす．Ⅰ〔242〕,〔1138〕, Ⅲ〔620〕,〔625〕
ロイター，フリッツ Reuter, Fritz (1810-1874) ドイツの詩人，作家．作品に『牢獄時代』，『監督ブレージヒの手紙』ほか．Ⅱ〔778-779〕
ロイド Loyd →オウヴァストン卿，サミュエル・ジョウンズ・ロイド
ロイド，ルイス Loyd, Lewis (1767-1858) イギリスの銀行家，ジョーンズ・ロイド・アンド・カンパニーの共同出資者．オウヴァストンの父．Ⅲ 959,〔961〕
ロジエ，シャルル-ラトゥール Rogier, Charles-Latour (1800-1885) ベルギーの政治家，ブリュッセルに居たマルクスを内相 (1847-52) としてベルギーから追放した (1848)．Ⅰ 486
ロジャーズ，ジェイムズ・エドウィン・ソロルド Rogers, James Edwin Thorold (1823-1890) イギリスの経済学者．経済学，統計学を教授 (1859-90)，1880年より自由党の国会議員．『イギリスにおける農業および物価の歴史』を著わす．Ⅰ 1173, 1181, 1182, 1260, 1307
ローズ，セシル・ジョン Rhodes, Cecil John (1853-1902) イギリスの植民地政治家，ケープ植民地首相 (1890-96)．Ⅲ 1627
ロスコウ，サー・ヘンリー・エンフィールド Roscoe, Sir Henry Enfield (1833-1915) イギリスの化学者．オウエンズ・カレッジ（現マンチェスター大学）化学教授 (1857-87)．国会議員 (1885-95)．Ⅱ 31
ローダデイル伯，ジェイムズ・メイトランド Lauderdale, James Maitland, Earl of (1759-1839) イギリスの政治家（1790年から上院議員），経済学者．利潤についての資本の生産力説や需給による価値規定を擁護して，スミスを批判した．『公的富の性質と起源，そ

の増加の手段と原因とにかんする研究』を著わす．Ⅰ 614,〔615〕,〔1265〕, Ⅲ〔686〕
ロック，ジョン Locke, John (1632-1704) イギリス名誉革命期の代表的思想家．主著に『人間悟性論』,『統治二論』がある．経済学も研究し，『利子引下げおよび貨幣価値引上げの諸結果に関する若干の考察』,『貨幣価値引上げについての再考察』などを著わす．Ⅰ 67, 162, 180, 217, 263, 686, 1076, Ⅲ 604, 1127
ロッシ伯，ペレグリーノ・ルイージ・エドアルド Rossi, Pellegrino Luigi Edoardo, comte (1787-1848) イタリアの経済学者，法律家，政治家．フランスの市民権を得て長くパリに居住．『経済学講義』を著わす．Ⅰ 301, 302, 994
ロッシャー，ヴィルヘルム・ゲオルク・フリードリヒ Roscher, Wilhelm Georg Friedrich (1817-1894) ドイツの経済学者．歴史学派の創始者の１人とされる．『国民経済学原理』ほかを著わす．Ⅰ 165, 278, 358, 374,〔375〕, 395, 460, 572, 642, 1071, Ⅱ 595, Ⅲ 387, 524,〔525〕, 551, 690, 1477,〔1477〕
ロード，ヘンリー・ウィリアム Lord Henry William (19世紀) イギリスの児童労働調査委員 (1863-66)．Ⅰ 453, 827
ロドウェル，ウィリアム Rodwell, William (19世紀) イギリスの銀行家，イプスウィッチのベイコン・キャブボウルド・アンド・カンパニーの共同出資者．銀行制度にかんする諸著作がある．Ⅲ 882
ロトシルド（ロスチャイルド）男爵，ジェイムズ Rothschild, James, baron de (1792-1868) ドイツの国際的金融業者ロスチャイルド家初代マイアーの五男．パリの支店ロスチャイルド銀行の代表．Ⅲ 828
ロートベルトゥス（-ヤゲツォー），ヨハン・カール Rodbertus (-Jagetzow), Johann Karl (1805-1875) ドイツの経済学者，大地主．1848年のドイツ３月革命時，プロイセン国民議会議員，ハンゼマン内閣文相，半月で辞任引退の後，経済学・社会問題を研究．君主主義的な上からの国家社会主義を展開．Ⅰ 924, 925, Ⅱ 14-19, 22, 24, 25, 27-30, 33-35, 37, 38, 660, Ⅲ 20, 243, 1388, 1430,〔1431〕, 1527,〔1528〕
ロバーツ，サー・ジョージ Roberts, Sir George (1803-1860) イギリスの歴史家．『過去数世紀におけるイングランド南部諸州住民の社会史』を著わす．Ⅰ 1257
ロバーツ，リチャード Roberts, Richard (1789-1864) イギリスの発明家．自動ミュール精紡機を発明した．Ⅰ〔670〕
ロハッチ，R．H． Rohatzsch, R. H. (19世紀前半) ドイツの医師．Ⅰ〔640〕
ロバートスン，ジョージ Robertson, George (1750頃-1832) スコットランドの文筆家．『経済学についての論集』を著わす．Ⅰ〔919〕
ロビンソン Robinson イギリスの綿紡績業者．Ⅰ 508
ロビンソン・クルーソー Robinson Crusoe ダニエル・デフォーの小説『ロビンソン・クルーソー』の主人公．Ⅰ 137, 138, 140,〔509〕
ロラン，オギュスト Laurent, Auguste (1807-1853) フランスの化学者．Ⅰ 546

【ワ】

□

文献索引

1)　本索引は，以下の４つに分類されている．
　　Ⅰ　マルクス，エンゲルスの著書・論文・書簡
　　Ⅱ　その他の著書・論文
　　Ⅲ　公文書刊行物
　　Ⅳ　新聞・雑誌

2)　配列は五十音順とし，長音（ー）は無視した．「Ⅳ　新聞・雑誌」では，本訳書中と同様に，冠詞を省略して配列した．

3)　各文献末尾のローマ数字（Ⅰ，Ⅱ，Ⅲ）は，『資本論』の巻数を表わし，その後の数字は本訳書のページ数をさす．なお，指示ページは，原則として，その文献名が挙示されている個所を掲げた．

4)　文献の著作者名で全体に〔　〕が付されたものは，匿名著作として公刊され，後に著作者が判明したもの．また，本訳書のページのうち，〔　〕が付されたものは，訳者による注解に該当の文献が示されているものである．

5)　矢印記号（→）は，「以下の文献名を見よ」の意である．

6)　邦訳のあるものについては，できるだけ最新のものを各文献の最後に掲げた．

7)　本索引の作成にあたっては，服部文男編『資本論総索引』（1997年，新日本出版社），および新『マルクス・エンゲルス全集』（新メガ）諸巻を参照した。

Ⅰ　マルクス，エンゲルスの著書・論文・書簡

マルクス，カール『経済学批判．第１分冊』，ベルリン，1859年．（Marx, Karl: Zur Kritik der politischen Oekonomie. H.1. Berlin 1859.）〔邦訳：『経済学批判．第１分冊』，杉本俊朗訳．所収：『全集』，第13巻．〕 Ⅰ 7, 18, 21, 29, 65, 74, 77, 138, 140, 147, 156, 160, 168, 171, 172, 179, 201, 248, 250, 335, 〔402〕, 937, 1083, Ⅱ 6, 550, Ⅲ 313, 315, 539, 〔736〕, 792, 〔968〕, 983-988, 1008, 1097

〔――〕「国際労働者協会創立宣言および暫定規約．ロンドン，ロング・エー

カー，セント・マーティンズ・ホールで行われた公開集会において，1864年9月28日に創立」〔ロンドン〕，1864年.（Address and Provisional Rules of the Working Men's International Association, established September 28, 1864, at a public meeting held at St. Martin's hall, Long Acre, London.［London］1864.）〔邦訳：「国際労働者協会創立宣言」，所収『マルクス　インタナショナル』，不破哲三編集・文献解説．古典選書，新日本出版社．『国際労働者協会創立宣言および暫定規約』，村田陽一訳．『全集』，第16巻.〕 I 54，56，58，61，Ⅲ〔1133〕

――『個々の問題についての暫定中央委員会代議員への指示（1866年）―ジュネーヴでの第1回大会』〔邦訳所収：『マルクス　インタナショナル』不破哲三編集・文献解説，古典選書，新日本出版社．『全集』第16巻.〕 I〔530〕

――『資本論．経済学批判』，第1巻，第1部『資本の生産過程』〔初版〕，ハンブルク，1867年.（Das Kapital. Kritik der politischen Oekonomie. Bd.1.Buch 1: Der Produktionsprocess des Kapitals. Hamburg 1867.）〔邦訳：『初版　資本論』，江夏美千穂訳，幻燈社書店.〕 I 7，〔7〕，17，378

――『資本論．経済学批判』，第1巻，第1部『資本の生産過程』，改訂第2版，ハンブルク，1872年.（Das Kapital. Kritik der politischen Oekonomie. Bd.1.Buch 1: Der Produktionsprocess des Kapitals. 2.,verb. Aufl. Hamburg 1872.）〔邦訳：『第二版　資本論』，江夏美千穂訳，幻燈社書店.〕 I 17-18，37，43，45-46，86，93，100，111，113，130，134，138，140，171-172，173，174，176，178，179，199，223，238，248，252，371，375，378，524，628，692，732，762，784，787，1040，1081，1218，1227，1280，Ⅱ 24，575

――『資本論．経済学批判』，第1巻，第1部『資本の生産過程』，増補第3版，ハンブルク，1883年.（Das Kapital. Kritik der politischen Oekonomie. Bd.1.Buch 1: Der Produktionsprocess des Kapitals. 3., verm. Aufl. Hamburg 1883.） I 39，41，45-46，52，55，61，373，410，440，546，620，682，904，1048，1098

――『資本論．経済学批判』，第1巻，第1部『資本の生産過程』，第4版，フリードリヒ・エンゲルス編集，ハンブルク，1890年.（Das Kapital. Kritik der politischen Oekonomie. Bd.1. Buch 1: Der Produktionsprocess des Kapitals. 4., durchg. Aufl. Hrsg. von Friedrich Engels. Hamburg 1890.） I 52-55，61，87，248，252，595，698，745，756，792，878，880，1043，1096

――『資本論．資本主義的生産の批判的分析』，ドイツ語第3版よりサミュエル・ムーアおよびエドワード・エイヴリング英訳，フリードリヒ・エンゲルス編集，全2巻，ロンドン，1887年.（Capital: a critical analysis of capitalist production. Transl. from the 3rd German ed., by Samuel Moore and Edward Aveling and ed. by Frederick Engels. Vol.1.2. London 1887.） I〔44〕，44-45，52-53，87

――『資本論』，M・J・ロワ訳，著者全面校閲，パリ〔1872－1875年〕.（Le capital. Trad. de M.J.Roy, entièrement rev. Par l'auteur. Paris［1872-1875］.）〔邦訳：『フランス語版　資本論』，江夏美千穂訳，全２冊，法政大学出版局.〕Ⅰ 40-41，45-46，52，902

――『資本論．経済学批判』，ドイツ語からのロシア語訳，第１巻，第１部『資本の生産過程』，サンクト－ペテルブルク，1872年.（Капиаталъ. Критика политической экономики. Переводъ съ нъмецкаго. Т.1. Кн.1: Процессъ проиэводства капитала. С.-Петербургъ 1872.）Ⅰ 26

――『資本論．経済学批判』，第２巻，第２部『資本の流通過程』〔初版〕，フリードリヒ・エンゲルス編集，ハンブルク，1893年.（Das Kapital. Kritik der politischen Oekonomie. Bd.2. Buch 2: Der Cirkulationsprocess des Kapitals. Hrsg. von Friedrich Engels. Hamburg 1885.）Ⅰ 48，Ⅱ 40

――『資本論．経済学批判』，第２巻，第２部『資本の流通過程』，第２版，フリードリヒ・エンゲルス編集，ハンブルク，1893年.（Das Kapital. Kritik der politischen Oekonomie. Bd.2. Buch 2: Der Cirkulationsprocess des Kapitals. 2.Aufl.. Hrsg. von Friedrich Engels. Hamburg 1893.）Ⅱ 40

――『資本論．経済学批判』，第３巻，２分冊，第３部『資本主義的生産の総過程』，フリードリヒ・エンゲルス編集，ハンブルク，1894年.（Das Kapital. Kritik der politischen Oekonomie. Bd.3.Th.1-2. Buch 3: Der Gesammtprocess der kapitalistischen Produktion. Hrsg. von Friedrich Engels. Hamburg 1894.）Ⅲ 7，9，44，1589，1596，1599，1601，1623

――「選挙――金融の雲行き悪化――サザーランド公爵夫人と奴隷制度」．所収：『ニューヨーク・デイリー・トリビューン』，第3687号，1853年２月９日〔２月８日付夕刊に初出，翌２月９日付朝刊に再掲載〕.（Elections – Financial clouds – The Duchess of Sutherland and slavery. In: New-York Daily Tribune. No.3687, 9.February 1853.）〔邦訳：『選挙――金融の雲行き悪化――サザーランド公爵夫人と奴隷制度』，鎌田武治訳．所収：『全集』，第８巻.〕Ⅰ〔1276〕

――（「賃労働と資本」）．所収：『新ライン新聞』，ケルン，第264号，1849年４月５日；第265号，1849年４月６日；第266号，1849年４月７日；第267号，1849年４月８日；第269号，1849年４月11日.（(Lohnarbeit und Kapital.）In: Neue Rheinische Zeitung. Köln. Nr.264, 5.April 1849; Nr.265, 6.April 1849.; Nr.266, 7.April 1849; Nr.267, 8.April 1849; Nr.269, 11.April 1849.）〔邦訳：『賃労働と資本』，服部文男訳，古典選書，新日本出版社，長洲一二訳，所収：『全集』，第６巻.〕Ⅰ 1006，1071，1338，Ⅱ 18

――『哲学の貧困．プルードン氏の貧困の哲学にたいする返答』，パリ，ブリュッセル，1847年.（Misère de la philosophie. Réponse à la Philosophie de la misère de M. Proudhon. Paris, Bruxelles 1847.）〔邦訳：『哲学の貧困』，平田清明訳．所収：『全集』，第４巻.〕Ⅰ〔124〕，146，629，634，639，737，〔741〕，933，1127，Ⅱ 17，28，29，35，Ⅲ 1097，1122

——『哲学の貧困．プルードンの「貧困の哲学」にたいする返答』，エドゥアルト・ベルンシュタインおよびカール・カウツキーによるドイツ語訳．付，フリードリヒ・エンゲルスの序文および注．シュトゥットガルト，1885年．（Das Elend der Philosophie. Antwort auf Proudhous „Philosopie des Elends". Deutsch von Eduard Bernstein und Karl Kautsky. Mit Vorwort und Noten von Friedrich Engels. Stuttgart 1885.）〔邦訳：『〔カール・マルクスの著書「哲学の貧困」ドイツ語初版への〕序文』，花田圭介訳．所収：『全集』，第4巻，第21巻．〕Ⅱ 14，35
——「『フォルクスシュタート』編集部へ」．所載：『フォルクスシュタート』，ライプツィヒ，第44号，1872年6月1日．（An die Redaktion des „Volksstaat". In: Der Volksstaat. Leipzig. Nr.44. 1.Juni 1872.）〔邦訳：『〔ブレンターノの第1論説への回答〕』，村田陽一訳．所収：『全集』，第18巻．〕Ⅰ 55
——「『フォルクスシュタート』編集部へ」．所載：『フォルクスシュタート』，ライプツィヒ，第63号，1872年8月7日．（An die Redaktion des „Volksstaat". In: Dar Volksstaat. Leipzig. Nr.63. 7.August 1872.）〔邦訳：『〔ブレンターノの第2論説への回答〕』，村田陽一訳．所収：『全集』，第18巻．〕Ⅰ 57
——『フランスにおける階級闘争』．所載：『新ライン新聞，政治経済評論』第1号，1850年1月，第2号，50年2月，第3号，50年3月，第5・6号，50年5-10月．（Die KlassenKämpfe in Frankreich 1848 bis 1850.）〔邦訳『フランスにおける階級闘争』，中原稔生訳．所収：『全集』，第7巻．〕Ⅲ〔237〕
——『ルイ・ボナパルトのブリュメール18日』，第2版，ハンブルク，1869年．（Der achtzehnte Brumaire des Louis Bonaparte. 2.Ausg. Hamburg 1869.）〔邦訳：『ルイ・ボナパルトのブリュメール18日』，村田陽一訳，所収：『全集』，第8巻．〕Ⅰ 1206-1207
——「〔書評〕トマス・カーライル編『現代小論集』．第1部「現代」，第2部「モデル監獄」，ロンドン，1850年」．所載：『新ライン新聞，政治経済評論』，ロンドン，ハンブルクおよびニューヨーク，1850年，第4号．（[Rezension zu:] Latter-day pamphlets. Edited by Thomas Carlyle. No.1: The present time. – No.2 : Model prisons. – London, 1850. In : Neue Rheinische Zeitung. Politisch-ökonomische Revue. Red. von Karl Marx. London, Hamburg, New-York. 1850. H.4.） Ⅰ〔445〕

——『1857－58年の経済学草稿』．MEGA第2部第1巻．（MEGA Zweite Abtelung）〔邦訳：高木幸二郎ほか訳『1857－58年の経済学草稿』（『マルクス資本論草稿集』，第1巻，第2巻，大月書店．）〕Ⅰ〔7〕，〔226〕，〔376〕，〔615〕，〔879〕，Ⅱ〔220〕，〔241〕，Ⅲ〔682〕，〔684〕，〔1401〕
——『経済学批判（1861－1863年草稿）』MEGA第2部第3巻．（Zur Kritik der politischen Oekonomie. MEGA Zweite Abtelung.）〔邦訳：大谷禎

之介ほか『経済学批判（1861－1863年草稿）』（『マルクス資本論草稿集』，第４－９巻，大月書店.）〕Ⅰ〔7〕，〔16〕，〔150〕，〔315〕，〔375〕，〔542〕，〔543〕，〔602〕，〔606〕，〔615〕，〔661〕，〔670〕，〔675〕，〔677〕，〔684〕，〔688〕，〔732〕，〔747〕，〔762〕，〔765〕，〔790〕，〔808〕，〔887〕，〔1080〕，Ⅱ〔6〕，〔7〕，〔9〕，〔19〕，〔21〕，〔22〕，〔23〕，25，〔27〕，〔36〕，〔38〕，〔248〕，〔258〕，〔397〕，〔474〕，〔572〕，〔776〕，Ⅲ〔19〕，〔20〕，〔67〕，〔81〕，〔141〕，〔182〕，〔187〕，〔199〕，〔243〕，〔275〕，〔287〕，〔295〕，〔316〕，〔351〕，〔368〕，〔387〕，〔396〕，〔410〕，〔423-424〕，〔427〕，〔453〕，〔568〕，〔591〕，〔647〕，〔684〕，〔689〕，〔1103〕，〔1109〕，〔1113〕，〔1123〕，〔1168〕，〔1193〕，〔1351〕，〔1357〕，〔1377〕，〔1389〕，〔1396〕，〔1398〕，〔1411〕，〔1412〕，〔1431〕，〔1478〕，〔1481〕，〔1511〕

――『経済学批判への序説』，1857年起草，遺稿．（Einleltung［Zur Kritik der Politischen Ökonomie］）〔邦訳：『〔経済学批判への〕序説』，宮川彰訳『「経済学批判」への序言·序説』，新日本出版社，古典選書．岡崎次郎訳．所収：『全集』第13巻.〕Ⅲ〔305〕，〔1112〕

――『直接的生産過程の諸結果』，『資本論』第1部初稿．（MEGA, Zweite Abteilung.）〔邦訳：岡崎次郎訳『直接的生産過程の諸結果』，国民文庫．森田成也訳『資本論第１部草稿　直接的生産過程の諸結果』，光文社古典新訳文庫〕Ⅰ〔579〕，Ⅲ〔370-371〕

――『資本論，経済学批判』第２部『資本の流通過程』第１稿，1865年（MEGA，Zweite Abteilung.）〔邦訳：中峯照悦·大谷禎之介ほか訳『資本の流通過程「資本論」第２部第１稿』，大月書店.〕Ⅰ〔7〕，〔8〕，Ⅱ〔8〕，〔9-10〕，〔49〕，〔126〕，〔247〕，〔557〕，〔859-862〕，Ⅲ〔312〕，〔1490〕

マルクス，カールおよびエンゲルス，フリードリヒ『共産党宣言』，1848年２月に公表，ロンドン〔1848年〕．（［Marx, Karl, Friedrich Engels:］Manifest der Kommunistischen Partei. Veröffentlicht im Februar 1848. London［1848］.）〔邦訳：『共産党宣言』，服部文男訳，古典選書，新日本出版社，村田陽一訳，所収：『全集』，第４巻.〕Ⅰ 852，1334

――〔同〕『聖家族』，フランクフルト，1845年２月に公表．（［Marx, karl, Friedrich Engels：］Die heilige Familie oder kritik der kritschen kritik Gegen Bruno Bauer und Konsortch. Frankfurt 1845.）〔邦訳：『聖家族別名　批判的批判の批判　ブルーノ・バウアーとその伴侶を駁す』石堂清倫訳，所収：『全集』第２巻.〕Ⅰ〔33〕

――〔同〕『ドイツ・イデオロギー』，1845－46年執筆．（［Marx, karl, Friedrich Engels：］Die deutsche Ideolgie 1845-1846.）〔邦訳：『〔新訳〕ドイツ・イデオロギー』，服部文男監訳，古典選書，新日本出版社，渋谷正編訳『草稿完全復元版　ドイツ・イデオロギー』，新日本出版社.〕Ⅲ〔35〕

エンゲルス，フリードリヒ『イギリスにおける労働者階級の状態．著者自身の観察および確実な文献による』，ライプツィヒ，1845年．（Engels,

Friedrich; Die Lage der arbeitenden Klasse in England. Nach eigner Anschauung und authentischen Quellen. Leipzig 1845.）〔邦訳：『イギリスにおける労働者階級の状態』，浜林正夫訳，古典選書，新日本出版社．岡茂男訳，所収：『全集』，第２巻.〕 I 415，423，443，468，〔688〕，〔694〕，702，742，745，781，〔804〕，〔856〕，1057，〔1141〕，Ⅲ〔1380〕
――『イギリスにおける労働者階級の状態．著者自身の観察および確実な文献による』，第２版，シュトゥットガルト，1892年．（Die Lage der arbeitenden Klasse in England. Nach eigner Anschauung und authentischen Quellen. 2., durchges. Aufl. Stuttgart 1892.） Ⅲ 1380
――「イギリスの10時間法案」．所収：『新ライン新聞．政治経済評論』，カール・マルクス編集，ロンドン，ハンブルク，およびニューヨーク，1850年，第４号．（Die englische Zehnstundenbill. In: Neue Rheinische Zeitung. Politisch-ökonomische Revue. Red. von Karl Marx. London, Hamburg, New-York, 1850. H.4.）〔邦訳：「イギリスの10時間法案」，小谷義次訳．所収：『全集』，第７巻.〕 I 513，533
――「価値法則と利潤率」．所収：『ノイエ・ツァイト』，第14巻，第１および第２号．1895/1896年．（Wertgesetz und Profitrate. In: Die Neue Zeit. Vol.14. Nr.1 und 2.1895/96.） Ⅲ〔1588〕
――「国民経済学批判大綱」．所収：『独仏年誌』，パリ，1844年，第１・第２合冊号．（Umrisse zu einer Kritik der Nationaloekonomie. In: Deutsch-Französische Jahrbücher. Paris. 1844. Lfg.1/2.）〔邦訳：「国民経済学批判大綱」，平木恭三郎訳．所収：『全集』，第１巻.〕 I 135，265，286，1108

〔マルクス，エンゲルスの書簡〕〔邦訳：『マルクス，エンゲルス書簡選集』（上）（中）（下），不破哲三編集・文献解説，古典選書，新日本出版社．所収：『全集』第19巻，28巻，29巻，30巻，31巻，32巻，33巻，39巻.〕
――1853年６月14日．マルクスからエンゲルスへ　I〔78〕
――1859年２月25日．マルクスからエンゲルスへ　I〔187〕
――1862年12月28日．マルクスからクーゲルマンへ　Ⅲ〔194〕
――1865年８月19日．マルクスからエンゲルスへ　Ⅲ〔15〕，〔694〕
――1866年２月13日．マルクスからエンゲルスへ　Ⅲ〔1110〕
――1867年11月30日．マルクスからエンゲルスへ　I〔1215〕
――1868年４月30日．マルクスからエンゲルスへ　Ⅲ〔1455〕
――1869年11月19日．エンゲルスからマルクスへ　Ⅱ〔566〕
――1869年11月26日．マルクスからエンゲルスへ　Ⅱ〔566〕
――1870年６月27日．マルクスからクーゲルマンへ　I〔33〕
――1872年６月21日．マルクスからゾルゲへ　I〔26〕
――1877年11月ころ．マルクスから『オテーチェストヴェンヌィエ・ザピスキ』編集部へ　I〔1242〕
――1895年３月11日．エンゲルスからゾンバルトへ　Ⅲ〔1590〕

——1895年４月６日．エンゲルスからコンラートシュミットへ　III〔1588〕
——1895年５月21日．エンゲルスからカウツキーへ　III〔1588〕，〔1590〕

II　その他の著書・論文

【ア】

アイソーポス『寓話』ハルム版，（C.Halm, Fabulae Aesopicae Collectae. Lepipizig, Teubner 1925.）〔中務哲郎訳『イソップ寓話集』，岩波文庫．〕 I〔290〕，〔636〕，〔1236〕
アーカート，デイヴィド『イギリス人気質およびイギリスの運命に深いかかわりをもつ常用語』，ロンドン，1855年．（Urquhart, David: Familiar words, as affecting the character of Englishmen and the fate of England. London 1855.） I 177，640，882，1305，1307
アシュリー〔，アントニ〕『10時間工場法案．1844年３月15日金曜日，下院での演説』，ロンドン，1844年．（Ashley［, Anthony］: Ten hours' factory bill. The speech ... in the House of Commons, on Friday, March 15th, 1844. London 1844.） I 706，725
アダムズ，ウィリアム・ブリッジズ『道路とレールおよびそれらの物理的および社会的諸結果』，ロンドン，1862年．（Adams, William Bridges: Roads and rails and their sequences, physical and moral. London 1862.） II 275，278
アディントン，スティーヴン『開放耕地囲い込みの賛否両論にかんする研究』，第２版，コヴァントリー，1772年．（Addington, Stephen: An inquiry into the reasons for and against inclosing open-fields. 2.ed. Coventry 1772.） I 1269
アテナイオス『学者の饗宴』．所収：アテナイオス『学者の饗宴　全15巻．今回はじめて収集された最良の諸写本にもとづいて改訂し，それに新しいラテン語訳を付す』．ヨハネス・シュヴァイクホイザー〔編〕，第２巻，アルゲントラートゥム〔シュトラースブルク〕，1802年．（Athenaios: Deipnosophistae. In: Athenaeus: Deipnosophistarum libri quindecim. Ex optimis codicibus nunc primum collatis emendavit ac supplevit nova latina versione ...［Hrsg.:］Johannes Schweighaeuser. T.2. Argentorati 1802.）〔邦訳：柳沼重剛訳『食卓の賢人たち』第２巻，京都大学学術出版会．〕 I 178，231
〔アーバスナット，ジョン〕『食糧の現在の価格と農場規模との関連の研究．これによって影響される人口についての所見を含む．将来の不足を予防

する諸提案を加えて．一農業者著』，ロンドン，1773年．（[Arbuthnot, John:] An inquiry into the connection between the present price of provisions, and the size of farms. With remarks on population as affected thereby. To which are added, proposals for preventing future scarcity. By a farmer. London 1773.） I 545，577，580，1261，1271

アピアン・アレクサンドリア（アレクサンドリアのアピアノス）『ローマ史』〔第1部「ローマの内乱」〕，フェルディナント・L・J・ディレニウス独訳，第7巻，シュトゥットガルト，1830年．（[Appianos] Appian von Alexandrien: Römische Geschichten. Übers. von Ferdinand L.J.Dillenius. Bd.7. Stuttgart 1830.） I 1270

アリストテレス『政治学全8巻および経済学』（『政治学』），オックスフォード，1837年．（所収：『著作集』，イマーヌエル・ベッカー編，第10巻．）（Aristoteles: De republica libri Ⅷ et oeconomica.（Politica.）Oxonii 1837.（In: Opera. Ex rec. Immanuelis Bekkeri. T.10.）〔邦訳：『政治学・経済学』，山本光雄・村川堅太郎訳．所収：『アリストテレス全集』15，岩波書店．『政治学』，山本光雄訳，岩波文庫．〕 I 153，266，287，〔577〕，〔718〕，Ⅲ 663

――『政治学　全8巻．イマーヌエル・ベッカーのテキスト編集にもとづいて，新たに改訂し独訳した原文．アードルフ・シュタールによって作成された完全な批判的付属資料および固有名詞索引を付す』，ライプツィヒ，1839年．（Politik in acht Büchern. Der Urtext nach Imm. Bekkers Textesrec. auf's Neue berichtigt und in's Deutsche übertr., so wie mit vollst. krit. Apparate und einem Verz. der Eigennamen vers. von Adolf Stahr. Leipzig 1839.）〔邦訳：『政治学・経済学』，山本光雄・村川堅太郎訳．所収：『アリストテレス全集』15，岩波書店．〕 I 266，Ⅲ 663

――『ニコマコス倫理学』．所収：『著作集』，イマーヌエル・ベッカー編，第9巻，オックスフォード，1837年．（Ethica Nicomachea. In: Opera. Ex rec. Immanuelis Bekkeri. T.9. Oxonii 1837.）〔邦訳：『ニコマコス倫理学』，加藤信朗訳．所収：『アリストテレス全集』13，岩波書店．高田三郎訳，岩波文庫．〕 I 〔108〕

アルント，カール『独占主義魂と共産主義とに対立する自然適応的国民経済，関係文献の回顧を付す』，ハーナウ，1845年．（Arnd Karl: Die naturgemässe Volkswirthschaft,gegenüber dem Monopoliengeiste und dem Communismus, mit einem Rückblicke auf die einschlagende Literatur. Hanau 1845.） Ⅲ 625，〔1408〕

〔アンダースン，アダム〕『商業の起源の歴史的・年代記的由来，最古の記録から現代まで．イギリス帝国の偉大な商業利益の歴史を含む』，付録つき，全2巻，ロンドン，1764年．（[Anderson, Adam:] An historical and chronological deduction of the origin of commerce, from the earliest accounts to the present time. Containing, an history of the great commercial interests of the British Empire. With an app. In 2

vols. London 1764.） I 1301，〔1302〕，1325，III 567
アンダースン，ジェイムズ『イギリスにおける現在の穀物不足を招いた諸事情の冷静な研究．この弊害を緩和し，将来におけるこのような災害の再発を防ぐための諸手段を示唆する』，第２版，ロンドン，1801年．（Anderson, James: A calm investigation of the circumstances that have led to the present scarcity of grain in Britain: Suggesting the means of alleviating that evil, and of preventing the recurrence of such a calamity in future. 2.ed. London 1801.） III 〔1123〕
――『国民的産業精神の振興策にかんする諸考察，主としてスコットランドの農業，商業，工業，漁業振興のために．一友人宛の一連の手紙』，1775年執筆，エディンバラ，1777年．（Observations on the means of exciting a spirit of national industry; chiefly intended to promote the agriculture, commerce, manufactures, and fisheries of Scotland. In a series of letters to a friend. Written in the year 1775. Edinburgh 1777.） I 975，1269，1275
〔――〕『穀物法の性質にかんする研究．スコットランドのための新穀物法案の提出を目的として』，エディンバラ，1777年．（An enquiry into the nature of the corn-laws; with a view to the new corn-bill proposed for Scotland. Edinburgh 1777.） I 883
――『従来ヨーロッパの農業の進歩を遅らせていた諸原因の研究．その進歩を主として妨げていた諸事情を除去するための手がかりを付す』，エディンバラ，1779年．（An inquiry into the causes that have hitherto retarded the advancement of agriculture in Europe: with hints for removing the circumstances that have chiefly obstructed its progress. Edinburgh 1779.） I 883
――『農業，博物学，技芸，および各種文献にかんする閑話』，全６巻，ロンドン，1799－1802年．（Recreations in agriculture, natural-history, arts, and miscellaneous literature. Vol.1-6. London 1799-1802.） I 883
――『蜜蜂，または文学週報』〔全18巻〕，第３巻，エディンバラ，1791年．（The bee, or literary weekly intelligencer. Vol.3. Edinburgh 1791.） I 1078
――『論集．農業および農村事情に関連して』，全３巻，エディンバラ，1775－1796年．（Essays. Relating to agriculture and rural affairs. Vol.1-3. Edinburgh 1775-1796.） I 883
〔アンファンタン，バルテルミ－プロスペル〕『経済学と政治学．「グローブ」から抜粋した論説集』，パリ〔1831年〕．（所収：『サン－シモン派の宗教』）．（[Enfantin, Barthélemy-Prosper:] Économie politique et politique. Articles extraits du Globe. Paris [1831]. （In: Religion Saint-Simonienne.)） III 1091，1097

【イ】

『イギリスにとっての東インド貿易の諸利益』 →〔マーティン，ヘンリー〕『イギリスにとっての東インド貿易の諸利益の考察』
『イギリスの利子にかんする若干の見解．商業の愛好者著』，ロンドン，1697年．（Some thoughts of the interest of England. By a lover of commerce. London 1697.） Ⅲ 1095
イソクラテス『ブシリス』．所収：『著作集』，アードルフ・ハインリヒ・クリスティアン訳，第4巻，シュトゥットガルト，1835年．（Isokrates: Busiris. In: Werke. Übers. von Adolph Heinrich Christian. Bd.4. Stuttgart 1835.）〔邦訳：小池澄夫訳『イソクラテス 弁論集』2，京都大学学術出版会．〕 Ⅰ 647
イーデン，フレドリク・モートン『貧民の状態，またはノルマン征服期から現在までのイギリス労働者階級の歴史』，大付録つき，全3巻，第1巻，ロンドン，1797年．（Eden, Frederic Morton: The state of the poor: or, an history of the labouring classes in England, from the conquest to the present period; ... with a large app. In 3 vols. Vol.1. London 1797.） Ⅰ 422，1048，1075，1174，〔1252〕，1260，1266，1324
『インド総督府にたいする生産物にかんする報告者ウォトスン博士が技能協会で朗読した論文』 →ウォトスン，ジョン・フォーブズ「ジョン・クローファド「綿花供給について」〔にたいする討論〕．〔報告〕」

【ウ】

ヴァーグナー，ヴィルヘルム・リヒアルト『未来の芸術作品』，ライプツィヒ，1850年．（Wagner, Wilhelm Richard: Das Kunstwerk der Zukunft. Leipzig 1850.） Ⅰ〔295〕，Ⅱ〔800〕
ウァロ，マルクス・テレンティウス『農事にかんする書』．（Varro, Marcus Terentius: De re rustica.） Ⅰ〔343〕
ヴァンサール〔，ピエール－ドニ〕『フランスにおける労働と労働者の歴史』，第1，2巻，パリ，1845－1846年．（Vinçard［, Pierre-Denis］: Histoire du travail et des travailleurs en France. T.1.2. Paris 1845-1846.） Ⅲ 1402
ヴァンダリント，ジェイコブ『貨幣万能論．または，貨幣をあらゆる人々のあいだに十分に豊富ならしめ，かつわが外国貿易および国内交易を増大させる……ための一論』，ロンドン，1734年．（Vanderlint, Jacob: Money answers all things: or, an essay to make money sufficiently plentiful amongst all ranks of people, and increase our foreign and domestick trade ... London 1734.）〔邦訳：『貨幣万能』，浜林正夫・四元忠博訳．所収：『初期イギリス経済学古典選集』7，東京大学出版会．〕 Ⅰ 215-216，228，253，480，484，556，585

ヴィーコ，ジャンバッティスタ『新しい科学の諸原理』，ナポリ，1725年．（Vico, Giambattista: Principj di scienze nuova. Napoli 1725.）〔邦訳：『新しい学』，清水純一・米山喜晟訳．所収：『世界の名著』続6，中央公論社．〕 I 〔655〕

――『新しい科学』，カトリックの教義構成にかんする一論の著者による仏訳，パリ，1844年．（La science nouvelle. Trad. par l'auteur de l'essai sur la formation du dogme catholique. Paris 1844.） I 〔655〕

ウィット，ヨハン・デ『ホラントおよび西フリースラント共和国の有益な政治的原則および箴言を与う』，ライデン，1669年．（Witt, Johan de: Aanwysing der heilsame politike gronden en maximen van de Republike van Holland en West-Friesland. Leyden 1669.） I 〔1320〕

ウィリアムズ，リチャード・プライス「線路の保守と更新について」．所収：『土木技師協会議事録．付，討論抜粋』，第25巻，1865/1866年会期，ジェイムズ・フォレスト編，ロンドン，1866年．（Williams, Richard Price: On the maintenance and renewal of permanent way. In: Minutes of proceedings of the institution of civil engineers; with abstracts of the discussions. Vol.25. Session 1865/66. Ed. by James Forrest. London 1866.） Ⅱ 274，〔274〕，〔291〕

ウィルクス，マーク『インド南部の歴史的概要．マイスールの歴史をたどる試み，インド国家のヒンズー支配の始源から1799年のマホメット王朝の滅亡まで』，全3巻，第1巻，ロンドン，1810年〔全体は1810-1817年〕．（Wilks, Mark: Historical sketches of the South of India, in an attempt to trace the history of Mysoor from the origin of the Hindoo Government of that state, to the extinction of the Mohammedan Dynasty in 1799. Vol.1-3. Vol.1. London 1810.） I 631

ウィルスン，ジェイムズ『イギリス領インドの歴史的および記述的報告』→マリー，ヒューおよびジェイムズ・ウィルスン〔ほか〕『イギリス領インドの歴史的および記述的報告』

――『資本，通貨，および銀行業．1844年の銀行法の諸原理にかんする1845年「エコノミスト」および最近の金融・商業危機にかんする1847年「エコノミスト」所載論説集．安定した経済的な通貨流通のための計画をもって結びとする』，ロンドン，1847年．（Wilson, James: Capital, currency, and banking; being a collection of a series of articles published in the Economist in 1845, on the principles of the bank act of 1844, and in 1847, on the recent monetarial and commercial crisis; concluding with a plan for secure and economical currency. London 1847.） Ⅲ 〔972〕，〔1054〕

ウィルスン，ジョン『マカロック氏の経済学原理の若干の例解』 →マリオン，モーディケイアイ『マカロック氏の経済学原理の若干の例解』

〔ウェイクフィールド，エドワード・ギボン〕『イギリスとアメリカ．両国民の社会政治状態の比較』，全2巻，第1，2巻，ロンドン，1833年．

（[Wakefield, Edward Gibbon:] England and America. A comparison of the social and political state of both nations. In 2 vols. Vol.1.2. London 1833.）〔邦訳：『イギリスとアメリカ』，中野正訳，全３冊．世界古典文庫，日本評論社．〕 I 〔345〕，471，1013，1176，1338，1340-1342，1344，1347，1349，Ⅲ 1351，〔1373〕

――『植民の方法にかんする一見解，大英帝国との現在の関連で．一政治家と一入植者とのあいだの書簡のかたちで』，ロンドン，1849年．（A view of the art of colonization, with present reference to the British Empire; in letters between a statesman and a colonist. London 1849.） I 575-576

〔――〕「アダム・スミス『諸国民の富』への編者注」 →スミス・アダム『諸国民の富』，E・G・ウェイクフィールド編

ウェイド，ジョン『中間階級および労働者階級の歴史．産業諸階級の過去および現在の状態に影響をおよぼしてきた経済的および政治的諸原理の平易な説明を付す』，付録つき，第３版，ロンドン，1835年．（Wade, John: History of the middle and working classes; with a popular exposition of the economical and political principles which have influenced the past and present condition of the industrious orders. Also an app. ... 3.ed. London 1835.） I 422，477，1081

ウェイランド，フラーンシス『経済学要論』，ボストン，1843年．（Wayland, Francis: The elements of political economy. Boston 1843.） I 285，361，Ⅱ 363

ウェスト，エドワード『穀物の価格と労働の賃銀．これらの論題にかんするスミス博士，リカードウ氏，およびマルサス氏の学説の諸考察，ならびに過去30年間の穀物価格変動の諸原因の究明の試みを含む』，ロンドン，1826年．（West, Edward: Price of corn and wages of labour, with observations upon Dr.Smith's, Mr.Ricardo's, and Mr.Malthus's doctrines upon those subjects; and an attempt at an exposition of the causes of the fluctuation of the price of corn during the last thirty years. London 1826.）〔邦訳：『穀物価格論』，橋本比登志訳，未来社．〕 I 944-945

〔――〕『土地への資本投下にかんする小論．穀物輸入の大幅な制限の不得策および1688年の奨励金が穀物価格を下げなかったことを明らかにする諸考察を含む．オックスフォード大学のユニヴァーシティ・カレッジの一フェロー〔評議員〕著』，ロンドン，1815年．（Essay on the application of capital to land, with observations shewing the impolicy of any great restriction of the importation of corn, and that the bounty of 1688 did not lower the price of it. By a fellow of University College, Oxford. London 1815.）〔邦訳：『穀物価格論』，橋本比登志訳，未来社．〕 I 〔884〕，944，Ⅲ 〔416〕，〔1192〕

ヴェッリ，ピエートロ『経済学にかんする諸考察．ジャン－リナルド・カルリによる注釈つき』（初版は1771年）．所収：『イタリア古典経済学者叢書』〔ピエートロ・クストーディ編〕，近代篇，第15巻，ミラノ，1804年．

（Verri, Pietro: Meditazioni sulla economia politica ... con annotazioni di Gian-Rinaldo Carli. In: Scrittori classici italiani di economia politica. [Hrsg. Pietro Custodi.] Parte moderna. T.15. Milano 1804.）Ⅰ 80，161，234，582，Ⅲ 478-479

ウェルギリウス・マロ，プブリウス『アエネイス』．（Vergilius Maro, Publius: Aeneis.）〔邦訳『アエネーイス』，泉井久之助訳，全２冊，岩波文庫．〕Ⅰ〔268〕，〔534〕，〔1181〕，〔1328〕，Ⅲ〔183〕

ウォッツ，ジョン『経済学者の事実と虚構．真実を虚偽から識別する科学の諸原理の検討』，マンチェスター，ロンドン，1842年．（Watts, John: The facts and fictions of political economists: being a review of the principles of the science, separating the true from the false. Manchester, London 1842.）Ⅰ 957

――『労働組合とストライキ．労働組合員および社会全体へのそれらの好影響と悪影響．機械；それの労働と賃銀とへの影響，および過去，現在，将来の生産的かつ分配的協同組合』，マンチェスター〔1865年〕．（Trade societies and strikes: their good and evil influences on the members of Trades Unions, and on society at large. Machinery; its influences on work and wages, and cooperative societies, productive and distributive, past, present, and future. Manchester [1865] .）Ⅰ 957，962

ウォード，ジョン『仁慈深きヴィクトリア女王治下の初期におけるストウク・アポン・トレント市』，ロンドン，1843年．（Ward, John: The borough of Stoke-upon-Trent, in the commencement of the reign of Her Most Gracious Majesty Queen Victoria. London 1843.）Ⅰ 468

ウォトスン，ジョン・フォーブズ「ジョン・クローファド「綿花供給について」〔にたいする討論〕．〔報告〕」．所収：『技能協会および協会連盟雑誌』，1861年４月19日．（Watson, John Forbes: [Diskussion zu:] John Crawfurd: On the cotton supply. [Bericht.] In: The Journal of the Society of Arts, and of the Institutions in Union. London, 19 April 1861.）Ⅰ 688

ヴォルテール『カンディード，または楽天主義』，1759年．（Voltaire: Candide, ou l'optimisme. 1759.）〔邦訳：『カンディード』，植田裕次訳，岩波文庫．〕Ⅰ〔129〕，〔339〕，Ⅲ〔1511〕

ウォールトン，アルフリド・アームストロング『ノルマン征服期から現在までの大ブリテンおよびアイルランドの土地保有の歴史．連合王国の国民に捧げる』，ロンドン，1865年．（Walton, Alfred Armstrong: History of the landed tenures of Great Britain and Ireland, from the Norman conquest to the present time, dedicated to the people of the United Kingdom. London 1865.）Ⅲ 1123

ヴォルフ，ユーリウス『社会主義と資本主義的社会秩序．社会政策の基礎づけとしての両者の批判的評価』，シュトゥットガルト，1892年．（Wolf, Julius: Sozialismus und kapitalistische Gesellschaftsordnung. Kritische

Würdigung beider als Grundlegung einer Sozialpolitik. Stuttgart 1892.) Ⅲ 39
——「マルクスにおける平均利潤率の謎」. 所収：『国民経済学および統計学年報』, ブルーノ・ヒルデブラント創刊, ヨハネス・コンラート編, 第3シリーズ, 第2巻, イェーナ, 1891年. (Das Rätsel der Durchschnittsprofitrate bei Marx. In: Jahrbücher für Nationalökonomie und Statistik. Gegr. von Bruno Hildebrand. Hrsg. von Johannes Conrad. 3.Folge. Bd.2. Jena 1891.) Ⅲ 31-33

【エ】

エイキン, ジョン『マンチェスター周辺30−40マイルの地方にかんする記述』, ロンドン, 1795年. (Aikin, John: A description of the country from thirty to forty miles round Manchester. London 1795.) Ⅰ 1036, 1310, 1324
〔エヴァンズ, デイヴィド・モリア〕『ザ・シティ. またはロンドンのビジネスの生理学, 付載, 取引所およびコーヒー・ハウスでのスケッチ』, ロンドン, 1845年. ([Evans, David Morier:] The city; or, the physiology of London business; with sketches on 'change, and at the coffee houses. London 1845.) Ⅲ 672
〔エヴァンズ, ハワード〕『わが国の古い貴族. ノブレス・オブリージュ著』, 第2シリーズ, ロンドン, 1879年. ([Evans, Howard:] Our old nobility. By noblesse oblige. 2.ser. London 1879.) Ⅰ 1264
エンザー, ジョージ『諸国民の人口にかんする研究. マルサス氏の人口論にたいする駁論を含む』, ロンドン, 1818年. (Ensor, George: An inquiry concerning the population of nations: containing a refutation of Mr.Malthus's Essay on population. London 1818.) Ⅰ 1276

【オ】

オウィディウス・ナソ, プブリウス『愛の技術』. (Ovidius Naso, Publius: Ars amatoria.)〔邦訳：『アルス・アマトリア』, 樋口勝彦訳. 所収：『世界文学大系』64, 古代文学集, 筑摩書房.〕Ⅰ〔771〕
——『祭暦』. (Fasti.) Ⅰ〔1261〕
——『変身』. (Metamorphosen.)〔邦訳：『変身物語』, 中村善也訳, 全2冊, 岩波文庫.〕Ⅲ〔1468〕
オウエン, ロバート『工場制度の影響にかんする考察. その健康と徳性にもっとも有害な部分の改善のための示唆を付す』, 第2版, ロンドン, 1817年. (Owen, Robert: Observations on the effect of the manufacturing system: with hints for the improvement of those parts of it which are most injurious to health and morals. 2.ed. London 1817.)〔邦訳：『工場

制度にかんする考察』，渡辺義晴訳．所収：『社会変革と教育』，明治図書出版．〕 I 708

——『ラナーク州への報告』，グラスゴウ，1821年．（Report to the county of Lanark. Glasgow 1821.）〔邦訳：『ラナーク州への報告』，渡辺義晴訳．所収：『社会変革と教育』，明治図書出版．〕 I 〔168〕，〔528〕

オジエ，マリ『公信用と，古代からこんにちまでのその歴史について』，パリ，1842年．（Augier, Marie: Du crédit public et de son histoire depuis les temps anciens jusqu'à nos jours. Paris 1842.） I 〔232〕，1328， III 1069，1106

オーダマン，カール・グスタフおよびフリードリヒ・エルンスト・フェラー『商業算術全科』 →フェラー，フリードリヒ・エルンストおよびカール・グスタフ・オーダマン『商業算術全科』

オトウェイ，ジョン・ヘイスティングズ「州四季裁判所長J・H・オトウェイの判決．——〔於〕ベルファスト，ヒラリー開廷期〔1月11日－31日〕，1860年」．所収：『工場監督官報告書．1860年4月30日に終わる半年間』，ロンドン，1860年．（Otway, John Hastings: Judgment of J.H.Otway, Chairman of County Sessions. – Belfast. Hilary Sessions, 1860. In: Reports of the inspectors of factories ... for the half year ending 30th April 1860 ... London 1860.） I 488

オプダイク，ジョージ『経済学にかんする一論』，ニューヨーク，1851年．（Opdyke, George: A treatise on political economy. New York 1851.） I 286， III 624，〔1208〕

オムステド，フレッドリク・ロー『沿岸奴隷制諸州の旅，その経済についての所見を付す』，ニューヨーク，ロンドン，1856年．（Olmsted, Frederick Law: A journey in the seaboard slave states, with remarks on their economy. New York, London 1856.） I 342

オルテス，ジャンマリーア『国民経済学について』，6冊本，ヴェネツィア〔1774年〕．所収：『イタリア古典経済学者叢書』〔ピエートロ・クストーディ編〕，近代篇，第21巻，ミラノ，1804年．（Ortes, Giammaria: Della economia nazionale. Lib. 6 : Veneziano. In: Scrittori classici italiani di economia politica.〔Hrsg. Pietro Custodi.〕Parte moderna. T.21. Milano 1804.） I 1127，1129

【カ】

〔カウフマン，イラリオーン・イグナーティエヴィチ〕「カール・マルクスの経済学批判の見地」．所収：『ヴェースニク・エヴロープイ〔ヨーロッパ報知〕』，第3巻，サンクト・ペテルブルク，1872年．（[Кауфманъ, Иларіонъ Игнатьевичъ:] Точка зрънія политико-экономической критики у Карла Маркса. In: Въстникъ Европы. Т.3. Санктпетербургъ 1872.）〔邦訳：「カール・マルクスの経済学批判の見地」，村田陽一監訳．所収：

『経済』，第37号．1967年５月臨時増刊号，新日本出版社．〕 I 〔29〕
ガニル，シャルル『経済学の諸体系について，それらの諸学説の比較価値について，および富の増進にもっとも寄与するようなそれについて』，第２版，第１，２巻，パリ，1821年．（Ganilh, Charles: Des systèmes d'écomomie politique, de la valeur comparative de leurs doctrines, et de celle qui paraît la plus favorable aux progrès de la richesse. 2.éd. T.1.2. Paris 1821.） I 111, 304, 785
――『経済学の理論，フランスおよびイギリスの統計から帰結する諸事実にもとづいて』，第１，２巻，パリ，1815年．（La théorie de l'économie politique, fondée sur les faits résultans des statistiques de la France et de l'Angleterre. T.1.2. Paris 1815.） I 314
〔カニンガム，ジョン〕『工場および商業にかんする一論．わが国の製造業における労働の価格に影響をおよぼすと考えられている租税にかんする諸考察を含む．さらにわが国の対アメリカ貿易の重要性についての若干の興味ある省察を付す』，ロンドン，1770年．（[Cunningham, John:] An essay on trade and commerce: containing observations on taxes, as they are supposed to affect the price of labour in our manufactories: together with some interesting reflections on the importance of our trade to America. London 1770.） I 399, 402, 480, 482, 484, 649, 946, 1045-1047, 1075, 1112, 1284, 〔1320〕
〔――〕『わが国の製造業における労働の価格に影響をおよぼすと考えられている諸税にかんする諸考察．一友人あての書簡のかたちで』，ロンドン，1765年．（Considerations on taxes, as they are supposed to affect the price of labour in our manufactories. In a letter to a friend. London 1765.） I 399-400, 480
『貨幣の利子一般，およびとくに公債の利子にかんする若干の考察』 →〔パルトニー，ウィリアム〕『貨幣の利子一般，およびとくに公債の利子にかんする若干の考察』
カーライル，トマス「クルミの殻のなかの（アメリカの）イリアス」．所収：『マクミランズ・マガジン』，ロンドン，ケンブリッジ，第８巻，第46号，1863年８月．（Carlyle, Thomas: Ilias (Americana) in nuce.） In: Macmillan's Magazine. London, Cambridge. Vol.8. No.46. August 1863.） I 445
――『チャーチズム』，ロンドン，1840年．（Chartism. London 1840.） I 〔819〕
ガリアーニ，フェルディナンド『貨幣について』．所収：『イタリア古典経済学者叢書』〔ピエートロ・クストーディ編〕，近代篇，第３，４巻，ミラノ，1803年．（Galiani, Ferdinando: Della moneta. In: Scrittori classici italiani di economia politica. [Hrsg. Pietro Custodi.] Parte moderna. T.3.4. Milano 1803.）〔邦訳：黒須純一郎訳『貨幣論』，京都大学学術出版会．〕 I 134, 160, 162, 177, 267, 276, 558, 1123
〔ガルニエ，ジェルマン〕『経済学原理概要』，パリ，1796年．（[Garnier,

Germain:〕Abrégé élémentaire des principes de l'économie politique. Paris 1796.）I 960
――「アダム・スミス『諸国民の富』への注」→スミス，アダム『諸国民の富』，ガルニエ訳
カンティロン，フィリップ『産業，商業，鋳貨，地金，銀行，外国為替の分析.そのなかでこの有益な知識の真の諸原理がよく調整される場合，社会にたいするそれらの幸いな結果について明瞭な観念を与えるために，これらの原理を十分かつ簡潔に規定し，説明する．主として，きわめて独創的な故人の一紳士の原稿から取り，わが国の産業と商業の現状に適応させた』，ロンドン，1759年.（Cantillon, Philip: The analysis of trade, commerce, coin, bullion, banks and foreign exchanges. Wherein the true principles of this useful knowledge are fully but briefly laid down and explained, to give a clear idea of their happy consequences to society, when well regulated. Taken chiefly from a manuscript of a very ingenious gentleman deceas'd, and adapted to the present situation of our trade and commerce. London 1759.）I 965
〔カンティロン，リチャード〕『商業一般の性質にかんする試論』，英語からの仏訳，ロンドン，1755年.（〔Cantillon, Richard:〕Essai sur la nature du commerce en général. Trad. de l'anglais. Londres 1755.）I 965
〔――〕『商業一般の性質にかんする試論』，英語からの仏訳．所収：『政治論集』，第3巻，アムステルダム，1756年.（Essai sur la nature du commerce en général. Trad. de l'anglais. In: Discours politiques. T.3. Amsterdam 1756.）〔邦訳：『商業試論』，津田内匠訳，名古屋大学出版会.〕I 965，III〔1398〕

【キ】

『機械工業を奨励する必要にかんする一論』，ロンドン，1690年.（A discourse of the necessity of encouraging mechanick industry. London 1690.）I 478
ギズボーン，トマス『大ブリテンにおける社会の上層および中間階級の人間の義務にかんする研究』，改訂第2版，全2巻，第2巻，ロンドン，1795年.（Gisborne, Thomas: An enquiry into the duties of men in the higher and middlle classes of society in Great Britain. 2.ed., corr. In 2 vols. Vol.2. London 1795.）I 1324
キーセルバッハ，ヴィルヘルム『中世における世界商業の進展とヨーロッパの民族生活の発展』，シュトゥットガルト，1860年.（Kiesselbach, Wilhelm: Der Gang des Welthandels und die Entwicklung des europäischen Völkerlebens im Mittelalter. Stuttgart 1860.）III 556
キニア，ジョン・ガードナー『恐慌と通貨．イングランドとスコットランドとの銀行制度の比較を付す』，ロンドン，1847年.（Kinnear, John

Gardiner: The crisis and the currency: with a comparison between the English and Scotch systems of banking. London 1847.)〔邦訳：『恐慌と通貨』，藤塚知義・竹内洋訳，日本経済評論社.〕Ⅲ 782，942

〔キャザノウヴ，ジョン〕『経済学概論．富の生産，分配，消費にかんする諸法則の簡潔な概観』，ロンドン，1832年．（[Cazenove, John:] Outlines of political economy; being a plain short view of the laws relating to the production, distribution, and consumption of wealth; ... London 1832.）Ⅰ 346，564，910

――「マルサス『経済学における諸定義』への編者注」→マルサス，トマス・ロバート『経済学における諸定義』

ギャスケル，ピーター『イギリスの工業人口，その道徳的・社会的・肉体的状態，および蒸気機械の使用により生じた諸変化．児童労働の検討を含む』，ロンドン，1833年．（Gaskell, Peter: The manufacturing population of England, its moral, social, and physical conditions, and the changes which have arisen from the use of steam machinery; with an examination of infant labour. London 1833.）Ⅰ 765，780

キャンブル，ジョージ『近代インド．民政制度の概観．先住民とその制度の若干の説明を巻頭に付す』，ロンドン，1852年．（Campbell, George: Modern India: a sketch of the system of civil government. To which is prefixed, some account of the natives and native institutions. London 1852.）Ⅰ 631

キュヴィエ〔，ジョルジュ〕『地表の変革にかんする論究．フンボルト，フルーラン，ライエル，リンドリ氏等の最近の業績による注および付録つき』，エーフェル版，パリ，1863年．（Cuvier [, Georges]: Discours sur les révolutions du globe avec des notes et un appendice d'après les travaux récents de MM. de Humboldt, Flourens, Lyell, Lindley, etc. Réd. par Hoefer. Paris 1863.）Ⅰ 895

ギュリヒ，グスタフ・フォン『現代主要商業諸国の商業，工業，および農業の歴史的叙述』，全５巻，第１，２巻，イェーナ，1830年．（Gülich, Gustav von: Geschichtliche Darstellung des Handels, der Gewerbe und des Ackerbaus der bedeutendsten handeltreibenden Staaten unsrer Zeit. Bd.1-5. Bd.1.2. Jena 1830.）Ⅰ 19，〔1316〕

『競争と協同との功罪の比較にかんする懸賞論文』（A prize essay on the comparative merits of competition and cooperation.）→『試論．個々別々の利害による競争の原理と，結合した共通の利害による統合された努力の原理のいずれが，社会の形成にとってもっとも確実な基盤をなすのか，という問いに答えて』

ギルバート，ジェイムズ・ウィリアム『銀行業の歴史と諸原理』，ロンドン，1834年．（Gilbart, James William: The history and principles of banking. London 1834.）Ⅲ 579，704-708，1103

――『実用銀行業務論』，第５版，全２巻，第１巻，ロンドン，1849年．（A

practical treatise on banking. 5.ed. In 2 vols. Vol.1. London 1849.）III 618

——『1839年における貨幣市場逼迫の諸原因の研究』，ロンドン，1840年．（An inquiry into the causes of the pressure on the money market during the year 1839. London 1840.）III 971，979

キルヒホーフ，フリードリヒ『農業経営学提要．農地の目的にかなった設備と管理にかんする実務的農業経営者のための手引き』，デッサウ，1852年．（Kirchhof, Friedrich: Handbuch der landwirtschaftlichen Betriebslehre. Ein Leitfaden für praktische Landwirthe zur zweckmäßigen Einrichtung und Verwaltung der Landgüter. Dessau 1852.）II 288，387，392，394，398，409

『近時マルサス氏の主張する需要の性質……にかんする諸原理の研究』→〔ベイリー，サミュエル〕『近時マルサス氏の主張する需要の性質……にかんする諸原理の研究』

【ク】

クセノフォン『キュロパエディア〔キュロスの教育〕』，E・ポッポ編，ライプツィヒ，1821年．（Xenophon: Cyropaedia. Ed. E. Poppo. Lipsiae 1821）〔邦訳：松本仁助訳『キュロスの教育』，京都大学学術出版会．〕I 647

グッド，ウィリアム・ウォルター『政治，農業，および商業にかんする謬見，または20年間の「自由貿易」後のわが国の展望』，ロンドン〔1866年〕．（Good, William Walter: Political, agricultural and commercial fallacies; or, the prospect of the nation after twenty years' "Free-trade". London [1866].）II 378，380

〔クラーク，ジョージ〕『わがイギリスの羊毛および製造業にかんする真実を記載した〔訴訟〕準備書面．サマセット州大陪審の告発．イギリス議会に捧呈』，発行地記載なし〔1685年〕．（[Clarke, George:] The case of our English wool, and the manufacture there of truly stated ... As also the presentment of the Grand Jury of the county of Sammerset thereon. Humbly offered to the High Court of Parliament. o. O. [1685].）I 436

グラッドストン〔，ウィリアム・ユアート〕「〔1863年4月16日の下院における演説〕」．所収：『タイムズ』，ロンドン，第24535号，1863年4月17日．（Gladstone〔, William Ewart〕: [Rede im House of Commons, 16.April 1863.] In: The Times. London. No.24535, 17.April 1863.）I 55-58，59

——「〔1863年4月16日の下院における演説〕」．所収：『モーニング・スター』，ロンドン，第2219号，1863年4月17日．（[Rede im House of Commons, 16.April 1863.] In: The Morning Star. London. No.2219, 17.April 1863.）I 57

——「〔1863年4月16日の下院における演説〕」．所収：『モーニング・アドヴ

ァタイザー』，ロンドン，第22418号，1863年4月17日．（[Rede im House of Commons, 16.April 1863.] In: The Morning Advertiser. London. No.22418, 17.April 1863.） I 57
クルセル-スヌイユ，ジャン-ギュスターヴ『工業，商業，農業の理論的および実践的概論，または実務便覧』，改訂増補第2版，パリ，1857年．（Courcelle-Seneuil, Jean-Gustave: Traité théorique et pratique, des entreprises industrielles, commerciales & agricoles ou manuel des affaires. 2.éd., rev. et augm. Paris 1857.） I 402，1041，II 385
〔グレイ，ジョン〕『諸国民の富の根本原理．アダム・スミス博士その他の若干の謬説に反対する説明』，ロンドン，1797年．（[Gray, John:] The essential principles of the wealth of nations, illustrated, in opposition to some false doctrines of Dr. Adam Smith, and others. London 1797.） I 280
〔グレグ，ロバート・ハイド〕『工場被雇用者の健康と徳性におよぼす影響の点から考察した工場問題．イギリスおよび諸外国の製造業におよぼす影響からみた「10時間法案」』，ロンドン，1837年．（[Greg, Robert Hyde:] The factory question, considered in relation to its effects on the health and morals of those employed in factories. And the "Ten Hours Bill", in relation to its effects upon the manufactures of England, and those of foreign countries. London 1837.） I 513，III 189
グレゴワール，アンリ『ブリュッセルの軽罪裁判所における印刷工』，ブリュッセル，1865年．（Gregoir, Henri: Les typographes devant le Tribunal correctionnel de Bruxelles. Bruxelles 1865.） I 966
〔クレマント，サイモン〕『相互関係にある貨幣，商業，および為替の一般的観念にかんする一論．一商人著』，ロンドン，1695年．（[Clement, Simon:] A discourse of general notions of money, trade, and exchanges, as they stand in relation each to other. By a merchant. London 1695.） I 162
グロウヴ，ウィリアム・ロバート『物理的諸力の相関関係について』，第5版，連続論を付す，ロンドン，1867年．（Grove, William Robert: The correlation of physical forces. 5.ed. Followed by a discourse on continuity. London 1867.） I 916

【ケ】

ケアリ，ヘンリー・チャールズ『過去，現在，および未来』，フィラデルフィア，1848年．（Carey, Henry Charles: The past, the present, and the future. Philadelphia 1848.） III〔1123〕
――『社会科学の諸原理』，全3巻，第3巻，フィラデルフィア，ロンドン，パリ，1859年．（Principles of social science. In 3 vols. Vol.3. Philadelphia, London, Paris 1859.） II〔566〕，III〔690〕

――『賃銀率にかんする試論．全世界の労働人口の状態における相違の諸原因の検討を含む』，フィラデルフィア，ロンドン，1835年．（Essay on the rate of wages: with an examination of the causes of the differences in the condition of the labouring population throughout the world. Philadelphia, London 1835.）I 978，980

――『奴隷貿易，内外の――その存在の理由と廃止の方法』，フィラデルフィア，1853年．（The slave trade, domestic and foreign: why it exists, and how it may be extinguished. Philadelphia 1853.）I 926，1276，1307

ケアンズ，ジョン・エリオト『奴隷力．その性格，来歴，未来図．アメリカの抗争にかかわる本当の問題点を説明する試み』，ロンドン，1862年．（Cairnes, John Elliot: The slave power: its character, career & probable designs: being an attempt to explain the real issues involved in the American contest. London 1862.）I 342，466，587，III 660，661

『経済学におけるある種の用語論争の考察』 →〔ブルーム，ヘンリー〕『経済学におけるある種の用語論争の考察』

『刑法典，別名．犯罪および刑罰法典』．（Code pénal, ou code des délits et des peines.）I 1295

ゲーテ，ヨハン・ヴォルフガング・フォン『ヴィルヘルム・マイスターの徒弟時代』，1796年．（Goethe, Johann Wolfgang von: Wilhelm Meisters Lehrjahre.1796.）〔邦訳：『ヴィルヘルム・マイスターの徒弟時代』．小宮豊隆訳，岩波文庫．〕I〔95〕，III〔887〕

――『格言と反省』．（Maximen und Reflexion）〔邦訳：『ゲーテ格言集』，高橋健二訳，新潮文庫．〕I〔750〕

――「教理問答」．（Epigrammatisch. Katechisation.）〔邦訳：芳賀檀訳，所収：『ゲーテ全集』，第２巻，改造社．〕I〔1245〕

――「ズライカへ」．（An Suleika.）〔邦訳：『西東詩集』，小牧健夫訳，岩波文庫．〕I〔473〕

――『ファウスト』第一部．（Faust. Der Tragödie erster Teil.）〔邦訳：『ファウスト』，手塚富雄訳，全２冊，中公文庫．相良守峯訳，岩波文庫．〕I〔59〕，〔125〕，〔129〕，〔156〕，〔338〕，〔339〕，〔513〕，〔534〕，〔1033〕，〔1235〕，III〔679〕

――「魔王」．（Der Erlkönig.）〔邦訳：『ゲーテ詩集』，井上正蔵訳，旺文社文庫．〕I〔152〕

――『わが生活から　詩と真実』．（Aus meinem Leben. Dichtung und Wahrheit.）〔邦訳：『詩と真実』，山崎章甫訳，全４冊，岩波文庫〕III〔1485〕

ケトレ，アドルフ『社会制度およびそれを規制する諸法則について』，パリ，1848年．（Quételet, Adolphe: Du système social et des lois que le régissent. Paris 1848.）I〔573〕

――『人間とその諸能力の発達について．または社会物理学試論』，第１－２巻，パリ，1835年．（Sur l'homme et le développement de ses facultés,

ou essai de physique sociale. T.1-2. Paris 1835.)〔邦訳：『人間について』，平貞蔵・山村喬訳，全２冊，岩波文庫.〕 Ⅰ〔573〕，Ⅲ〔1539〕

ケネー，フランソワ『経済表．一国の年収入の分配の変動にかんする所見』，ヴェルサイユ，1758年.（Quesnay, François: Tableau économique. Remarques sur les variations de la distribution des revenus annuels d'une nation. Versailles 1758.）〔邦訳：『ケネー経済表』，平田清明・井上泰夫訳，岩波文庫.〕 Ⅰ〔1028〕，Ⅱ 571，590

――『経済表の分析』，所収：『重農主義学派．ケネー，デュポン・ド・ヌムール，メルシエ・ド・ラ・リヴィエール，ボド師，ル・トローヌ・ウジェーヌ・デールによる重農主義学派の学説にかんする序文，注解，歴史的注つき』，第１部，パリ，1846年.（所収：『主要経済学者叢書』，第２巻.）（Analyse du tableau économique. In: Physiocrates. Quesnay, Dupont de Nemours, Mercier de la Rivière, L'Abbé Baudeau, Le Trosne, avec une introd. sur la doctrine des physiocrates, des comm. et des notices historiques, par Eugène Daire. Pt.1. Paris 1846.（In Collection des principeaux économistes. T.2.））〔邦訳：『ケネー経済表』，平田清明・井上泰夫訳，岩波文庫.〕 Ⅱ 212，306

――『商業と手工業者の労働とにかんする対話』．所収：『重農主義学派．ケネー，デュポン・ド・ヌムール，メルシエ・ド・ラ・リヴィエール，ボド師，ル・トローヌ・ウジェーヌ・デールによる重農主義学派の学説にかんする序文，注解，歴史的注つき』，第１部，パリ，1846年.（所収：『主要経済学者叢書』，第２巻.）（Dialogues sur le commerce et sur les travaux des artisans. In: Physiocrates. Quesnay, Dupont de Nemours, Mercier de la Rivière, L'Abbé Baudeau, Le Trosne, avec une introd. sur la doctrine des physiocrates, des comm. et des notices historiques, par Eugène Daire. Pt.1. Paris 1846.（In Collection des principaux économistes. T.2.））〔邦訳：「商業について――H氏N氏の第１の対談」および「工匠の労働について――第２の対談」，堀新一訳．所収：『ケネー　商業と農業』，有斐閣.「商業について．H氏とN氏との対話第１」，島津亮二・菱山泉訳．所収：『ケネー全集』，第３巻，有斐閣.〕 Ⅰ 192，567，Ⅱ 212，545

『現在におけるわが国各界人のある種の一般的不平にかんする簡単な検討．W・Sという頭文字のジェントルマン著』，ロンドン，1581年.（A compendious or briefe examination of certayne ordinary complaints, of divers of our country men in these our dayes, etc. by W.S.Gentleman. London 1581.）〔邦訳：『イングランド王国の繁栄についての一論』，松村幸一・尾崎芳治・武暢夫・山田浩之・山下博訳．所収：『近世ヒューマニズムの経済思想』，出口勇蔵監修，有斐閣.〕 Ⅰ 1298

ケント，ナサニエル『土地所有のジェントルマンへの示唆』，ロンドン，1776年.（Kent, Nathaniel: Hints to gentlemen of landed property. London 1776.） Ⅰ 1269

【コ】

『工業および商業にかんする一論』 →〔カニンガム，ジョン〕『工業および商業にかんする一論』

『公経済要論，または通貨，農業，工業の一貫した検討．第１原理の研究家著』，カーライル，1833年．（Public economy concentrated; or, a connected view of currency, agriculture, and manufactures. By an enquirer into first principles. Carlisle 1833.） I 698

『荒蕪地囲い込みの諸結果と現在の獣肉の高価格の諸原因にかんする政治的研究．州の農業家協会の意見』，ホルボーン，1785年．（A political enquiry into the consequences of enclosing waste lands, and the causes of the present high price of butchers meat. Being the sentiments of a society of farmers in-shire. Holborn 1785.） I 1266

『穀粉取引および穀物の高価にかんする２つの書簡．一実業家著』，ロンドン〔，1767年〕．（Two letters on the flour trade, and dearness of corn ... By a person in business. London ［1767］.） I 1266

『国民的苦難の根源と救済．経済学の原理からの演繹．ロード・ジョン・ラッセルへの手紙』 →〔ディルク・チャールズ・ウェントワス〕『国民的苦難の根源と救済．経済学の原理からの演繹．ロード・ジョン・ラッセルへの書簡』

『穀物法にかんする諸考察．高い権威筋からの最近の言明に示唆を受けて』，ロンドン，1815年．（Considerations upon the corn bill; suggested by a recent declaration from high authority. London 1815.） I 968

『穀物輸出奨励金の廃止にかんする諸考察．一友人あての書簡』〔ロンドン，1753年〕．（Considerations concerning taking off the bounty on corn exported. In some letters to a friend. ［London 1753］.） I 566

コクラン，シャルル「産業における信用と銀行とについて」．所収：『ルヴュ・デ・ドゥ・モンド』，第４シリーズ，第31巻，パリ，1842年．（Coquelin, Charles: Du crédit et des banques dans l'industrie. In: Revue des Deux Mondes. 4.sér. T.31. Paris 1842.） Ⅲ 699

コップ，ヘルマン『近代における化学の発達』，ミュンヘン，1873年．（所収：『ドイツにおける科学史』，近代篇，第10巻．）（Kopp, hermann: Die Entwickelung der Chemie in der neueren Zeit. München 1873. （In: Geschichte der Wissenschaften in Deutschland. Neuere Zeit. Bd.10.）） I 546

コベット，ウィリアム『イングランドとアイルランドにおけるプロテスタント「宗教改革」史．この改革が両国民の大部分をどんなに貧乏にし堕落させたかを示す．すべての分別ある公正なイギリス人に宛てた一連の手紙』，ロンドン，1824年．（Cobbett, William: A history of the Protestant "Reformation", in England and Ireland. Showing how that event has

impoverished and degraded the main body of the people in those countries. In a series of letters, addressed to all sensible and just Englishmen. London 1824.） I 1259，1317，1320

コーベト，トマス『諸個人の富の原因および様式の研究．または，商業および投機の諸原理の説明』，第1，2部，ロンドン，1841年．（Corbet, Thomas: An inquiry into the causes and modes of the wealth of individuals; or the principles of trade and speculation explained. Pt.1.2. London 1841.） I 262，1024，II 224，III〔287〕，〔295〕，〔316〕，〔361〕，523

コラン〔，ジャン－ギヨーム－セザール－アレクサンドル－イポリト〕『経済学，革命といわゆる社会主義的ユートピアとの源泉』，全3巻，第1，3巻，パリ，1856－1857年．（Colins〔, Jean-Guillaume-César-Alexandre-Hippolyte〕: L'économie politique. Source des révolutions et des utopies prétendues socialistes. T.1-3. T.1.3. Paris 1856-1857.） I 1038，1071，〔1206〕，1349

コルボン，アンティム『職業教育について』，第2版，パリ，1860年．（Corbon, Anthime: De l'enseignement professionnel. 2.éd. Paris 1860.） I 853

ゴロヴニン『日本の回想』，ロンドン，1819年．（Golwnin : Recollections of Japan. London 1819.） I〔1252〕

コロンブス，クリストフォルス〔「ジャマイカからの手紙」〕〔1503年〕．所収：『15世紀末以来のエスパニョーラ島沖から出航した探検旅行の収集』，ドン・マルタン・フェルナンデス・ド・ナバレーテによる編纂および解説，第1巻，マドリッド，1825年．（Columbus, Christophorus:〔Brief aus Jamaika〕. In: Colección de los viages y descubrimientos que hicieron por mar los Españoles desde fines del siglo XV. Coordinada é ilustrada por don Martín Fernández de Navarrete. Vol.1. Madrid 1825.）〔邦訳：『航海の記録』，林屋永吉訳．所収：『大航海時代叢書』I，岩波書店．〕 I 229

コンディヤック〔，エティエンヌ・ボノ・ド〕『商業と政府』〔1776年〕．所収：『経済学論集．ウジェーヌ・デールおよびギュスターヴ・ド・モリナリによる各著者にかんする歴史的注を巻頭に掲げ，注解および説明注を付す』，第1部，パリ，1847年．（所収：『主要経済学者叢書』，第14巻．）（Condillac〔, Étienne Bonnot de〕: Le commerce et le gouvernement. In: Mélanges d'économie politique. Préc. de notices historiques sur chaque auteur, et accomp. de comm. et de notes explicatives, par Eugène Daire et Gustave de Molinari. Pt.1. Paris 1847.（In: Collection des principaux économistes.T.14）） I 278

コント，シャルル『所有論』，全2巻，パリ，1834年．（Comte, Charles: Traité de propiété. T.1.2. Paris 1834.） III〔1118〕

——『立法論．または，国民の繁栄，衰退または停滞を規制する一般法則の解明』，改訂第3版，ブリュッセル，1837年．（Traité de législation ou

exposition des lois générales, suivant lesquelles les peuples prospèrent, dépérissent, ou restent stationnaires. 3.éd. rev. et corr. Bruxellse 1837.）Ⅰ 1312
コーンウォリス，キナハン『日本への1856，57年の二度の旅行』ロンドン，1859年．（Cornwallis, Kinahan : Two Journeys to Japan, 1856-57. London 1859.）Ⅰ〔1252〕

【サ】

『最近の救貧税増加の諸理由，または労働価格と食糧価格との比較考察，立法府の考慮を願うために恭々しく啓上』，ロンドン，1777年．（Reasons for the late increase of the poor-rates: or a comparative view of the price of labour and provisions, humbly addressed to the consideration of the legislature. London 1777.）Ⅰ 993，1173
『ザ・シティ．またはロンドンのビジネスの生理学』→〔エヴァンズ，デイヴィド・モリア〕『ザ・シティ．またはロンドンのビジネスの生理学』
サドラー，マイクル・トマス『アイルランド，その禍いとそれの救済策．その国にかんする移民委員会等の誤りについての論駁．人口を広く規制する真の原理を展開する人口の法則について，近く公表を予定される原論文の梗概を前付に付す』，第２版，ロンドン，1829年．（Sadler, Michael Thomas: Ireland; its evils, and their remedies: being a refutation of the errors of the emigration committee and others, touching that country. To which is prefixed, a synopsis of an original treatise about to be published on the law of population; developing the real principle on which it is universally regulated. 2.ed. London 1829.）Ⅰ 1225
――『人口法則．６編からなる論文．人類の過妊娠を反証し，その増加の真の原理を展開す』，全２巻，第２巻，ロンドン，1830年．（The law of population: A treatise, in six books; in disproof of the superfecundity of human beings, and developing the real principle of their increase. In 2 vols. Vol.2. London 1830.）Ⅰ〔583〕，1225
『サマーズ，ハリファクス，オックスフォード，国務卿ヴァーノン等からシュロウズバリ公宛の書簡原文に現われたウィリアム王，サンダランド，サマーズ等の性格と行状』．〔大英博物館所蔵『スロウン稿本集』中の手稿，第4224号．〕（The character and behaviour of King William, Sunderland, Somers etc. as represented in original letters to the Duke of Shrewsbury, from Somers, Halifax, Oxford, secretary Vernon etc. [Handschrift in der Sloane Manuscript Collection des Britischen Museums, Nr.4224].）Ⅰ 1264
サマーズ，ロバート『高地からの手紙．または1847年の飢饉』，ロンドン，エディンバラ，グラスゴウ，1848年．（Somers, Robert: Letters from the Highlands; or, the famine of 1847. London, Edinburgh,Glasgow 1848.）

Ⅰ 1277-1279
『サン-シモンの学説，解義．第１年，1828－1829年』，改訂増補第３版，パリ，1831年．（Doctrine de Saint-Simon. Exposition. Première année. 1828-1829. 3.éd., rev. et augmentée. Paris 1831.）〔邦訳：『サン-シモン主義宣言――『サン-シモンの学説，解義』第１年度，1828－1829』，野地洋行訳，木鐸社．〕Ⅲ 1092
〔サン-シモン伯，クロード-アンリ・ド・ルヴロワ〕『新キリスト教．一保守主義者と一革新主義者との対話．第１対話』，パリ，1825年．（[Saint-Simon, Claude-Henri de Rouvroy, comte de:] Nouveau christianisme. Dialogues entre un conservateur et un novateur. Premier dialogue. Paris 1825.）〔邦訳：『新キリスト教』，森博編訳．所収：『サン・シモン著作集』，第５巻，恒星社厚生閣．〕Ⅲ 1091

【シ】

シェイクスピア，ウィリアム『アテネのタイモン』．（Shakespeare, William: Timon of Athens.）〔邦訳：『アテネのタイモン』，小田島雄志訳．所収：『シェイクスピア全集』Ⅴ，白水社．〕Ⅰ 231
――『ヴェニスの商人』．（The merchant of Venice.）〔邦訳：『ヴェニスの商人』，小田島雄志訳．所収：『シェイクスピア全集』Ⅱ，白水社．〕Ⅰ〔504〕，〔506〕，〔852〕
――『お気に召すまま』．（As you like it.）〔邦訳：『お気に召すまま』，小田島雄志訳．所収：『シェイクスピア全集』Ⅲ，白水社．〕Ⅰ〔295〕
――『から騒ぎ』（Much ado about nothing.）〔邦訳：『から騒ぎ』，小田島雄志訳．所収：『シェイクスピア全集』Ⅲ，白水社．〕Ⅰ〔150〕，〔747〕
――『ジョン王』．（King John.）〔邦訳：『ジョン王』，小田島雄志訳．所収：『シェイクスピア全集』Ⅱ，白水社．〕Ⅲ〔745〕
――『夏の夜の夢』．（A midsummer-night's dream.）〔邦訳：『夏の夜の夢』，小田島雄志訳．所収：『シェイクスピア全集』Ⅱ，白水社．〕Ⅰ〔182〕
――『ハムレット』．（Hamlet.）〔邦訳：『ハムレット』，小田島雄志訳．所収：『シェイクスピア全集』Ⅲ，白水社．〕Ⅰ〔480〕
――『ヘンリー４世』第一部．（The first part of Henry the fourth.）〔邦訳：『ヘンリー４世』，小田島雄志訳．所収：『シェイクスピア全集』Ⅱ，白水社．〕Ⅰ〔60〕，〔88〕
ジェイコブ・ウィリアム『貴金属の生産および消費についての歴史的研究』，全２巻，第２巻，ロンドン，1831年．（Jacob, William: An historical inquiry into the production and consumption of the precious metals. In 2 vols. Vol.2. London 1831.）Ⅰ 74，〔75〕
――『サミュエル・ウィットブレドへの手紙．イギリス農業が必要とする保護にかんする諸考察の続篇』，ロンドン，1815年．（A letter to Samuel Whitbread, being a sequel to considerations on the protection required

by British agriculture; ... London 1815.）Ⅰ 378
シェッフレ，アルバート・エーバーハルト・フリードリヒ『資本主義と社会主義，とくに事業および財産の形態に留意して』，チュービンゲン，1870年．（Schäffle, Albert Eberhard Friedrich: Kapitalismus und Socialismus mit besonderer Rücksicht auf Geschafts-und Vermögensformen. Tübingen 1870.）Ⅱ〔829〕
ジェノヴェーシ，アントーニオ『市民経済学講義』，1765年．所収：『イタリア古典経済学者叢書』〔ピエートロ・クストーディ編〕，近代篇，第8巻，ミラノ，1803年．（Genovesi, Antonio: Lezioni di economia civile. 1765. In: Scrittori classici italiani di economia politica. ［Hrsg. Pietro Custodi.］ Parte moderna. T.8. Milano 1803.）Ⅰ 267
シェルビュリエ，アントワヌ『富か貧困か．社会的富の現在の分配の原因と結果との説明』，パリ，1841年．（Cherbuliez, Antoine: Richesse ou pauvreté. Exposition des causes et des effets de la ditribution actuelle des richesses sociales. Paris 1841.）Ⅰ〔317〕，323，1015，Ⅲ〔275〕
シスモンディ，ジャン－シャルル－レオナール・シモンド・ド『経済学研究』，第1，2巻，ブリュッセル，1837－1838年．（Sismondi, Jean-Charles-Léonard Simonde de; Études sur l'économie politique. T.1.2. Bruxelles 1837-1838.）Ⅰ 558，1038，Ⅱ〔226〕
――『経済学新原理．または人口との関係から見た富について』，第1，2巻，パリ，1819年．（Nouveaux principes d'économie politique, ou de la richesse dans ses rapports avec la population. 2.éd. T.1.2. Paris 1819.）〔邦訳：『経済学新原理』，菅間正朔訳．世界古典文庫，全2冊，日本評論社．〕Ⅰ〔1011〕，Ⅱ 35，181，625
――『経済学新原理．または人口との関係から見た富について』，第2版，第1，2巻，パリ，1827年．（Nouveaux principes d'économie politique, ou de la richesse dans ses rapports avec la population. 2.éd. T.1.2. Paris 1827.）Ⅰ 271，302，985，1005，1012，1018-1019，1129-1130，Ⅲ 843，〔1434〕
――『商業的富について．または商業立法に適用した経済学原理』，全2巻，第1巻，ジュネーヴ，1803年．（De la richesse commerciale, ou principes d'économie politique, appliqués à la législation du commerce. T.1.2. T.1. Genève 1803.）Ⅰ 932
『実用的科学的農業百科辞典．農業経営の理論，技術，実務が詳細かつ実用的に扱われる』，現代のもっとも著名な実業家および科学者50名以上が執筆，ジョン・チャーマズ・モートン〔ほか〕編集，全2巻，第2巻，グラスゴウ，エディンバラ，ロンドン，1855年．（A cyclopedia of agriculture, practical and scientific; in which the theory, the art, and the business of farming, are thoroughly and practically treated. By upwards of fifty of the most eminent practical and scientific men of the day. Ed. by John Chalmers Morton ［u.a.］. In 2 vols. Vol.2. Glasgow, Edinburgh, London 1855.）Ⅰ〔963〕

シーニア，ナッソー・ウィリアム『アイルランドにかんする日誌，対話，および小論』，全２巻，第２巻，ロンドン，1868年．（Senior, Nassau William: Journals, conversations and essays relating to Ireland. In 2 vols. Vol.2. London 1868.） Ⅰ 1238，1277

――『経済学概論』，ロンドン，1836年．（An outline of the science of political economy. London 1836.）〔邦訳：『シィニオア経済学』，高橋誠一郎・浜田恒一訳．所収：『経済学古典叢書』，岩波書店．〕 Ⅰ 395

――『経済学の基本原理』，N・W・シーニアの既刊・未刊の講義からジャン・アリヴァベーネ仏訳，パリ，1836年．（Principes fondamentaux de l'économie politique, tirés de leçons éd. et inéd. de N.-W.Senior, par Jean Arrivabene. Paris 1836.） Ⅰ 1040，Ⅱ 704

――「講演」．所収：『社会科学振興国民協会．第７回年次大会議事報告．1863年10月，開催地エディンバラ』，エディンバラ，ロンドン，1863年．（Address: In: The National Association for the Promotion of Social Science. Report of proceedings at the seventh annual congress, held in Edinburgh, October 1863. Edinburgh, London 1863.） Ⅰ 845，860

――『賃銀率にかんする３つの講義．1830年の復活祭学期にオックスフォード大学にて．現在の混乱の原因と対策にかんする序文を付す』，ロンドン，1830年．（Three lectures on the rate of wages, delivered before the University of Oxford, in Easter term, 1830. With a pref. on the causes and remedies of the present disturbances. London 1830.） Ⅰ 946，955

――『綿業におよぼす影響から見た工場法についての書簡，レナド・ホーナーからシーニア氏あての書簡，およびエドマンド・アシュワース氏，トムスン氏，シーニア氏の鼎談記録つき』，ロンドン，1837年．（Letters on the factory act, as it affects the cotton manufacture ... To which are appended, a letter to Mr.Senior from Leonard Horner, and minutes of a conversation between Mr.Edmund Ashworth, Mr.Thompson and Mr.Senior. London 1837.） Ⅰ 385-386，394-395，713

ジーベル，ニコライ〔・イヴァーノヴィチ〕『D・リカードウの価値および資本にかんする理論．最近の補足と説明に関連して．批判的経済学的研究の試論』，キエフ，1871年．（Зиберъ Николай〔Иванович〕: Теория цѣнности и капитала Д. Рикардо въ связи съ позднѣйшими дополнениями и разъяснениями. Опытъ критикоэкономическаго изслѣдования. Киевъ 1871.） Ⅰ 26，〔29〕

シーボルト『日本と日本人』．ロンドン，1852年（Siebold : manner and customs of the Japanese. London 1852.） Ⅰ 〔1252〕

ジュヴァリエ，アルフォーンス『食物，薬物，および商品の内実の変造と不純物混和の辞典』，第１，２巻，パリ，1850－1852年．（Chevallier, Alphonse: Dictionnaire des altérations et falsifications des substances alimentaires, médicamenteuses et commerciales ... T.1.2. Paris 1850–

1852.）I〔432〕
シュタイン，ローレンツ・フォン『国家学体系』．バーゼル，1852年，57年（Stein, Lorenz von : System der Staatswissenschaft, Bd. 1 ; Statistik etc., Basel 1852, Bd. 2 ; Gesellschaftslehre. Basel 1857.）II〔262〕
シュトルヒ，アンリ〔ハインリヒ・フリードリヒ・フォン〕『経済学講義，または諸国民の繁栄を決定する諸原理の説明』，全6巻，第1，2巻，サンクト・ペテルブルク，1815年．（Storch, Henri［Heinrich Friedrich von］: Cours d'économie politique, ou exposition des principes qui déterminent la prospérité des nations. T.1–6. T.1.2. St-Pétersbourg 1815.）I 304，〔317〕，635，1028，1128-1130，II 625，III〔316〕，〔1190〕，1478，1515
――『経済学講義，または，諸国民の繁栄を決定する諸原理の説明．J・B・セーの注解と評注つき』，全4巻，第1，3巻，パリ，1823年．（Cours d'économie politique, ou exposition des principes qui déterminent la prospérité des nations. Avec des notes explicatives et critiques par J.-B. Say. T.1–4. T.1.3. Paris 1823.）I 619，634，II〔241〕
――『国民の収入の性質にかんする諸考察』，パリ，1824年．（Considérations sur la nature du revenue national. Paris 1824.）II〔241〕，624，696，III 1515，1524
シュトルベルク伯，クリスティアン『ギリシアの詩』，ギリシア語からの独訳，ハンブルク，1782年．（Stolberg, Christian Graf zu: Gedichte. Aus dem Griech. übers. Hamburg 1782.）I 717
シュトルベルク伯，フリードリヒ・レーオポルト「自然によせる歌」．（Stolberg, Friedrich Leopold Graf zu: An die Natur.）I〔896〕
シュミット，コンラート「『資本論』第3巻」．所載：『ゾツアールポリティッシェス・ツェントラルブラット（中央社会政策雑誌）』，ベルリン，1895年2月25日．（Schmidt, Conrad: Der dritte Band des „Kapital". In: Sozialpolitisches Centralblatt. Berlin. 25. Februar 1895.）III 1599
――「平均利潤率とマルクスの価値法則」．所収：『ノイエ・ツァイト．精神生活および公共生活の評論誌』，第11巻，第3，4号，シュトゥットガルト，1893年．（Die Durchschnittsprofitrate und Marx'sche Werthgesetz. In: Die Neue Zeit. Revue des geistigen und öffentlichen Lebens ... 11.Jg. Nr.3,4. Stuttgart 1893.）III〔28〕
――『マルクスの価値法則にもとづく平均利潤率』，シュトゥットガルト，1889年．（Die Durchschnittsprofitrate auf Grundlage des Marx'schen Werthgesetzes. Stuttgart 1889.）III 25
シュルツ，ヴィルヘルム『生産の運動．国家および社会にかんする新しい学問を基礎づけるための歴史的・討論的論考』，チューリッヒ，ヴィンタートゥール，1843年．（Schulz, Wilhelm: Die Bewegung der Production. Eine geschichtlich-statistsche Abhandlung zur Grundlegung einer neuen Wissenschaft des Staats und der Gesellschaft. Zürich, Winterthur 1843.）

Ⅰ 654
『シュレージエンにかんする皇帝の特権と勅令』.（Kaiserliche Privilegien und Sanctiones für Schlesien.） Ⅰ 1291
『准男爵サー・T・C・バンベリー宛の手紙. 救貧税および食料の高価格について. 両者を引き下げる若干の提案を付す. サフォークの一ジェントルマン著』, イプスウィッチ, 1795年.（A letter to Sir T.C.Bunbury, Bart. On the poor rates, and the high price of provisions. With some proposals for reducing both. By a Suffolk gentleman. Ipswich 1795.） Ⅰ 1261
ジョウンズ, リチャード『経済学序講. 1833年2月27日にロンドンのキングズ・カレッジにて. 付, 労働の賃銀についての連続講義シラバス』, ロンドン, 1833年.（Jones, Richard: An introductory lecture on political economy, delivered at King's College. London, 27th February 1833. To which is added a syllabus of a course of lectures on the wages of labor. London 1833.）〔邦訳：『政治経済学についての序講』, 大野精三郎訳. 所収：『ジョーンズの経済学』, 岩波書店.〕 Ⅰ 1103, Ⅲ 456
――『国民経済学教科書』, ハートフォード, 1852年.（Text-book of lectures on the political economy of nations, ... Hertford 1852.）〔邦訳：『政治経済学講義』, 大野精三郎訳, 日本評論社.〕 Ⅰ 546, 568, 590, 989, 1022, 1043
――『富の分配および課税の源泉にかんする一論』, ロンドン, 1831年.（An essay on the distribution of wealth, and on the sources of texation. London 1831.）〔邦訳：『ジョーンズ地代論』, 鈴木鴻一郎訳, 全2冊, 岩波文庫.〕 Ⅰ 581, Ⅲ〔1357〕,〔1393〕
『諸国民の経済学にかんする一論. または富に影響する諸国の交易についての所見』, ロンドン, 1821年.（An essay on the political economy of nations: or, a view of the intercourse of countries, as influencing their wealth. London 1821.） Ⅰ 349, 543
『諸国民の産業, 技術, 機械, 製造業の現状の概観』, 第2部, ロンドン, 1855年.（The industry of nations. A survey of the existing state of arts, machines, and manufactures. Pt.2. London 1855.） Ⅰ 607,〔657〕,〔661〕, 676,〔677〕,〔765〕,〔808〕
『諸職業の団結について』, 新版, ロンドン, 1834年.（On combinations of trades. New ed. London 1834.） Ⅰ 971
ジョフロア・サン-ティレール〔, エティエンヌ〕『自然哲学の総合的・歴史的・生理的概念』, パリ, 1838年.（Geoffroy Saint-Hilaire〔, Étienne〕: Notions synthétiques, historiques et physiologiques de philosophie naturelle. Paris 1838.） Ⅰ 1302
ショルレマー, カール『詳説化学教科書』 →ロスコウ, ヘンリ・エンフィールドおよびカール・ショルレマー『詳説化学教科書』
――『有機化学の発生および発達』, ロンドン, 1879年.（Schorlemmer, Carl:

The rise and development of organic chemistry. London 1879.） Ⅰ 546
ジョンストン，ジェイムズ・フィンレイ・ウィア『北アメリカの農業・経済・社会にかんする覚え書き』，全２巻，第１巻，エディンバラ，ロンドン，1851年（Johnston, James Finlay Weir: Notes on North America, agricultural, economical, and social. In 2 vols. Vol.1. Edinburgh. London 1851.） Ⅲ〔1119〕，1210，1213
シラー，フリードリヒ・フォン『ヴィルヘルム・テル』．（Schiller, Friedrich von: Wilhelm Tell.）〔邦訳：『ヴィルヘルム・テル』，桜井政隆・桜井国隆訳，岩波文庫．〕Ⅲ〔875〕
――「鐘によせる歌」．（Das Lied von der Glocke.）〔邦訳：「鐘によせる歌」，小栗孝則訳．所収：『世界名詩集大成』６，平凡社．〕Ⅰ 678，〔679〕，713，〔714〕，〔853〕，〔1343〕
――『たくらみと恋』．（Kabale und Liebe.）〔邦訳：『たくらみと恋』，番匠谷英一訳．所収：『世界文学大系』18，筑摩書房．〕Ⅰ〔1001〕
――「人質」．（Die Bürgschaft.）〔邦訳：「人質」，手塚富雄訳．所収：『世界文学大系』18，筑摩書房．〕Ⅰ〔1033〕，Ⅲ〔1468〕
――「宦官と男たち」．（Kastraten und Männer.） Ⅰ〔445〕
〔シーリー，ロバート・ベントン〕『国民の危難．立法府，牧師，上層・中間階級への訴え』，改訂第２版，ロンドン，1843年．（[Seeley, Robert Benton:] The perils of the nation. An appeal to the legislature, the clergy, and the higher and middle classes. 2.ed., rev. London 1843.） Ⅰ 1271
『試論．個々別々の利害による競争の原理と，結合した共通の利害による統合された努力の原理のいずれが，社会の形成にとってもっとも確実な基盤をなすのか，という問いに答えて』，ロンドン，1834年．（An essay, in answer to the question, whether dose the principle of competition, with separate individual interests; or, the principle of united exertions,with combined and equal interests; form the most secure basis for the formation of society? London 1834.） Ⅰ 566，758-759，Ⅲ 1581，〔1582〕
『信用および破産法にかんする一論．免責法にかんする省察を付す』，ロンドン，1707年．（An essay on credit and the Bankrupt Act. With some reflections on Escape-Act. London 1707.） Ⅰ 237
『信用の無償性．Fr・バスティア氏とプルードン氏との論争』 →バスティア，フレデリクおよび〔ピエール-ジョゼフ・〕プルードン『信用の無償性．Fr・バスティア氏とプルードン氏との論争』

【ス】

スエトニウス『ウェスパシアヌス』．所収：『カエサルたちの伝記』，第８巻．（Suetonius:Vuespasianus. In: De Vita Caesarum. Libr.8.）〔邦訳：『ロー

マ皇帝伝』，国原吉之助訳，全２冊，岩波文庫．〕Ⅰ〔195〕
スカルベク・フレドリク『社会的富の理論．付，経済学文献』，第２版，全２巻，第１巻，パリ，1839年．（Skarbek, Frédéric: Théorie des richesses sociales. Suivie d'une bibliographie de l'économie politique. 2.éd. T.1.2. T.1. Paris 1839.）Ⅰ 578，619
スクループ，ジョージ・ポーリト『経済学原理．社会的厚生の自然法からの演繹と大ブリテンの現状への適用』，ロンドン，1833年．（Scrope, George Poulett: The principles of political economy, deduced from the natural laws of social welfare, and applied to the present state of Britain. London 1833.）Ⅱ〔301〕
——『経済学』，A・ポッター篇　→ポッター，アロンゾ『経済学．その対象，効用および原理』
スコウ，ヨアキム・フレデリク『土地，植物，人間．自然記述』，著者の協力によりデンマーク語からH・ツァイゼ独訳，第２版，ライプツィヒ，1854年．（Schouw, Joakim Frederik: Die Erde, die Pflanzen und der Mensch. Natur-schilderungen. Aus dem Dän. unter Mitw. des Verf. von H.Zeise ... 2. Aufl. Leipzig 1854.）Ⅰ 898
「スコットランドの高地」．所収：『ポートフォリオ．外交評論』，新シリーズ，ロンドン，第15号，〔1844年〕10月１日．（The Highlands of Scotland. In: The Portfolio. Diplomatic Review. New ser. London. No.15, 1.October [1844].）Ⅰ 1277-1278
『進めフランドル人！協会の宣言．1830年の国民議会にあたり聖なる正義のベルギー憲法実現のすべての支持者に訴える』，ブリュッセル，1860年．（Manifest der Maatschappij De Vlamingen Vooruit! Gerigt tot alle de Voorstanders van de eerlijke en regtzinnige uitvoering der Belgische Grondwet, gestemd door het National Congres van 1830. Brussel 1860.）Ⅰ 1171
スタイメッツ，アンドリュー『日本とその国民』，ロンドン，1859年．（Steinmetz, Andrew : Japan and her peple. London 1859.）Ⅰ〔1252〕
スチュアト，ジェイムズ『経済学原理の研究．自由な諸国民における国内政策の科学にかんする論究』，全２巻，第１巻，ロンドン，1767年．（Steuart, James: An inquiry into the principles of political oeconomy: being an essay on the science of domestic policy in free nations. In 2 vols. Vol.1. London 1767.）〔邦訳：『経済学原理』，中野正訳，第１－３冊（未完，第２篇まで），岩波文庫．〕Ⅰ 587，〔621〕
——『経済学原理の研究．自由な諸国民における国内政策の科学にかんする論究』，全３巻，第１巻，ダブリン，1770年．（An inquiry into the principles of political oeconomy: being an essay on the science of domestic policy in free nations. In 3 vols. Vol.1. Dublin 1770.）Ⅰ〔252〕，312，1130，〔1254〕，1275，〔1302〕，Ⅲ〔1400〕
——『経済学原理の研究』．所収：『政治学的・形而上学的・年代記的著作集．

子息ジェイムズ・スチュアトによって彼の父の改訂本よりはじめて編集される．著者の逸話を付す』，全６巻．第１巻．ロンドン，1805年．（An inquiry into the principles of political oeconomy ... In: The works, political, metaphysical, and chronological. Now first collect. by James Steuart, his son, from his father's corr. copies, to which are subjoined anecdotes of the author. In 6 vols. Vol.1. London 1805.）〔邦訳：『経済学原理』，加藤一夫訳（第２篇までの邦訳）．所収：『初期イギリス経済学古典選集』９，10，11，東京大学出版会．『経済の原理――第３・第４・第５編――』，『同――第１・第２編』，小林昇監訳・竹本洋ほか訳，名古屋大学出版会．〕 Ⅰ 259，Ⅲ〔396〕

スチュアト，ジャック〔ジェイムズの仏語〕『経済学原理の研究．または自由な諸国民における国内政策の科学にかんする論究』，全５巻，第１，４巻，パリ，1789年．（Steuart,Jacques: Recherche des principes de l'économie politique, ou essai sur la science de la police intérieure des nations libres. T.1-5. T.1.4. Paris 1789.） Ⅰ 756，Ⅲ 626

スチュアト，ドゥガルド『経済学講義』，第１巻，エディンバラ，1855年．（所収：『著作集』，ウィリアム・ハミルトン編，第８巻．）（Stewart, Dugald: Lectures on political economy. Vol.1. Edinburgh 1855.（In: The collected works. Ed. by William Hamilton.Vol.8.） Ⅰ 568，608，635，851

スティーベリング，ジョージ『価値法則と利潤率．いくつかの科学的疑問のわかりやすい討議．論争的序文つき』，ニューヨーク〔1890年〕．（Stiebeling, George: Das Werthgesetz und die Profit-Rate. Leichtfaßliche Auseinandersetzung einiger wissenschaftlicher Fragen. Mit einem polemischen Vorwort. New York［1890］.） Ⅲ 42

「スティーベリング氏の論文『資本の密集化が労賃および労働の搾取におよぼす影響について』にたいする論評」．所収：『ノイエ・ツァイト．精神生活および公共生活の評論誌』，第３号，シュトゥットガルト，1887年．（Bemerkung zu dem Aufasatze des Herrn Stiebeling: „Ueber den Einfluß der Verdichtung des Kapitals auf den Lohn und die Ausbeutung der Arbeit." In: Die Neue Zeit. Revue des geistigen und öffentlichen Lebens. Nr.3, Stuttgart 1887.） Ⅲ〔41〕

ストライプ，ジョン『エリザベス女王の御代における宗教改革と国教化，その他国教会における諸種の事件にかんする年誌』，第２版，第２巻，〔ロンドン，〕1725年．（Strype, John: Annals of the reformation and establishment of religion, and other various occurrences in the Church of England, during Queen Elizabeth's happy reign. 2. ed. Vol.2.［London］1725.） Ⅰ 1285-1286

ストレインジ，ウィリアム『７つの健康の源』，ロンドン，1864年．（Strange, William: The seven sources of health. London 1864.） Ⅰ 449

スピノーザ，ベネディクトゥス・デ『エチカ』．（Spinoza, Benedictus de: Ethica.）〔邦訳：『エチカ――倫理学――』，畠中尚志訳，全２冊，岩波

文庫．『エチカ』，工藤喜作・斉藤博訳．所収：『世界の名著』，第25巻，中央公論社．〕 I 〔542〕
―― 『若干の学者からB・デ・スピノーザあての書簡とその返事』（Epistolae doctorum quorundam virorum ad B.de Spinoza et auctoris responsiones; ad aliorum ejus operum elucidationen non parum facientes.）〔邦訳『スピノザ往復書簡集』，畠中尚志訳，岩波文庫．〕 I 〔1042〕
スミス，アダム『諸国民の富の性質と諸原因とにかんする研究』，全２巻，ロンドン，1776年．（Smith, Adam: An inquiry into the nature and causes of the wealth of nations. In 2 vols. London 1776.）〔邦訳：『諸国民の富』，大内兵衛・松川七郎訳（1789年刊第５版を基礎とするキャナン版第６版），全５冊，岩波文庫．〕 I 621，〔621〕，〔936〕，〔941〕，〔1026〕，〔1029〕，1086，〔1243〕，II 226，〔550〕，590，〔594〕，768，III〔248〕，〔559〕，〔563〕，〔660〕，〔783〕，1370，〔1373〕，〔1378〕，1380，1382
―― 『諸国民の富の性質と諸原因とにかんする研究』，ジェルマン・ガルニエの注および所見を付した新訳，全５巻，パリ，刊行開始年不詳－1802年．（Recherches sur la nature et les causes de la richesse des nations. Trad. nouv., avec des notes et observations, par Germain Garnier. T.1-5. Paris an X.-1802.） I 〔941〕，1082
―― 『諸国民の富の性質と諸原因とにかんする研究．付，デイヴィド・ビュキャナンによる注および補巻』，全３巻，第１巻，エディンバラ，1814年．（An inquiry into the nature and causes of the wealth of nations ... With notes, and an add. vol., by David Buchanan. In 3 vols. Vol.1. Edinburgh 1814.） I 973，〔1086〕，〔1141〕，〔1289〕
―― 『諸国民の富の性質と諸原因とにかんする研究．　付，「イギリスとアメリカ」の著者〔エドワード・ギボン・ウェイクフィールド〕の注解』，全６巻〔４巻までで刊行中断〕，第１－３巻，ロンドン，1835－1836年．（An inquiry into the nature and causes of the wealth of nations. With a commentary, by the author of “England and America” [d.i. Edward Gibbon Wakefield] . In 6 [vielm.4] vols. Vol.1-3. London 1835-1836.） I 86，215，627，639，931，990，1037，〔1122〕
―― 『諸国民の富の性質と諸原因とにかんする研究』，全４巻，第２巻，ロンドン，1843年．（An inquiry into the nature and causes of the wealth of nations. In 4 vols. Vol.2 London 1843.） II 〔700〕
―― 『諸国民の富の性質と諸原因とにかんする研究．著者の生涯の略伝を付す』，全１巻，アバディーン，ロンドン，1848年．（An inquiry into the nature and causes of the wealth of nations. With a memoir of the author's life. Complete in 1 vol. Aberdeen, London 1848.） II 20-22，307，320，323，328-330，335，336-338，345，575-581，〔581〕，582，584，591-594，596，601-602，607，620，III〔559〕，833，〔1113〕，〔1404〕，〔1478〕，〔1508〕
―― 『道徳情操論』，ロンドン，1759年．（The theory of moral sentiments. London 1759.）〔邦訳：『道徳感情論』，水田洋訳（初版），岩波文庫．

『道徳感情論』，高哲男訳（第６版），講談社学術文庫.〕Ⅰ 1078
スミス，ジョージ『日本における10週間』，ロンドン，1861年（Smith, George : Ten Weeks in Japan, London, 1861.）〔邦訳：宮永孝訳，雄松堂出版〕Ⅰ〔1252〕

【セ】

セー，ジャン－バティスト『経済学概論．または富を形成，分配および消費する仕方の簡単な説明』，第３版，第１，２巻，パリ，1817年.（Say, Jean-Baptiste: Traité d'économie politique, ou simple exposition de la manière dont se forment, se distribuent et se consomment les richesses. 3 éd. T.1.2. Paris 1817.）〔邦訳：『ジャン・バティスト・セイ経済学』，全２冊，増井幸雄訳（第６版）．所収：『経済学古典叢書』，岩波書店.〕Ⅰ 269，285，358-359，Ⅱ 623-624，Ⅲ 479
——『経済学概論，または富を形成，分配および消費する仕方の簡単な説明』改訂増補第４版，第１，２巻，パリ，1819年.（Traité d'économie politique, ou simple exposition de la manière dont se forment, se distribuent et se consomment les richesses. 4.éd., corr. et augm. T.1–2. Paris 1819.）Ⅰ〔934〕，Ⅱ〔243〕，Ⅲ 1505
——『マルサス氏への手紙．経済学の諸主題，とくに商業の一般的停滞の原因について』，パリ，1820年.（Lettres à M.Malthus, sur différens subjets d'économie politique, notamment sur les causes de la stagnation générale du commerce. Paris 1820.）〔邦訳：『恐慌に関する書簡』，中野正訳．世界古典文庫，日本評論社.〕Ⅰ 1058-1059，Ⅱ〔707〕
『聖書』（Die Bibel.）
「旧約聖書」（Das Alte Testament.）Ⅰ〔11〕，〔240-241〕，〔285〕，〔335〕，〔433〕，〔474〕，〔506〕，〔534〕，〔542〕，〔659〕，〔1033〕，〔1038〕，〔1076〕，〔1148〕，〔1211〕，〔1244〕，〔1273〕，〔1308〕，〔1313〕，〔1346〕，Ⅱ〔674〕，Ⅲ〔157〕，563，〔564〕，〔687〕，〔745〕，〔1068〕，〔1100〕，〔1126〕，〔1145〕，〔1597〕，〔1611〕
「新約聖書」（Das Neue Testament.）Ⅰ〔96〕，〔134〕，156，〔156〕，〔183〕，〔184〕，〔199〕，〔270〕，〔314〕，〔494〕，〔542〕，〔636〕，〔709〕，〔1011〕，〔1018〕，〔1027〕，〔1038〕，〔1079〕，〔1124〕，〔1195〕，〔1236〕，〔1273〕，〔1301〕，〔1317〕，Ⅲ〔24〕，〔34〕，〔340〕，〔1067〕，〔1508〕，〔1597〕
セクストゥス・エンピリクス『定説家論駁』.（Sextus Empiricus: Adversus mathematicos）Ⅰ〔647〕
ゼートベーア，アードルフ『アメリカの発見から現在までの貴金属の生産と金銀比価』（所収：『ペータマン報告』補冊，第57号），ゴータ，1879年.（Soetbeer, Adolf: Edelmetall-Produktion und Werthverhältniss zwischen Gold und Silber seit der Entdeckung Amerika's bis zur Gegenwart.（In: Ergänzungsheft Nr. 57 zu „Petermann's Mittheilungen".）

Gotha 1879.） Ⅱ 758
セルバンテス・サーベドラ，ミゲル・デ『才知あふれる郷士ドン・キホーテ・デ・ラ・マンチャ』.（Cervantes Saavedra, Miguel de: El ingenioso hidalgo Don Quijote de la Mancha.）〔邦訳：『ドン・キホーテ』，牛島信明訳，岩波文庫.〕 Ⅰ 〔154〕，〔1118〕
「全国労働者大会．ボルティモアの勤労者大運動」，所収：『インターナショナル・ジャーナル』，第１巻，第６号，1866年９月．（National Labor Congress. Grand industrial demonstration in Baltimore. In: The International Journal. Vol.1. No.6, September 1866.） Ⅰ 〔531〕

【ソ】

『租税にかんする諸考察』 →〔カニンガム・ジョン〕『わが国の製造業における労働の価格に影響をおよぼすと考えられている諸税にかんする諸考察……』
ソフォクレス『アンティゴネ』.（Sophokles: Antigone.）〔邦訳：『アンティゴネー』，呉茂一訳，岩波文庫.〕 Ⅰ 231
ソーントン，ウィリアム・トマス『過剰人口とその救済策，またはイギリスの労働諸階級のあいだに広まっている困窮の規模と原因，およびその救済策の研究』，ロンドン，1846年．（Thornton, William Thomas: Overpopulation and its remedy; or, an inquiry into the extent and causes of the distress prevailing among the labouring classes of the British Islands, and into the means of remedying it. London 1846.） Ⅰ 299，472，〔1254〕
ゾンバルト，ヴェルナー「カール・マルクスの経済学体系批判によせて」．所載：『社会立法および統計集』，第７巻，ベルリン，1894年．（Sombart, Werner: Zur Kritik des ökonomischen Systems von Karl Marx. In: Archiv für soziale Gesetzgebung und Statistik ... Bd.7. Berlin 1894.） Ⅲ 1598

【タ】

『大ブリテンの商業政策にかんする所見，主として穀物取引に関係するものとしての』，ロンドン，1815年．（Remarks on the commercial policy of Great Britain, principally as it relates to the corn trade. London 1815.） Ⅰ 968
『大ブリテンの地主および借地農場経営者の擁護．働いている彼らにかかってくる議会および教区の重税の暴露．わが国の内外政策の全般的展望を付す．ヨークシャの田紳から議会の一友人にあてた家信の形で』，ロンドン，1814年．（A defence of the land-owners and farmers of Great Britain; and an exposition of the heavy parliamentary and parochial taxation

under which they labour; combined with a general view of the internal and external policy of the country: in familiar letters from an agricultural gentleman in Yorkshire to a friend in Parliament. London 1814.）I 968

タイラー，エドワード・バーネット『人類の原始史および文明の発達にかんする諸研究』，H・ミュラーによる英語からの独訳，ライプツィヒ，刊行年記載なし〔1866年〕.（[Tylor] Tyler, Edward Burnett: Forschungen über die Urgeschichte der Menschheit und die Entwicklung der Civilisation. Aus dem Engl. von H. Müller. Leipzig o.J.）II 704

ダヴ，パトリク・エドワード『政治学原理』，全２巻，エディンバラ，ロンドン，1854年.（Dove, Patrick Edward: The elements of political science. In 2 books. Edinburgh, London 1854.）III〔1147〕，〔1157〕

ダーウィン，チャールズ『自然淘汰による種の起源，または，生存競争における優者の保存について』，H・G・ブロンが英語版第３版にもとづいて英語から翻訳し注を付した改訂大増補第２版，シュトゥットガルト，1863年.（Darwin, Charles: Über die Entstehung der Arten im Thier- und Pflanzen-Reich durch natürliche Züchtung, oder Erhaltung der vervollkommneten Rassen in Kampfe um's Daseyn. Nach der 3 engl. Aufl. ... aus dem Engl. übers. und mit Anm. vers. von H.G.Bronn. 2., verb. und sehr verm. Aufl. Stuttgart 1863.）〔邦訳：『種の起原』，八杉竜一訳，全２冊，岩波文庫.〕I 602，〔602〕

ダウマー，ゲオルク・フリードリヒ『キリスト教古代の秘密』，全２巻，ハンブルク，1847年.（Daumer, Georg Friedrich: Die Geheimnisse des christlichen Alterthums. Bd.1.2. Hamburg 1847.）I〔506〕

タウンゼンド，ジョウジフ『救貧法にかんする一論．人類の幸福を願う者の著．1786年』，再刊，ロンドン，1817年.（Townsend, Joseph: A dissertation on the poor laws. By a well-wisher to mankind. 1786. Republished, London 1817.）I〔622〕，1130

――『スペイン旅行記．1786－1787年』，全３巻，ロンドン，1791年.（A journey through Spain in the years 1786 and 1787. In 3 vols. London 1791.）I 1130

タケット，ジョン・デベル『勤労人口の過去および現在の状態の歴史．農業，製造業，および商業の進歩を含み，就業諸階級の間における貧富の懸隔を示す．これらの階級の雇用と将来の繁栄のための実践的手段を付す』，全２巻，ロンドン，1846年.（Tuckett, John Debell: A history of the past and present state of the labouring population, including the progress of agriculture, manufacture, and commerece, showing the extremes of opulence and destitution among the operative classes. With practical means for their employment and future prosperity. Vol.1.2. London 1846.）I 637，1259，1307，III 1083

タッカー，ジョウサイア『政治的および商業的主題にかんする４つの小論と２つの説教』，グロスター，1774年.（Tucker, Josiah: Four tracts, together

with two sermons, on political and commercial subjects. Glocester 1774.） I 〔1077〕
――『交易にかんしてフランスおよび大ブリテンにそれぞれもたらされる利益と不利益とにかんする小論』，第３版，ロンドン，1753年．（A brief essay on the advantages and disadvantages which respectively attend France and Great Britain, with regard to trade. 3.ed. London 1753.） I 〔1077〕
ダニング，トマス・ジョウジフ『労働組合とストライキ．その哲学と意図』，ロンドン，1860年．（Dunning, Thomas Joseph: Trades' Unions and strikes: their philosophy and intention. London 1860.） I 958，963，965，1328
ダファリン，フレドリク「アイルランドの移民．『タイムズ』編集部へ」，所載：『タイムズ』，ロンドン，第25678号，1866年12月11日；第25691号，1866年12月26日；第25696号，1867年１月１日；第25719号，1867年１月28日．（Dufferin, Frederick : Irish emigration. To the Editor of the Times. In: The Times. London. No.25678, 11. December 1866; No.25691, 26.December 1866; No.25696, 1. January 1867;No.25719, 28. January 1867.） I 1234
ダフィー，ギャヴァン『ヴィクトリア土地法の手引き』，ロンドン，1862年．（Duffy, Gavan: Guide to the land law of Victoria. London 1862.） I 1351
ダブルデイ，トマス『真の人口法則．国民の食料との関連での証明』，ロンドン，1842年．（Doubleday Thomas: The true law of population shewn to be connected with the food of the people. London 1842.） I 〔1321〕
ダランベール〔，ジャン-バティスト〕『動力学論』，パリ，1743年．（D'Alembert〔, Jean-Baptiste〕: Traité de dynamique. Paris 1743） II 〔129〕
――『流体の均衡および運動にかんする論考．動力学論への補遺として』，パリ，1744年．（Traité d'équilibre et du mouvement des fluides. Pour servir de suite au traié de dynamique. Paris 1744.） II 〔129〕
ダンテ，アリギエーリ『神曲』．（Dante Alighieri: La divina commedia.）〔邦訳：『神曲』，寿岳文章訳．集英社文庫．全３冊.〕 I 〔16〕，〔184〕

【チ】

チェインバリン，ジョウジフ「〔開会演説〕バーミンガム衛生会議」．所収：『マンチェスター・ガーディアン』，1875年１月15日．（Chamberlain, Joseph:〔Eröffnungsrede.〕Sanitary Conference at Birmingham. In: The Manchester Guardian.15. January 1875.） I 1120
チェインバリン，ヒュー『土地所有者の一般的福利，土地の価値の大増価，トレイドと商業のこれに劣らぬ利益をもたらすための，土地をもとにする確実な当座信用のための銀行設立案』，ロンドン，1695年．（Chamberlayne, Hugh: A proposal for a bank of secure current credit

to be founded upon land, in order to the general good of landed men, to the great increase of the value of land, and the no less benefit of trade and commerece. London 1695.） III〔1084〕

チェルヌィシェーフスキー，ニコラーイ〔・ガヴリーロヴィチ〕『(ミルによる）経済学概説』，ミハイール・エルピジン出版会社，ジュネーヴ，バーゼル，1870年．（所収：『全集』，第４巻．）（Чернышевский, Николай〔Гаврилович〕: Очерки изъ политической экономии（по Миллю）. Изд. Михаила Элпидина и компании. Genève, Bâle 1870.（In: Сочинения. T.4.））I 23

〔チャイルド，ジョウサイア〕『交易，ことに東インドとの交易にかんする考察』，ロンドン，1689年．（[Child, Josiah:] A discourse concerning trade, and that in particular of the East-Indies. London 1689.） I 162

――『交易にかんする論考および金利引き下げから生じる利益にかんする論考．トマス・カルペパ執筆の高利反対小論を付す』，英語からの仏訳，アムステルダム，ベルリン，1754年．（Traités sur le commerce et sur les avantages qui résultent de la réduction de l'interest de l'argent; avec un petit traité contre l'usure; par Thomas Culpeper. Trad. de l'anglais. Amsterdam, Berlin 1754.）〔邦訳：『新交易論』，杉山忠平訳．所収：『初期イギリス経済学古典選集』３，東京大学出版会．〕 III 686, 1087-1088

チャーマズ，トマス『経済学について，社会の道徳状態および道徳的前途に関連して』，第２版，グラスゴウ，1832年．（Chalmers, Thomas: On political economy in connexion with the moral state and moral prospects of society. 2.ed. Glasgow 1832.） I 267, II 251, III〔423〕,〔779〕

チューネン，ヨハン・ハインリヒ・フォン『農業と国民経済にかんする孤立国』，第２部，第２篇，ロストック，1863年．（Thünen, Johann Heinrich von: Der isolierte Staat in Beziehung auf Landwirthschaft und Nationalökonomie. Th.2. Abth.2. Rostock 1863.）〔邦訳：『孤立国』，近藤康男・熊代幸雄訳，『近代経済学古典選集』１，日本経済評論社（第１－３部の訳．ただし，第２部第２編は省略されている．）〕 I 1086

チュプローフ，アレクサンドル・イヴァーノヴィチ『鉄道経済』，第１巻，モスクワ，1875年．（Чупров, Алексанлр Иванович: Желъзнодорожное хозяйство. T.1. Москва 1875.） II 92

チュルゴ〔，アンヌ-ロベール-ジャック〕『富の形成および分配にかんする諸考察』，所収：『著作集』，新版，ウジェーヌ・デール編集，第１巻，パリ，1844年．（所収：『主要経済学者叢書』，第３巻．）（Turgot [,Anne-Robert-Jacques] : Réflexions sur la formation et la distribution des richesses. In:Œuvres. Nouv. éd., ... par Eugène Daire. T.1. Paris 1844.（In: Collection des principaux économistes. T.3.））〔邦訳：『富の形成と分配に関する諸考察』，津田内匠訳．所収：『チュルゴ経済学著作集』，岩波書店．『富に関する省察』，永田清訳，岩波文庫．〕 I 314, 557, 927,

Ⅱ 307, 545, 575-576
チョーサー〔, ジョフリ〕『オンドリと狐. または修道女の司祭の物語』. 所収:〔ジョン・〕ドライデン『古今寓話集』, ホメロス, オウィディウス, ボッカッチョ, チョーサーからの韻文への訳, オリジナルの詩を付す, ロンドン, 1713年. (Chaucer [, Geoffrey] : The cock and the fox: or, the tale of the nun's priest. In: [John] Dryden: Fables ancient and modern. Transl. into verses from Homer, Ovid, Boccace, and Chaucer: with original poems. London 1713.) Ⅰ〔420〕

【ツ】

『通貨理論の吟味. スコットランドの現行銀行制度にたいする政府干渉の脅威にかんするスコットランド国民への手紙, イングランドの一銀行家著』, エディンバラ, 1845年. (The currency theory reviewed; in a letter to the Scottish people on the menaced interference by government with the existing system of banking in Scotland. By a banker in England. Edinburgh 1845.) Ⅰ 243, Ⅲ 709, 728-729, 769, 835, 931

【テ】

ティエール, アドルフ『所有について』, パリ, 1848年. (Thiers, Adolphe: De la propriété. Paris 1848.) Ⅰ 776,〔1245〕, Ⅲ〔1130〕
ディオドロス・シクルス(シチリアのディオドロス)『歴史文庫』, ユーリウス・フリードリヒ・ヴルム独訳, 全19巻, 第1, 3巻, シュトゥットガルト, 1827－1829年. ([Diodorus Siculus] Diodor von Sicilien: Historische Bibliothek. Übers. von Julius Friedrich Wurm, Bd.1-19. Bd.1.3. Stuttgart 1827-1829.) Ⅰ 249, 407, 600,〔647〕, 894
ディケンズ, チャールズ『オリヴァ・ツイスト』. (Dickens, Charles: Oliver Twist)〔邦訳:『オリヴァー・トゥイスト』, 小池滋訳, 全2冊, ちくま文庫.〕Ⅰ〔776〕
ディーツゲン, ヨーゼフ「〔書評〕カール・マルクス著『資本論. 経済学批判』, ハンブルク, 1867年」. 所載:『デモクラティッシェス・ヴォッヘンブラット』, ライプツィヒ, 第31号, 1868年8月1日, 付録;第34号, 1868年8月22日;第35号, 1868年8月29日;第36号, 1868年9月5日. (Dietzgen, Joseph: [Rezension zu:] Das Kapital. Kritik der politischen Oekonomie von Karl Marx. Hamburg 1867. In: Demokratisches Wochenblatt. Leipzig. Nr.31, 1.August 1868. Beil.; Nr.34, 22.August 1868; Nr.35, 29.August 1868; Nr.36, 5. September 1868.) Ⅰ〔26〕
――「国民経済」. 所載:『フォルクスシュタート』, ライプツィヒ, 第1号, 1870年1月1日;第2号, 1870年1月5日;第24号, 1870年3月23日;第25号, 1870年 3 月26日; 第26号, 1870年 3 月30日. (National-

Oekonomisches. In: Der Volksstaat. Leipzig. Nr.1, 1.Januar 1870; Nr.2, 5.Januar 1870; Nr.24, 23.März 1870; Nr.25, 26.März 1870; Nr.26, 30.März 1870.）Ⅰ〔25-26〕
――「社会民主主義の宗教」．所載：『フォルクスシュタート』，ライプツィヒ，第65号，1870年８月13日；第66号，1870年８月17日；第67号，1870年８月20日；第37号，1871年５月６日；第38号，1871年５月10日．（Die Religion der Sozial-Demokratie. In: Der Volksstaat. Leipzig. Nr.65, 13.August 1870; Nr.66, 17.August 1870; Nr.67, 20.August 1870; Nr.37, 6.Mai 1871; Nr.38, 10.Mai 1871.）Ⅰ〔25-26〕
――「社会民主主義の宗教」．所載：『フォルクスシュタート』，ライプツィヒ，第62号，1871年８月２日；第63号，1871年８月５日．（Die Religion der Sozial-Demokratie. In: Der Volksstaat. Leipzig. Nr.62, 2.August 1871; Nr.63, 5.August 1871）Ⅰ〔25-26〕
――「ハインリヒ・フォン・ジーベルへの公開書簡」．所載：『フォルクスシュタート』，ライプツィヒ，第31号，1872年４月17日．（Offener Brief an Heinr. v. Sybel. In: Der Volksstaat. Leipzig. Nr.31, 17.April 1872.）Ⅰ〔25-26〕
――「ブルジョア社会」．所載：『フォルクスシュタート』，ライプツィヒ，第75号，1872年９月18日；第77号，1872年９月25日．（Die bürgerliche Gesellschaft. In: Der Volksstaat. Leipzig. Nr.75, 18.September 1872; Nr.77, 25.September 1872.）Ⅰ〔25-26〕
ディドロ，ドニ『サロン．1767年』．（Diderot, Denis: Le salon de 1767.）Ⅰ〔234〕
――『ラモーの甥』．（Le neveu de Rameau.）〔邦訳：『ラモーの甥』，本田喜代治・平岡昇訳，岩波文庫．〕Ⅰ〔1316〕
テイラー，セドリー「『タイムズ』編集部へ」．所収：『タイムズ』，ロンドン，第30990号，1883年11月29日．（Taylor, Sedley: To the Editor of the Times. In: The Times. London. No.30990, 29.November 1883.）Ⅰ 58
――「『トゥ・デイ』編集部へ」．所収：『トゥ・デイ』ロンドン，第１巻，第３号，1884年３月．（Taylor, Sedley: To the Editor of “To-Day”. In: To-Day. London. Vol.1. No.3, March 1884.）Ⅰ 61
〔ディルク，チャールズ・ウェントワス〕『国民的苦難の根源と救済．経済学の原理からの演繹．ジョン・ラッセル卿への書簡』，ロンドン，1821年．（[Dilke, Charles Wentworth:] The source and remedy of the national difficulties, deduced from principles of political economy, in a letter to Lord John Russell. London 1821.）〔邦訳：『ジョン・ラッセル卿あて書簡において政治経済学の原理から演繹された国民的諸困難の原因および救済，ロンドン，1821年』，蛯原良一訳，所収：『資本蓄積と失業・恐慌』，法政大学出版局．〕Ⅰ 1022，Ⅱ 24-25
デカルト，ルネ『方法序説．著者の理性を正しく導き，諸学において真理を求めるための』，パリ，1668年．（Descartes, René: Discours de la méthode

pour bien conduire sa raison, et chercher la vérité dans les sciences. Paris 1668.)〔邦訳：『方法序説』, 谷川多佳子訳, 岩波文庫.〕 I 685, 〔686〕

デスチュト・ド・トラシ『イデオロギー要論. 第4部および第5部. 意志および意志作用論』, パリ, 1826年. (Destutt de Tracy: Élémens d'idéologie. Pt.4.5. Traité de la volonté et de ses effets. Paris 1826.) I 〔144〕, 274, 284, 575, 579, 1130, II 〔776〕, 777, 781-783, 788, 790

——『経済学概論』, パリ, 1823年. (Traité d'économie politique. Paris 1823.) I 274

〔デフォー, ダニエル〕『公的信用にかんする一論. ……研究』, ロンドン, 1710年. ([Defoe, Daniel:] An essay upon publick credit: being an enquiry ... London 1710.) I 245

——『ヨークの航海者, ロビンソン・クルーソーの生涯と数奇な冒険』. (Defoe, Daniel: The life and strange surprising adventures of Robinson Crusoe of York, mariner.)〔邦訳：『ロビンソン・クルーソー』, 平井正穂訳, 岩波文庫.〕 I 〔509〕

デュクペティオ, エドゥアール『ベルギー労働者階級の家計予算. 食糧, 賃銀, 人口』, ブリュッセル, 1855年. (Ducpétiaux, Édouard: Budgets économiques des classes ouvrières en Belgique. Subsistances, salaires, population. Bruxelles 1855.) I 1169, 1172

デュポン, ピエール『労働者の歌』, パリ, 1845年. (Dupon, Pierre: Le chant des ouvriers. Paris 1845.) I 1207

デュポン・ド・ヌムール, ピエール-サミュエル『ドクトル・ケネーの箴言. またはその社会経済学原理の摘要』. 所収：『重農主義学派. ケネー, デュポン・ド・ヌムール, メルシエ・ド・ラ・リヴィエール, ボド師, ル・トローヌ, ウジェーヌ・デールによる重農主義学派の学説にかんする序文, 注解, 歴史的注つき』, 第1部, パリ, 1846年. (所収：『主要経済学者叢書』, 第2巻.) (Dupont de Nemours, Pierre-Samuel: Maximes du Docteur Quesnay, ou résumé de ses principes d'économie sociale. In: Physiocrates. Quesnay, Dupont de Nemours, Mercier de la Rivière, L'Abbé Baudeau, Le Trosne, avec une introd. sur la doctrine des physiocrates, des comm. et des notices historiques, par Eugène Daire. Pt.1. Paris 1846. (In: Collection des principaux économistes. T.2.)) I 〔192〕, II 306

デュロ・ド・ラ・マル〔, アドルフ-ジュル-セザール-オギュスト〕『ローマ人の経済学』, 第1巻, パリ, 1840年. (Dureau de la Malle [, Adolphe-Jules-César-Auguste] : Économie politique des Romains. T.1. Paris 1840.) I 〔343〕, III 181

デール, ウジェーヌ「序文」. 所収：『重農主義学派. ケネー, デュポン・ド・ヌムール, メルシエ・ド・ラ・リヴィエール, ボド師, ル・トローヌ, ウジェーヌ・デールによる重農主義学派の学説にかんする序文, 注

解，歴史的注つき』，第１部，パリ，1846年．（所収：『主要経済学者叢書』，第１巻．）（Daire, Eugène: Introduction. In: Physiocrates. Quesnay, Dupont de Nemours, Mercier de la Rivière, L'Abbé Baudeau, Le Trosne, avec une introd. sur la doctrine des physiocrates, des comm. et des notices historiques, par Eugène Daire. Pt.1. Paris 1846.（In: Collection des principaux économistes. T.1.））Ⅲ〔1402〕

テレンティウス・アフェル，プブリウス『アンドリア』．（Terentius Afer, Publius: Andria.）〔邦訳：『アンドロス島の女』，木村健治訳．所収：『ローマ喜劇集』，第５巻，京都大学学術出版会．〕Ⅲ〔386〕

【ト】

トゥキュディデス『ペロポネソス戦史』全８巻，ライプツィヒ，1831年．（Thucydides: De bello Peloponnesiaco libri octo. Lipsiae 1831.）〔邦訳：『戦史』，久保正彰訳，全３冊，岩波文庫．〕Ⅰ 644-645

トゥック，トマス『1793年より1837年にいたる物価および通貨の状態の歴史，過去２世紀の穀物貿易の概略を前付とす』，ロンドン，1838年．（Tooke, Thomas: A history of prices, and of the state of the circulation, from 1793 to 1837; preceded by a brief sketch of the state of the corn trade in the last two centuries. In 2 vols. Vol.2. London 1838.）〔邦訳：『物価史』，第２巻，藤塚知義訳．所収：『金融経済研究所叢書』（別冊），東洋経済新報社．〕Ⅲ 636-637

――『1839年より1847年にいたる物価および通貨の状態の歴史，通貨問題の全般的評論およびヴィクトリア女王治世第７および第８年の法律第32号の作用にかんする論評を付す，1793年より1839年にいたる物価の歴史の続巻』，ロンドン，1848年．（A history of prices, and of the state of the circulation, from 1839 to 1847 inclusive: with a general review of the currency question, and remarks on the operation of the act 7&8Vict. c. 32. Being continuation of the history of prices from 1793 to 1839. London 1848.）〔邦訳：『物価史』，第４巻，藤塚知義訳．所収：『金融経済研究所叢書』（別冊），東洋経済新報社．〕Ⅲ 619，〔714〕

――『通貨主義の研究，通貨と物価との関連，銀行券発行の銀行業務からの分離の得失』，第２版，ロンドン，1844年．（An inquiry into the currency principle; the connection of the currency with prices, and the expediency of a separation of issue from banking. 2.ed. London 1844.）〔邦訳：『通貨主義の研究』，渡部義彦訳，勁草出版サービスセンター．『通貨原理の研究』，玉野井芳郎訳．世界古典文庫，日本評論社．〕Ⅱ 769，Ⅲ 608，638，698-699，703，776，781-782，1509

トゥック，トマス（および）ウィリアム・ニューマーチ『1848年より1856年にいたる９年間の物価および通貨流通の状態の歴史，全２巻，1792年より現在にいたる物価の歴史全６巻の第５および第６巻をなす』，第５，

6巻，ロンドン，1857年．（Tooke, Thomas, William Newmarch: A history of prices, and of the state of the circulation, during the nine years 1848-1856. In 2 vols.; forming the 5. and 6. vols of the History of prices from 1792 to the present time. Vol.5.6. London 1857.）〔邦訳：『物価史』，第5巻上下，第6巻，藤塚知義訳．所収：『金融経済研究所叢書』（別冊），東洋経済新報社．〕Ⅰ 521，Ⅲ 858，〔1442〕

トゥーン，アルフォンス『ニーダーラインにおける工業とその労働者』，第2部，ライプツィヒ，1879年．（Thun, Alphons: Die Industrie am Niederrhein und ihre Arbeiter. 2. Th. Leipzig 1879）Ⅲ 1609

ド・クー，サロモン（De Cous, Salomon）→ヘロン・アレクサンドリヌス『風力および水力利用術の書』

トクヴィル，アレクシ・ド『旧制度と革命』，パリ，1856年．（Tocqueville, Alexis de: L'ancien régime et la révolution. Paris 1856.）〔邦訳：『アンシャン・レジームと革命』，井伊玄太郎訳，講談社学術文庫．『旧体制と大革命』，小川勉訳，ちくま学芸文庫．〕Ⅲ〔1434〕

ド・クウィンシー，トマス『経済学の論理』エディンバラ，ロンドン，1844年．（De Quincey, Thomas: The logic of political economy. Edinburgh, London 1844.）Ⅰ 695

トームズ，ロバート『日本と日本人』，ロンドン，1859年（Tomes, Robert: Japan and the Japanese. London 1859）Ⅰ〔1252〕

トムスン，ウィリアム『人類の幸福にもっとも有益な富の分配の諸原理の研究，新たに提案された富の自発的平等の制度に適用された』，ロンドン，1824年．（Thompson, William: An inquiry into the principles of the distribution of wealth most conducive to human happiness; applied to the newly proposed system of voluntary equality of wealth. London 1824.）Ⅰ 637

——『人類の幸福にもっとも有益な富の分配の諸原理の研究』，ウィリアム・ペアによる新版，ロンドン，1850年．（Thompson, William: An inquiry into the principles of the distribution of wealth most conductive to human happiness. A new ed. by William Pare. London 1850.）〔邦訳：W．トンプソン『富の分配の諸原理1・2』，鎌田武治訳，全2巻，京都大学学術出版会．〕Ⅱ 28-29，512-516

トムスン，ベンジャミン『政治的，経済的，および哲学的論集』→ラムフォード伯，ベンジャミン〔・トムスン〕『政治的，経済的，および哲学的論集』

ドライデン〔，ジョン〕『オンドリと狐．または修道女の司祭の物語』→チョーサー〔，ジョフリ〕『オンドリと狐．または修道女の司祭の物語』

トランズ，ロバート『穀物貿易にかんする一論，貿易のかの重要部門の一般的諸原理の研究；これらの原理が免れない例外の検討；および輸入と自由通商にかんする諸制限が生存，農業，商業および収入におよぼすと考えられる諸効果の比較考量を含む』，ロンドン，1815年．（Torrens,

Robert: An essay on the external corn trade; containing an inquiry into the general principles of that important branch of traffic; an examination of the exceptions to which these principles are liable; and comparative statement of the effects which restrictions on importation and free intercourse, are calculated to produce upon subsistence, agriculture, commerce, and revenue. London 1815.）Ⅰ 299-300
――『1844年銀行特許法の作用について，その商業信用への影響』，第２版，ロンドン，1847年．（On the operation of the bank charter act of 1844. as it affects commercial credit. 2.ed. London 1847.）Ⅲ 607
――『賃銀および団結について』，ロンドン，1834年．（On wages and combination. London 1834.）Ⅰ 712
――『富の生産にかんする一論．経済学の諸原理をこの国の現状に適用した付録つき』，ロンドン，1821年．（An essay on the production of wealth; with an app., in which the principles of political economy are applied to the actual circumstances of this country. London 1821.）Ⅰ 282，321，Ⅲ 66，187，〔187〕
ド・ロベルティ，ウジェーヌ「〔書評〕カール・マルクス『資本論．経済学批判』」．所収：『フィロゾフィー・ポジティーヴ．ルヴュ』，パリ，第２年，第３号，1868年11/12月．（De Roberty, Eugène: [Rezension zu:] Karl Marx. Das Kapital. Kritik der politischen Oekonomie ... In: La Philosophie Positive. Revue. Paris. 2.année. No.3, novembre/décembre 1868.）Ⅰ〔27〕，〔28-29〕
ドンバール，マティユ・ド『ロヴィル農業年代記』 →マティユ・ド・ドンバール，クリストフ-ジョゼフ-アレクサンドル『ロヴィル農業年代記』

【ニ】

ニート，チャールズ『土地所有の歴史と条件にかんする２つの講義．1859－1860年にオックスフォード大学で行われたシリーズの第１回』，オックスフォード，ロンドン，1860年．（Neate, Charles: Two lectures on the history and conditions of landed property. Being the first of a series delivered in the year 1859-60, in the University Oxford. Oxford, London 1860.）Ⅲ〔1568〕
ニーブーア，バルトルト・ゲオルク『ローマ史』，改訂１巻本，ベルリン，1853年．（Niebuhr, Barthold Georg: Römische Geschichte. Berichtigte Ausg. in einem Bd. Berlin 1853.）Ⅰ 407
ニューナム，ジョージ・ルイス『穀物法にかんする両院委員会での証言の再調査』，ロンドン，1815年．（Newnham, George Lewes: A review of evidence before the committees of the two Houses of Parliament, on the corn laws. London 1815.）Ⅰ 1050
ニューマン，サミュエル・フィリプス『経済学要論』，アンドウヴァー，ニ

ユーヨーク，1835年．(Newman, Samuel Philips: Elements of political economy. Andover, New York 1835) Ⅰ 278，361，Ⅱ 251，Ⅲ 479
ニューマン，フランシス・ウィリアム『経済学講義』，ロンドン，1851年．(Newman, Francis William: Lectures on political economy. London 1851.) Ⅰ 1264，1275，Ⅲ 1071，〔1189〕，〔1380〕，〔1450〕

【ネ】

ネッケル〔，ジャック〕『フランス財政論』，パリ，1784年．所収：『著作集』，第２巻，ローザンヌ，1786年．(Neccker [, Jacques] : De l'administration des finances de la France. Paris 1784. In: Œuvres. T.2. Lausanne 1786.) Ⅰ〔1024〕

【ノ】

『農業および穀物法にかんする３つの懸賞論文』，全国穀物法反対同盟刊，マンチェスター，ロンドン，1842年．(The three prize essays on agriculture and the corn law. Publ. by National Anti-Corn-Law League. Manchester, London 1842.) Ⅲ〔1135〕
〔ノース，ダッドリー〕『交易論．主として貨幣の利子，鋳造，盗削，増加の諸問題に注目して』，ロンドン，1691年．([North, Dudley] : Discourses upon trade; principally directed to the cases of the interest, coynage, clipping, increase of money. London 1691.)〔邦訳：『バーボン／ノース交易論』，久保芳和訳．所収：『初期イギリス経済学古典選集』２，東京大学出版会．〕Ⅰ 212，219，235，685，Ⅲ 1107

【ハ】

ハイト，ヴィルヘルム『中世におけるレヴァント貿易の歴史』，第２巻，シュトゥットガルト，1879年．(Heyd, Wilhelm: Geschichte des Levantehandels im Mittelalter. Bd. 2. Stuttgart 1879.) Ⅲ 1610
ハイネ，ハインリヒ「告白」Geständnissen. In Vermischte Schriften, Hamburg, 1853.〔邦訳：高地久隆訳，所収：『ハイネ散文作品集』第３巻「回想記」，木庭宏編訳，松籟社．〕Ⅲ〔1597〕
――「コベスⅠ世」(Heine, Heinrich: Kobes Ⅰ.)〔邦訳：『ハイネ全詩集』Ⅴ，井上正蔵訳，角川書店．〕Ⅰ〔1066〕
――「時事詩」．(Zeitgedicht.)〔邦訳：『ハイネ全詩集』Ⅱ，井上正蔵訳，角川書店．『ハイネ新詩集』，番匠谷英一訳，岩波文庫．〕Ⅰ〔534〕
――『ロマンツェーロ』．(Romanzero.)〔邦訳：『ハイネ全詩集』Ⅳ，井上正蔵訳，角川書店．〕Ⅲ〔970〕
――『ロマンツェーロ』後記．(Nachwort zum „Romanzero".)〔邦訳：『ハ

イネ全詩集』IV，井上正蔵訳，角川書店.〕III〔1597〕

〔バイルズ，ジョン・バーナード〕『自由貿易の詭弁と民衆経済学の検討．一法廷弁護士著』，改訂増補第7版，ロンドン，1850年．（[Byles, John Barnard:] Sophisms of free-trade and popular political economy examined. By a barrister. 7.ed., with corr. and add. London 1850.）I 477，1290

ハウイット，ウィリアム『植民とキリスト教．ヨーロッパ人の全植民地における先住民の取り扱いの通俗的歴史』，ロンドン，1838年．（Howitt, William: Colonization and Christianity: a popular history of the treatment of the natives by the Europeans in all their colonies. London 1838.）I 1312

バーク，エドマンド『一議員あてのエドマンド・バーク議員の手紙――今会期のはじめにベッドフォード公およびローダデイル伯により上院でなされたバーク議員ならびに彼の年金にたいする非難について』，ロンドン，1796年．（Burke, Edmund: A letter from the Right Honourable Edmund Burke to a Noble Lord, on the attacks made upon him and his pension, in the House of Lords, by the Duke of Bedford and the Earl of Lauderdale, early in the present session of Parliament. London 1796.）I〔1265〕

――『食糧不足にかんする意見と実情．もと，1795年11月にウィリアム・ピット閣下にささげられたもの』，ロンドン，1800年．（Thought and details on scarcity, originally presented to the Right Hon. William Pitt, in the month of November, 1795. London 1800.）〔邦訳：『穀物不足にかんする思索と詳論――もと，1795年11月にウィリアム・ピット議員にささげられたもの』，永井義雄訳．所収：『世界大思想全集』，社会・宗教・科学思想篇11，河出書房新社.〕I 359，407，572，1327

ハクスリー，トマス・ヘンリー『初等生理学講義』，ロンドン，1866年．（Haxley, Thomas Henry: Lessons in elementary physiology. London 1866.）I〔843〕

バークリー，ジョージ『質問者．若干の質問を呈して，公衆の考慮を仰ぐ』，ロンドン，1750年．（Berkley George: The querist, containing several queries, proposed to the consideration of the public. London 1750.）〔邦訳：『問いただす人』，川村大膳・肥前栄一訳．所収：『初期イギリス経済学古典選集』6，東京大学出版会.〕I 592，624

バスティア，フレデリク『経済的調和』，著者の遺稿にもとづいて増補した第2版，パリ，1851年（Bastiat, Frédéric: Harmonies économiques. 2.éd., augm. des manuscrits laissés par l'auteur. Paris 1851.）I 147，716

バスティア，フレデリク（および）〔ピエール-ジョゼフ・〕プルードン『信用の無償性．Fr・バスティア氏とプルードン氏との論争』，パリ，1850年．（Bastiat, Frédéric, [Pierre-Joseph] Proudhon: Gratuité du crédit. Discussion entre M.Fr.Bastiat et M.Proudhon. Paris 1850.）III 590-593,

〔1097〕
パッシー，イポリト－フィリベール『地代について』．所収：『経済学辞典』，全２巻，第２巻，パリ，1854年．（Passy, Hippolyte-Philibert: De la rente du sol. In: Dictionnaire de l'économie politique. T.1.2. T.2. Paris 1854.） Ⅲ〔1373〕，〔1392〕，〔1397〕，〔1402〕
ハッスル，アーサー・ヒル『摘発された不純物混和．または食料および薬剤中の不純物の簡単な見つけ方』，第２版，ロンドン，1861年．（Hassall, Arthur Hill: Adulterations detected or plain instructions for the discovery of frauds in food and medicine. 2.ed. London 1861.） Ⅰ 304，431
パッタースン，ロバート・ホウガード『金融論．実際的な一論』，エディンバラおよびロンドン，1868年．（Patterson, Robert Hogard: The science of finance. A practial treatise. Edinburgh and London 1868.） Ⅱ〔367〕
ハットン，チャールズ『数学教程』，第12版，全２巻，ロンドン，1841－1843年．（Hutton, Charles: A course of mathematics. 12.ed. In 2 vols. London 1841-1843.） Ⅰ 654
ハッバード，ジョン・ゲリブランド『通貨とわが国』，ロンドン，1843年．（Hubbard, John Gellibrand: The currency and the country. London 1843.） Ⅲ 729
ハードカースル，ダニエル〔本名はリチャード・ペイジ〕『諸銀行と銀行家たち』，第２版，付，個人諸銀行および株式諸銀行中の倒産の評論からなる付録〔ロンドン，1843年〕．（Hardcastle, Daniel［d.i. Richard Page］: Banks and bankers. 2.ed., with an app., comprising a review of the failures amongst private and jointstock banks.［London 1843］.） Ⅲ 980，1105
バトラー，サミュエル『ヒューディブラス』．（Butler, Samuel: Hudibras.） Ⅰ〔68〕
バートン，ジョン『社会の労働階級の状態に影響をおよぼす諸事情にかんする諸考察』，ロンドン，1817年．（Barton,John: Observations on the circumstances which influence the condition of the labouring classes of society. London 1817.）〔邦訳：『社会の労働者階級の状態』，真実一男訳，法政大学出版局．〕 Ⅰ 1103，1174，Ⅱ 365
バビジ，チャールズ『機械および製造業の経済論』，ロンドン，1832年．（Babbage, Charles: On the economy of machinery and manufactures. London 1832.） Ⅰ 611，616，661，688，711，Ⅲ〔182〕，〔199〕
――『機械および製造業の経済論』，Éd.・ボワにより第３版にもとづいて英語から仏訳，1833年．（Traité sur l'économie des machines et des manufactures. Trad. de l'anglais sur la 3.éd., par Éd. Boit. Paris 1833.） Ⅲ〔168〕，〔199〕
〔パピロン，トマス〕『東インド貿易は王国にもっとも有利な貿易である．同業組合および合資においてもっともよく確保され改善される．反対意見をほのめかす２通の手紙が最近出版されたのを機会に手紙のかたちで表現する』，ロンドン，1677年．（［Pappillon, Thomas:］ The East-India-

trade a most profitable trade to the Kingdom. And best secured and improved in a company, and a joint-stock. Presented in a letter written upon the occasion of two letters published, insinuating the contrary. London 1677.）I 162

バーボン，ニコラス『新貨幣をより軽く鋳造することにかんする一論．貨幣価値の引き上げについてのロック氏の諸考察に答えて』，ロンドン，1696年．（Barbon, Nicholas: A discourse concerning coining the new money lighter. In answer to Mr.Lock's considerations about raising the value of money. London 1696.）I 66，68，70，225，251，253

ハミルトン，ロバート『大ブリテンの国債の起源と発達，償還と現状，および運用にかんする研究』，増補第2版，エディンバラ，1814年．（Hamilton, Robert: An inquiry concerning the rise and progress, the redemption and present state, and the management, of the national debt of Great Britain. 2.ed., enl. Edinburgh 1814.）III 683

ハム，ヴィルヘルム『イギリスの農具と農業機械，農業技術工学と機械学の手引き．イギリス農業の記述を付す』，全面改訂大増補第2版，ブラウンシュヴァイク，1856年．（Hamm, Wilhelm: Die landwirthschaftlichen Geräthe und Maschinen Englands. Ein Handbuch der landwirthschaftlichen Mechanik und Maschinenkunde, mit einer Schilderung der britischen Agricultur. 2., gänzl umgearb. und bed. verm. Aufl. Braunschweig 1856.）I 880

ハラー，カール・ルートヴィヒ・フォン『国家学の復興，または自然的・友好的状態の理論．人工的・ブルジョワ的状態の妄想に反対して』，全6巻，第1巻，ヴィンタートゥール，1816年．（Haller, Carl Ludwig von: Restauration der Staats-Wissenschaft oder Theorie des natürlich-geselligen Zustands; der Chimäre des künstlich-bürgerlichen entgegengesetzt. Bd.1-6. Bd.1. Winterthur 1816.）I 685

パリ，ウィリアム・エドワード『大西洋から太平洋への北西航路を発見するための航海日誌．ウィリアム・エドワード・パリの指揮のもとに帝国軍艦ヘクラ号およびグライパー号によって1819－1820年に行われた』，第2版，ロンドン，1821年．（Parry, William Edward: Journal of a voyage for the discovery of a north-west passage from the Atlantic to the Pacific; performed in the years 1819-20, in His Majesty's ships Hecla and Griper under the orders of William Edward Parry. 2.ed. London 1821.）I〔170〕

パリ，チャールズ・ヘンリー『現行穀物法の必要性の問題．農業労働者，借地農場経営者，土地保有者，および農村との関連において考察す』，ロンドン　1816年．（Parry, Charles Henry: The question of the necessity of the existing corn laws, considered, in their relation to the agricultural labourer, the tenantry, the landholder, and the country. London 1816.）I 1048，1050，1175

ハリス，ジェイムズ『幸福にかんする対話』，ロンドン，1741年．（Harris, James: A dialogue concerning happiness. London 1741.） I 644
――『幸福にかんする対話』，所収：ハリス『3論文』，改訂第3版，ロンドン，1772年．（Dialogue concerning happiness.In: Harris: Three treatises ...3.ed. rev. and corr. London 1772.） I 644，〔647〕
ハリス，マームズベリ伯，ジェイムズ『日記と通信．マドリード，フリードリヒ大王，エカテリーナ2世の宮廷およびハーグへの使節の報告，ならびにベルリン，ブラウンシュヴァイクおよびフランス共和国への特命使節としての報告を含む』，彼の孫の第3代伯爵編集，全4巻，ロンドン，1844年．（Harris, Earl of Malmesbury, James: Diaries and correspondence; containing an account of his missions to the courts of Madrid, Frederick the Great, Catherine the Second, and the Hague; and his special missions to Berlin, Brunswick, and the French Republic. Ed. by his grandson, the Third Earl. Vols.1-4. London 1844.） I 〔647〕
ハリスン，ウィリアム『イギリス記』，所収：『年代記の第1および第2巻，ラファエル・ホリンシェド，ウィリアム・ハリスン等によってはじめて収集・刊行』〔ロンドン，1587年〕．（Harrison, William: The description of England. In: The first and second volumes of chronicles ... First collect. and publ. by Raphael Holinshed, William Harrison, and others. [London 1587] .） I 1253，1285
バルザック，オノレ・ド『ゴプセック』．（Balzac, Honoré de: Gobseck.）〔邦訳：『ゴプセック』，芳川泰久訳，岩波文庫．〕 I 〔1024〕
――『農民』．（Lse paysans.）〔邦訳：『農民』，水野亮訳，全2冊，岩波文庫．〕 III 〔68〕
〔パルトニー，ウィリアム〕『貨幣の利子一般，およびとくに公債の利子にかんする若干の考察』，ロンドン〔1738年〕．（[Pulteney, William] Some thoughts on the interest of money in general, and particularly in the publick funds. London [1738].） I 74，86-87
〔ハーロウ，ジョンおよびトマス・バーバー・ライト〕『通貨問題，ジェミニ書簡集』，ロンドン，1844年．（Harlow, John, Thomas Barber Wright; The currency question. The Gemini letters. London 1844.） I 〔402〕
「反穀物法懸賞論文」 →『農業および穀物法にかんする3つの懸賞論文』
ハンセン，ゲオルク『シュレースヴィヒ＝ホルシュタイン公国における農奴制の廃止と領主・農民関係の変革』，サンクト・ペテルブルク，1861年．（Hanssen, Georg: Die Aufhebung der Leibeigenschaft und die Umgestaltung der gutsherrlich-bäuerlichen Verhältnisse überhaupt in den Herzogthümern Schleswig und Holstein . St.Petersburg 1861.） I 410
パンニーニ，ジョヴァンニ・フランチェスコ『諸物の公正な価格，貨幣の公正な価値，およびローマ人の商業にかんする試論』，1751年．所収：『イタリア古典経済学者叢書』〔ピエートロ・クストーディ編〕，近代篇，第

２巻，ミラノ，1803年．（Pagnini, Giovanni Francesco: Saggio sopra il giusto pregio dell cose, la giusta valuta della moneta e sopra il commercio dei romani. 1751. In: Scrittori classici italiani di ecomomia politica.［Hrsg. Pietro Custodi.］Parte moderna.T.2. Milano 1803.） I 164

【ヒ】

ヒエロニムス『エウストキウムへの手紙．第22』．（Hieronymus: Epistula XXII. Ad Eustochium.） I〔184〕

ビーゼ，フランツ『アリストテレスの哲学，その内的連関．とくにアリストテレスの諸著作から生まれた哲学上の用語法を考慮して』，第２巻『特殊諸科学』，ベルリン，1842年．（Biese, Franz: Die Philosophie des Aristoteles, in ihrem inneren Zusammenhange, mit besonderer Berücksichtigung des philosphischen Sprachgebrauchs, aus dessen Schriften entwickelt. Bd.2. Die besonderen Wissenschaften. Berlin 1842） I 717

ビーチャー－ストー，ハリエト『アンクル・トムズ・ケビン．またはアメリカの奴隷制諸州における黒人生活』．（Beecher-Stowe, Harriet: Uncle Tom's cabin; or, Negro life in the slave states of America.）〔邦訳：『アンクル・トムズ・ケビン』，吉田健一訳，全２冊，新潮文庫．〕 I 1276

ビドー，J.N.『大規模製造機械により工業的技術と商業とにおいて生じる独占について』，第２巻『生産と販売の独占について』，パリ，1828年．（Bidaut, J.N.: Du monopole qui s'établit dans les arts industriels et le commerce, au moyen des grands appareils de fabrication. Livr.2: Du monopole de la fabrication et de la vente. Paris 1828.） I 568

ビュキャナン，デイヴィド『スミス博士の「諸国民の富の性質と諸原因とにかんする研究」において取り扱われている主題にかんする諸考察』，第４巻，エディンバラ，1814年．（Buchanan, David: Observations on the subjects treated of in Dr. Smith's Inquiry into the nature and causes of the wealth of nations. Edinburgh 1814.） I 1275

――「スミス『諸国民の富の性質と諸原因とにかんする研究』への注および補巻」 →スミス，アダム『諸国民の富の性質と諸原因とにかんする研究』

――『グレイト・ブリテンの課税および商業政策の研究．通貨の原理および交換価値の原理にかんする諸考察を含む』，エディンバラ，1844年．（Inquiry into the taxation and commercial policy of Great Britain; with observations on the principles of currency, and of exchangeable value. Edinburgh 1844.） I 220-221

ビュシェ，フィリップ－ジョゼフ－バンジャマンおよびピエール－セレスタン・ルー〔－ラヴェルニュ〕『フランス革命議会史．または1789年より

1815年までの国民議会官報』, 全40巻, 第10巻, パリ, 1834年. (Buchez, Philippe-Joseph-Benjamin, Pierre-Célestin RouX [-Lavergne] : Histoire parlementaire de la Révolution française, ou Journal des Assemblées Nationales, depuis 1789 jusqu'en 1815. T.1-40. T.10. Paris 1834.) I 1296

ビュッシュ, ヨハン・ゲオルク『多様な諸取引における商業の理論的・実際的説明』, 改訂増補第3版, 付, G・P・H・ノルマンによる挿入および補遺, 全2巻, 第2巻, ハンブルク, 1808年. (Büsch, Johann Georg: Theoretisch-praktische Darstellung der Handlung in ihren mannichfaltigen Geschäften. 3., verm. und verb. Ausg. mit Einschaltungen und Nachträgen von G.P.H.Normann. Bd.1.2. Bd.2. Hamburg 1808.) Ⅲ 1107-1108

ヒューム, デイヴィド『若干の主題にかんする小論および論文集』, 新版, 全2巻, ロンドン, 1764年. (Hume, David: Essays and treatises on several subjects. A new ed. In 2 vols. London 1764.) 〔邦訳:『ヒューム経済論集』, 田中敏弘訳. 所収:『初期イギリス経済学古典選集』8, 東京大学出版会.〕 I 215-216, Ⅲ 〔647〕

——『利子について』〔1752年〕. 所収:『若干の主題にかんする小論および論文集』, 新版, 全2巻, 第1巻『道徳的, 政治的, 文学的試論を含む』, ロンドン, 1764年. (Of interest. In: Hume: Essays and treatises on several subjects. A new ed. Vol.2. Vol.1.: Containing essays moral, political, and literary. London 1764.) Ⅲ 〔647〕

ヒュルマン, カール・ディートリヒ『中世の都市制度』, 全4巻, 第1, 2巻, ボン, 1826-1827年. (Hüllmann, Karl Dietrich; Staedtewesen im Mittelalters. Th.1-4. Th.1.2. Bonn 1826-27.) Ⅲ 540, 544, 1076

——『都市制度の歴史』 →上記『中世の都市制度』

ビュレ, ウジェーヌ『イギリスおよびフランスにおける労働諸階級の窮乏について』〔初版1840年〕. 所収:『経済学講義』, ブリュッセル, 1843年. (Buret, Eugène: De la misère des classes laborieuses en Angleterre et en France ... In: Cours d'économie politique. Bruxelles 1843.) Ⅲ 〔1434〕

ヒルドレス, リチャード『日本　過去と現在』, ボストン, 1855年 (Hildreth Richard: Japan as It was is. Boston 1855.) 〔邦訳:北村勇訳『中世近世政治文化史』, 現代思潮社.〕 I 〔1252〕

〔ピント, イザアク・ド〕『流通および信用にかんする論究』, アムステルダム, 1771年. ([Pinto, Isaac de] : Traité de la circulation et du crédit. Amsterdam 1771.) I 263

【フ】

ファイアマン, ピーター「マルクス価値論の批判」. 所収:『国民経済学および統計学年報』, 第3シリーズ, 第3巻, イェーナ, 1892年. (Fireman, Peter: Kritik der Marx'schen Werttheorie. In: Jahrbücher für

Nationalökonomie und Statistk ... 3.Folge. Bd.3. Jena 1892.）III 29，31
ファウルハーバー，ヨハン『勅任技師アウグスティヌス・ラメルスが製作した馬挽き古代製粉機の機械的改善』，ウルム，1625年．（Faulhaber, Johann: Mechanische Verbesserung einer Alten Roszmühlen, welche vor diesem der Königliche Ingenieur Augustinus Ramellus an tag geben ... Ulm1625.）I〔664〕
ファーガスン，アダム『市民社会史』，エディンバラ，1767年．（Ferguson, Adam: An essay on the history of civil society. Edinburgh 1767.）〔邦訳：『市民社会史論』，天羽康夫・青木裕子訳，京都大学学術出版会．〕I 624，636-637，639
フィセリング，シモン『実践経済学提要』，全３巻，アムステルダム，1860－1862年．（Vissering, Simon: Handboek van praktische staathuishoudkunde. Delen 1-3. Amsterdam 1860-1862.）I 878，III 541，543
フィールデン，ジョン『工場制度の呪詛．または工場の残酷さの起源の略述』，ロンドン〔1836年〕．（Fielden, John: The curse of the factory system; or a short account of the origin of factory cruelities; ... London［1836］.）I 708，725，1324
フェラー，フリードリヒ・エルンストおよびカール・グスタフ・オーダマン『商業算術全科．商業学校，実業学校，職業学校用ならびに実業人一般の自習用』，鋳貨制度および度量衡制度に生じた変更により一部改訂増補第７版，ライプツィヒ，1859年．（Feller, Friedrich Ernst, Carl Gustav Odermann: Das Ganze der kaufmännischen Arithmetik.Für Handels-, Real- und Gewerbschulen, so wie zum Selbstunterricht für Geschäftsmänner überhaupt. 7., verm. und in Folge der im Münz- und Gewichtswesen eingetretenen Veränderungen, z. Th. umgearb. Aufl. Leipzig 1859.）III 534
フェリエ，フランソワールイ－オギュスト『商業との関係から見た政府について』，パリ，1805年．（Ferrier, François-Louis-Auguste: Du gouvernement considéré dans ses rapports avec le commerce. Paris 1805.）I 111
フォーシット，ヘンリー『イギリスの労働者の経済状態』，ケンブリッジ，ロンドン，1865年．（Fawcett, Henry: The economic position of the British labourer. Cambridge, London, 1865.）I 970，1067，1139
〔フォースター，ナサニエル〕『食料の現在の高価格の諸原因の研究』，第１，２巻，ロンドン，1767年．（[Forster, Nathaniel:] An enquiry into the causes of the present high price of provisions. Pt.1.2. London 1767.）I 480，751，895，1266，1269
フォーティスキュー，ジョン『イギリス法の賛美』〔ロンドン，1537年〕．（Fortescue, John: De laudibus legum Angliae. [London 1537].）I 1250，1253
フォルカード，ウジェーヌ「社会主義の戦い　II．革命的で社会的な経済学」．所収：『ルヴュ・デ・ドゥ・モンド』，新シリーズ，第24巻，パリ，

1848年.（Forcade, Eugène: La guerre du socialisme. Ⅱ. L'économie politique révolutionnaire et sociale. In: Reuve des Deux Mondes. 18. année Nouv. sér. T.24. Paris 1848.）Ⅲ 1510,〔1511〕

〔フォルボネ，フランソワ－ヴェロン－デュヴェルジェ・ド〕『商業にかんする基本原理』，新版，第２巻，ライデン，1766年.（Forbonnais, François-Véron-Duverger de: Élémens du commerce Nouv. éd. Pt.2. Leyde 1766.）Ⅰ 163

フォントレ，アントワヌ－ルイ『一般に大都市およびとくにリヨン市における労働者の肉体的および精神的衛生』，パリ，1858年.（Fonteret, Antoine-Louis: Hygiène physique et morale de l'ouvrier dans les grands villes en général et dans la ville de Lyon en paticulier. Paris 1858.）Ⅰ 640

プライス，リチャード『国債問題についての公衆への訴え』，ロンドン，1772年.（Price, Richard: An appeal to the public, on the subject of the national debt. 2.ed. London 1772.）Ⅲ 683

――『生残年金支払い，寡婦および高齢者への年金支給案，生命保険価額算定方法，および国債にかんする諸考察．終身年金学説および政治算術の種々の問題にかんする４つの試論を付す．その他の付録』，第２版，補遺つき，ロンドン，1772年.（Observations on reversionary payments; on schemes for providing annuities for widows, and for person in old age; on the method of calculating the values of assurances on lives; and on the national debt. To which are added, four essays on different subjects in the doctrine of life-annuities and political arithmetick. Also an appendix ... 2.ed., with a supplement ... London 1772.）Ⅲ 684

――『生残年金支払い，寡婦および高齢者への年金支給案，生命保険価額算定方法，および国債にかんする諸考察』，第６版，ウィリアム・モーガン編，全２巻，第２巻，ロンドン，1803年.（Price, Richard: Observations on reversionary payments; on schemes for providing annuities for widows, and for person in old age; on the method of calculating the values of assurances on lives; and on the national debt. 6.ed. By William Morgan. Vol.1.2. Vol.2. London 1803.）Ⅰ 1173, 1269

フライターク，グスタフ『ドイツ人の生活の新風景』，ライプツィヒ，1862年.（Freytag, Gustav: Neue Bilder aus dem Leben des deutschen Volkes. Leipzig 1862.）Ⅰ〔1291〕

ブラシー・トマス『仕事と賃銀の実際的例解』，ロンドン，1872年.（Brassey, Thomas: Work and wages practically illustrated. London 1872.）Ⅰ〔764〕

プラトン『国家』．所収：『著作集』，ゲオルク・バイター，カスパル・オレリ，アウグスト・ヴィルヘルム・ヴィンケルマン校訂，第13巻，チューリヒ，1840年.（Plato: De republica. In: Opera quae feruntur omnia. Recogn. Georgius Baiterus, Caspar Orellius, Augustus Guilielmus Winckelmannus. Vol.13. Turici 1840.）〔邦訳：『国家』，藤沢令夫訳．所収：『プラトン全

集』11，岩波書店，岩波文庫，全2巻.〕I 644，645

フラートン，ジョン『通貨調節論．イングランド銀行およびその他の全国の銀行施設の信用にもとづく将来の発券を一定の固定された限度内に制限する提案の基礎をなす諸原理の検討』，改訂増補第2版，ロンドン，1845年.（Fullarton, John: On the regulation of currencies; being an examination of the principles, on which it is proposed to restrict, within certain fixed limits, the future issues on credit of the Bank of England, and of the other banking establishments throughout the country. 2.ed., with corr. and add. London 1845.）〔邦訳：『通貨論』，福田長三訳，岩波文庫.〕I 223-224，246，252，II〔809-810〕，III 704，793-794，800-804，813，〔941〕

ブランキ〔，ジェローム-アドルフ〕『産業経済学講義』，Ad・ブレーズ編注，パリ，1838－1839年.（Blanqui〔,Jérôme-Adolphe〕: Cours d'économie industielle. Recueilli et ann. par Ad. Blaise. Paris 1838-39.）I 595

——『1848年におけるフランスの労働者階級について』，全2巻，パリ，1849年.（Des classes ouvrières en France, pendant l'année 1848. Pt.1-2. Paris 1849.）I 486

フランクリン，ベンジャミン『国民の富にかんする検討されるべき諸見解』．所収：『著作集』，ジャレッド・スパークスによる注および著者の伝記を付す，第2巻，ボストン，1836年.（Franklin, Benjamin: Positions to be examined, concerning national wealth. In: The works. With notes and a life of the author. By Jared Sparks. Vol.2. Boston 1836.）I 286

——『紙幣の性質と必要についてのささやかな研究』．所収：『著作集』，ジャレッド・スパークスによる注と著者の伝記を付す，第2巻，ボストン，1836年.（A modest inquiry into the nature and necessity of a paper currency. In: The works. With notes and a life of the author. By Jared Sparks. Vol.2. Boston 1836.）I 93

フラーンシス，ジョン『イングランド銀行の歴史．その時代と伝統』，第3版，全2巻，第1巻，ロンドン，1848年.（Francis, John: History of the Bank of England, its times and traditions 3.ed. Vol.1.2. Vol.1. London 1848.）III 1085，1090，〔1091〕

フーリエ，シャルル『細分された，忌まわしい，欺瞞的な，虚偽の産業，およびその解毒剤である，結合された，魅力のある，真実の，4倍もの生産物を与える自然的産業』，第1，2巻，パリ，1835年.（Fourier, Charles: La fausse industrie morcelée, répugnante, mensongère, et l'antidote, l'industrie naturelle,combinée, attrayante, véridique, donnant quadruple produit ... Sect.1.2. Paris 1835-1836.）I〔750〕

——『産業的協同社会的新世界．または情念系列のうちに配分された魅力的自然的産業の方法の発明』，パリ，1829年.（Le nouveau monde industriel et sociétaire, ou invention du procédé d'industrie attrayante et naturelle distribuée en séries passionnées. Paris 1829.）〔邦訳：『産業的

協同社会的新世界』，田中正人訳（部分訳）．所収：『世界の名著』42，中央公論社．〕 I 〔513〕，〔1211〕

ブリスコウ，ジョン『最近の100万〔ポンド〕法，富くじ法，およびイングランド銀行のファンドにかんする一論．このファンドが貴族やジェントリーなどに損害を与え，わが国民のトレイドを破滅させるものであることを明らかにする．国家的土地銀行によって，低利で貨幣を国王に用立て，貴族とジェントリーらに税金をまぬがれさせ，彼らの年々の土地収入を増大させ，王国の全臣民を富ませるための提案を付す．議会に集合した聖俗の上院議員および下院議員の考察のために恭しく提議し提案す』，第３版，付録つき，ロンドン，1696年．（Briscoe, John: A discourse on the late funds of the million-act, lottery-act, and Bank of England. Shewing, that they are injurious to the nobility and gentry, and ruinous to the trade of the nation. Together with proposals for the supplying their Majesties with money on easy terms, exempting the nobility, gentry &c. from taxes, enlarging their yearly estates, and enriching all the subjects in the Kingdom, by a national land-bank. Hunbly offered and submitted to the consideration of the Lords spiritual and temporal, and Commons in Parliament assembled. 3.ed., with an app. London 1696.） Ⅲ 〔1084〕

〔フリートウッド，ウィリアム〕『物価編年誌．または過去600年間のイギリスの貨幣，穀物その他の諸商品の価格にかんする調査』〔初版〕，ロンドン，1707年．（[Fleedwood, William:] Chronicon preciosum. or, an account of English money, the price of corn, and other commodities, for the last 600 years. London 1707.） I 477

フリートウッド〔，ウィリアム〕『物価編年誌．またはイギリスにおける過去600年間のイギリスの金銀貨，穀物その他の諸商品の価格，および給付金，給料，賃銀，寡婦給与，分与産，日雇い労働などにかんする調査』，ロンドン，1745年．（Fleedwood [, William:] Chronicon preciosum. or, an account of English gold and silver money; the price of corn and other commodities; and of stipends, salaries, wages, jointures, portions, day-labour, etc. in England, for six hundred years last past. London 1745.） I 477

プリニウス・セクンドゥス，ガイウス『博物誌』．（Plinius Secundus, Gaius: Historiae Naturalis.）〔邦訳：『プリニウスの博物誌』，中野定雄・中野里美・中野美代訳（英語版からの翻訳），全３冊，雄山閣．〕 I 〔854〕，〔1066〕，Ⅲ 181

〔ブルックナー，ジョン〕『動物系統論』，ライデン，1767年．（[Bruckner, John:] Théorie du système animal. Leide 1767.） I 1076

プルードン，ピエール-ジョゼフ『経済的諸矛盾の体系，または貧困の哲学』，全２巻，パリ，1846年，（Proudhon, Pierre-Joseph: Système des contradictions économiques, ou philosophie de la misère. T.1.2. Paris

1846.)〔斉藤悦則訳，全２冊，平凡社ライブラリー.〕Ⅰ〔741〕，〔898〕，933
――『所有とはなにか？　または法と統治との原理についての諸研究．第１論文』，パリ，1841年．(Qu'est-ce que la propriété? Ou recherches sur le principe du droit et du gouvernement. 1 er mémoire. Paris 1841.)〔邦訳：『所有とはなにか』，長谷川進訳．所収：『アナキズム叢書．プルードンⅢ』，三一書房.〕Ⅲ〔1511〕
〔ブルーム，ヘンリー〕『経済学におけるある種の用語論争の考察．とくに価値および需要供給にかんして』，ロンドン，1821年．([Brougham, Henry:] Observations on certain verbal disputes in political economy, particularly relating to value, and to demand and supply. London 1821.) Ⅰ 150，355，930，1045，Ⅲ 316，329
――『ヨーロッパ列強の植民政策の研究』，全２巻，第２巻，エディンバラ，1803年．(An inquiry into the colonial policy of the European powers. In 2 vols.Vol. 2. Edinburgh 1803.) Ⅰ 1326
ブレイキー，ロバート『最古代からの政治文献史』，全２巻，第２巻，ロンドン，1855年．(Blaykey, Robert: The history of political literature from the earlist times. Vol.1.2. Vol.2. London 1855.) Ⅰ 1260
〔ブレンターノ，ルーヨ〕「カール・マルクスはどのように引用するか」．所載：『コンコルディア』，ベルリン，第２巻，第10号，1872年３月７日．([Brentano, Lujo:] Wie Karl Marx citirt. In: Concordia. Berlin. Jg.2. Nr.10, 7.März 1872.) Ⅰ 54
――「カール・マルクスはどのように自己弁護するか．Ⅰ」．所載：『コンコルディア』，ベルリン，第２巻，第27号，1872年７月４日．(Wie Karl Marx sich vertheidigt. Ⅰ. In: Concordia. Berlin. Jg.2. Nr.27, 4.Juli 1872.) Ⅰ 56
――「カール・マルクスはどのように自己弁護するか．Ⅱ」．所載：『コンコルディア』，ベルリン，第２巻，第28号，1872年７月11日．(Wie Karl Marx sich vertheidigt. Ⅱ. In: Concordia. Berlin. Jg.2. Nr.28, 11.Juli 1872.) Ⅰ 57
ブロック，モリス『ドイツにおける社会主義の理論家たち．「ジュルナル・デ・ゼコノミスト」(1872年７月号および８月号）からの抜粋』，パリ，1872年．(Block,Maurice: Les théoriciens du socialisme en Allemagne. Extrait du Journal des Éonomistes (Numéros de juillet et d'août 1872) Paris 1872.) Ⅰ 28
ブロードハースト，ジョン『経済学』，ロンドン，1842年．(Broadhurst,John: Political economy. London 1842.) Ⅰ 101

【へ】

ベイコン，フラーンシス『随筆集．または生活と道徳にかんする忠言』，ロ

ンドン，1625年．（Bacon, Francis: The essays or counsels, civil and moral. London 1625.）〔邦訳：『ベーコン随想集』，渡辺義雄訳，岩波文庫．〕 I 1255
──『ヘンリー７世の治世．ケニットの「イングランド」，1719年版の原文翻刻』，ロンドン，1870年．（The reign of Henry VII. Verbatim reprint from Kennet's England, ed. 1719. London 1870.） I 1257,〔1258〕
〔ベイリー，サミュエル〕『価値の性質，尺度，および諸原因にかんする批判的論究．主としてリカードウ氏とその追随者たちの諸著作に関連して．意見の形成と公表とにかんする試論の著者の著』，ロンドン，1825年．（[Bailey, Samuel:] A critical dissertation on the nature, measures, and causes of value; chiefly in reference to the writings of Mr. Ricardo and his followers. By the author of essays on the formation and publication of opinions. London 1825.）〔邦訳：『リカアド価値論の批判』，鈴木鴻一郎訳．世界古典文庫，日本評論社．〕 I 115, 150, 930, II〔173〕
〔──〕『貨幣とその価値の転変．国民産業と金銭契約にたいするこの転変の影響．株式銀行にかんする後記を付す』，ロンドン，1837年．（Money and its vicissitudes in value; as they affect national industry and pecuniary contracts: with a postscript on joint-stock banks. London 1837.） I 91, 1064
〔──〕『近時マルサス氏の主張する需要の性質および消費の必要にかんする──すなわち課税と不生産的消費者の維持とは富の増進を促すことができるという結論を生む──諸原理の研究』，ロンドン，1821年．（An inquiry into those principles, respecting the nature of demand and the necessity of consumption, lately advocated by Mr. Malthus, from which it is concluded, that taxation and the maintenance of unproductive consumers can be conducive to the progress of wealth. London 1821.）
I 283, 304, 774, 1038, 1059, III 334, 1168
ベインズ〔，ジョン〕『綿業．ブラックバーン文学・科学・機械学協会会員にたいする上記主題についての２講義』，ブラックバーン，ロンドン，1857年．（Baynes [, John] : The cotton trade. Two lectures on the above subject, delivered before the members of the Blackburn Literary, Scientific and Mechanics Institution, ... Blackburn, London 1857.） I〔683〕, III〔216〕
ペクール，コンスタンタン『社会的政治的経済学の新理論．または社会組織にかんする研究』，パリ，1842年．（Pecqueur, Constantin: Théorie nouvelle d'économie sociale et politique, ou études sur l'organisation des sociétés. Paris 1842.） I〔1071〕,〔1331〕, III 1099
ヘーゲル，ゲオルク・ヴィルヘルム・フリードリヒ『哲学のエンチクロペディー要綱』（『エンチクロペディー』），第１部「論理学」，レーオポルト・フォン・ヘニング編，ベルリン，1840年．（所収：『著作集』，故人の友の協同による完全版，第６巻．）（Hegel, Georg Wilhelm Freidrich:

Encyclopädie der philosophischen Wissenschaften im Grundrisse. Th.1: Die Logik. Hrsg. von Leopold von Henning. Berlin 1840. (In: Werke. Vollst. Ausg. durch einen Verein von Freunden des Verewigten ... Bd.6.)〔邦訳：『小論理学』，真下信一・宮本十蔵訳．所収：『ヘーゲル全集』1，岩波書店．〕I〔183〕，314，460，545，〔546〕，〔588〕，III〔1390〕

――『論理学』(『大論理学』)，全2巻，第1巻『客観的論理学』，第1部「存在論」，レーオポルト・フォン・ヘニング編，ベルリン，1833－35年．(所収：『著作集』，故人の友の協同による完全版，第3－5巻．)(Wissenschaft der Logik. Th.1.2. Th.1: Die objektive Logik. Abth.1: Die Lehre vom Seyn. Hrsg. von Leopold von Henning. Berlin 1833-35. (In: Werke. Vollst. Ausg. durch einen Verein von Freunden des Verewigten ... Bd.3－5.))〔邦訳：『大論理学』，武市健人訳，全4冊，所収：『ヘーゲル全集』6a，6b，7，8，岩波書店．〕I〔106〕，〔546〕

――『法の哲学要綱．または自然法および国家学要綱』，エードゥアルト・ガンス編，第2版，ベルリン，1840年．(所収：『著作集』，故人の友の協同による完全版，第8巻．)(Grundlinien der Philosophie des Rechts, oder Naturrecht und Staatswissenschaft im Grundrisse. Hrsg. von Eduard Gans. 2.Aufl. Berlin 1840. (In: Werke. Vollst. Ausg. durch einen Verein von Freunden des Verewigten ... Bd.8.))〔邦訳：『法の哲学』，藤野渉・赤沢正敏訳．所収：『世界の名著』35，中央公論社．上妻精，佐藤康邦，山田忠彰訳，全2巻，岩波文庫．〕I 82，163，294，641，〔1024〕，III 1116

ベッカリーア，チェーザレ『公経済原理』．所収：『イタリア古典経済学者叢書』，〔ピエートロ・クストーディ編〕，近代篇，第11巻，ミラノ，1804年．(Beccaria, Cesare: Elementi di economia pubblica. In: Scrittori classici italiani di economia politica. [Hrsg. Pietro Custodi.] Parte moderna. T.11. Milano 1804.) I 644

ベックマン，ヨハン『発明の歴史にかんする論集』，一部改訂第2版，全4巻，第1巻，ライプツィヒ，1786年．(Beckmann, Johann: Beyträge zur Geschichte der Erfindungen. 2., etwas verb. Ausg. Bd.1-4. Bd.1. Leipzig 1786.)〔邦訳：『西洋事物起原』，特許庁内技術史研究会訳，全4巻，岩波文庫．〕I〔660〕，〔753〕

ペティ，ウィリアム『アイルランドの政治的解剖．付録「賢者には一言をもって足る」』，ロンドン，1691年〔初版〕(「アイルランドの政治的解剖」は1672年頃執筆)．(Petty, William: The political anatomy of Ireland. ... To which is added Verbum sapienti. ... London 1691.)〔邦訳：『アイァランドの政治的解剖』，松川七郎訳，岩波文庫．「賢者には一言をもって足る」は，所収：『租税貢納論』，大内兵衛・松川七郎訳，岩波文庫．〕I 247，254，299，478，556，〔756〕

――『貨幣小論．ハリファクス侯閣下へ．西暦1682年』，ロンドン，1695年．(Quantulumcunque concerning money. To the Lord Marquess of

Halifax. Anno 1682. London 1695.)〔邦訳：『貨幣小論』，松川七郎訳．所収：『久留間鮫造教授還暦記念論文集・経済学の諸問題』，森戸辰男・大内兵衛編，法政大学出版局．〕 I 179-180，254
——「賢者には一言をもって足る」〔1665年執筆〕 →上記『アイルランドの政治的解剖』，ロンドン，1691年
——『人類の増殖にかんする一論』〔ロンドン，1682年〕．所収：ペティ『政治算術論集』，ロンドン，1699年．（An essay concerning the multiplication of mankind ... In: Petty: Several essays in political arithmetick ... London 1699.） I 〔606〕
〔——〕『租税貢納論』，〔第２版〕，ロンドン，1667年．〔初版は1662年〕．（A treatise of taxes, and contributions ... London 1667.）〔邦訳：『租税貢納論』，大内兵衛・松川七郎訳，岩波文庫．〕 I 〔80〕，165，214，〔247〕，〔1077〕，Ⅲ〔1397〕
ベラーズ，ジョン『あらゆる有益な商工業と農業のための産業高等専門学校設立の提案．富者には利潤を，貧者には豊富な生活を，そして若者にはよい教育を与える』，ロンドン，1696年．（Bellers, John: Proposals for raising a college of industry of all useful trades and husbandry, with profit for the rich, a plentiful living for the poor, and a good education for youth. London 1696.）〔邦訳：『産業カレッジを設立する提案』，浜林正夫・安川悦子訳．所収：『イギリス民衆教育論』（世界教育学選集51），明治図書出版．〕 I 241，576，〔751〕，853，1074
——『貧民，製造業，商業，植民，および不道徳にかんする論集』，ロンドン，1699年．（Essays about the poor, manufactures, trade, plantations, and immorality ... London 1699.） I 229-230，254，〔751〕，839，Ⅲ 489
ペリー，マシュー・カルブレス『アメリカ艦隊の中国海域及び日本への遠征隊-1852-54年』，ホークス編，ニューヨーク，1856年（Perry, Matthew calbraith: Narrative of the Expedition of an American Squadron to the China Seas and Japan etc.(1852-3-4)/Hawks. New York 1856.）〔邦訳：土屋喬雄，玉城肇訳『ペルリ提督　日本遠征記』岩波文庫.〕 I 〔1252〕
ベル，ギャヴィン・メイスン『株式銀行業の原理』，ロンドン，1840年．（Bell, Gavin Mason: The philosophy of joint stock banking. London 1840.） Ⅲ 982
ヘロン・アレクサンドリヌス（アレクサンドリアのヘロン）『「風力および水力利用術の書」．ウルビノのフリードリヒ・コマンディーノによるギリシア語からのラテン語訳，サロモン・ド・クー……技師たちおよび建築家たち，さらにはその他の有名で豊富な経験をもつ著者たちのさまざまな水車装置，利水装置，粉砕装置にかんする付録を一緒に収載す』，フランクフルト，1688年．（Heron Alexandrinus: Buch von Lufft-und Wasser-Kuensten, welch von Friedrich Commandino von Urbin aus dem Griegischen in das Lateinisches uebersetzt ... Und mit einem Anhang von allerhand Muehl-, Wasser- und Grotten-Wercken aus

Salomon De Cous ... Ingenieurn und Baumeistern, auch anderen beruehmt- und erfahrnen Autoribus zusammen getragen. Franckfurt 1688.）I 〔664〕

ベンサム，ジェレミー『刑罰および賠償の理論』，草稿から抜粋した著作，Ét・デュモン訳，第３版，全２巻，第２巻，パリ，1826年．（Bentham, Jérémie: Théorie des peines et des récompenses, ouvrage extrait des manuscrits. Par Ét. Dumont. 3.éd. T.1.2. T.2. Paris 1826.）I 1063

〔ベントリ，トマス〕『労働短縮のために機械を使用することの効用および政策についての手紙．ランカシャーにおける最近の混乱に触発されて』，ロンドン，1780年．（[Bentley, Thomas:] Letters on the utility and policy of employing machines to shorten labour; occasioned by the late disturbances in Lancashire; ... London 1780.）I 〔315〕，〔577〕

【ホ】

ボウズンキト，ジェイムズ・ウォットマン『金属通貨，紙券通貨，および信用通貨．ならびにそれらの数量と価値を調節する手段』，ロンドン，1842年．（Bosanquet, James Whatman: Metallic, paper, and credit currency, and the means of regulating their quantity and value. London 1842.）III 638，697

ホウルズワース，ウィリアム・アンドリュース『地主および借地人の法律．付，有用な常用法律語の莫大な収集』，ロンドン，1857年．（Howlesworth, William Andrews. : The law of landlord and tenant, with a copious collection of useful forms. London 1857.）II 279，285

〔ホジスキン，トマス〕『資本の諸要求にたいする労働の擁護．または資本の不生産性の証明．職人たちのあいだでの現在の団結に関連して．一労働者著』，ロンドン，1825年．（[Hodgskin, Thomas:] Labour defended against the claims of capital; or, the unproductiveness of capital proved. With reference to the present combinations amongst journeymen. By a labourer. London 1825.）〔邦訳：『労働擁護論』，安川悦子訳．所収：『世界の思想』５，河出書房新社．〕I 628，998-999，III 671，691

〔——〕『自然的所有権と人為的所有権との比較．許諾なしにH・ブルームへあてた一連の手紙．「資本の諸要求にたいする労働の擁護」の著者の著』，ロンドン，1832年．（The natural and artificial right of property contrasted. A ser. of letters, addressed without permission, to H. Brougham ... By the author of “Labour defended against the claims of capital”. London 1832.）I 1309-1310

——『民衆経済学．ロンドン機械工講習所における４つの講義』，ロンドン，エディンバラ，1827年．（Hodgskin, Thomas: Popular political economy. Four lectures delivered at the London Mechanics’ Institution. London,

Edinburgh 1827.） Ⅰ 598，622，933，Ⅱ 389-390
ポスルスウェイト，マラカイ『商工業百科辞典．1763年に結ばれた講和条約以来，アメリカにおけるブリテン問題の現状に本辞典を適合させる大きな追加と改善を含む』，第４版，第１巻，ロンドン，1774年．（Postlethwayt, Malachy: The universal dictionary of trade and commerce : with large additions and improvemants, adapting the same to the present state of British affairs in America, since the last treaty of peace made in the year. 4.ed. Vol.1. London 1774.） Ⅰ 480，481，482
――『大ブリテンの商業的利益の説明および改善．その商業と農業のもっとも重要な部門にかんする一連の論文』，第２版，全２巻，ロンドン，1759年．（Great-Britain's commercial interest explained and improved: in a series of dissertations on the most important branches of her trade and landed interest. 2.ed. Vol.1.2. London 1759.） Ⅰ 480
ボックスホルン，マルクス・ズエリウス『政治的制度』，所収：ボックスホルン『政治論集』，アムステルダム，1663年．（［Boxhorn］ Boxhornius, Marcus Zuerius: Institutionum politicarum. In: Boxhornius: Varii tractatus politici. Amstelodami 1663.） Ⅰ 753
ポッター，アロンゾ『経済学．その対象，効用および原理．アメリカ国民の状態に関連しての考察』，ニューヨーク，1841年．（Potter, Alonzo: Political economy: its objects, uses, and principles: considered with reference to the condition of the American people. New-York 1841.） Ⅰ 1041，〔1042〕，Ⅱ 301-302，〔301〕
ホッブズ，トマス『リヴァイアサン．または教会的および市民的コモンウェルスの質料，形相，および力』．所収：ホッブズ『英文著作集』，ウィリアム・モウルズワースによる今回はじめての収集および編纂，第３巻，ロンドン，1839年．（Hobbes, Thomas : Leviathan: or, the matter, form, and power of a commonwealth, ecclesiastical and civil. In: Hobbes: The English works. Now first coll. and ed. by Sir William Molesworth. Vol.3. London 1839.）〔邦訳：『リヴァイアサン』，水田洋訳，全４冊，岩波文庫．〕 Ⅰ 297
ポッペ，ヨハン・ハインリヒ・モーリッツ『諸科学復興以後18世紀末までの技術学の歴史』，全３巻，ゲッティンゲン，1807－1811年．（Poppe, Johann Heinrich Moritz: Geschichte der Technologie seit der Wiederherstellung der Wissenschaften bis an das Ende des achtzehnten Jahrhunderts. Bd.1-3. Göttingen 1807-1811.） Ⅰ 〔593〕，〔606〕，〔609〕，〔614〕，〔655〕，〔658〕，〔660〕，〔664〕，〔753〕，Ⅲ 〔572〕
ホートン，ジョン『農業および商工業の改良．穀物，家畜，石炭，ホップ，羊毛等にかんする数多くの貴重な資料の収集』，全４巻，ロンドン，1727－1728年．（Houghton, John: Husbandry and trade improv'd: being a collection of many valuable materials relating to corn, cattle, coals, hops, wool etc. ... Vol.1-4. London 1727-28.） Ⅰ 751

ホーナー，レナド『シーニア氏への一書簡』 →シーニア，ナッソウ・ウィリアム『綿業におよぼす影響から見た工場法についての書簡』
ホプキンズ，トマス『地代，およびそれが生計と人口におよぼす影響について．さまざまな国々の労働者階級の状態に作用する諸原因の考察を含む』，ロンドン，1828年．（Hopkins, Thomas: On rent of land, and its influence on subsistence and population: with observation on the operating causes of the condition of the labouring classes in various countries. London 1828.） Ⅰ 396
ホメロス『イリアス』．（Homeros: Ilias.）〔邦訳：『イリアス』，松平千秋訳，全２冊，岩波文庫．〕 Ⅰ〔113〕，〔446〕
――『オデュッセイア』．（Odysseia.）〔邦訳：『オデュッセイア』，松平千秋訳，全２冊，岩波文庫．〕 Ⅰ〔442〕，644
ホラティウス・フラクス，クイントゥス『エポーディ』．（Horatius Flaccus, Quintus: Epodi.） Ⅰ〔1240〕
――「詩論」．（De atre poetica.）〔邦訳：『アリストテレース詩学・ホラティウス詩論』，松本仁助・岡道男訳，岩波文庫．〕 Ⅰ〔1182〕，Ⅱ〔728-729〕
――『書簡詩』．（Epistulae.）〔邦訳：『書簡詩』，高橋宏幸訳，講談社学術文庫〕 Ⅰ〔464〕，Ⅲ〔350〕，〔1123〕
――『風刺詩』．（Saturae.）〔邦訳：『風刺詩集』，鈴木一郎訳，所収：『世界文学大系』67，筑摩書房．〕 Ⅰ〔11〕，〔191〕，〔464〕，〔470〕，〔606〕
ボワギュベール〔，ピエール〕『富，貨幣，および租税の本性にかんする論究』．所収：『18世紀の財政経済学者たち，ウジェーヌ・デールによる各著者にかんする歴史的注を巻頭に掲げ，注解および説明注を付す』，パリ，1843年．（所収：『主要経済学者叢書』，第１巻．）（Boisguillebert [, Pierre] : Dissertation sur la nature des richesses, de l'argent et des tributs, ... In: Économistes financiers du XⅧ^e siècle. Préc. de notices historiques sur chaque auteur, et accomp. de comm. et de notes explicatives, par Engène Daire. Paris 1843.（In: Collection des principaux économistes.T.1.)） Ⅰ 245
――『フランス詳論』．所収：『18世紀の財政経済学者たち．ウジェーヌ・デールによる各著者にかんする歴史的注を巻頭に掲げ，注解および説明注を付す』，パリ，1843年．（所収：『主要経済学者叢書』，第１巻．）（Le détail de la France. In: Économistes financiers du XⅧ^e siècle. Préc. de notices historiques sur chaque auteur, et accomp. de comm. et de notes explicatives, par Eugène Daire. Paris 1843.（In: Collection des principaux économistes.T.1.)） Ⅰ〔227〕
ボワロ，エティエンヌ『パリの技術および職業規則，13世紀に編まれ，職業の書という名で知られる』，G・B・ドゥパンによる注および序文つき，パリ，1837年．（Boileau, Étienne: Règlemens sur les arts et métiers de Paris, rédigés au XⅢ^e siècle, et connus sous le nom du Livre des métiers

… Avec des notes et une introd. par G.-B.Depping. Paris 1837.） I 851
ボワロ-デプレオ，ニコラ『風刺詩集．第８』．（Boileau-Despréaux, Nicolas: Satire VIII.） I 〔1139〕
〔ホーン，ジョージ〕『法学博士アダム・スミスへの手紙．彼の友デイヴィド・ヒュームの生涯，死，および哲学について．キリスト教徒と呼ばれる国民の一人著』，第４版，オックスフォード，1784年．（[Horne, George:] A letter to Adam Smith LL.D. on the life, death, and philosophy of his friend David Hume. By one of the people called Christians. 4.ed. Oxford 1784.） I 1077

【マ】

マイアー，ジークムント『ヴィーンにおける社会問題．一「雇用主」の研究．低オーストリアの工業協会に捧げる』，ヴィーン，1871年．（Mayer, Sigmund: Die sociale Frage in Wien. Studie eines „Arbeitgebers". Dem Niederösterreichischen Gewerbeverein gewidmet. Wien 1871.） I 〔19〕
マイアー，ルードルフ・ヘルマン『第４身分の解放闘争』，第１巻『社会主義の理論．－カトリック社会主義．－インターナショナル．－ドイツ．－シュルツェ．－ラサール．－マルクス．－労働組合．－社会保守派．－労働者新聞』，ベルリン，1874年．（Meyer, Rudolf Hermann: Der Emancipationskampf des vierten Standes. Bd.1: Theorie des Socialismus. – Der katholische Socialismus. – Die Internationale. – Deutschland. – Schulze. – Lassalle. – Marx. – Die Gewerkvereine. – Die Socialconservativen. – Die Arbeiterpresse. Berlin 1874.） II 15，16
マイツェン，アウグスト『1866年以前の領地規模から見たプロイセン国家の土地および農業諸関係』，全４巻，ベルリン，1868－1871年．（Meitzen, August: Der Boden und die landwirtschaftlichen Verhältnisse des Preussischen Staates nach dem Gebietsumfange vor 1866. Bd.1-4. Berlin 1868-1871.） I 410
マウラー，ゲオルク・ルートヴィヒ・フォン『ドイツにおける都市制度の歴史』，全４巻，エルランゲン，1869－1871年．（Maurer, Georg Ludwig von: Geschichte der Städteverfassung in Deutschland. Bd.1-4.Erlangen 1869-1871.） III 〔306〕
――『ドイツにおける村落制度の歴史』，全２巻，エルランゲン，1865－1866年．（Geschichte der Dorfverfassung in Deutschland. Bd.1-2. Erlangen 1865-66.） III 〔306〕
――『ドイツにおける夫役農場，農民農場，および荘園制度の歴史』，全４巻，エルランゲン，1862－1863年．（Geschichte der Fronhöfe, der Bauernhöfe und der Hofverfassung in Deutschland. Bd.1-4. Erlangen 1862-1863.） I 410，III 〔306〕
――『ドイツにおけるマルク制度の歴史』，エルランゲン，1856年．

(Geschichte der Markverfassung in Deutschland. Erlangen 1856.)　III〔306〕

――『マルク制度，荘園制度，村落制度，および都市制度と公的権力との歴史への序論』，ミュンヘン，1854年．(Einleitung zur Geschichte der Mark-, Hof-, Dorf-, und Stadt-Verfassung und der öffentlichen Gewalt. München 1854.)　I 130，III〔306〕

マカロック，ジョン・ラムジー『経済学原理．この学問の成立および進歩の概観を付す』，エディンバラ，ロンドン，1825年．(MacCulloch, John Ramsay: The principles of political economy: with a sketch of the rise and progress of the science. Edinburgh, London 1825.)　I〔907〕，〔1061〕

――『経済学原理．この学問の成立および進歩の概観を付す』，改訂大増補第２版，ロンドン，1830年．(The principles of political economy: with a sketch of the rise and progress of the science. 2.ed., corr. and greatly enl. London 1830.)　I 267，776

――『経済学文献．経済学のさまざまな分野における精選出版物の分類目録．歴史的，批判的，伝記的注を付す』，ロンドン，1845年．(The literature of political economy: a classified catalogue of select publications in the different departments of that science, with historical, critical, and biographical notices. London 1845.)　I 251，1269

――『商業および通商航海にかんする実務・理論・歴史の事典．地図による図解』，改訂増補新版，補遺つき，ロンドン，1847年．(A dictionary, practical, theoretical, and historical, of commerce and commercial navigation. Ill. with maps and plans. A new ed., corr., enl,. and improved; with a suppl. London 1847.)　I 262

マクラウド，ヘンリー・ダニング『銀行業の理論と実際．通貨，物価，信用，為替の基本原理を含む』，全２巻，第１巻，ロンドン，1855年．(Macleod, Henry Dunning: The theory and practice of banking: with the elementary principles of currency; prices; credit; and exchanges. Vol.1.2. Vol.1. London 1855.)　I 269

――『経済学綱要』，ロンドン，1858年．(The elements of political economy. London 1858.)　II〔367〕

マクラレン，ジェイムズ『通貨史概観．この主題にかんするもっとも著名な著者たちの見解にたいする簡潔な検討を含む』，ロンドン，1858年．(Maclaren, James: A sketch of the history of the currency: comprising a brief review of the opinions of the most eminent writers on the subject. London 1858.)　I 173

マコーリー，トマス・バビントン『イギリス史．ジェイムズ２世の即位期から』，第10版，第１巻，ロンドン，1854年．(Macaulay, Thomas Babington: The history of England from the accession of James the Second. 10.ed. Vol.1. London 1854.)〔邦訳：『英国史』，中村経一訳（部

分訳)，全3巻，欧世社.〕 I 478, 1251
――『イギリス史．ジェイムズ2世の即位期から』，全5巻，第4巻，ロンドン，1855年．(The history of England from the accession of James the Second. Vol.1–5. Vol.4. London 1855.) III〔1086〕, 1089
〔マッシー，ジョウジフ〕『自然的利子率を支配する諸原因にかんする一論．本問題にかんするサー・ウィリアム・ペティおよびロック氏の意見の考察を含む』，ロンドン，1750年．([Massie, Joseph:] An essay on the governing causes of the natural rate of interest; wherein the sentiments of Sir William Petty and Mr. Locke, on that head, are considered. London 1750.) I 898, III〔568〕, 604, 615, 617, 622, 627-628,〔647〕,〔1449〕
マーティノウ，ハリエト『マンチェスターのストライキ．一物語』，ロンドン，1832年．(所収：マーティノウ『経済学の例解』，第3巻，第7号．)(Martineau, Harriet: A Manchester strike. A tale. London 1832. In: Martineau: Illustrations of political economy. Vol.3. No.7.) I 1109
マティユ・ド・ドンバール，クリストフ-ジョゼフ-アレクサンドル『ロヴィル農業年代記．または，農業，農村経済および農業立法資料集』，全8分冊，補遺，パリ，1824－1837年．(Mathieu de Dombasle, Christophe-Joseph-Alexandre: Annales agricoles de Roville, ou mélanges d'agriculture, d'économie rurale, et de législation agricole. Livr.1–8, suppl. Paris 1824–1837.) III〔1357〕,〔1450〕
〔マーティン，ヘンリー〕『イギリスにとっての東インド貿易の諸利益の考察』，ロンドン，1720年．([Martyn, Henry:] The advantages of the East-India trade of England, consider'd. London 1720.) I 565, 598, 607, 614, 643, 751, 892
『マーナヴァ・ダルマ・シャーストラ．クルカの注釈によるマヌの法典．インドの宗教的および世俗的諸義務の体系を含む』，原典からの逐語訳，ウィリアム・ジョウンズによる序文を付し，グレイブズ・チェムニ・ホートンによりサンスクリット語の本文と照合，P・パーシバル編第3版，マドラス，1863年．(Manava Dharma Sastra, or the institutes of Manu according to the gloss of Kulluka, comprising the Indian system of duties, religious and civil. Verbally transl. from the original, with a preface by William Jones, and collated with the Sanskrit text, by Graves Chamney Haughton. 3.ed. ed. by P.Percival. Madras 1863.)〔邦訳：『マヌの法典』，田辺繁子訳，岩波文庫.〕 II 381,〔381〕
『マヌ法典』 →『マーナヴァ・ダルマ・シャーストラ．クルカの注釈によるマヌの法典．……』
マーフィー，ジョン・ニコラス『アイルランド――産業的，政治的，および社会的に見た』，ロンドン，1870年．(Murphy, John Nicholas: Ireland industrial, political, and social. London 1870.) I 1227
マリー，ヒューおよびジェイムズ・ウィルスン〔ほか〕『イギリス領インド

の歴史的および記述的報告．太古から現代まで』，全３巻，第２巻，エディンバラ，1832年．（Murray, Hugh; James Wilson〔u.a.〕: Historical and descriptive account of British India, from the most remote period to the present time. In 3 vols. Vol.2. Edinburgh 1832.） I 600

マリオン，モーディケイアイ〔本名ジョン・ウィルスン〕『マカロック氏の経済学原理の若干の例解』，エディンバラ，1826年．（Mullion, Mordecai〔d.i. John Wilson〕: Some illustrations of Mr. M'Culloch's principles of political economy. Edinburgh 1826.） II〔27〕

マルサス，トマス・ロバート『経済学原理．その実際的な適用を目的とする考察』，ロンドン，1820年．（Malthus, Thomas Robert: Principles of political economy considered with a view to their practical application. London 1820.）〔邦訳：『マルサス経済学原理』，吉田秀夫訳（初版，第２版の邦訳），全２冊，岩波文庫．〕 III〔330〕

――『経済学原理．その実際的な適用を目的とする考察』，著者自身の草稿からのかなりの追補と最初の伝記とをくわえた第２版，ロンドン，1836年．（Principles of political economy considered with a view to their practical application. 2.ed., with considerable add. from the author's own manuscript and an orig. memoir. London 1836.） I 367，1007，1022，1024，1038，1108，III 62，〔294〕，〔341〕，〔1192〕

――『経済学における諸定義．経済学者たちの用語の定義と用法とについて彼らを導くべき基準の研究を前置きとし，彼らの著作におけるこれらの基準からの逸脱についての論評を付す』，ロンドン，1827年．（Definitions in political economy, preceded by an inquiry into the rules which ought to guide political economists in the definition and use of their terms; with remarks on the deviation from these rules in their writings. London 1827.）〔邦訳：『経済学における諸定義』，小松芳喬訳，実業之日本社．玉野井芳郎訳，岩波文庫．〕 III 63

――『経済学における諸定義．経済学者たちの用語の定義と用法とについて彼らを導くべき基準の研究を前置きとし，彼らの著作におけるこれらの基準からの逸脱についての論評を付す』，新版，ジョン・キャザノウヴによる序文，注，補遺を付す，ロンドン，1853年．（Definitions in political economy, preceded by an inquiry into the rules which ought to guide political economists in the definition and use of their terms; with remarks on the deviation from these rules in their writings. A new ed., with a pref., notes, and suppl. remarks by John Cazenove. London 1853.）〔邦訳：『経済学における諸定義』，小松芳喬訳，実業之日本社．玉野井芳郎訳，岩波文庫．〕 I 988，997，1007，1040，III 67

〔――〕『人口の原理にかんする一論．社会の将来の改善に影響するものとして．ゴドウィン氏，コンドルセ氏，その他の著述家の所説の論評を含む』，ロンドン，1798年．（An essay on the principle of population, as it affects the future improvement of society, with remarks on the

speculations of Mr.Godwin, M.Condorcet, and other writers. London 1798.)〔邦訳：『初版　人口の原理』, 高野岩三郎・大内兵衛訳, 岩波文庫. 『人口の原理』, 南亮三郎監修・大淵寛・森岡仁・吉田忠雄・水野朝夫訳（第６版の邦訳）, 中央大学出版部.〕 I 621, 1075, III〔685〕,〔1213〕

――『地代の性質および増進, ならびにそれが規制される諸原理にかんする研究』, ロンドン, 1815年.（An inquiry into the nature and progress of rent, and the principles by which it is regulated. London 1815.）〔邦訳：『穀物条例論』, 鈴木鴻一郎訳, 改造文庫. 『穀物条例論および地代論』, 楠井隆三・東嘉生訳, 岩波文庫.〕 I 557,〔883〕, 918, 968, III〔1192〕

マローン, ヘルマン『粗放か集約か？　農業経営学の一問題』, オッペルン, 1859年.（Maron, Hermann: Extensiv oder intesiv? Ein Kapitel aus der landwirthschaftlichen Betriebslehre. Oppeln 1859.） III 1444

――『日本農業に関し, ベルリンにおいて農業大臣に行われた報告から』, 1862年.（Maron, Hermann）〔邦訳：所収, リービヒ『化学の農業および生理学への応用』, 吉田武彦訳, 北海道大学出版会.〕 I〔1252〕

マン, トマス『外国貿易によるイギリスの財宝. またはわが国の外国貿易の差額はわが国の財宝の法則である. 息子ジョン・マンによりここに公益のために公刊される』, ロンドン, 1669年.（Mun, Thomas: England's treasure by forraign trade. Or, the ballance of our forraign trade is the rule of our treasure. Now publ. for the common good by his son John Mun. London 1669.）〔邦訳：『外国貿易によるイングランドの財宝』, 渡辺源次郎訳（初版）. 所収：『初期イギリス経済学古典選集』１, 東京大学出版会.〕 I 895

〔マンデヴィル, バーナード・ド〕『蜂の寓話. または私悪は公益』, ロンドン, 1714年.（[Mandeville, Bernard de:] The fable of the bees: or, private vices, publick benefits. London 1714.）〔邦訳：『蜂の寓話. 私悪すなわち公益』, 泉谷治訳, 法政大学出版局.〕 I 627

〔――〕『蜂の寓話. または私悪は公益』, 第５版, ロンドン, 1728年.（The fable of the bees: or, private vices, publick benefits. 5.ed. London 1728.） I 1074

〔――〕『ブンブンうなる蜂の巣. または悪人が正直になる』, ロンドン, 1705年.（The grumbling hive: or, knaves turn'd honest. London 1705.）〔邦訳：『蜂の寓話. 私悪すなわち公益』, 泉谷治訳, 法政大学出版局.〕 I 627

〔マンリー, トマス〕『誤解された貨幣利子. またはこの王国の現状につり合った利子の低下を証明する一論』, ロンドン, 1688年.（[Manley, Thomas:] Interest of money mistaken, or a treatise, proving, that the abatement of proportionable interest to the present condition of this Kingdom. London 1668.） III 1087

【ミ】

ミュラー，アダム・ハインリヒ『国家学要論．1808－1809年の冬にドレスデンで，ザクセン-ヴァイマールのベルンハルト皇太子殿下の御前にて，政治家および外交官の集まりにて催された公開の講義』，全３部，第２，３部，ベルリン，1809年．（Müller, Adam Heinrich: Die Elemente der Staatskunst. Oeffentliche Vorlesungen, vor Sr. Durchlaucht dem Prinzen Bernhard von Sachsen-Weimar und einer Versammlung von Staatsmännern und Diplomaten, im Winter von 1808 auf 1809, zu Dresden, gehalten. Th.1–3.Th.2.3. Berlin 1809.）Ⅰ〔219〕，Ⅱ 299，Ⅲ 613，689

ミラボー侯，ヴィクトール・ド・リクティ『人民の友．または人口にかんする論考』，第１－３巻，アヴィニョン，1756年．（Mirabeau, Victor de Riquetti, marquis de: L'ami des hommes, ou traité de la population. T.1–3. Avignon 1756.）Ⅰ〔1079〕

――『農村哲学．または農業の一般的および政治的経済学』，アムステルダム，1763年．（Phirosophie rurale, ou économie générale et politique de l'agriculture ... Amsterdam 1763.）Ⅰ〔1079〕

ミラボー，〔オノレ－ガブリエル－ヴィクトール・リクティ・〕ド『フリードリヒ大王治下のプロイセン王国について．付，ドイツの主要諸国の実状にかんする研究を含む付録』，全８巻，第２，３，６巻，ロンドン，1788年．（Mirabeau, [Honoré-Gabriel-Victor Riquetti] de: De la monarchie prussienne, sous Frédéric le Grand. Avec un app., cont. des recherches sur la situation actuelle des principales contrées de l'Allemagne. T.1–8. T.2.3.6. Londres 1788.）Ⅰ 1251，1280，1304，1321

ミル，ジェイムズ『経済学要綱』，ロンドン，1821年．（Mill, James: Elements of political economy. London 1821.）〔邦訳：『経済学綱要』，渡辺輝雄訳（1884年の第３版の邦訳）．所収：『古典経済学叢書』，春秋社．〕Ⅰ 269，323-324，622，〔884〕

――『経済学要綱』，J・T・パリソによる英語からの仏訳，パリ，1823年．（Éléments d'économie politique. Trad. de l'anglais par J.T.Parissot. Paris 1823.）Ⅰ 987，993，997

〔――〕「植民地」．所収：『大英百科事典』第４，第５，第６版への補遺，第３巻，エディンバラ，1824年．（Colony. In: Encyclopaedia Britannica ... Supplement to the fourth, fifth and sixth editions. Vol.3. Edinburgh 1824.）Ⅰ 345

ミル，ジョン・スチュアト『経済学原理．社会哲学にたいするそれらの原理の若干の適用』〔初版〕，全２巻，第１，２巻，ロンドン，1848年．（Mill, John Stuart: Principles of political economy with some of their applications to social philosophy. In 2 vols. Vol.1.2. London 1848.）〔邦

訳：『経済学原理』，末永茂喜訳，全５冊，岩波文庫.〕 Ⅰ 217，652，883，1064
――『経済学原理．社会哲学にたいするそれらの原理の若干の適用』，第２版，全２巻，第１巻，ロンドン，1849年．（Principles of political economy with some of their applications to social philosophy. 2.ed. In 2 vols. Vol.1. London 1849.） Ⅲ 672，〔690〕
――『経済学原理．社会哲学にたいするそれらの原理の若干の適用』，全２巻，第２巻，ロンドン，1868年．（Principles of political economy with some of their applications to social philosophy. In 2 vols. Vol.2. London 1868.） Ⅰ 902
――『経済学の若干の未解決問題にかんする論集』，ロンドン，1844年．（Essays on some unsettled questions of political economy. London 1844.）〔邦訳：『ミル経済学試論集』，末永茂喜訳，岩波書店.〕 Ⅰ 217，1047，Ⅱ〔366〕，Ⅲ 1571
――『推理的・帰納的論理学体系．証明の原理と科学的研究の方法とにかんする一貫した見解』，全２巻，ロンドン，1843年．（A system of logic, ratiocinative and inductive, being a connected view of the principles of evidence, and the methods of scientific investigation. In 2 vols. London 1843.）〔邦訳：『J・S・ミル　論理学体系』，大関将一・林篤郎訳，全６巻，春秋社.〕 Ⅰ 1026，〔1027〕

【ム】

ムニエ，L『フランスの農業について．公式文書による．リュビションの注解を付す』，全２巻，第１巻，パリ，1846年．（Mounier, L.: De l'agriculture en France, d'après les documents officiels. Avec des remarques par Rubichon. T.1.2. T.1. Paris 1846.） Ⅲ〔1443〕，〔1450〕

【メ】

メーザー，ユストゥス『愛国的夢想』，彼の娘J・W・J・v・フォークト（旧姓メーザー）編，改訂第４版，全４巻，第４巻，ベルリン，シュテティーン，1820年．（Möser, Justus: Patriotische Phantasien. Hrsg. von seiner Tochter J.W.J.v.Voigt, geb. Möser. 4.verb. Aufl. Th.1-4. Th.4. Berlin, Stettin 1820.） Ⅲ〔1412〕
メリヴェイル，ハーマン『植民および植民地についての講義．1839年，1840年および1841年にオックスフォード大学にて』，第１，２巻，ロンドン，1841-1842年．（Merivale, Herman: Lectures on colonization and colonies. Delivered before the University of Oxford in 1839,1840,and 1841. Vol.1.2. London 1841－1842.） Ⅰ〔75〕，1108，1344
メルシエ・ド・ラ・リヴィエール〔，ポール－ピエール〕『政治社会の自然

的および本質的秩序』，全２巻，ロンドン，1767年．所収：『重農主義学派．ケネー，デュポン・ド・ヌムール，メルシエ・ド・ラ・リヴィエール，ボド師，ル・トローヌ．ウジェーヌ・デールによる重農主義学派の学説にかんする序文，注解，歴史的注つき』，第２部，パリ，1846年．（所収：『主要経済学者叢書』，第２巻．）（Mercier de la Rivière [, Paul-Pierre] : L'ordre naturel et essentiel des sociétés politiques. T.1.2. Londres 1767. In: Physiocrates. Quesnay, Dupont de Nemours, Mercier de la Rivière, L'Abbé Baudeau, Le Trosne, avec une introd. sur la doctrine des physiocrates, des comm. et des notices historiques, par Eugène Daire. Pt.2. Paris 1846. (In: Collection des principaux économistes. T.2.)） I 194, 195, 227, 257, 262, 274, 281, 332, 〔936〕

【モ】

モア，トマス『ユートピア』，原文は1516年にラテン語で印刷，ラルフ・ロビンスンによる英訳，エドワード・アーバー編，ロンドン，1869年．（More, Thomas: Utopia. Originally printed in Latin, 1516. Transl. into English by Ralph Robinson. ... Carefully ed. by Edward Arber. London 1869.）〔邦訳：『ユートピア』，平井正穂訳，岩波文庫．〕 I 1253, 1256, 1285

モーガン，ルイス・ヘンリー『古代社会．または野蛮から未開を経て文明にいたる人間進歩の道程の研究』，ロンドン，1877年．（Morgan, Lewis Henry: Ancient society or reserches in the lines of human progress from savagery, through barbarism to civilization. London 1877.）〔邦訳：『古代社会』，青山道夫訳，全２冊，岩波文庫．〕 III 〔306〕

モートン，ジョン・チャーマズ『実用的科学的農業百科辞典』 →『実用的科学的農業百科辞典』

――「農業で利用される諸力について」，所収：『技能協会および協会連盟雑誌』，ロンドン，第368号，1859年12月９日．（Morton, John Chalmers: On the forces used in agriculture. In: The Journal of the Society of Arts, and of the Institutions in Union. London. No.368, 9. December 1859.） I 663, III 1139

モートン，ジョン・ロッカート『地所の資源．農業改良および土地財産の一般的管理にかんする一論』，ロンドン，1858年．（Morton, John Lockhart: The resources of estates: being a treatise on the agricultural improvement and general management of landed property. London 1858.） III 1140, 1218

モムゼン，テーオドール『ローマ史』，第２版，全３巻，ベルリン，1856－1857年．（Mommsen, Theodor: Römische Geschichte. 2.Aufl. Bd.1-3. Berlin 1856-1857.） I 293, 299, III 556, 662, 1403

モリナリ，ギュスターヴ・ド『経済学研究』，パリ，1846年．（Molinari,

Gustave de: Études économiques. Paris 1846.） I 743，1041，1345
モンテーイ，アマン－アレクシ『各種史書稿本論』，全２巻，第１巻，パリ，1835年．（Monteil, Amans-Alexis: Traité de matériaux manuscrits de divers genres d'histoire. T.1.2. T.1. Paris 1835.） I 1300
モンテスキュー〔，シャルルールイ・ド・スゴンダ〕・ド『法の精神』，著者による改訂大増補新版，ロンドン，1767－1769年．（所収：『著作集』，第２，３，４巻．）（Montesquieu〔, Charles- Louis de Secondat〕de: De l'esprit des loix. Nouv. éd., revue, corr., & considérablement augm. par l'auteur. Londres 1767-1769. In: Œuvres. T.2.3.4.）〔邦訳：『法の精神』，野田良之ほか訳，岩波文庫．〕 I 163，216-217，1075，1318

【ヤ】

ヤング，アーサー『アイルランド旅行．この王国の現状にかんする一般的考察を付す』，第２版，全２巻，ロンドン，1780年．（Young Arthur: A tour in Ireland: with general observations on the present state of that kingdom ... 2.ed. In 2vols. London 1780.） I 1185
――『政治算術．大ブリテンの現状とその農業奨励政策の原理とにかんする諸考察を含む』，ロンドン，1774年．（Political arithmetic. Containing observations on the present state of Great Britain; and the principles of her policy in the encouragement of agriculture. London 1774.） I 215，396

【ユ】

ユア，アンドルー『工場哲学．または大ブリテンの工場制度の科学的，道徳的，商業的経済の説明』，改訂第２版，ロンドン，1835年．（Ure, Andrew: The philosophy of manufactures: or, an exposition of the scientific, moral, and commercial economy of the factory system of Great Britain. 2.ed., corr. London 1835.） I〔392〕，617，618，649，〔651〕，〔655〕，669，〔670〕，〔680〕，710，736，737，739，744，759，761，762，〔766〕，768，970，〔975〕，Ⅲ〔141〕，〔182〕，666
――『工場哲学．または綿・毛・亜麻・絹製造の工業経済』，著者校閲の翻訳，第１，２巻，パリ，1836年．（Philosophie des manufactures ou économie industrielle de la fabrication du coton, de la laine, du lin et la soie ... Trad. sous le yeux de l'auteur ... T.1.2. Paris 1836.） I 528，〔615〕，Ⅲ〔168〕，〔182〕，666
――『技術辞典．または産業学便覧．アルファベト順．アンドルー・ユアの技術・製造業・鉱業辞典によりカール・カルマルシュおよびフリードリヒ・ヘーレン編纂』，全３巻，第１巻，プラハ，1843年．（Technisches Wörterbuch oder Handbuch der Gewerbskunde. In alphabetischer

Ordnung. Bearb. nach Andrew Ure's Dictionary of arts, manufactures and mines von Karl Karmarsch und Friedrich Heeren. Bd.1–3. Bd.1. Prag 1843.）Ⅰ〔660〕
ユウェナリス，デキムス・ユニウス『諷刺詩』（Juvenalis, Dicimus Junius: Satirae.）.〔邦訳：『諷刺詩集』，国原吉之助訳（部分訳）．所収：『世界名詩集大成』１，古代・中世篇，平凡社.〕Ⅰ〔430〕
『羊毛輸出制限の諸理由』，〔ロンドン〕1677年．（Reasons for a limited exportation of wool. [London] 1677.）Ⅰ 993

【ラ】

ライト，トマス『食料の現在の欠乏と高価の一大原因をなす小農場の独占について公衆に訴える簡潔な提言．災禍を救済する制度の計画を付す，王国中に小農場を増やすために』，ロンドン，1795年．（Wright, Thomas: A short address to the public on the monopoly of small farms, a great cause of the present scarcity and dearness of provisions. With the plan of an institution of remedy the evil: for the purpose of increasing small farms throughout the Kingdom. London 1795.）Ⅰ 1269
ライヒ，エードゥアルト『人類の退化について．その原因と防止』，エンランゲン，1868年．（Reich, Eduard: Ueber die Entartung des Menschen, ihre Ursachen und Verhütung. Erlangen 1868.）Ⅰ 640
ラヴェルニュ，レオーンス・ド『イングランド，スコットランド，およびアイルランドの農村経済』，パリ，1854年．（Lavergne, Léonce de: Essai sur l'économie rurale de l'Angleterre, de l'Écosse et de l'Irlande. Paris 1854.）Ⅰ〔1239〕，Ⅲ 1142
――『イングランド，スコットランド，およびアイルランドの農村経済』，フランス語からの英訳，スコットランドの一農業者による注を付して，エディンバラ，ロンドン，1855年．（The rural economy of England, Scotland, and Ireland. Transl. from the French with notes by a Scottish farmer. Edinburgh, London 1855.）Ⅱ 382，Ⅲ 1142
ラヴレイ，エミル・ド『ベルギー農村経済論』，ブリュッセル〔1863年〕．（Laveleye, Emile de: Essai sur l'économie rurale de la Belgique. Bruxelles [1863].）Ⅱ 390
ラサール，フェルディナント『エフェソスの暗い人ヘラクレイトスの哲学．彼の断片と古代人の証言の新たな収集にもとづく叙述』，全２巻，第１巻，ベルリン，1858年．（Lassalle, Ferdinand: Die Philosophie Herakleitos des Dunklen von Ephesos. Nach einer neuen Sammlung seiner Bruchstücke und der Zeugnisse der Alten dargestellt. Bd.1.2. Bd.1. Berlin 1858.）Ⅰ 187
――『バスティア－シュルツェ・フォン・デーリッチ氏，経済学のユリアヌス．または資本と労働』，ベルリン，1864年．（Herr Bastiat-Schulze von

Delitzsch, der ökonomische Julian, oder: Capital und Arbeit. Berlin 1864.） I 9,〔10〕

ラッフルズ，トマス・スタンフォード『ジャワの歴史．地図と挿絵入り』，全２巻，ロンドン，1817年．（Raffles, Thomas Stamford: The history of Java. With a map and plates. In 2 vols. London 1817.） I 632, 1313

ラードナー，ダイアニシャス『鉄道経済．輸送の新方法，その管理，将来性および商業的・金融的・社会的諸関係にかんする一論．連合王国，大陸およびアメリカにおける開業中の鉄道の実際の諸結果の説明を付す』，ロンドン，1850年．（Lardner, Dionysius: Railway economy: a treatise on the new art of transport, its management, prospects, and relations, commercial, financial, and social. With an exposition of the practical results of the railways in operation in the United Kingdom, on the continent, and in America. London 1850.） II〔273〕, 274,〔277〕, 287, 290, 292

ラブレー，フランソワ『パンタグリュエルの父，大ガルガンチュワの無双の生涯の物語』．リヨン，1534年．（Rabelais, François: La vie inestimable du grand Gargantua, père de Pantagruel. Lyon 1534.）〔邦訳：『ラブレー第一之書　ガルガンチュワ物語』，渡辺一夫訳，岩波文庫．〕 I〔1239〕,〔1328〕

――『善良なるパンタグリュエルの雄武言行録第四之書』．パリ，1552年．（La Quart livre des faicts et dicts Héroïques du bon Pantagruel. Paris 1552.）〔邦訳：『ラブレー第四之書　パンタグリュエル物語』，渡辺一夫訳，岩波文庫．〕 I〔1328〕

ラボルド，アレクサンドル・ド『共同社会の全利益における協同の精神について．または制度の補完によるフランスの福祉と富の補完についての試論』，パリ，1818年．（Laborde, Alexandre de :De l'esprit d'association dans tous les intérêts de la communauté, ou essai sur le complément du bien-être et de la richesse en France par le complément des institutions. Paris 1818.） I 926

ラマッツィーニ，ベルナルディーノ『働く人々の病気について』，モデナ，1700年．〔増補改訂版，パドヴァ，1713年〕（Ramazzini, Bernardino: De morbis artificum diatriba. Mutinae 1700.）〔邦訳：『働く人々の病気』，松藤元訳，北海道大学図書刊行会．〕 I 640

――『働く人々の病気について』，ラテン語からの仏訳，パリ，1777年．（Essai sur les maladies des artisans. Trad. du latin. Paris 1777.） I 640

――『働く人々の病気について』．所収：『医学百科辞典，または，医術の各種部門の一般的・方法的および完全な論考．第７講，古典的著述家篇』，パリ，1841年．（Essai sur les maladies des artisans. In: Encyclopédie des sciences médicales; ou traité général, méthodique et complet des diverses branches de l'art du guérir. 7.div. Auteurs classiques. Paris 1841.） I 640

ラムジー，ジョージ『富の分配にかんする一論』，エディンバラ，ロンドン，1836年．(Ramsay, George: An essay on the distribution of wealth. Edinburgh, London 1836.) Ⅰ 282，289，560，891，987，1103，Ⅱ〔366〕，623，700-701，Ⅲ〔67〕，478，620-621，〔652〕，653，〔1369〕

ラムフォード伯，ベンジャミン〔・トムスン〕『政治的，経済的，および哲学的論集』，第１－３巻，ロンドン，1796－1802年．(Rumford, Benjamin [Thompson], Count of : Essays, political, economical, and philosophical. Vol.1-3. London 1796-1802.) Ⅰ 1048

ラング，サミュエル『国民的困窮，その原因と救済策』，ロンドン，1844年．(Laing, Samuel: National distress; its causes and remedies. London 1844.) Ⅰ 345，1123，1148，1176，Ⅲ〔1380〕

ラング，シートン『コウル，デイヴィドスン・アンド・ゴードンのシティ大詐欺事件の新シリーズ』，ロンドン，1856年．(Laing, Seton: A new series of the great city frauds of Cole, Davidson and Gordon. London 1856.) Ⅲ 961，〔961〕

〔ランゲ，シモン-ニコラ-アンリ〕『民法の理論．または社会の基本原理』，第１，２巻，ロンドン，1767年．([Linguet, Simon-Nicholas-Henri:] Théorie des loix civiles, ou principes fondamentaux de la société. T.1.2. Londres 1767.)〔邦訳：大津真作訳『市民法理論』，京都大学学術出版会．〕Ⅰ 402，〔506〕，591，〔1079〕，〔1289〕，Ⅲ〔148〕，〔1412〕

ランチェロッティ，セコンド『現代人．または過去の人々に劣らない有能な人々』，第２部，ヴェネツィア，1636年．(Lancellotti, Secondo: L'hoggidi, overo gl'ingegni non inferiori a'passati. Pt.2. Venezia 1636.) Ⅰ 752

【リ】

リー，ナサニエル『争う王妃たち』，1677年．所収：『戯曲集』，全３巻，第３巻，ロンドン，1734年．(Lee, Nathaniel: Rival Queens. 1677. In: The dramatick works. In 3 vols. Vol.3. London 1734.) Ⅱ〔210〕

リーヴァイ，レオン「食料供給との関連における鹿猟林とスコットランド高地農業について」，所収：『技能協会および協会連盟雑誌』，ロンドン，第15巻，1866年３月23日．(Levi, Leone: On deer forests and Highland agriculture in relation to the supply of food. In: The Journal of the Society of Arts, and of the Institutions in Union. London. Vol.15. 23. March 1866.) Ⅰ 1281

リウィウス，ティトゥス『都ローマの建設以来』．(Livius, Titus: Ab urbe condita.)〔『ローマ建国史』，鈴木一州訳，岩波文庫，全３冊（現在上のみ)〕Ⅰ〔491〕

リカードウ，デイヴィド『経済学および課税の原理』，ロンドン，1817年．(Ricardo, David: On the principles of political economy, and taxation. London 1817.) Ⅰ〔884〕

――『経済学および課税の原理』，第３版，ロンドン，1821年．(On the principles of political economy, and taxation. 3.ed., London 1821.)〔邦訳：『経済学および課税の原理』，堀経夫訳．所収：『リカードウ全集』Ⅰ，雄松堂書店．〕Ⅰ 144，291-292，326，〔356〕，396，681，689-690，692，〔692〕，758-759，769，997，1026，1057，1103，Ⅱ 243，347，348，359-360，364，365，622，776，Ⅲ〔187〕，〔200〕，〔309〕，〔316〕，〔350〕，〔408〕，〔759〕，1174，〔1192〕，〔1351〕，〔1377〕，〔1506〕，1527
――『経済学および課税の原理』．所収：『著作集』，ジョン・ラムジー・マカロックによる著者の生涯および著作の紹介つき，第２版，ロンドン，1852年．(On the principles of political economy, and taxation. In: The works. With a notice of the life and writings of the author, by John Ramsay MacCulloch. 2.ed. London 1852.)〔邦訳：『経済学および課税の原理』，羽鳥卓也・吉澤芳樹訳，全２冊，岩波文庫．〕Ⅲ 113，385，410
――『地金の高価格．銀行券減価の証拠』，第４版，ロンドン，1811年．(The high price of bullion, a proof of the depreciation of bank notes. 4.ed. London 1811.)〔邦訳：『地金の高い価格，銀行券の減価の証拠』，蛯原良一訳．所収：『リカードウ全集』Ⅲ，雄松堂書店．〕Ⅰ〔251〕
――『農業保護論』，第４版，ロンドン，1822年．(On protection to agriculture. 4.ed. London 1822.)〔邦訳：『農業保護論』，木下彰訳．所収：『リカードウ全集』Ⅳ，雄松堂書店．〕Ⅰ〔138〕
リーサム，ウィリアム『通貨にかんする書簡集．……チャールズ・ウッドあて．連続数年にわたって，かつまた同時に流通している国内および外国為替手形の額を，真の原理にもとづいて，はじめて解明する』，改訂増補第２版，ロンドン，1840年．(Leatham, William: Letters on the currency, addressed to Charles Wood ... and ascertaining for the first time, on true principles, the amount of inland and foreign bills of exchange in circulation for several consecutive years, and out at one time. 2.ed., with corr. and add. London 1840.) Ⅲ 696
リスト，フリードリヒ『農地制度，零細経営，および国外移住』，シュトゥットガルト，チュービンゲン，1842年．(List, Friedrich: Die Ackerverfassung, die Zwergwirthschaft und die Auswanderung. Stuttgart, Tübingen 1842.)〔邦訳：『農地制度論』，小林昇訳，岩波文庫．〕Ⅲ 1584
リチャードスン〔，ベンジャミン〕「労働と過度労働」．所収：『社会科学評論』，ロンドン，第２巻，第58号，1863年７月18日．(Richardson [, Benjamin]: Work and overwork. In: The Social Science Review. London. Vol.2. No.58, 18. July 1863.) Ⅰ 444，447
リード，ジョージ『製パン業小史．最初期から現在にいたる』，ロンドン，1848年．(Read, George: A brief history of the bread baking trade, from the earliest period to the present time. London 1848.) Ⅰ 435
リービヒ，ユストゥス・フォン『化学の農業および生理学への応用』，第７

版，全2巻，第1巻，ブラウンシュヴァイク，1862年．（Liebig, Justus von: Die Chemie in ihrer Anwendung auf Agricultur und Physiologie. 7.Aufl. In 2 Th. Th.1. Braunschweig 1862.）〔邦訳：吉田武彦訳，北海道大学出版会．〕 Ⅰ 413-414，〔680〕，882，996，Ⅲ 1453

――『耕作の自然法則序説』，ブラウンシュヴァイク，1862年．（Einlei tung in die Naturgestze des Feldboues, 1862.） Ⅲ 〔1331〕

――『農業における理論と実践とについて』，ブラウンシュヴァイク，1856年．（Ueber Theorie und Praxis in der Landwirthschaft. Braunschweig 1856.） Ⅰ 580

リュザク，エリー『オランダの富．商業およびこの国の国力の源泉，その商業および海運の発展におよぼした諸原因，現在その衰退をもたらした諸原因，これを再び振興して従前の繁栄をもたらす手段を含む．フランスの原案による．全面的な改定増補を加え，若干の誤りを削除す』，全4巻，第3巻，ライデン，1782年．（Luzac, Elie: Hollands Rijkdom, behelzende den Oorsprong van den Koophandel, en van de Magt van dezen Staat, de toeneemende vermeerdering van deszelfs Koophandel en Scheepvaart, de oorzaaken, welke tot derzelver aanwas medegewerkt hebben; die, welke tegenwoordig tot derzelver verval strekken; mitsgaders de middelen, welke dezelven wederom zouden kunnen opbeuren, en tot hunnen voorigen bloei brengen. Het Fransch ontwerp gevolgd. Het werk zelf geheel veranderd, merkelijk vermeerderd, en van verscheiden misflagen gezuiverd. Delen 1-4. Deel 3. Leyden 1782.） Ⅲ 543

リュビション，モリス『フランスおよびイギリスにおける社会機構について』，新版，パリ，1837年．（Rubichon, Maurice: Du mécanisme de la société en France et en Angleterre. Nouv. éd. Paris 1837.） Ⅲ 1140，1443，〔1449〕

【ル】

ルアール・ド・カル，ピーマリ『聖体の偽造について』，パリ，1856年．（Rouard de Card, Pie-Marie: De la falsification des substances sacramentalles. Paris 1856.） Ⅰ 432

ルクレティウス・カルス，ティトゥス『物の本質について』．（Lucretius Carus, Titus: De rerum natura.）〔邦訳：『物の本質について』，樋口勝彦訳，岩波文庫．『事物の本性について』，岩田義一・藤沢令夫訳．所収：『世界古典文学全集』21，筑摩書房．〕 Ⅰ 〔371〕

ルサージュ，アラン・ルネ『サンティリャーナのジル・ブラースの物語』，全4巻，パリ，1715－1735年．（Lesage, Alain René: Histoire de Gil Blas de Santillane. T.1-4. Paris 1715-1735.）〔邦訳：『ジル・ブラース物語』，杉捷夫訳，全4冊，岩波文庫．〕 Ⅰ 〔1236〕

ルソー，ジャン・ジャック『経済学論考』，新版，ジュネーヴ，1760年．(Rousseau, Jean-Jacques; Discours sur l'économie politique. Nouv. éd. Genève 1760)〔邦訳：『政治経済論』，阪上孝訳．所収：『ルソー全集』5，白水社．『政治経済学論』，河野健二訳，岩波文庫．〕 I 1304
ルター，マルティーン『商取引と高利について』，ヴィッテンベルク，1524年．(Luther, Martin: Von Kauffshandlung und Wucher. Wittemberg 1524.)〔邦訳：『商業と高利』，魚住昌良訳．所収：『世界の名著』18，中央公論社．『商取り引きと高利について』，松田智雄・魚住昌良訳．所収：『ルター著作集．第1集』，第5巻，聖文舎．〕 I〔548〕，III 563，〔1104〕
——『商取引と高利について』，所収：『尊師マルティーン・ルター博士著作集，第6部』，ヴィッテンベルク，1589年．(Von Kauffshandlung und Wucher. In: Der sechste Teil der Bücher des Ehrnwirdigen Herrn Doctoris Martini Lutheri ... Wittembergk 1589.) III〔564〕
——『牧師諸氏に，高利に反対するように説く．戒め』，ヴィッテンベルク，1540年．(An die Pfarrherrn wider den Wucher zu predigen. Vermanung. Wittemberg 1540.) I 236，335，1033，III 593，681，1104，1105
——『牧師諸氏に，高利に反対するように説く．戒め』，所収：『尊師マルティーン・ルター博士著作集，第6部』，ヴィッテンベルク，1589年．(An die Pfarrherrn wider den Wucher zu predigen. Vermanung. In: Der sechste Teil der Bücher des Ehrnwirdigen Herrn Doctoris Martini Lutheri ... Wittembergk 1589.) III〔593〕，1104
ル・トローヌ，ギヨーム－フランソワ『価値，流通，工業，および内外商業にかかわる社会的利益について』，1777年．所収：『重農主義学派．ケネー，デュポン・ド・ヌムール，メルシエ・ド・ラ・リヴィエール，ボド師，ル・トローヌ．ウジェーヌ・デールによる重農主義学派の学説にかんする序文，注解，歴史的注つき』，第2部，パリ，1846年．(所収：『主要経済学者叢書』，第2巻．) (Le Trosne, Guillaume-François: De l'intérêt social par rapport à la valeur, à la circulation, à l'industrie, et au commerce intérieur et extérieur. 1777. In: Physiocrates.Quesnay, Dupont de Nemours, Mercier de la Rivière, L'Abbé Baudeau, Le Trosne, avec une introd. sur la doctrine des physiocrates, des comm. et des notices historiques, par Eugène Daire. Pt.2. Paris 1846. (In: Collection des principaux économistes. T.2)) I 68，74，163，181，197，204，210，253，275，276，278，280，285，364，II 307
ルニョ，エリアス『ドナウ諸侯国の政治的社会的歴史』，パリ，1855年．(Regnault, Élias: Histoire politique et sociale des principautés danubiennes. Paris 1855.) I 412
ルー－ラヴェルニュ，ピエール-セレスタンおよびフィリップ-ジョゼフ-バンジャマン・ビュシェ『フランス革命議会史』 →ビュシェ，フィリップ－ジョゼフ－バンジャマンおよびピエール－セレスタン・ルー－ラヴ

ェルニュ『フランス革命議会史』

【レ】

レイヴンストン，ピアシー『減債基金制度とその影響にかんする考察』，ロンドン，1824年．（Ravenstone, Piercy: Thoughts on the funding system, and its effects. London 1824.） Ⅰ 756，891

レイラー，ジョン『貨幣と風習――現代の書』，ロンドン，1852年．（Laylor, John: Money and morals: a book for the times. London 1852.） Ⅱ〔226〕

レクシス，ヴィルヘルム「本位貨問題の批判的論究」．所収：『ドイツ帝国における立法，行政および国民経済年報』，グスタフ・シュモラー編，第５巻，第１号，ライプツィヒ，1881年．（Lexis, Wilhelm: Kritische Erörterungen über die Währungsfrage. In: Jahrbuch für Gesetzgebung, Verwaltung und Volkswirthschaft im Deutschen Reich ... Hrsg. von Gustav Schmoller. 5.Jg.1.Heft. Leipzig 1881.） Ⅲ〔25〕

――「マルクスの資本理論」．所収：『国民経済学および統計学年報』，ブルーノ・ヒルデブラント創刊，ヨハネス・コンラート編集，新シリーズ，第11巻，イェーナ，1885年．（Die Marx'sche Kapitaltheorie. In: Jahrbücher für Nationalökonomie und Statistik. Gegr. von Bruno Hildebrand, hrsg. von Johannes Conrad. Neue Folge. Bd.11. Jena 1885.） Ⅲ〔22〕

レーデン，〔フリードリヒ・〕フォン『ヨーロッパ諸大国の地域・住民生活の比較文化統計』，ベルリン，1848年．（Reden, [Friedrich] von: Vergleichende Kultur-Statistik der Gebiets- und Bevölkerungsverhältnisse der Gross-Staaten Europas. Berlin 1848.） Ⅲ 824

【ロ】

ロー，ジョン『貨幣と交易にかんする考察．銀行にかんする覚え書きと書簡，雑録集』〔エディンバラ，1705年〕，所収：『18世紀の財政経済学者たち，ウジェーヌ・デールによる各著者にかんする歴史的注を巻頭に掲げ，注解および説明注を付す』，パリ，1843年．（所収：『主要経済学者叢書』，第１巻．）（Law, Jean: Considérations sur le numéraire et le commerce. Mémoires et lettres sur les banques, opusculus divers. In: Économistes financiers du XVIIIe siècle. Préc. de notices historiques sur chaque auteur, et accomp. de comm. et de notes explicatives, par Eugène Daire. Paris 1843. (In: Collection des principaux économistes. T.1.)）〔邦訳：『貨幣と商業』，吉田啓一訳（1705年の英語版の邦訳）．所収：『ジョン・ローの研究』，泉文堂．吉田啓一訳，世界書院．〕 Ⅰ 162-163

〔ロイ，ヘンリー〕『取引所の理論．1844年の銀行特許法．金属流通原理の紙幣減価への誤用』，ロンドン，1864年．（[Roy, Henry:] The theory of

the exchanges. The bank charter act of 1844. The abuse of the metallic principle to depreciation. London 1864.） Ⅰ 242, 1138, Ⅲ 620, 625

『労働時間．建築業の資本家たちおよび雇い主たちへの訴え．労働時間短縮のための若干の理由』，ロンドン，1861年．（The labour question. An address to capitalists, and employers of the building trades, being a few reasons in behalf of a reduction of the hours of labour. London 1861.） Ⅰ 404

ロジャーズ，ジェイムズ・エドウィン・ソロルド『イギリスにおける農業および物価の歴史．オックスフォード議会後の年（1259年）から大陸戦争の開始（1793年）まで．すべて原資料と当時の記録から編集』，第１，２巻，オックスフォード，1866年．（Rogers, James Edwin Thorold: A history of agriculture and prices in England from the year after the Oxford Parliament（1259）to the commencement of the continental war（1793）. Compiled entirely from original and contemporaneous records. Vol.1.2. Oxford 1866.） Ⅰ 1173, 1182, 1260

ロスコウ，ヘンリー・エンフィールドおよびカール・ショルレマー『詳説化学教科書』，第１巻，ブラウンシュヴァイク，1877年．（Roscoe, Henry Enfield, und Carl Schorlemmer: Ausführliches Lehrbuch der Chemie. Bd.1. Braunschweig 1877.） Ⅱ 31

ローダデイル〔，ジェイムズ・メイトランド〕『公的富の性質と起源，およびその増加を引き起こす手段と原因にかんする研究』，Ｅ・ラジャンティ・ド・ラヴァイスによる英語からの仏訳，パリ，1808年．（Lauderdale [, James Maitland]: Recherches sur la nature et l'origine de la richesse publique, et sur les moyens et les causes qui concourent à son accroissement. Trad. de l'anglais, par E. Lagentie de Lavaïsse. Paris 1808.） Ⅰ〔615〕，Ⅲ〔686〕

ロック，ジョン『利子引き下げおよび貨幣価値引き上げの諸結果にかんする若干の考察（1691年）』．所収：『著作集』，第８版，全４巻，第２巻，ロンドン，1777年．（Locke, John: Some considerations of the consequences of the lowering of interest, and raising the value of money（1691）. In: The works. 8.ed. In 4 vols. Vol.2. London 1777.）〔邦訳：『利子・貨幣論』，田中正司・竹本洋訳．所収：『イギリス古典経済学選集』４，東京大学出版会．〕 Ⅰ 67,〔162〕，217

ロッシ，ペレグリーノ『経済学講義　1836－1837年』（パリ版の２巻を含む），所収：『経済学講義』，ブリュッセル，1843年．（Rossi, Pellegrino: Cours d'économie politique. Année 1836-1837.（Cont. les deux vols. de l'éd. de Paris.）In: Cours d'économie politique. Bruxelles 1843.） Ⅰ 302

ロッシャー，ヴィルヘルム『国民経済学原理』，増補改訂版第３版，シュトゥットガルト，アウクスブルク，1858年．（所収：ロッシャー『国民経済学体系』，第１巻，）（Roscher, Wilhelm: Die Grundlagen der Nationalökonomie. 3., verm. und verb. Aufl. Stuttgart, Augsburg 1858.

In: Roscher: System der Volkswirthschaft. Bd.1.)　Ⅰ 165, 278, 358, 374, 〔375〕, 572, Ⅱ〔595〕, Ⅲ〔387〕, 524, 〔525〕, 〔551〕, 〔690〕, 〔1477〕

ロートベルトゥス－ヤゲツォー〔, ヨハン・カール〕『資本. フォン・キルヒマン宛の第4社会書簡』, テオフィール・コツァーク編集および解説, ベルリン, 1884年.（Rodbertus-Jagetzow〔, Johann Karl〕: Das Kapital. Vierter socialer Brief an von Kirchmann. Hrsg. und eingel. von Theophil Kozak. Berlin 1884.）〔邦訳：『資本』, 平瀬巳之吉訳. 世界古典文庫, 日本評論社.〕Ⅱ 15

――『フォン・キルヒマン宛の社会的書簡. 第3書簡：リカードウ地代論の論駁と新賃料論の基礎づけ』, ベルリン, 1851年.（Sociale Briefe an von Kirchmann. Dritter Brief: Widerlegung der Ricardo'schen Lehre von der Grundrente und Begründung einer neuen Rententheorie. Berlin 1851.）〔邦訳：『改訳　地代論』, 山口正吾訳, 岩波文庫.〕Ⅰ 924, Ⅱ 15-16, 17, 18, Ⅲ〔243〕, 〔1389〕, 〔1431〕

――『書簡および社会政策論集』, ルードルフ・マイアー編, 第1巻, ベルリン〔1882年〕.（Briefe und socialpolitische Aufsaetze. Hrsg. von Rudolph Meyer. Bd.1. Berlin〔1882〕.）Ⅰ 925, Ⅱ 15, 16, 〔35〕

――『わが国家経済の現状認識のために』, ノイブランデンブルク, フリートラント, 1842年.（Zur Erkenntniß unsrer staatswirthschaftlichen Zustände. Neubrandenburg, Friedland 1842.）〔邦訳：『国家経済の現状認識のために』, 平瀬巳之吉訳. 世界古典文庫, 日本評論社.〕Ⅱ 15, 24, 38

ロバーツ, ジョージ『過去数世紀におけるイングランド南部諸州住民の社会史. 彼らの習慣, 自治体の条令, 市民的発達等にかんする例解』, ロンドン, 1856年.（Roberts, George: The social history of the people of the southern countries of England in past centuries; illustrated in regard to their habits, municipal bye-laws, civil progress, etc. London 1856.）Ⅰ 1257

ロハッチ, R・H『さまざまな身分, 年齢, および性に固有な疾病類』, 全6巻, ウルム, 1840年.（Rohatzsch, R.H.: Die Krankheiten, welche verschiedenen Ständen, Altern und Geschlechtern eigenthümlich sind. Bd.1-6. Ulm 1840.）Ⅰ 640

〔ロバートスン, ジョージ〕『経済学にかんする論集, 現在の国民的苦難の主要原因を説明し, 適当な救済策を付す』, ロンドン, 1830年.（〔Robertson, George:〕Essays on political economy: in which are illustrated the principal causes of the present national distress; with appropriate remedies. London 1830.）Ⅰ 919

ローリア, アキレ「カール・マルクス」. 所収：『ヌオーヴァ・アントロジーア・ディ・シェーンツェ・レッテレ・エド・アルティ』（『科学・文学・芸術新論集』）, ローマ, 第2シリーズ, 第38巻, 第7号, 1883年4月1日.（Loria, Achille: Karl Marx. In: Nuova Antologia di Scienze, Lettere

ed Arti. Roma. Seconda serie. Vol.38. no.7, 1.aprile 1883.） Ⅲ 34, 〔35〕
――「カール・マルクスの遺著」. 所収：『ヌオーヴァ・アントロジーア. リヴィスタ・ディ・シエーンツェ・レッテレ・エド・アルティ』（『新論集. 科学・文学・芸術誌』）, ローマ, 第３シリーズ, 第55巻, 第３号, 1895年２月１日.（L'opera postuma di Carlo Marx. In: Nuova Antologia. Rivista di Scienze, Lettere ed Arti. Roma. Terza serie. Vol.55. no.3, 1.febbraio 1895.） Ⅲ 1592
――『政治制度にかんする経済理論』, ローマ, トリノ, フィレンツェ, 1886年.（La teoria economica della costituzione politica. Roma, Torino, Firenze 1886.） Ⅲ 34
――「『マルクスの価値法則にもとづく平均利潤率』. コンラート・シュミット著. シュトゥットガルト, 1889年」. 所収：『国民経済および統計学年報』, ブルーノ・ヒルデブラント創刊, ヨハネス・コンラート編集, 新シリーズ, 第20巻, イェーナ, 1890年.（Die Durchschnittsprofitrate auf Grundlage des Marx'schen Wertgesetzes. Von Conrad Schmidt. Stuttgart 1889. In: Jahrbücher für Nationalökonomie und Statistik. Gegr. von Bruno Hildebrand, hrsg. von Johannes Conrad. Neue Folge. Bd.20. Jena 1890.） Ⅲ 〔38〕

Ⅲ　公文書刊行物

【ア行】

『アイルランドにおける農業労働者の賃銀にかんする救貧法監督官報告書. 女王陛下の命により議会の両院に提出』, ダブリン, 1870年.（Reports from poor law inspectors on the wages of agricultural labourers in Ireland. Presented ot both Houses of Parliament by command of Her Majesty. Dublin 1870.） Ⅰ 1227-1233
『アイルランド農業統計. 1860年の州・地方別の数種の農作物作付面積および家畜数を示す概要. ならびに1860年１月１日から９月１日までのアイルランド諸港からの移民. 女王陛下の命により議会の両院に提出』, ダブリン, 1860年.（Agricultural statistics, Ireland. General abstracts showing the acreage under the several crops and the number of live stock, in each county and province, for the year 1860. Also, the emigration from Irish ports from 1st January to 1st September, 1860. Presented to both Houses of Parliament by command of Her Majesty. Dublin 1860.） Ⅰ 1218

『アイルランド農業統計．1866年の作物の平均生産見積もり額，および1866年1月1日から12月31日までのアイルランド諸港からの移民，州・地方別の亜麻打ち工場数を示す表．女王陛下の命により議会の両院に提出』，ダブリン，1867年．（Agricultural statistics, Ireland. Tables showing the estimated average produce of the crops for the year 1866; and the emigration from Irish ports, from 1st January to 31st December, 1866: also, the number of mills for scutching flax in each sounty and province. Presented to both Houses of Parliament by command of Her Majesty. Dublin 1867.）Ⅰ 1218

R・C　→『勅命鉄道委員会……』（Royal commission on railways....）

『イングランドにおける出生，死亡，婚姻にかんする戸籍本署長官第22次年次報告書．女王陛下の命により議会の両院に提出』，ロンドン，1861年．（Twenty-second annual report of the Registrar-General of births, deaths, and marriages in England. Presented to both Houses of Parliament by command of Her Majesty. London 1861.）Ⅰ 472

『ヴィクトリア女王治下第23年および第24年の法第151項が適用されない大ブリテンの全鉱山の状態を調査するために任命された委員会の報告書．当該鉱山に雇用された人々の健康と安全にかんして．付録つき．女王陛下の命により議会の両院に提出』，ロンドン，1864年．（Report of the commissioners appointed to inquire into the condition of all mines in Great Britain to which the provisions of the act 23 & 24 Vict. cap.151 do not apply. With reference to the health and safety of persons employed in such mines; with app. Presented to both Houses of Parliament by command of Her Majesty, London 1864.）Ⅰ 1161-1162

『エッセン，ヴェーデン，ケトヴィヒ商業会議所年次報告書．1862年』，エッセン，1863年．（Jahresbericht der Handelskammer für Essen, Werden und Kettwig pro 1862. Essen 1863.）Ⅰ 687

『エディンバラ社会科学大会報告書．1863年10月』（Report of the Social Science Congress at Edinburgh. Octob. 1863.）→『社会科学振興国民協会．第7回年次大会議事報告書．1863年10月……』

【カ行】

『銀行法にかんする特別委員会報告書．委員会議事録，証言記録，付属書類および索引付，1857年7月30日，下院の命により印刷』〔ロンドン，1857年〕．（Report from the select committee on bank acts; together with the proceedings of the committee, minutes of evidence, app. and index. Ordered, by the House of Commons, to be printed, 30 July 1857. [London 1857.]）

――『第1部．報告書および証言』．（Pt. 1: Report and evidence.）Ⅰ 235，Ⅱ 377，Ⅲ 19，〔19〕，577，727，734-735，739，〔743〕，744，745，747-754，

757-767, 795, 858, 876, 881, 891, 908-909, 912-913, 928-929, 934, 937, 942, 946-947, 952-969, 971, 974-977, 988, 992-993, 1000, 1002-1003, 1008-1012, 〔1013〕, 1015-1016, 1021, 〔1026〕, 1028, 1029, 1032-1033, 1035-1037, 1040-1052, 1381
――『第２部，付属書類および索引』.（Pt. 2: Appendix and index.）Ⅲ 934, 990
『銀行法にかんする特別委員会報告書．委員会議事録，証言記録，付属書類および索引付，1858年７月１日，下院の命により印刷』〔ロンドン，1858年〕.（Report from the select committee on bank acts; together with the proceedings of the committee, minutes of evidence, app. and index. Ordered, by the House of Commons, to be printed, 1 July 1858.[London 1858.]）Ⅰ 244, Ⅲ 19, 〔19〕, 839-840, 858, 883, 888, 936, 939, 1018
『苦汗制度にかんする上院特別委員会第１次報告書．委員会議事録，証言記録，および付属書類，1888年８月11日，下院の命により印刷』.（First. report from the select committee of the House of Lords on the sweating system; together with the proceedings of the committee, minutes of evidence, and appendix. Ordered, by the House of Commons, to be printed, 11 August 1888.）Ⅲ 570
『ケンブリッジ大学委員会．ケンブリッジ大学およびカレッジの状態，規律，研究，収入を調査するために任命された委員会の報告書．証言および付属書類付，女王陛下の命により議会の両院に提出』，ロンドン，1852年.（Cambridge university commission. Report of Her Majesty's commissioners appointed to inquire into the state, discipline, studies, and revenues of the university and colleges of Cambridge: together with the evidence, and an appendix. Presented to both Houses of Parliament by command of Her Majesty. London 1852.）Ⅰ 1076
『鉱山および炭鉱における児童の雇用等にかんする第１次報告書．1841年４月21日』 →『児童労働調査委員会第１次報告書．鉱山・炭鉱』
『鉱山特別委員会報告書．委員会議事録，証言記録および付属書類付．1866年７月23日，下院の命により印刷』〔ロンドン，1866年〕.（Report from the select committee on mines; together with the proceedings of the committee, minutes of evidence, and app. Ordered, by the House of Commons, to be printed, 23 July 1866. [London 1866.]）Ⅰ 865-876
『公衆衛生〔報告書〕』.〔Public Health. [Reports.]〕Ⅰ 640, 695, 699-700, 814, 1213
――『枢密院医務官第３次報告書．1860年（議会法に従って提出）．1861年４月15日，下院の命により印刷』〔ロンドン，1861年〕.（Third report of the medical officer of the Privy Council. 1860. (Presented pursuant to act of Parliament.) Ordered, by the House of Commons, to be printed, 15 April 1861. [London 1861.]）Ⅰ 423, 425
――『第４次報告書．付録つき，1861年（議会法に従って提出）．1862年４

月11日，下院の命により印刷』〔ロンドン，1862年〕．(Fourth report ... with app. 1861. (Presented pursuant to act of Parliament.) Ordered by the House of Commons, to be printed, 11 April 1862. [London 1862.]) Ⅰ 814

——『第６次報告書．付録つき，1863年．議会法に従って提出』，ロンドン，1864年．(Sixth report ... with app. 1863. Presented pursuant to act of Parliament. London 1864.) Ⅰ 305，472，699-701，952，11433，1145，1146，1185，Ⅲ 159-160，163-168

——『第７次報告書．付録つき，1864年．議会法に従って提出』，ロンドン，1865年．(Seventh report ... with app. 1864. Presented pursuant to act of Parliament. London 1865.) Ⅰ 1006，1159，1162，1163，1182，1187，1193-1194，〔1204〕，1206，〔1206〕，1257

——『第８次報告書．付録つき，1865年．議会法に従って提出』，ロンドン，1866年．(Eighth report ... with app. 1865. Presented pursuant to act of Parliament. London 1866.) Ⅰ 814，1148，1149，1151，1153，1156，1157

『工場．下院の要請にたいする報告，1856年４月15日付．1857年２月４日，下院の命により印刷』〔ロンドン，1857年〕．(Factories. Return to an address of the Honourable The House of Commons, dated 15 April 1856. Ordered, by the House of Commons, to be printed, 4 February 1857. [London 1857.]) Ⅰ 729，738，〔764〕

『工場．下院の要請にたいする報告，1861年４月24日付．1862年２月11日，下院の命により印刷』〔ロンドン，1862年〕．(Factories. Return to an address of the Honourable the House of Commons, dated 24 April 1861. Ordered, by the House of Commons, to be printed, 11 February 1862. [London 1862.]) Ⅰ 728，〔729〕，〔764〕，〔831〕

『工場．下院の要請にたいする報告，1867年12月５日付．1868年７月22日，下院の命により印刷』〔ロンドン，1868年〕．(Factories. Return to an address fo the Honourable the House of Commons, dated 5 December 1867. Ordered, by the House of Commons, to be printed, 22 July 1868. [London 1868.]) Ⅰ 〔738〕，〔764〕

『工場監督官報告書，内相あて』．(Reports of the inspectors of factories to Her Majesty's Principal Secretary of State for the Home Department ...) Ⅰ 392，415，417，695，747，858，Ⅲ 1134

——『1841年12月31日に終わる半年間．同期間の工場監督官合同報告書．(女王陛下の命により提出)．1842年２月16日，下院の命により印刷』〔ロンドン，1842年〕．(Reports of the inspectors of factories for the half year ending the 31st December 1841: also, the joint report of the inspectors of factories for the same period. (Presented by command of Her Majesty.) Ordered, by the House of Commons, to be printed, 16 February 1842. [London 1842.]) Ⅰ 487-488

——『1843年９月30日に終わる四半期』，ロンドン，1844年．(for the quarter

ending 30th September 1843, London 1844.） I 708
——『1844年９月30日に終わる四半期，および1844年10月１日から1845年４月30日まで，女王陛下の命により下院に提出』，ロンドン，1845年．（for the quarter ending 30th September, 1844; and from 1st October, 1844, to 30th April, 1845. Presented to both Houses of Parliament by command of Her Majesty. London 1845.） I 495，497，517，722，726
——『1845年10月31日に終わる半年間』，ロンドン，1846年．（for the half year ending 31st October 1845 ... London 1846.） Ⅲ 217
——『1846年10月31日に終わる半年間』，ロンドン，1847年．（for the half year ending 31st October 1846 ... London 1847.） I 517，Ⅲ 218
——『1847年10月31日に終わる半年間』，ロンドン，1848年．（for the half year ending 31st October 1847 ... London 1848.） Ⅲ 220
——『1848年４月30日に終わる半年間』，ロンドン，1848年．（for the half year ending 30th April 1848 ... London 1848.） I 503，950
——『1848年10月31日に終わる半年間』，ロンドン，1849年．（for the half year ending 31st October 1848 ... London 1849.） I 393-394，494，499，500，502，504，507，511，512，526，532，914，954-955，Ⅲ 137，188
——『1849年４月30日に終わる半年間』，ロンドン，1849年．（for the half year ending 30th April 1849 ... London 1849.） I 507，509，510，511，512，550，Ⅲ 221
——『1849年10月31日に終わる半年間』，ロンドン，1850年．（for the half year ending 31st October 1849 ... London 1850.） I 494，512，Ⅲ 221
——『1850年４月30日に終わる半年間』，ロンドン，1850年．（for the half year ending 30th April 1850 ... London 1850.） I 514，533，Ⅲ 191，222
——『1850年10月31日に終わる半年間』，ロンドン，1851年．（for the half year ending 31st October 1850 ... London 1851.） I 505，Ⅲ 213，222
——『1851年４月30日に終わる半年間』，ロンドン，1851年．（for the half year ending 30th April 1851 ... London 1851.） Ⅲ 214
——『1852年４月30日に終わる半年間』，ロンドン，1852年．（for the half year ending 30th April 1852 ... London 1852.） I 515
——『1852年10月31日に終わる半年間』，ロンドン，1852年．（for the half year ending 31st October 1852 ... London 1852.） Ⅲ 168，173，175
——『1853年４月30日に終わる半年間』，ロンドン，1853年．（for the half year ending 30th April 1853 ... London 1853.） I 519，Ⅲ 222
——『1853年10月31日に終わる半年間』，ロンドン，1854年．（for the half year ending 31st October 1853 ... London 1854.） I 305，470，Ⅲ 222
——『1854年４月30日に終わる半年間』，ロンドン，1854年．（for the half year ending 30th April 1854 ... London 1854.） Ⅲ 223
——『1855年４月30日に終わる半年間』，ロンドン，1855年．（for the half year ending 30th April 1855 ... London 1855.） I 392
——『1855年10月31日に終わる半年間』，ロンドン，1856年．（for the half

year ending 31st October 1855 ... London 1856.）Ⅰ 469, 486, 706, 750, 913, Ⅲ 155, 156
――『1856年10月31日に終わる半年間』, ロンドン, 1857年.（for the half year ending 31st October 1856 ... London 1857.）Ⅰ 417, 420, 669, 706, 729,〔730〕, 761, 788, 790, Ⅲ〔174〕
――『1857年４月30日に終わる半年間』, ロンドン, 1857年.（for the half year ending 30th April 1857 ... London 1857.）Ⅰ 706
――『1857年10月31日に終わる半年間』, ロンドン, 1857年.（for the half year ending 31st October 1857 ... London 1857.）Ⅰ 520, 706
――『1858年４月30日に終わる半年間』, ロンドン, 1858年.（for the half year ending 30th April 1858 ... London 1858.）Ⅰ 417, 963, 969
――『1858年10月31日に終わる半年間』, ロンドン, 1858年.（for the half year ending 31st October 1858 ... London 1858.）Ⅰ 692, 698, 706, 729, 761, Ⅲ 136,〔168〕, 214, 216
――『1859年４月30日に終わる半年間』, ロンドン, 1859年.（for the half year ending 30th April 1859 ... London 1859.）Ⅰ 959, Ⅲ 223
――『1859年10月31日に終わる半年間』, ロンドン, 1860年.（for the half year ending 31st October 1859 ... London 1860.）〔邦訳：「1859年10月31日に至る半年間についての工場監察官ロバート・ベイカー殿の報告」, 坂本悠一訳, 所収：『経済科学通信』, 第35号, 基礎経済科学研究所.〕Ⅰ 494, 533, Ⅲ 223
――『1860年４月30日に終わる半年間』, ロンドン, 1860年.（for the half year ending 30th April 1860 ... London 1860.）Ⅰ 421, 469, 489, 519, 664, 729, 952, Ⅲ 224
――『1860年10月31日に終わる半年間』, ロンドン, 1860年.（for the half year ending 31st October 1860 ... London 1860.）Ⅰ 418, 959, Ⅲ 224
――『1861年４月30日に終わる半年間』, ロンドン, 1861年.（for the half year ending 30th April 1861 ... London 1861.）Ⅰ 418, Ⅲ 158, 224, 228
――『1861年10月31日に終わる半年間』, ロンドン, 1862年.（for the half year ending 31st October 1861 ... London 1862.）Ⅰ 517, 529, 733, Ⅲ 225
――『1862年４月30日に終わる半年間』, ロンドン, 1862年.（for the half year ending 30th April 1862 ... London 1862.）Ⅲ 158, 228
――『1862年10月31日に終わる半年間』, ロンドン, 1863年.（for the half year ending 31st October 1862 ... London 1863.）Ⅰ 418, 520, 521-522, 530, 701, 713, 728, 731, 733, 787, 803, 839, Ⅲ 137, 179, 225, 229
――『1863年４月30日に終わる半年間』, ロンドン, 1863年.（for the half year ending 30th April 1863 ... London 1863.）Ⅰ 524, 533, 747, 805, 950-951, Ⅲ 230
――『1863年10月31日に終わる半年間』, ロンドン, 1864年.（for the half year ending 31st October 1863 ... London 1864.）Ⅰ 418, 750, 762, 803,

952, 1112, Ⅲ 154, 175, 〔177〕, 177-178, 192, 225, 227, 232-235, 237-240
――『1864年4月30日に終わる半年間』, ロンドン, 1864年. (for the half year ending 30th April 1864 ... London 1864.) Ⅰ 803, Ⅲ 226, 236
――『1864年10月31日に終わる半年間』, ロンドン, 1865年. (for the half year ending 31st October 1864 ... London 1865.) Ⅰ 526, 533
――『1865年10月31日に終わる半年間』, ロンドン, 1866年. (for the half year ending 31st October 1865 ... London 1866.) Ⅰ 722, 787, 803, 808, 832, 834, 843-845, 856, 858
――『1866年10月31日に終わる半年間』, ロンドン, 1867年. (for the half year ending 31st October 1866 ... London 1867.) Ⅰ 740, 749, 975, 978, 1120, 1234
『工場規制法. 1859年8月9日, 下院の命により印刷』〔ロンドン, 1859年〕. (Factories regulation acts. Ordered, by the House of Commons, to be printed, 9 August 1859. [London 1859.]) Ⅰ 416, 519
『工場調査委員会. 王命委員中央委員会第1次報告書. 1833年6月28日, 下院の命により印刷』〔ロンドン, 1833年〕. (Factories inquiry commission. First report of the central board of His Majesty's commissioners. Ordered, by the House of Commons, to be printed, 28 June 1833. [London 1833.]) Ⅰ 490, 〔490〕
『国際統計会議第2回会議報告書. 1855年9月10, 12, 13, 14, 15日, パリにて開催. S・E・M・ルーエの命令により出版』, パリ, 1856年. (Compte rendu de la deuxième session du congrès international de statistique réuni à Paris les 10, 12, 13, 14 et 15 Septembre 1855. Publié par les ordres de S.E.M.Rouher. Paris 1856.) Ⅰ 529
『国民会議議事録. 政府の提出した法律の提案理由および案の説明書. 国会議員の報告. 第2巻, 1848年6月17日から8月7日まで』, パリ, 1849年. (Compte rendu des séance de l'Assemblée Nationale. Exposés des motifs et projets de lois présentés par le gouvernement; rapports de MM. les représentants. T.2e. Du 17 Juin au 7 Août 1848. Paris 1849.) Ⅲ 〔1130〕
『穀物および穀物法についての諸報告書. すなわち, 穀物の生育, 取引, および消費の状態を調査するために任命された上院委員会の第1次および第2次報告書, ならびにいっさいの関係法律. ……1814年11月23日, 下院の命により印刷』(1814－1815年議会会期)〔ロンドン, 1814年〕. (Reports respecting grain, and the corn laws: Viz: First and second reports from The Lords Committees, appointed to enquire into the state of the growth, commerce, and consumption of grain, and all laws relating thereto; ... Ordered, by the House of Commons, to be printed, 23 November 1814. [London 1814.]) Ⅰ 967, Ⅲ 1139
『穀物法にかんする請願についての特別委員会からの報告および証言』(1813－1814年議会会期) →『わが王国の穀物法にかんする請願についての

特別委員会報告書．……』
『穀類，穀粒および穀粉．1867年２月18日，下院の命にもとづく報告』〔ロンドン，1867年〕．(Corn, grain, and meal. Return to an order of the Honourable the House of Commons, dated 18 February 1867. [London 1867.]) Ⅰ〔795〕
『戸籍本署長官第22次報告書』→『イングランドにおける出生，死亡，婚姻にかんする戸籍本署長官第22次年次報告書』

【サ】

『作業場規制法』→『作業場に使用される児童，少年，および婦人の労働時間制限法．およびこれにかんするその他の目的のための法．(1867年８月21日)』，所収：『ヴィクトリア女王治下第30年および第31年の大ブリテンおよびアイルランド連合王国の法令．1867年』，ロンドン，1867年．(An act for regulating the hours of labour for children, young persons, and women employed in workshops; and for other purposes thereto. (21st August 1867.) In: The statutes of the United Kingdom of Great Britain and Ireland, 30 & 31 Victoria, 1867. London 1867.) Ⅰ 862，863
『産業問題および労働組合にかんする女王陛下の在外使節との往復文書．女王陛下の命により議会の両院に提出．1867年』，ロンドン，1867年．(Correspondence with Her Majesty's missions abroad, regarding industrial questions and Trades Unions. Presented to both Houses of Parliament by command of Her Majesty. 1867. London 1867.) Ⅰ 14-15
『児童労働調査委員会第１次報告書．鉱山・炭鉱．1842年４月21日』．(First report of the children's employment commissioners : Mines and collieries ... 21 April 1842.) Ⅲ 153
『児童労働調査委員会（1862年）〔報告書〕』．(Children's employment commission (1862). [Reports.]) Ⅰ 415，423，526，695，697，746，781，〔1207〕
——『第１次報告書．付録つき．女王陛下の命により議会の両院に提出』，ロンドン，1863年．(First report of the commissioners. With app. Presented to both Houses of Parliament by command of Her Majesty. London 1863.) Ⅰ 423，425-427，430，473，521，823，950，964
——『第２次報告書』，ロンドン，1864年．(Second report ... London 1864.) Ⅰ 810，817，819-822，826-827，830，834，856，950，962
——『第３次報告書』，ロンドン，1864年．(Third report ... London 1864.) Ⅰ 306，448，698，807，814，816，836，839，858，952，955，962
——『第４次報告書』，ロンドン，1865年．(Fourth report ... London 1865.) Ⅰ 448，449-453，454，456，460-461，464-465，616，706，765，837，838
——『第５次報告書』，ロンドン，1866年．(Fifth report ... London 1866.) Ⅰ 452，698，761，796，814，839，843，845，848，856，858，860，951

――『第6次報告書』，ロンドン，1867年．(Sixth report ... London 1867.) I 1194，1207，1211，1212-1214
『しばらく商業階級のあいだにひろがった窮境の諸原因，および要求払い銀行券の発行を規制する諸法律がこの窮境におよぼした影響を調査するために任命された上院秘密委員会報告書．証言記録および付属書類付．1848年7月28日，下院の命により印刷（1857年，重刷）』〔ロンドン，1857年〕．(Report from the Secret Committee of the House of Lords appointed to inquire into the causes of the distress which has for some time prevailed among the commercial classes, and how far it has been affected by the laws for regulating the issue of bank notes payable on demand. Together with the minutes of evidence, and an app. Ordered, by the House of Commons, to be printed, 28 July 1848. (Reprinted 1857.) [London 1857.]) I 222，III 18，〔19〕，711，719，724-727，739-740，914，939-940，943-946，969，977，〔981〕，993-996，1001-1007，1013-1014，1015，1023-1025
『社会科学振興国民協会．第7回年次大会議事報告．1863年10月，開催地エディンバラ』，エディンバラ，ロンドン，1863年．(The National Association for the Promotion of Social Science. Report of proceedings at the seventh annual congress, held in Edinburgh, October 1863. Edinburgh, London 1863.) I 692，845，860
『商業の窮境にかんする秘密委員会第1次報告書．証言記録付．1848年6月8日，下院の命により印刷』〔ロンドン，1848年〕．(First report from the secret committee on commercial distress; with the minutes of evidence. Ordered, by the House of Commons, to be printed, 8 June 1848. [London 1848.]) III 18，〔19〕，703，717-726，730-734，801，828，836，861-865
『食物等の不純物混和にかんする特別委員会第1次報告書．証言記録および付属書類つき．1855年7月27日，下院の命により印刷』〔ロンドン，1855年〕．(First report from the select committee on adulteration of food, etc.; with the minutes of evidence, and app. Ordered, by the House of Commons, to be printed, 27 July 1855. [London 1855.]) I 304
『製パン職人によって申し立てられた苦情にかんする内相宛の報告書．証言付録つき．女王陛下の命により議会の両院に提出』，ロンドン，1862年．(Report addressed to Her Majesty's Principal Secretary of State for the Home Department, relative to the grievances complained of by the journeymen bakers; with app. of evidence. Presented to both Houses of Parliament by command of Her Majesty. London 1862.) I 304，433，435，436，955
『製パン職人によって申し立てられた苦情にかんする内相宛の第2次報告書．女王陛下の命により議会の両院に提出』，ロンドン，1863年．(Second

report addressed to Her Majesty's Principal Secretary of State for the Home Department, relative to the grievances complained of by the journeymen bakers. Presented to both Houses of Parliament by command of Her Majesty. London 1863.）Ⅰ 433

『セント・マーティンズ・イン・ザ・フィールズの保健官報告書』，1865年.（Report of the officer of health of St. Martin's-in-the-Fields. 1865.）Ⅰ 1151

『1847年の商業の窮境にかんする上院秘密委員会，報告書1848年印刷，証言1857年印刷』→『しばらく商業階級のあいだにひろがった窮境の諸原因，および要求払い銀行券の発行を規制する諸法律がこの窮境におよぼした影響を調査するために任命された上院秘密委員会報告書．証言記録および付属書類付．1848年７月28日，下院の命により印刷（1857年，重刷）』

『1861年度のアイルランドの製パン業にかんする調査委員会の報告書』.（Report of the committee on the baking trade in Ireland for 1861.）Ⅰ 438

『1861年度のイングランドおよびウェイルズの国勢調査』，ロンドン，1863年.（Census of England and Wales for the year 1861. London 1863.）Ⅰ 778, 782-783, 824, 1102, 1121, 1135, 1138, 1180

【タ行】

『炭鉱事故．下院の要請にたいする報告，1861年５月３日付からの抜粋．1862年２月６日，下院の命により印刷』.（Coal mine accidents. Abstract of return to an address of the Honourable the House of Commons, dated 3 May 1861 ... Ordered, by the House of Commons, to be printed, 6 February 1862.）Ⅲ 153

『駐在諸国の工業，商業等にかんするイギリス帝国大使館および公使館書記官の報告書』，第６号，1863年.（Reports by Her Majesty's secretaries of embassy and legation, on the manufactures, commerce, &c., of the countries, in which they reside. No.6. London 1863.）Ⅰ 605

――『第８号，女王陛下の命により議会の両院に提出．1865年』，ロンドン〔1865年〕.（No.8. Presented to both Houses of Parliament by command of Her Majesty. 1865. London［1865.］）Ⅱ 387

――『第３部，女王陛下の命により議会の両院に提出．1879年５月』，ロンドン，1879年.（Part Ⅲ. Presented to both Houses of Parliament by command of Her Majesty. May 1879. London 1879.）Ⅱ 761, 846-848

『勅命鉄道委員会．委員の報告書．女王陛下の命により議会の両院に提出』，ロンドン，1867年.（Royal commission on railways. Report of the commissioners. Presented to both Houses of Parliament by command of Her Majesty. London 1867.）Ⅰ 762, 975, Ⅱ 224, 244, 274, 281,

288-289

【ナ行】

『内国収入調査委員会．第４次報告書．女王陛下の命により議会の両院に提出』，ロンドン，1860年．(Fourth report of the commissioners of Her Majesty's inland revenue on the inland revenue. Presented to both Houses of Parliament by command of Her Majesty. London 1860.) I 1135

『内国収入調査委員会．第10次報告書．女王陛下の命により議会の両院に提出』，ロンドン，1866年．(Tenth report of the commissioners of Her Majesty's inland revenue on the inland revenue. Presented to both Houses of Parliament by command of Her Majesty. London 1866.) I 1132-1133，1219

『ニュー・ジャージー州．労働時間制限法……法』 →『労働時間を制限し，10歳未満の児童の工場への雇用を防止する法……』

『農業労働者（アイルランド）．下院の命令にたいする報告書，1861年３月８日付．1862年２月６日，下院の命により印刷』(Agricultural labourers (Ireland). Return to an order of the Honourable The House of Commons, dated 8 March 1861. Ordered, by the House of Commons, to be printed, 6 February 1862.) I 1228

【ハ】

「パリ国際統計会議，1855年」の報告書，パリ，1856年． →『国際統計会議第２回会議報告書』

ハンサード『議会討議集．第３集，ウィリアム４世即位以後．第66巻．1843年２月２日より２月27日までの期間』，ロンドン，1843年．(Hansard's parliamentary debates, third series, commencing with the accession of William Ⅳ. Vol.66. Comprising the period from the second day of February, to the twenty-seventh day of February, 1843. London 1843.) I 998，1138

——『第170巻．1863年３月27日から５月３日までの期間』，ロンドン，1863年 (Vol.170. Comprising the period from the twenty-seventh day of March, to the third day of May, 1863. London 1863.) I 55，57，59，62，〔732〕

——『第174巻，1864年３月15日より５月３日までの期間』，ロンドン，1864年 (Vol.174. Comprising the period from fifteenth day of March, to the third day of May, 1864. London 1864.) I 1138

『東インド（地金）．下院の要請にたいする報告，1864年２月８日付．1864年３月16日，下院の命により印刷』〔ロンドン，1864年〕．(East India

(Bullion). Return to an address of the Honourable The House of Commons, dated 8 February 1864. Ordered, by the House of Commons, to be printed, 16 March 1864. [London 1864.]）Ⅰ 235

『東インド（ベンガルおよびオリッサの飢饉）．ベハールの飢饉にかんする記録．F・R・コッカレル氏の報告を含む．第3部．1867年5月31日，下院の命により印刷』．(East India (Bengal and Orissa famine). Papers relating to the famine in Behar, including Mr. F.R.Cockerell's report. Part Ⅲ. Ordered, by the House of Commons, to be printed, 31 May 1867.）Ⅱ 227-228

『東インド（ベンガルおよびオリッサの飢饉）．ベンガルおよびオリッサの飢饉にかんする記録と通信．飢饉調査委員会報告書およびベンガル副総監とインド総監の覚え書きを含む．1867年5月31日，下院の命により印刷』．(East India (Bengal and Orissa famine). Papers and correspondence relative to the famine in Bengal and Orissa, including the report of the Famine Commission and the minutes of the Lieutenant Governor of Bengal and the Gobernor General of India. Ordered, by the House of Commons, to be printed, 31 May 1867.）Ⅱ 227-228

『東インド（マドラスおよびオリッサの飢饉）．下院の要請にたいする報告，1867年7月4日付．1867年7月30日，下院の命により印刷』．(East India (Madras and Orissa famine). Return to an address of the Honourable the House of Commons, dated 4 July 1867. Ordered, by the House of Commons, to be printed, 30 July 1867.）Ⅱ 381

『北京駐在ロシア帝国公使館の中国，その国民，その宗教，その制度，社会事情等にかんする調査研究』，1852－1857年にサンクト・ペテルブルクで公表された原文によりカール・アーベルとF・A・メクレンブルクによるロシア語からの翻訳，第1巻，ベルリン，1858年．(Arbeiten der Kaiserlich Russischen Gesandtschaft zu Peking über China, sein Volk, seine Religion, seine Institutionen, socialen Verhältnisse etc. Aus dem Russ. nach dem in St.Petersburg 1852－57 veröff. Orig. von Dr. Carl Abel und F.A.Mecklenburg. Bd.1. Berlin 1858.）Ⅰ 221-222

『紡績業主および製造業主の防衛基金．紡績業主および製造業主の中央協会にたいするこの基金の受領と割当てのために任命された委員会の報告』，マンチェスター，1854年．(The Master Spinners' & Manufacturers' Defence Fund. Report of the Committee appointed for the receipt and apportionment of this fund, to the Central Association of Master Spinners and Manufacturers. Manchester 1854.）Ⅰ 743

【マ行】

『マサチューセッツ法律集．のちに改正法令集に収録』，第1巻，ボストン，1854年．(General Laws of the Commonwealth of Massachusetts,

passed subsequently to the revised statutes. Vol.1. Boston 1854.) I 475

【ラ行】

『流刑および懲役刑にかんする法案（ヴィクトリア女王治下第16年および第17年法第99項，およびヴィクトリア女王治下第20年および第21年法第3項）の影響を調査するために任命された委員会の報告書．第1部「報告書および付録」，第2部「証言記録」，女王陛下の命により議会の両院へ提出』，ロンドン，1863年．（Report of the commissioners appointed to inquire into the operation of the acts（16 & 17 Vict. c.99 and 20 & 21 Vict. c.3）relating to transportation and penal servitude. Vol.1: Report and appendix. Vol.2: Minutes of evidence. Presented to both Houses of Parliament by command of Her Majesty. London 1863.） I 1183-1184
『連合王国統計摘要．1846年より1860年にいたる過去15年間の各年』，第8号，ロンドン，1861年．（Statistical abstract for the United Kingdom in each of the last fifteen years, from 1846 to 1860. No.8. London 1861.） I 734
『連合王国統計摘要．1851年より1865年にいたる過去15年間の各年』，第13号，ロンドン，1866年．（Statistical abstract for the United Kingdom in each of the last fifteen years, from 1851 to 1865. No.13. London 1866.） I 734
『連合王国の各種統計．（第6部）．女王陛下の命により議会の両院に提出』，ロンドン，1866年．（Miscellaneous statistics of the United Kingdom.（Part. Ⅵ.）Presented to both Houses of Parliament by command of Her Majesty. London 1866.） I 1138
『「連合王国の作業場および工場における児童労働規制のための法案」にかんする委員会報告書．証言記録つき．1832年8月8日，下院の命により印刷』〔ロンドン，1832年〕．（Report from the committee on the "Bill to regulate the labour of children in the mills and factories of the United Kingdom" : with the minutes of evidence. Ordered, by the House of Commons, to be printed, 8 August 1832. [London 1832.]） I 491
『労働組合その他の団体の組織および規約の調査委員会．第10次報告書．証言記録付，1868年7月28日，女王陛下の命により議会の両院へ提出』，ロンドン，1868年．（Tenth report of the commissioners appointed to inquire into the organization and rules of Trades Unions and other associations: together with the minutes of evidence. Presented to both Houses of Parliament by command of Her Majesty, 28th July 1868. London 1868.） I 〔766〕
『労働時間を制限し，10歳未満の児童の工場への雇用を防止する法．1851年3月18日公布』，所収：『ニュー・ジャージー州の第75法律』，トレント

ン，1851年．（An act to limit the hours of labour, and to prevent the employment of children in factories under ten years of age. Approved March 18, 1851. In: Acts of the seventy-fifth legislature of the state of New Jersey. Trenton 1851.）Ⅰ 475

『ロード・アイランド州現行法集とプロヴィデンス農園．合衆国および州憲法を冒頭に掲載』，プロヴィデンス，1857年．（The revised statutes of the state of Rhode Island and Providence plantations: to which are prefixed, the constitutions of the United States and of the state. Providence 1857.）Ⅰ 475

【ワ行】

『わがイギリスの羊毛にかんする準備書面』 →〔クラーク・ジョージ〕『わがイギリスの羊毛および製造業にかんする真実を記載した〔訴訟〕準備書面．……』

『わが王国の穀物法にかんする請願についての特別委員会報告書．付，証言記録および供述付録．ロンドン，1814年7月26日，下院の命により印刷』（1813－1814年議会会期）〔ロンドン，1814年〕．（Report from the select committee on petitions relating to the corn laws of this Kingdom: together with the minutes of evidence, and an app. of accounts. Ordered, by the House of Commons, to be printed, 26 July 1814. [London 1814.]）Ⅰ 967，Ⅲ〔1139〕

Ⅳ　新聞・雑誌

【ア行】

『アルヒーフ・フュール・ゾツィアーレ・ゲゼッツゲーブング』 →『社会立法および統計集』

『イーヴニング・スタンダード』．（The Evening Standard.）（ロンドン）

――1886年11月1日．Ⅰ 50

『インターナショナル・ジャーナル』．（The International Journal.）

――1866年9月，第1巻，第6号．「全国労働者大会．ボルティモアの勤労者大運動」（National Labor Congress. Grand industrial demonstration in Baltimore.）Ⅰ〔531〕

『ウェストミンスター・レヴュー』．（The Westminster Review.）（ロンドン）〔1824－1914年刊行〕Ⅰ 115，Ⅲ〔1393〕

『ヴェースニク・エヴロープイ〔ヨーロッパ報知〕．歴史・政治・文学雑誌』．（Въстникъ Европы. Журналъ истории, политики, литературы.）（サンクト・ペテルベルク）
——1872年５月．〔カウフマン，イラリオーン・イグナーティエヴィチ〕「カール・マルクスの経済学批判の見地」（〔Кауфманъ, Илларионъ Игнатьевич:〕Точка зръния политико-экономической критики у Карла Маркса.）Ⅰ 28，〔29〕
『ヴォワ・デュ・ププル』．（La Voix du peuple.）（パリ）〔日刊紙，1849年９月25日－1850年５月14日刊行〕Ⅲ〔591〕
『エコノミスト．週刊商業新聞，銀行家の新聞，鉄道モニター：政治・文学・一般新聞』．（The Economist, Weekly Commercial Times, Bankers' Gazette, and Railway Monitor: a political, literary, and general newspaper.）（ロンドン）〔週刊紙，1843年創刊〕Ⅲ 692，〔782〕，884，〔954〕，988，1014-1015，〔1035〕，1055，1058-1060
——1845年３月15日．Ⅲ 770
——1845年３月29日．「農業労働者の賃銀」．（Wages of agricultural labourers.）Ⅰ 1177
——1847年５月８日．「資本の性質と貨幣の機能」．（Nature of capital and functions of money.）Ⅱ 220
——1847年５月22日．Ⅲ 972，1053
——1847年８月21日．Ⅲ〔1061〕，1062
——1847年10月23日．Ⅲ 1015
——1847年11月20日．Ⅲ 777，886
——1847年12月11日．Ⅲ 1033
——1848年４月15日．「工場法の影響」．（The working of factory act.）Ⅰ 394
——1850年11月30日．Ⅲ 1065
——1851年１月11日．Ⅲ 1065
——1851年７月19日．「地代は盗みにあらず……」．（Rent no robbery ...）Ⅰ 1022，Ⅲ 687
——1853年１月22日．Ⅲ 615
——1860年１月21日．「農業の進歩と賃銀」．（Agricultural progress and wages.）Ⅰ〔664〕，1114
——1866年６月２日．「封建制と鹿猟林」．（Feudalism and deer forests.）Ⅰ 1281
——1866年６月16日．Ⅱ 404
——1866年６月30日．Ⅱ 405
——1866年７月７日．Ⅱ 405
『エディンバラ・レヴュー．または評論誌』．（The Edinburgh Review, or Critical Journal.）（エディンバラ，ロンドン）〔1802－1929年刊行〕Ⅲ 1392，〔1393〕

『オブザーヴァー』.（The Observer.）（ロンドン）〔週刊紙，1791年創刊〕
——1864年４月24日.「ファンド——シティ，４月23日，土曜日」.（The funds – City, Saturday, April 23.）Ⅰ 242

【カ行】

『技能協会および協会連盟雑誌』.（The Journal of the Society of Arts, and of the Institutions in Union.）（ロンドン）〔週刊誌，1852年創刊〕
——1859年12月９日．モートン，ジョン・チャーマズ「農業で利用される諸力について」.（Morton, John Chalmers: On the forces used in agriculture.）Ⅰ 663，Ⅲ〔1139〕
——1861年４月19日．ウォトスン，ジョン・フォーブズ「ジョン・クローファド「綿花供給について」〔にたいする討論〕.〔報告〕」.（Watson, John Forbes: [Diskussion zu:] John Crawfurd: On the cotton supply. [Bericht.]）Ⅰ 688
——1866年３月23日．リーヴァイ，レオン「食料供給との関連における鹿猟林とスコットランド高地農業について」（Levi, Leone: On the deer forests and Highland agriculture in relation the supply of food.）Ⅰ 1281
——1872年１月５日.「国民の進歩」.（The progress of the nation.）Ⅰ 732
『クォータリー・レヴュー』.（Quarterly Review.）Ⅰ 1328
『グラスゴウ・デイリー・メイル』.（The Glasgow Daily Mail.）
——1849年４月25日．Ⅰ 550
『国民経済学および統計学年報』.（Jahrbücher für Nationalökonomie und Statistik.）（イェーナ）〔1863年ブルーノ・ヒルデブラント創刊，ヨハネス・コンラート編集〕
——1885年，新シリーズ，第11巻．レクシス，ヴィルヘルム「マルクスの資本理論」.（Lexis, Wilhelm: Die Marx'sche Kapitaltheorie.）Ⅲ 21，〔22〕
——1890年，新シリーズ，第20巻．ローリア，アキレ「『マルクスの価値法則にもとづく平均利潤率』……」.（Loria, Achille: Die Durchschnittsprofitrate auf Grundlage des Marx'schen Wertgesetzes ...）Ⅲ 37，〔38〕
——1891年，第３シリーズ，第２巻．ヴォルフ，ユーリウス「マルクスにおける平均利潤率の謎」.（Wolf, Julius: Das Rätsel der Durchschnittprofitrate bei Marx.）Ⅲ 31
——1892年，第３シリーズ，第３巻．ファイアマン，ピーター「マルクス価値論の批判」.（Fireman, Peter: Kritik der Marx'schen Werttheorie.）Ⅲ 29
『コモンウェルス』.（The Commonwealth.）（ロンドン）〔週刊誌，1866－1867年刊行〕
——1866年２月10日.「合衆国における８時間運動」（The eight-hours movement in the United States.）Ⅰ 530
——1866年７月７日.「レスターの300名ロックアウト．イギリス労働協会

へ」.（Leicester lock-out of 300. To the Trade Societies of England.）Ⅰ〔796〕
『コンコルディア．労働者問題雑誌』.（Concordia. Zeitschrift für die Arbeiterfrage.）（ベルリン）〔1871－1876年刊行〕
——1872年３月７日．〔ブレンターノ，ルーヨ〕「カール・マルクスはどのように引用するか」.（[Brentano, Lujo:] Wie Karl Marx citirt.）Ⅰ 54-55
——1872年７月４日．〔ブレンターノ，ルーヨ〕「カール・マルクスはどのように自己弁護するか．Ⅰ」（[Brentano, Lujo:] Wie Karl Marx sich vertheidigt. Ⅰ.）Ⅰ 56
——1872年７月11日．〔ブレンターノ，ルーヨ〕「カール・マルクスはどのように自己弁護するか．Ⅱ」（[Brentano, Lujo:] Wie Karl Marx sich vertheidigt. Ⅱ.）Ⅰ 57-59
『コンラート年報』→『国民経済学および統計学年報』

【サ行】

『サタディ・レヴュー．政治，文学，科学，芸術』.（The Saturday Review of Politics, Literature, Science, and Art.）（ロンドン）〔週刊紙，1855－1938年刊行〕
——1868年１月18日．「ドイツ文学」.（German literature.）Ⅰ 25
『サンクト－ペテルブルクスキエ・ヴェードモスチ〔ペテルブルク新聞〕』.（С.- Петербургскія Вѣдомости.）〔1728－1914年刊行〕
——1872年４月20日．Ⅰ 25
『社会科学評論』.（The Social Science Review.）（ロンドン）
——1863年７月18日．リチャードスン〔，ベンジャミン〕「労働と過度労働」.（Richardoson［, Benjamin］: Work and overwork.）．Ⅰ 444
『社会立法および統計集．万国の社会状態研究のための季刊誌』.（Archiv für soziale Gesetzgebung und Statistik. Vierteljahresschrift zur Erforschung der gesellschaftlichen Zustände aller Länder.）（ベルリン）〔1888－1903年刊行，ハインリヒ・ブラウン編集〕Ⅲ〔1599〕
——1894年，第７巻，ゾンバルト，ヴェルナー「カール・マルクスの経済学批判体系によせて」.（Sombart, Werner: Zur Kritik des ökonomischen Systems von Karl Marx.）Ⅲ 1598
『ジュルナル・デ・ゼコノミスト』.（Journal des Économistes.）（パリ）
——1872年７月，８月．ブロック，モーリス「ドイツにおける社会主義の理論家たち」.（Block, Maurice: Les théoriciens du socialisme en Allemagne.）Ⅰ 28
『新ライン新聞，政治経済評論』.（Neue Rheinische Zeitung. Politisch-ökonomische Revue.）（ロンドン，ハンブルク，ニューヨーク）〔1850年１月－10月刊行〕
——1850年２月，第２号　Ⅰ〔506〕

——1850年４月，第４号　エンゲルス，フリードリヒ「イギリスの10時間法案」(Engels, Friedrich; Die englische Zehnstundenbill.)　Ⅰ 513，533
マルクス，カールおよびフリードリヒ・エンゲルス「〔書評〕トマス・カーライル編『現代小論集』……」(Marx, Karl, Friedrich Engels: Latter-day pamphlets. Edited by Thomas Carlyle. ...)　Ⅰ〔445〕
『新ライン新聞，民主主義の機関紙』．(Neue Rheinische Zeitung. Organ der Demokratie.)（ケルン）〔日刊紙，1848年６月１日－1849年５月19日刊行〕
——1848年６月24日．Ⅱ 17
——1848年７月４日．Ⅱ 17
——1848年９月１日．Ⅰ〔1031〕
——1849年４月５－８，11日．マルクス，カール「賃労働と資本」．(Marx, Karl: Lohnarbeit und Kapital.)　Ⅰ 1006，1071，1338，Ⅱ 18
『スタンダード』(The Standard.)（ロンドン）〔日刊紙，1857－1917年頃刊行〕
——1861年10月26日．Ⅰ 971
——1862年９月19日．「万国博覧会」．(The international exhibition.)　Ⅰ 665，674-675
——1863年８月15日．「ニューマン・ホール師……」．(The Reverend Newman Hall....)　Ⅰ 445
——1867年４月５日．「痛ましい光景……」．(A painful spectacle ...)　Ⅰ 1145
『スペクテイター』．(The Spectator.)（ロンドン）〔週刊紙，1828年創刊〕
——1866年５月26日．「産業的パートナーシップ」．(Industrial partnership.)　Ⅰ 585
『総合国家学雑誌』(Zeitschrift für die gesamte Staatswissenschaft.)（チュービンゲン）〔フリッケル，シャップルおよびA・ヴァーグナー編〕
——1879年，第35巻．Ⅱ 15
『ゾツィアールポリティッシェス・ツェントラルブラット〔中央社会政策雑誌〕』．(Sozialpolitisches Centralblatt.)（ベルリン）〔1892－1895年刊行〕
——1895年２月25日．シュミット，コンラート「『資本論』第３巻」．(Schmidt, Conrad: Der dritte Band des „Kapital".)　Ⅲ 1599

【タ行】

『タイムズ』．(The Times.)（ロンドン）〔日刊紙，1785年創刊〕　Ⅰ 55-56，60-61，〔138〕，444，〔445〕，1002，1003，1140，1234，1279，Ⅲ 776
——1843年２月14日．Ⅰ 1138
——1861年11月５日．「どの政府にもその伝統が……」．(Every government has its traditions ...)　Ⅰ 472
——1862年11月26日．「工場所有者たちの問題．『タイムズ』編集部へ」(The

――1894年１月18日．Ⅲ 978
『デモクラティッシェス・ヴォッヘンブラット』．（Demokratisches Wochenblatt.）（ライプツィヒ）
――1868年８月１日，22日，29日，９月５日．ディーツゲン，ヨーゼフ「〔書評〕カール・マルクス著『資本論．経済学批判』」．（Dietzgen, Joseph: Das Kapital. Kritik der politischen Oekonomie von Karl Marx.）Ⅰ〔25〕
『トゥ・デイ』．（To-Day.）（ロンドン）
――1884年２月．マルクス，エレノア「かくも多く……」．（Marx, Eleanor: There is so much ...）Ⅰ 60
――1884年３月．テイラー，セドリー「『トゥ・デイ』編集部へ」．（Taylor, Sedley: To the Editor of "To-Day".）Ⅰ 61
マルクス，エリナー「ジェントルマン，セドリー・テイラー氏は議論する……」．（Marx, Eleanor: Gentleman, Mr.Sedley Taylor disputes ...）Ⅰ 61
『独仏年誌』．（Deutsch-Französische Jahrbücher.）（パリ）
――1844年，第１・第２合冊号．エンゲルス，フリードリヒ「国民経済学批判大綱」．（Engels, Friedrich: Umrisse zu einer Kritik der Nationaloekonomie.）Ⅰ 135，265，286，1108

【ナ行】

『ニューヨーク・デイリー・トリビューン』．（New York Daily Tribune）〔日刊紙，1841－1924年刊行〕Ⅰ〔1319〕，Ⅲ〔1067〕
――1853年２月９日．マルクス，カール「選挙……」．（Marx, Karl: Elections ...）Ⅰ〔1276〕
――1857年４月28日．Ⅰ〔730〕
――1859年12月20日．Ⅲ〔665〕
『ヌオーヴァ・アントロジーア・ディ・シエーンツェ・レッテレ・エド・アルティ』（『科学・文学・芸術新論集』）．（Nuova Antologia di Scienze, Lettere ed Arti.）
――1883年４月１日，第２シリーズ，第38巻．ローリア，アキレ「カール・マルクス」．（Loria, Achille: Karl Marx.）Ⅲ 34，〔35〕
『ヌオーヴァ・アントロジーア．リヴィスタ・ディ・シエーンツェ・レッテレ・エド・アルティ』（『新論集．科学・文学・芸術誌』）．（Nuova Antologia. Rivista di Scienze, Lettere ed Arti.）
――1895年２月１日，第３シリーズ，第55巻．ローリア，アキレ「カール・マルクスの遺著」．（Loria, Achille: L'opera postuma di Carlo Marx.）Ⅲ 1592
『ノイエ・ツァイト．精神生活および公共生活の評論誌』．（Die Neue Zeit, Revue des geistigen und öffentlichen Lebens. Stuttgart.）
――1887年，第３号．「スティーベリング氏の論文……にたいする論評」．

(Bemerkung zu dem Aufsatze des Herrn Stiebeling ...) Ⅲ 41, 〔41〕
——1893年，第11巻，第３号および第４号．シュミット，コンラート「平均利潤率とマルクスの価値法則」(Schmidt, Conrad: Die Durchschnittsprofitrate und das Marx'sche Werthgesetz.) Ⅲ〔28〕
——1895－1896年，第14巻，第１号および第２号．エンゲルス，フリードリヒ「価値法則と利潤率」(Engels, Friedrich: Wertgesetz und die Profitrate.) Ⅲ〔1588〕

【ハ行】

『パリの革命』．(Révolution de Paris, dédiées à la Nation et au district de Petits Augustins.)，(パリ)〔週刊紙，1789－1794年刊行〕
——1791年６月11日－18日．Ⅰ 1296
『フィロゾフィー・ポジティーヴ．ルヴュ』．(La Philosophie Positive. Revue.)(パリ)〔1867－1883年刊行〕
——1868年11月，12月．ド・ロベルティ，ウジェーヌ「〔書評〕カール・マルクス『資本論．経済学批判』」(De Roberty, Eugène: Karl Marx.Das Kapital. Kritik der politischen Oekonomie ...) Ⅰ〔28-29〕
『フォルクスシュタート』．(Der Volksstaat.)(ライプツィヒ)〔1869－1876年刊行〕
——1870年１月１日，５日，３月23日，30日．ディーツゲン，ヨーゼフ「国民経済」．(Dietzgen, Joseph: National-Oekonomisches.) Ⅰ〔25-26〕
——1870年８月13日，17日，20日，1871年５月６日，10日．ディーツゲン，ヨーゼフ「社会民主主義の宗教」．(Die Religion der Sozial-Demokratie.) Ⅰ〔25-26〕
——1871年８月２日，５日．ディーツゲン〔，ヨーゼフ〕「社会民主主義の宗教」．(Dietzgen〔, Joseph〕: Die Religion der Sozial-Demokratie.) Ⅰ〔25-26〕
——1872年４月17日．ディーツゲン，ヨーゼフ「ハインリヒ・フォン・ジーベルへの公開書簡」．(Dietzgen, Joseph: Offener Brief an Heinr. v. Sybel.) Ⅰ〔25-26〕
——1872年６月１日．マルクス，カール「『フォルクスシュタート』編集部へ」．(Marx, Karl: An die Redaktion des „Volksstaat".) Ⅰ 55
——1872年８月７日．マルクス，カール「『フォルクスシュタート』編集部へ」．(Marx, Karl: An die Redaktion des „Volksstaat".) Ⅰ 57
——1872年９月18日，９月25日．ディーツゲン，ヨーゼフ「ブルジョア社会」．(Dietzgen, Joseph: Die bürgerliche Gesellschaft.) Ⅰ〔25-26〕
『ベリー・ガーディアン』．(The Bury Guardian.)〔日刊紙，1857年創刊〕
——1860年５月12日．Ⅰ 468
『ペル・メル・ガゼット．夕刊紙および評論』．(The Pall Mall Gazette. An Evening Newspaper and Review.)(ロンドン)〔日刊紙，1865－1920年

刊行〕 Ⅰ 1140
『ベンガル・フルカル〔ベンガル通報〕．海外ニュース抄録』．（The Bengal Hurkaru. Overland summary of news.）（カルカッタ）〔日刊紙，1795－1866年刊〕
——1861年７月22日．「われわれは心配する……」．（We are afraid...） Ⅰ 581
『ポートフォリオ．外交評論』．（The Portfolio. Diplomatic Review.）（ロンドン）
——1844年10月1日．「スコットランドの高地」．（The Highlands of Scotland.） Ⅰ 1277
『ボリシェビキ．政治・経済，隔週，全同盟共産党（ボリシェビキ）』（モスクワ，1932年12月，23・24号．） Ⅲ〔1588〕

【マ行】

『マクミランズ・マガジン』．（Macmillan's Magazine.）（ロンドン，ケンブリッジ）〔1859年創刊〕
——1863年８月．カーライル，トマス「クルミの殻のなかの（アメリカの）イリアス」．（Carlyle, Thomas: Ilias（Americana） in nuce.） Ⅰ 445
『マネー・マーケット・レヴュー』．（Money Market Review.）（ロンドン）
——1867年12月２日．ウィリアムズ，リチャード・プライス「線路の保守と更新について」．（Williams, Richard Price: On the maintenance and renewal of permanent way.） Ⅱ〔274〕，〔291〕
——1868年１月25日． Ⅱ 287
『マルクス主義の旗のもとに』（独）（第７年次，第33集，1933年７・８月号．） Ⅲ〔1588〕
『マンチェスター・ガーディアン』．（The Manchester Guardian.）
——1847年11月24日． Ⅲ 715
——1875年１月15日．チェインバリン，ジョウジフ「バーミンガム衛生会議」．（Chamberlain, Joseph: Sanitary Conference at Birmingham.） Ⅰ〔1120〕
『モーニング・アドヴァタイザー』．（The Morning Advertiser.）（ロンドン）〔日刊紙，1794－1936年刊行〕
——1863年４月17日．グラッドストーン〔，ウィリアム・ユアート〕「〔1863年４月16日の下院における演説〕」．（Gladstone〔, William Ewart〕: [Rede im House of Commons, 16.April 1863.]） Ⅰ 57
『モーニング・クロニクル』．（The Morning Chronicle.）（ロンドン）〔日刊紙，1769－1865年刊行〕 Ⅰ 1177
『モーニング・スター』．（The Morning Star.）（ロンドン）〔日刊紙，1756－1869年刊行〕 Ⅰ 938
——1863年４月17日．グラッドストーン〔，ウィリアム・ユアート〕「〔1863年４月16日の下院における演説〕」．（Gladstone〔, William Ewart〕:

[Rede im House of Commons, 16.April 1863.]) I 57, 1138
——1863年6月23日.「マダム・エリーズの仕事部屋.『スター』編集部へ」.(The workrooms of Madame Elise. To the Editor of the "Star".) I 442
「わが国の白人奴隷」.(Our white slave ...) I 443, 444
——1865年12月14日. III 1145
——1867年1月7日. ホワイティング,リチャード「ミルウォールにおける困窮.『スター』編集部へ」.(Whiteing, Richard: The distress at Millwall. To the Editor of the "Star".) I 1164,〔1167〕

【ラ行】

『ラッセーニャ』.(La Rassegna.)(ナポリ)〔半月刊誌〕III 1595,〔1597〕
『リフォルマ・ソチャーレ』.(La Riforma Sociale.)(トリノ,ローマ)〔当初は半月刊,のち月刊誌〕
——1895年2月25日. III 1595
『ルビュ・デ・ドゥ・モンド』(Revue des Deux Mondes.)(パリ)〔半月刊誌,1831年創刊〕
——1842年,第4シリーズ,第31巻. コクラン,シャルル「産業における信用と銀行とについて」.(Coquelin, Charles: De crédit et des banques dans l'industrie.) III 699
——1848年,新シリーズ,第24巻. フォルカード,ウジェーヌ「社会主義の戦い……」.(Forcard, Eugène: La guerre du socialisme ...) III 1510
『レノルズ・ニューズペイパー. 政治・歴史・文学・一般情報週刊誌』.(Reynolds's Newspaper. A Weekly Journal of Politics, History, Literature, and General Intelligence.)(ロンドン)〔1850年創刊〕
——1863年11月19日.「労働と賃銀. ウェストベリの織布工ストライキ」.(Labour and wages. Strike amongst cloth weavers at Westbury.) I 〔748〕
——1866年1月21日. I 440
——1866年2月4日.「労働と賃銀. 過度労働と低賃銀の鉄道労働者」.(Labour and wages. Overworked and unpaid railway servants.) I 440
——1867年1月20日.「ロンドンの貧民の大量の飢餓」.(The wholesale starvation of London poor.) I 1167

【ワ行】

『ワークマンズ・アドヴォケイト』.(The Workman's Advocate.)(ロンドン)〔週刊紙,1865年創刊〕
——1866年1月13日.「農業労働者と労働組合」.(Agricultural labourers and Trades' Unions.) I 439

主な単位一覧

貨　幣（通貨）

（イギリス）　1ポンド＝20シリング
1シリング＝12ペンス
（金1オンス＝3ポンド17シリング10 ½ペンス）
1ファージング（銅貨）＝¼ペニー
1ギニー（金貨）＝21ペンス
1ソヴリン（金貨）＝1ポンド
（ドイツ）　1マルク＝100ペニッヒ（1871年以降）
（金1kg＝2,790マルク．したがって，1シリング＝約1.02マルク，1ペンス＝約8.5ペニッヒ）
1ターレル（銀貨）＝3マルク
1グロッシェン（銀貨）＝10ペニッヒ（1871年以前は12ペニッヒ）
（フランス）　1フラン＝100サンティーム
1リーヴル（フランス革命前の通貨単位）

重　さ

1重量ポンド＝16オンス＝453.6g
1オンス＝28.35g
1トン（英）＝20ハンドレッドウェイト＝2,240重量ポンド＝1,016.05kg
1ストーン＝14重量ポンド＝6.35kg
1グレーン＝0.0648g
1ツェントナー（ドイツの重さの単位）＝50kg

長　さ

1マイル（英）＝1,760ヤード＝1,609.3m
1ヤード＝3フィート＝0.9144m
1フィート＝12インチ＝30.48cm
1インチ＝1/12フィート＝2.54cm
1エレ（ドイツの長さの古い単位．プロイセンでは66.69cm）

面　積

1エーカー＝4,046.85m^2
1ヘクタール＝100アール＝10,000m^2

体積・容積

1クォーター（イギリスの穀量の単位）＝8ブッシェル＝約291リットル
1ガロン（イギリスの液量の単位）＝8パイント＝4.546リットル